로마 황제처럼 생각하는 법

로마 황제처럼 생각하는 법

스토아주의자는 어떻게 위대한 황제가 되었을까

도널드 로버트슨 Donald Robertson 지음

HOW TO
THINK LIKE
A ROMAN
EMPEROR

"전염병이 온 세상을 휩쓸고, 경제는 바닥을 기고 있다. 곳곳에서 벌어지는 전쟁과 분란 또한 삶을 고통스럽게 한다." 이 천여 년 전, 로마 황제 마르쿠스 아우렐리우스가 마주했던 제국의 현실도 지금과 다르지 않았다. 하지만 황제는 담담하게 위기를 일상처럼 처리하며 로마의 위대함을 바로 세웠다. 역사가 그를 '현명한 황제(賢帝)'로, 그리고 '철학자(哲人) 황제'로 기억하는 이유다. 저자인 도널드 로버트슨은 인지행동심리치료(CBT) 분야에 정통한 상담사로, 마르쿠스 아우렐리우스를 인류 최고의 현자로 만들어 준 스토아 철학의 가르침을 일상에서 실천 가능한 '마음 다스림(mindfulness) 매뉴얼'로 풀어 준다. 책을 읽다 보면 독자들은 마르쿠스 아우렐리우스의 지혜가 몸과 마음에 찬찬히 배어들고 있음을 느낄 것이다.

_안광복(중동고 철학교사, 철학박사), 『철학으로 휴식하라』 저자

"로버트슨은 완전한 진실성을 목표로 강도 높은 시련에도 회복력을 잃지 않고 대응하면서 스토아의 방식대로 산다는 것의 의미를 이해해 보고 싶을 때 마르쿠스가 몸소 실천한 본보기를 사유해 보는 것이 얼마나 큰 도움이 될 수 있는지 매우 설득력 있게 보여 주고 있다."

_크리스토퍼 길Christopher Gill, 엑서터 대학교 교수,
옥스퍼드 세계고전문고 『마르쿠스 아우렐리우스 명상록 및 기타 서한』 편집자

이 책은 역사상 가장 위대한 인물 중 한 명인 마르쿠스 아우렐리우스에 대한 대단히 훌륭한 소개서이다. 그의 삶이 담긴 이 책은 역경을 마주하여, 평온을 찾고, 탁월성을 추구하고자 하는 사람들을 위한 명쾌한 안내서이다.

_라이언 홀리데이Ryan Holiday, 『돌파력』, 『하루 10분 내 인생의 재발견』의 저자

"마르쿠스 아우렐리우스에게 새 생명을 불어넣은 우아하고 멋진 책이다. 로마 역사와 스토아 철학을 잘 엮어서 『명상록』 뒤편에 서 있는 한 사람의 생생한 초상을 우리에게 제공한다. 물론 초점은 오늘날 우리가 마르쿠스에게서 무엇을 배울 수 있느냐에 있으며, 도널드 로버트슨은 심리치료에 관한 자신의 전문 지식을 바탕으로 마르쿠스의 삶과 저술로부터 우리가 얻어 낼 수 있는 실천적 본보기가 과연 무엇이고, 우리가 각자 자신의 삶을 개선하는 데 그런 본보기를 어떻게 활용할 수 있을지를 잘 보여 주고 있다."

_존 셀라스John Sellars, 로열 홀러웨이 런던 대학교 교수,

『에피쿠로스의 네 가지 처방』, 『사는 게 불안한 사람들을 위한 철학 수업』 저자

"로버트슨은 황제의 철학을 잘 정제해서 유용한 정신적 습관으로 만든다.…그는 마르쿠스의 생애와 사상에 대한 견실한 지식을 선보인다.… 읽기 편한 문체가 글의 호소력을 더해 준다.… 이 책은 전형적인 철인왕(哲人王)의 영속적인 유효성을 옹호하는 설득력 있는 주장을 제시하며 나름의 성공을 거둔다."

_『월스트리트 저널The Wall Street Journal』

"마르쿠스 아우렐리우스를 다룬 이 멋진 한 권의 책이 스토아 철학의 양식 안에서 활짝 꽃을 피운다."

_데런 브라운Derren Brown(작가, 마술사)

"아우렐리우스의 삶과 그가 가진 신념들이 펼쳐지는 매혹적인 역사, 그리고 그런 신념들이 현대의 마음챙김 실천에 어떻게 생명을 불어넣었는지에 관한 통찰력 넘치는 사색."

_『퍼블리셔스 위클리Publishers Weekly』

"도널드 로버트슨은 모던스토아주의(Modern Stoicism) 운동을 이끄는 선도적인 지성인 중 한 명이다. 그는 고대 철학에 대단히 조예가 깊은 인지 행동 치료 전문가이기도 하다. 이 책은 보기 드물게 위인의 전기와 자기계발서를 조합하고 있다. 마르쿠스의 삶, 그리고 그가 스토아주의를 공부하고 실천하는 가운데 몸소 보여 준 발전 과정을 추적해 가면서 로버트슨은 독자에게 그의 철학과 수련, 그리고 그 두 가지를 21세기의 삶과 연관 지을 방법을 소개한다."

_마시모 피글리우치Massimo Pigliucci, 그레고리 로페즈Gregory Lopez,
『스토아주의 입문자들을 위한 안내서A Handbook for New Stoics』의 저자

"이 책은 재미와 함께 독자의 자기 계발에도 지극히 도움이 되게끔 요령껏 역사와 철학, 심리학을 독특하게 결합한다. 이 책은 속임수나 늘어놓는 싸구려 자기 계발서가 아니라 그야말로 진정한 '자기 계발 지침서'다. 로버트슨은 스토아 철학이 어떤 원리로 돌아가는지, 마르쿠스 아우렐리우스 덕분에 그 철학이 어떻게 실질적으로 유용해졌는지 추적해 보는 여정으로 독자들을 흥미롭게 이끌어 간다. 그러면서 그는 그런 스토아 철학의 방법들을 독자 자신의 삶 속에서 직접 활용할 수 있는 실천적 과제들을 제안한다."

_프랭클린 애니스Franklin Annis 박사, 『스몰워즈 저널Small Wars Journal』

추천의 글   **7**

차례

내가 열세 살 때 아버지가 돌아가셨다. 오십 대에 폐암에 걸리셔서 일 년간 병상에 누워 계시다가 결국 세상을 떠나신 것이다. 아버지는 겸손하고 점잖은 분이셨다. 그리고 내게는 인생을 더 깊게 생각하라고 어깨를 두드려 주신 분이기도 했다.

나는 아버지의 죽음을 받아들일 준비가 전혀 되어 있지 않았고 서투르게 대처했다. 화도 났고 침울해졌다. 밤새 거리를 나돌아 다니며 동네 경찰 아저씨들과 숨바꼭질을 했다. 아무 건물이나 함부로 들어가서 경찰들이 당도하기를 기다렸다가 공원으로 달아나고 울타리나 담벼락을 훌쩍훌쩍 뛰어넘으면서 그들을 따돌리곤 했던 것이다. 학교에서는 수업을 빼먹거나 선생님들과 언쟁을 벌이고 친구들과 주먹다짐을 하면서 늘 말썽을 일으켰다. 열여섯 번째 생일이 돌아오자마자 가차 없이 교장실로 불려 내려간 내게 두 개의 선택지가 주어졌다. 자퇴하든지 아니면 퇴학 당하든지. 그래서 나는 학교를 떠났고, 그 후 문제아들을 위한 특별 프로그램을 이수하게 되었다. 나는 내 인생이 통제할 수 없는 빠른 속도로 소용돌이치고 있다고 느꼈다. 학교와 사회복지국은 내게 '구제불능'이라는 딱지를 붙였다. 그들의 생각이 틀렸음을 증명하려는 노력 따위는 정말 아무 의미도 없는 일이라고 나는 생각했다.

건설 현장에서 채굴장비 기사로 일하신 아버지는 저녁 때 일을 마치고 집에 돌아오시면 녹초가 된 몸을 팔걸이의자에 풀썩 내던지곤 하셨다. 아버지의 양손은 온통 기름과 먼지투성이였다. 봉급이 신통치 않은 직업이라서 늘 빈털터리셨지만 아버지는 결코 불평하지 않으셨다. 아버지가 젊을 때 절친한 친구분이 돌아가시면서 유언으로 아버지에게 농장을 물려주신 깜짝 놀랄 만한 일이 있었다. 아버지는 유산 상속을 거부하고 그 땅을 돌아가신 그 친구분의 유족에게 돌려주셨다. 아버지는 이렇게 말씀하곤 하셨다. "돈이 너를 행복하게 해 주는 건 아니란다." 그리고 정말로 그렇게 믿고 사셨다. 아버지는 내게 인생에는 더 중요한 것들이 있으며, 참된 부유함이란 더 많이 갖고 싶은 욕망이 아니라 무엇이 됐든 자기가 지금 가진 것에 만족함으로써 얻게 된다는 것을 보여 주셨다.

아버지 장례식을 치른 후에 어머니는 아버지가 쓰시던 낡은 가죽 지갑을 식탁 위에 올려놓으시며 내게 가지라고 말씀하셨다. 나는 천천히 지갑을 열어 보았다. 그때 내 양손이 떨리고 있었다고 생각하는데 왜 그랬는지는 확실히 모르겠다. 지갑 안에는 해어질 대로 해진 종잇조각 하나만이 들어 있었다. 그것은 「출애굽기」에서 한 구절을 찢어 낸 것이었다. "하나님이 모세에게 이르시되 **나는 스스로 있는 자니라.** 또 이르시되, 너는 이스라엘 자손에게 이같이 이르기를 스스로 있는 자가 나를 너희에게 보내셨다 하라." 나는 이런 말들이 도대체 아버지에게 무슨 의미가 있기나 했던 것인지 이해하고 싶은 마음이 간절했다. 내 자신의 철학 여정이 정확히 바로 그 순간에 시작되었다. 그 종잇조각을 손에 쥐고 복잡한 심경으로 서 있던 바로 그 순간에 말이다.

많은 세월이 흐른 후 마르쿠스 아우렐리우스^Marcus Aurelius도 이른 나이에 아버지를 잃었다는 사실을 알게 되었을 때, 나는 그도 내가 그랬던 것처럼 방향 감각을 찾아야 할 처지에 놓여 있었을지 궁금했다. 아버지의 죽음 이후 내게는 종교적인 의문들, 철학적인 의문들이 남겨졌고 그것들이 나를 아주 심하게 괴롭혔다. 나는 죽는다는 생각에 몸서리를 쳤던 기억이 난다. 침대에 누워서도 밤잠을 이루지 못하는 일이 잦았고 존재의 수수께끼를 풀어서 위안을 얻고자 애썼다. 마치 뒤통수가 간질간질해서 긁어야겠는데 손이 잘 닿지 않는 상황과도 같았다. 당시에는 몰랐지만, 바로 그런 종류의 실존적 불안이 사람들을 철학 공부로 몰아가는 공통의 경험이 된다. 예를 들어, 철학자 스피노자^Spinoza는 이렇게 적었다.

그리하여 나는 내 상태가 매우 위중하다는 것을 감지하고, 온 힘을 다해 아무리 불확실한 것일지라도 가리지 말고 치료제를 찾아내라고 나 자신에게 명령하였다. 치명적인 질병에 걸려서 투병 중인 병자가 치료제를 구하지 못하면 틀림없이 죽음이 닥치리라는 것을 알고 있을 때, 그의 온 희망이 바로 그 치료제에 있는 까닭에 그것을 온 힘을 다해 찾지 않을 수 없는 것과 같은 이치에서였다.

나는 "나는 내 스스로 있는 자이다"라는 경구를 존재 그 자체에 대한 순수한 자각을 가리키는 말로 받아들였다. 처음에는 존재 그 자체란 내게 대단히 신비로운 그 무엇, 혹은 형이상학적인 그 무엇처럼 여겨졌다. "나는 곧 내 존재의 의식이다." 이것은 델피 신전에 새겨져 있다는 유명한 글귀를 떠오르게 했다. **너 자신을 알라.** 이것은 나의 격률 중 하나가 되었다. 나는 명상과 모든 형태의 사색 연습을 통한 자기인식의 추구에 점점 더 골몰하며 집착하게 되었다.

나중에 아버지가 한평생 몸에 지니고 다니신 그 구절이 '로열아치Royal Arch'라고 불리는 프리메이슨 지부의 의례에서 중요한 임무를 맡게 된다는 사실을 알아냈다. 입회식이 진행되는 도중에 입교 후보자에게 다음과 같은 질문이 던져진다. "당신은 로열아치의 프리메이슨입니까?" 이 질문에 후보자는 이렇게 대답한다. "**나는 내 스스로 있는 자이다.**" 프리메이슨주의는 스코틀랜드에서 적어도 400년 전으로 거슬러 올라가는 오랜 역사를 지니고 있으며, 내 고향인 에어Ayr에 깊게 뿌리내리고 있다. 아버지나 내 친구들의 아버지들 다수가 그 지부의 회원들이셨다. 대부분의 프리메이슨들은 기독교인이지만, 그들은 특정 종교와 무관한 언어를 채택한다. 이를테면, 하느님을 '위대한 우주 건축가'로 칭하는 식이다. 그들 경전 어딘가에 실려 있는 전설에 따르면, 솔로몬 왕의 신전을 건설한 자들에게서 유래한 일군의 영적 가르침들을 철학자 피타고라스Pythagoras가 서구로 들여왔고, 플라톤Platon과 유클리드Euclid가 널리 확산시켰다고 한다. 중세 때는 프리메이슨 지부들이 이 오래된 지혜를 수 세기에 걸쳐 대를 이어 전수했다고 전해진다. 그들은 자신들의 영적 교리들을 전달하기 위해서 비밀스런 제의들, 사각형 같은 기하학적 상징들,

컴퍼스 등을 사용했다. 프리메이슨주의는 또한 그리스 철학에서 말하는 이른바 4주덕, 즉 **사려**, **정의**, **용기**, **절제**를 찬양하며(더 현대적인 용어들을 선호한다면, 지혜, 정의, 용기, 중용이다), 그 네 가지 덕은 이들 집회소의 네 구석에 상징적으로 대응한다. 아버지는 이러한 윤리적 가르침들을 진지하게 받아들이셨고 바로 그 가르침들이 아버지의 성품을 형성하였다. 그리고 그렇게 형성된 아버지의 성품이 나에게는 지울 수 없는 깊은 인상을 남겼다. 프리메이슨주의는 적어도 내 아버지 같은 진실한 가담자들에게는 대학의 상아탑에서 가르치는 학문으로서의 철학이 아니라 영적인 **삶의 방식**이라는 훨씬 더 오래된 서양 철학 사상에서 파생된 그 무엇을 의미했다.

당시 나는 프리메이슨이 될 만큼 나이를 먹지 않았을뿐더러, 마을에 소문난 내 평판 덕분에 아마 동참하라고 권유할 사람도 없었을 것이다. 그래서 별 볼 일 없던 신통찮은 정규 교육을 뒤로 한 채 철학과 종교에 관해 내가 읽을 수 있는 모든 것을 닥치는 대로 읽기 시작했다. 과연 그 당시에 내가 찾는 것이 정확히 무엇이라고 또박또박 설명할 수 있었는지조차 확신이 없다. 다만 내가 찾던 것이 어떤 식으로든 철학, 명상, 그리고 정신 요법에 대한 나의 관심사들을 조합해야만 했던 것임은 분명하다. 나는 더 이성적이고 철학적인 인생의 길잡이가 필요했지만, 그 청구서에 딱 들어맞는 것이 없어 보였다. 바로 그때 소크라테스를 우연히 만나는 멋진 행운이 내게 찾아왔다.

나는 이집트 나그함마디Nag Hammadi에서 발견된 고대 그노시스주의 문헌집을 공부하던 중이었는데, 이 사상은 그리스 철학의 영향을 받은 것으로 알려져 있었다. 그 덕분에 나는 그리스 철학의 정수라 할 소크라테스를 주로 묘사하고 있는 플라톤의 대화록을 읽기 시작했다. 소크라테스는 친구들이나 대화 상대들에게 그들이 가장 깊게 간직하고 있는 가치관에 관해 질문을 던졌다. 그의 대화는 대부분 훗날 프리메이슨들이 받아들인 그리스 철학의 주덕(主德)들에 초점이 맞춰져 있었다. 소크라테스는 철학에 관해 어떤 책도 쓰지 않았다. 우리는 그저 다른 이들이 쓴 글들, 주로 그의 가장 유명한 제자들인 플라톤과 크세노폰Xenophon이 쓴 대화록들을 통해서만 그에 관해 알고 있을 뿐이다. 전하는 이야기에 따르면, 소크라테스는 윤리적인 의문들에 철학적인 방법을 적용한 최초의 인물이었다. 그는 특히 다른 사람들이 이성에 따라 현명하게 살 수 있게 돕고 싶어 했다. 소크라테스에게 철학은 단지 도덕의 길잡이가 아니라 **심리치료법**의 일종이기도 했다. 그는 철학의 실천이 죽음의 공포를 극복하고, 성품을 개선하며, 심지어 진정한 충만감을 얻는 데에도 도움을 줄 수 있다고 말했다.

소크라테스의 대화들은 대개 결론을 내지 않고 끝나는 것으로 악명 높다. 실제로 그는 특정 문제들에 관해 자기가 아무것도 아는 것이 없다는 것만을 알 뿐이라고 주장한다. '소크라테스의 아이러니'라고 불리는 이런 생각이 나중에 그리스의 회의주의로 알려진 전통에 영감을 불어넣었다. 그럼에도 불구하고 그는 인생을 살아가는 최선의 방법에 관해 제자들에게 적극적인 가르침을 전수했던 것으로 보인다. 우리는 그런 가르침의 초석을 플라톤의 『소크라테스의 변명』에 나오는 한 유명한 구절에서 포착할 수 있다. 소크라테스는 신에게 불경하고 젊은이를 타락시켰다는 날조된 죄목을 뒤집어쓰고 끝내는 처형까지 당하게 된다. 그럼에도 그는 다른 사람들이 흔히 그러듯 용서를 빌거나 흐느끼는 아내와 아이들을 배심원들 앞에 들이밀어 자비를 탄원하는 대신, 자기를 고소한 사람들에게 질문을 던지고 배심원들에게 윤리를 강의하면서 그저 꿋꿋이 철학하는 모습을 보일 뿐이다. 변론 중 어느 시점에서 그는 철학자가 된다는 것이 무슨 의미인지 자기가 생각하는 바를 또렷한 언어로 설명한다.

왜냐하면 내가 돌아다니면서 하는 일이라고는 바로 여러분 중에 젊은이나 늙은이 할 것 없이 모두가 자신의 영혼을 가능한 한 최고의 상태로 돌보는 일보다 육신이나 재산을 돌보는 일을 더 선호하지 말라고, 그런 일에 그 정도로 큰 수고를 들이지는 말라고 설득한 것이 전부이기 때문입니다. 지금 여러분에게 이렇게 말하듯이 말이지요. "재산이 덕을 불러오는 것이 아니라, 덕이 재산을 만드는 것이고 개인적으로건 집단적으로건 인간에게 좋은 나머지 모든 것들도 다 덕이 만드는 것입니다."

이것이 바로 그가 인생을 살아간 방식이었으며 제자들은 그의 전례를 본받고자 애썼다. 우리는 다른 무엇보다도 지혜와 덕(德)에 더 많은 중요성을 부여해야 한다. 그래서 소크라테스가 생각하는 의미에서 '철학자'란 이러한 가치관에 따라 살아가는 사람이다. 즉, 그 단어의 어원적인 의미에 해당하는, 문자 그대로 **지혜를 사랑하는** 자인 것이다.(우리말 '철학'에 해당하는 영어 단어인 'philosophy'는 그리스어 'philosophia'에서 유래한 것인데, pihilosophia는 'philos(사랑)'와 'sophia(지혜)'의 합성어로서 어원상 그 의미는 '지혜에 대한 사랑'이다.-옮긴이)

되돌아보면, 나는 아버지가 프리메이슨주의에서 찾았던 것과 같은 **인생철학**을 구하기 위해 소크라테스나 그 밖에 다른 고대 철학자들에게 의지했던 것임을 깨닫게 된다. 하지만 앞서 언급했던 것처럼, 현존하는 대화록들은 소크라테스가 말하는 현명한 인생 살기의 기법을 현실적으로 상세히 설명해 준다기보다는 주로 소크라테스의 질문 던지기 방법을 묘사하고 있다.

고대 철학자들이 내가 그때 당시에 찾고 있던 현실적인 답변들을 제공해 주지는 않았지만, 그들 덕분에 더 많은 글을 읽어 봐야겠다는 마음을 먹게 된 것은 분명한 사실이었다. 또한 내가 새로 발견한 목적의식은 내 삶이 다시 정상 궤도를 되찾는 데에도 도움을 주었다. 나는 더는 말썽을 일으키지 않았고 철학 공부를 하러 애버딘^{Aberdeen}에 있는 대학교에 입학했다. 그러다 무언가 옳지 않다는 생각이 들었다. 우리가 그 학문에 접근하는 방식이 너무 학술적이고 이론적이었던 것이다. 지하 도서관에서 책과 씨름하며 시간을 보내면 보낼수록 삶의 방식으로서의 철학, 우리의 성품을 개선하고 우리의 번영에 도움을 줄 수 있는 그 무엇으로서의 철학이라는 소크라테스의 원래 생각에서 점점 더 멀어지는 것처럼 느껴졌다. 만약 고대 철학자들이 정신의 진정한 전사(戰士)들이었다면, 현대 철학자들은 정신적인 도서관 사서들 같은 사람들에 더 가까울 것이다. 철학을 매일의 일상에서 하나의 심리적 실천 과제로 활용하려 한다기보다는 그저 여러 사상들을 대조하고 정비하는 일에 더 관심이 있어 보여서다.

졸업에 즈음하여 나는 심리 요법을 공부하고 훈련하기 시작하였다. 왜냐하면 타인을 돕는 법을 배운다는 것이 내게는 나의 철학 공부와 연결할 수 있는 자기 개선의 통로를 제공하는 것처럼 보였기 때문이었다. 당시는 치료법 분야가 과도기에 있던 상태였다. 프로이트Freud와 융Jung의 정신분석학적 접근 방식들이 서서히 인지행동치료cognitive-behavioral therapy, CBT에 밀려나고 있던 참이었고, 그 이후로 CBT는 심리 요법에서 증거기반실천evidence-based practice(임상적으로 숙련된 치료자가 내담자의 필요, 가치, 선호 등 맥락을 고려하여 연구를 통해 근거가 확보된 심리 요법의 적용을 결정하는 방식을 가리킴-옮긴이)의 지배적인 형태가 되었다. CBT는 우리의 감정에 이성을 적용하라고 권장한다는 점에서 내가 찾고 있던 철학적 실천에 더 가까운 것이었다. 하지만 그것은 보통 몇 달 해 보다가 접게 되는 그런 방법이다. 여기에는 확실히 우리에게 총체적인 삶의 방식을 제공하려는 목적이 들어 있지 않다.

현대적인 치료법은 고대의 소크라테스적인 삶의 기술에 비해 부득이 그 범위가 그냥 적당한 수준이다. 대부분의 요즘 사람들은 그저 정신 건강 문제들에 대한 빠른 해결책을 찾을 뿐이라서 그렇다. 그럼에도 일단 내가 심리치료사 일을 시작하고 나서 보니, 불안증이나 우울증을 겪고 있는 내담자들 대부분이 자신들의 정신적 고통이 자기들이 가진 근원적 가치관에서 기인한다는 사실을 깨달음으로써 개선된다는 것이 내 눈에 명백해졌다. 모두가 알다시피, 우리는 매우 나쁜 일이 일어났다고 매우 강하게 믿을 때 그로 인해 보통은 걱정을 하게 된다. 마찬가지로 만약 우리가 어떤 것이 매우 좋고 바람직하다고 믿는다면, 그것이 위협을 받을 때 불안해지고 그것을 상실했을 때 슬퍼진다. 예를 들어, 사회불안social anxiety(타인과 상호 작용하는 사회적 상황에 대해서 불안과 두려움을 느끼는 심리 상태-옮긴이)을 느끼려면 자신에 대한 다른 사람들의 부정적 의견들이 화를 낼 만한 가치가 있는 것들이라고 믿어야 한다. 사람들이 자기를 싫어하면 정말 안 좋고, 그들의 인정을 받는 일이 정말 중요하다고 믿어야 한다는 것이다. 예외는 있지만, 심각한 장애(사회 공포증)를 앓고 있는 사람들도 아이들이나 친한 친구들에게 사소한 문제를 이야기할 때는 대개 '정상'이라고 느끼곤 한다. 그런데 그런 사람이 매우 중요하다고 생각하는 주제에 관해서 매우 중요하다고 생각하는 사람에게 말을 걸 때에는 고도의 불안감을 느낀다. 이와 대조적으로 어떤 이가 근본적으로 다른 세계관을 갖고 있다고 해 보자. 그래서 그런 사람은 다른 사람들 눈에 자신의 위상이 어떻게 비춰지느냐는 그저 사소한 문제에 지나지 않는다는 태도를 취한다면, 결과적으로 그 사람은 사회불안의 범접을 피할 수 있는 것이다.

나는 이렇게 추론했다. 대부분의 사람들이 갖고 있는 인생의 걱정거리들에 대해서는 훨씬 더 무심하면서, 더 건전하고 더 합리적인 핵심 가치들을 채택할 수 있는 사람이라면 감정적으로 훨씬 더 회복력resilience 있는 사람이 될 수 있으리라는 것이다. 나는 다만 소크라테스의 철학과 가치관을 CBT의 치유 도구 같은 것들과 어떻게 조합해야 할지 그 방법을 규명할 수 없었다. 하지만 그 무렵 내가 상담과 심리치료 수련을 받고 있을 때 뜻밖에 **스토아주의**와 조우하게 되면서 모든 상황이 바뀌게 되었다.

내가 프랑스 학자 피에르 아도Pierre Hadot의 『고대 철학이란 무엇인가What Is Ancient Philosophy?』(1998)와 『삶의 방식으로서의 철학Philosophy as a Way of Life』(2004)을 우연히 읽게 되었을 때, 그 즉시 나는 감춰져 있던 스토아주의의 진가를 접하고 깊은 인상을 받았다. '삶의 방식으로서의 철학'이라는 책 제목이 암시하는 바와 같이, 아도는 고대 서양 철학자들이 실제로 철학을 하나의 삶의 방식으로서 다루었다는 생각을 심층적으로 탐구하였다. 그리스의 문학과 로마의 철학 안에 잘 챙겨져 있던 **영적 수행**의 엄청난 보물단지 앞에서 내 눈이 번쩍 뜨였다. 이 보물들은 분명히 사람들이 정신적 고통을 극복하고 성품의 역량을 키울 수 있게 돕고자 설계된 것들이었다. 아도는 소크라테스가 죽고 몇 세대가 지나 헬레니즘 시기의 철학 학파들 사이에서 사색 수행이 매우 일상화되었다는 사실을 발견하였다. 스토아 학파는 수양과 용기 같은 덕들(감정적인 회복력이라고 부를 수 있는)의 계발만이 아니라 영적 훈련들을 광범위하게 활용함으로써 특히 소크라테스 철학의 실천적인 측면에 주안점을 두었다.

아도는 이런 철학적 수행들을 초기 기독교의 영적 훈련들에 비교했다. 정신 요법 치료사로서 나는 그가 확인한 철학적 혹은 영적 훈련들 대부분이 현대 심리치료의 심리적 훈련들에 비견된다는 사실을 즉각 알아챘다. 실제로 스토아주의는 가장 명시적으로 치유를 지향하고 있으며, 자유로이 활용할 수 있는 심리 기법들로 꽉 찬 가장 큰 설비 혹은 공구통을 갖춘 고대 서양 철학의 학파였다는 것이 내 눈에는 보자마자 명백해졌다. 10년이 넘는 세월 동안 철학책들을 뒤지며 다녔는데, 정작 적소(適所)는 놔두고 엉뚱한 곳들만 잔뜩 들여다본 셈이었다는 사실을 비로소 깨닫게 되었다. "건축자의 버린 돌이 모퉁이의 머릿돌이 되었으니."(「시편」 118, 22절)

나는 스토아주의의 문헌을 탐독하기 시작했고, 스토아주의에 가장 가까운 현대적인 심리치료의 형태가 합리정서행동치료^{rational emotive behavior therapy, REBT}라는 것을 알게 되었다. 이 치료법은 1950년대에 앨버트 엘리스^{Albert Ellis}가 처음 개발한 것으로서 CBT의 주요한 전신 격에 해당한다. 엘리스나 CBT의 또 다른 주요 선구자인 애런 T. 벡^{Aaron T. Beck}은 둘 다 스토아 철학이 각자의 접근 방식에 영감을 주었다고 언급하였다. 이를테면, 벡과 그의 동료들은 『우울증의 인지치료^{The Cognitive Therapy of Depression}』라는 책에서 "인지치료의 철학적 기원은 스토아 철학자들에게로 거슬러 올라갈 수 있다."고 적었다. 실제로 CBT와 스토아주의는 몇 가지 근본적인 심리학적 가정들, 그중에서도 특히 '감정에 관한 인지 이론'을 공유하고 있는데, 이는 주로 우리의 믿음이 감정을 결정한다고 주장하는 견해이다. 예를 들어, 벡에 따르면 불안은 대체로 '뭔가 나쁜 일이 일어날 거야'라는 믿음으로 이루어진다는 것이다. 전제들을 공유하고 있는 스토아주의와 CBT는 불안, 분노, 우울 등등의 문제들로 고통 받는 사람들에게 어떤 종류의 심리 기법들이 유익할지에 관해서도 유사한 결론에 도달할 수밖에 없었다.

스토아주의의 기법 중 하나가 특히 나의 이목을 사로잡았다. 이 기법은 고대 원전들에서는 잘 증언되어 있음에도 불구하고, 아도의 표현을 빌리자면 "위에서 내려다본 광경^{a view from above}" 같은 것은 현대 심리치료나 관련 자기계발서에서 사실상 거의 언급되지 않는다. 이것은 벌어지는 사건을 마치 머리 위 저 높은 곳에서 내려다보듯 마음에 그리는 일을 수반한다. 어쩌면 올림포스산 정상에서 신들이 그 사건을 내려다본다고 생각해도 좋을 것이다. 우리의 시야를 넓히는 일은 흔히 정서적인 평정심을 유도한다. 그 일을 내가 직접 실천해 보니, 아도가 그랬듯 그것이 고대 철학의 중심 주제들을 하나의 단일한 시각 안에서 한데 융합시킨다는 것을 알아챘다. 나는 또한 그것을 인도(引導) 명상^{guided meditation}으로 각색하기 쉽다는 것도 깨달았다. 그렇게 해서 나는 심리치료사들을 직접 양성하고 학술대회에 참석해 강연하며, 한 번에 100명까지 숙련된 치료사들과 연습생으로 가득 찬 방들을 돌아다니며 내 나름의 훈련 방식을 통해 그들을 지도할 수 있게 되었다. 나는 그들이 그 훈련 방식을 그 자리에서 받아들였고, 그것이 그들이 가장 좋아하는 훈련 중 하나가 되었다는 사실을 발견하고 기분 좋게 깜짝 놀랐다. 그들은 초연한 시각으로 자신이 처한 인생 상황을 사색하면서 어떻게 이례적으로 평온한 마음을 유지할 수 있었는지 묘사하곤 하였다. 나는 내 블로그를 통해 내가 가진 자원들을 온라인으로 공유하기 시작했다.

미국의 마케팅 전문가이자 사업가인 라이언 홀리데이^{Ryan Holiday}는 『돌파력^{원제:The Obstacle Is the Way}』(2014)과 『하루 10분 내 인생의 재발견^{원제:The Daily Stoic}』(2016, 스티븐 핸슬먼 공저)이라는 저서들에서 스토아주의를 받아들였다. 그 후 영국의 마술사이자 유명 방송인인 데렌 브라운^{Derren Brown}이 스토아주의자들에게서 영감을 받은 『행복^{Happy}』(2017)이라는 제목의 책을 출판하였다. 이들 저자들은 학계 너머의 완전히 새로운 청중에게 호소하고 있었고, 그들에게 스토아주의를 자기계발과 인생철학의 한 형태로 소개하고 있었다. 과학적 회의주의자이자 철학 교수인 마시모 피글리우치^{Massimo Pigliucci}는 2017년에 『그리고 나는 스토아주의자가 되었다^{원제:How to Be a Stoic}』를 출간하였다. 같은 해에 미국 공화당 정치인인 팻 맥기한^{Pat McGeehan}은 『스토아주의와 의사당^{Stoicism and the Statehouse}』을 출간하였다. 스토아주의는 또한 군대에서도 토마스 재럿^{Thomas Jarrett} 대령의 전투원 회복력 훈련^{Warrior Resilience Training}의 일환으로 사용되고 있다. 전미(全美)미식축구연맹^{NFL} 임원이자 프로 미식축구팀 뉴잉글랜드 패트리어츠의 전직 코치 마이클 롬바르디[Michael Lombardi]는 스토아주의를 받아들였고, 그 철학은 스포츠 세계에서 점점 더 많은 신봉자들을 끌어모으기 시작했다. 스토아주의는 분명히 인기 회복을 경험하고 있으며, 지금 언급한 사례들은 빙산의 일각에 지나지 않는다. 스토아주의자들이 모이는 온라인 커뮤니티들이 번성하면서 인터넷을 통해 수많은 사람들이 모여들고 있는 중이다.

스토아주의 이야기를 들려주다

몇 년 전 내 딸 파피[Poppy]가 네 살 때, 나를 붙잡고 재미있는 이야기를 해달라고 조르기 시작했다. 나는 아동 문학에는 문외한이어서 그리스 신화나 영웅담, 철학자들에 관한 일화 등 그냥 머릿속에 떠오르는 이야기를 딸에게 들려주었다. 아이가 가장 좋아한 이야기 중 하나는 그리스의 장군 크세노폰에 관한 일화였다. 그가 젊을 때 이야기이다. 어느 늦은 밤 그가 아테네의 시장 근처에서 두 건물 사이로 난 골목길을 걸어가고 있었다. 갑자기 컴컴한 그림자에 가려져 정체를 알 수 없는 한 이방인이 나무 지팡이로 그의 앞길을 가로막았다. 어둠 속에서 들려오는 음성이 이렇게 물었다. "만약 어떤 이가 **물건들**을 사고 싶다면 어디로 가야 하는지 아시오?" 크세노폰은 그런 것들은 아고라에 있는 세계 최고의 시장에 가면 살 수 있다고 대답했다. 그곳에 가면 보석, 음식, 의복 등 당신이 원하는 모든 물건들을 살 수 있을 것이라고 말이다. 이방인은 잠깐 뜸을 들이더니 다시 질문을 던졌다. "그러면 **좋은 사람**이 되는 법을 배우려면 어디로 가야 합니까?" 크세노폰은 말문이 막혔다. 어떻게 대답을 해야 할지 전혀 생각이 떠오르지 않았다. 그러자 정체를 알 수 없던 그 인물이 지팡이를 거두고 그림자 바깥으로 걸어 나왔다. 그리고 자신을 소크라테스라고 소개하였다. 소크라테스는 어떻게 하면 누군가가 좋은 사람이 될 수 있는지 알아내기 위해 둘 다 함께 노력해야 한다고 말했다. 왜냐하면 그 방법을 아는 것이 온갖 종류의 물건들을 어디서 사야 하는지를 아는 것보다 분명히 더 중요하기 때문이다. 그래서 크세노폰은 소크라테스와 함께 길을 나섰고 그 후로 소크라테스의 가장 친한 친구이자 추종자가 되었다.

나는 파피에게 대부분의 사람들이 인생에는 훌륭한 음식, 옷, 집, 돈 등 좋은 것들도 많이 있고 또 나쁜 것들도 많이 있다고 믿겠지만, 소크라테스라면 아마도 그들이 완전히 틀렸다고 말했을 것이라고 이야기해 주었다. 그는 혹시 세상에서 좋은 것은 오로지 단 하나뿐이 아닌지, 혹시 그것이 바깥이 아니라 우리 안에 있는 것은 아닌지 궁금해 했다. 어쩌면 그 유일하게 좋은 것은 지혜나 용기 같은 것일지도 몰랐다. 파피는 잠깐 생각하고 나더니, 놀랍게도 고개를 저으며 이렇게 말했다. "그건 틀려, 아빠! 그 이야기 다시 해 줘 봐." 나는 절로 미소가 지어졌다. 아이가 그 이야기에 관해 계속 생각해 보고 싶어 한다는 걸 알 수 있었기 때문이다. 아이는 내게 소크라테스가 어떻게 그렇게 현명해졌는지 물었고 나는 아이에게 그가 가진 지혜의 비밀을 말해 주었다. 그는 인생에서 가장 중요한 것들에 관해 수없이 많은 질문들을 던졌고, 그다음에는 그 답변들을 아주 주의 깊게 경청했다고 말이다. 그런 식으로 나는 계속 이야기들을 들려주었고 아이는 계속 수많은 질문들을 던졌다. 나도 비로소 깨닫게 된 것이지만, 아이에게 그냥 뭔가를 가르치는 것보다 소크라테스에 관한 이런 소소한 일화들을 들려주는 것이 훨씬 더 큰 효과가 있었다. 그런 일화들은 현명하게 산다는 것이 무슨 의미인지를 아이가 스스로 생각해 보도록 자극을 주었다.

어느 날 파피가 그동안 내가 들려준 이야기들을 종이에 적어 달라고 부탁하기에 그렇게 해 주었다. 나는 이야기를 더 길고 자세하게 적어서 다시 아이에게 읽어 주었다. 그중 몇 편은 내 블로그를 통해 온라인으로 공유하였다. 아이에게 그런 이야기를 들려주고 함께 토론도 해 보고 나니, 이것이 여러 모로 삶의 방식으로서 철학을 가르치는 좋은 접근법이었음을 깨닫게 되었다. 이 방법은 우리가 유명한 철학자들이 보여 준 모범에 대해서, 그리고 그런 철학자들이 훌륭한 역할모델이 되어 줄 수 있을지 여부에 대해서 생각해 볼 수 있게 했다. 나는 고대 스토아 실천가들의 실화를 이용해 스토아의 원리들을 가르치는 책이 나의 어린 꼬마에게뿐만이 아니라 다른 사람들에게도 도움이 될 수 있겠다고 생각하기 시작했다.

그다음 나는 스토아의 역할모델로 활용할 수 있는 최고의 후보자가 누구인지 자문(自問)해 보았다. 그 철학에 생기를 불어넣어 뼈대마다 살이 붙게 해 줄 만한 풍부한 이야깃거리를 지닌 인물이 누구일까. 정답은 마르쿠스 아우렐리우스였다. 우리는 대부분의 고대 철학자들의 삶에 관해서는 아는 것이 거의 없지만, 마르쿠스는 로마 황제였기에 그의 삶과 성품에 관해서는 아주 많은 증거가 보존

되어 있다. 현존하는 몇 안 되는 스토아 문헌들 중에는 그가 자신의 사색 수행에 관하여 자기 자신에게 적어 놓은 수기들이 있다. 바로 오늘날『명상록』이라는 이름으로 알려져 있는 책이다(원제는 'Τὰ εἰς ἑαυτόν(타 에이스 헤아우톤)'으로 '자기 자신에게', 즉 일종의 혼잣말로 스스로를 깨우치기 위해 쓴 글임을 의미함-옮긴이). 마르쿠스는『명상록』을 시작하는 첫 권을 나머지 권들과는 판이하게 다른 형식으로 썼다.(마르쿠스 아우렐리우스 본인이 각 권을 구분해서 글을 쓴 것은 아니며 후대 사람들이 그가 쓴 수기를 12권으로 나누어서 편집한 것임-옮긴이) 첫 권에서 그는 덕들, 즉 그가 가족과 스승들에게서 가장 존경하는 성격상의 특징들 목록을 제시한 것이다. 그는 총 열 여섯 명에 관한 목록을 제시한다. 어쩌면 그도 스토아 철학을 처음 공부하는 최고의 방법은 생기 넘치는 덕의 모범 사례들을 살피는 것이라고 믿었던 것 같다. 나는 마르쿠스가 그 자신의 스토아 스승들의 삶을 고찰했던 것과 같은 방식으로 우리가 마르쿠스의 삶을 스토아주의의 모범으로 고찰하는 것이 의미가 있다고 생각한다.

이제부터 펼쳐질 장들은 모두 세심한 역사 읽기에 기초한 것들이다. 광범위한 영역의 원전들을 두루 참조하기는 했지만, 마르쿠스의 삶과 성품에 관해서는 주로『명상록』에 나오는 마르쿠스 본인의 이야기들과 더불어 카시우스 디오^{Cassius Dio}(서기 2~3세기 로마의 역사가-옮긴이), 헤로디아누스^{Herodianus}(서기 2~3세기 로마의 역사가-옮긴이)의 역사적 기록들, 그리고『로마 황제의 역사^{Historia Augusta}』(서기 117년부터 284년까지 재위한 로마 황제들, 제위 계승자들, 반역자들 등에 대한 일대기를 라틴어로 서술한 역사서로서 저자, 집필 연대, 집필 의도, 내용의 신빙성 등에 대해서는 역사가들 사이의 논란이 있음-옮긴이)를 통해 배울 것이다.

이따금 사소한 세부 사항들이나 단편적인 대화들을 보태서 이야기에 살을 붙이기는 했지만, 그것은 마르쿠스의 삶 속 사건들이 어떻게 펼쳐졌을지 유효한 증거를 기반으로 내 나름 상상해 본 바에 따른 것이다.

이 책의 마지막 장은 인도 명상을 연상케 하는 다른 문체로 써 보았다. 이것은 마르쿠스 아우렐리우스가 『명상록』에서 제시한 생각들에 엄밀하게 근거를 둔 것이다. 비록 내가 그의 말들을 부연하여 더 길게 해설적인 글로 바꾸어 놓기는 했으나, 그것은 마음속으로 이미지를 떠올리고 더욱 세심한 사색의 경험을 환기할 수 있게끔 신중하게 의도한 것이었다. 나는 또한 다른 스토아 저자들에게서 유래한 말들과 생각들을 그 글 안에 일부 담아 놓기도 했다. 내가 그 글을 내면의 독백 혹은 환상의 형식에 담아서 쓴 이유는 그것이 죽음에 대한 스토아주의의 사색과 '위에서 내려다본 광경'을 제시하는 훌륭한 방법이라고 느꼈기 때문이다.

이 책 전체는 독자들이 마르쿠스를 좇아서 스토아적인 정신의 역량을 신장하고 결과적으로 더 뜻깊은 충만감을 얻을 수 있도록 도움을 줄 요량으로 계획된 것이다. 독자들은 내가 CBT의 여러 가지 구성 요소들을 스토아주의와 결부시켜 놓았다는 사실을 여러 곳에서 발견할 것이다. 이런 시도는 앞에서 본 바와 같이 CBT를 고무한 사상이 바로 스토아주의이며, 그 둘 사이에는 몇 가지 근본적인 공통점이 있기 때문에 자연스러운 것일 수밖에 없다. 그러므로 독자들은 내가 '인지적 거리두기'cognitive distancing'와 '기능적 분석functional analysis' 같은 현대 치료의 발상들을 언급하고 있음을 알게 될 것이다. 이를테면 '인지적 거리두기'란 우리의 생각을 외부 현실과 구분할 수 있는 능력을 말하며, '기능적 분석'이란 상이한 행동 추이에 따른 결과들을 평가하는 것이다. CBT는 단기 치료법으로서 불안증이나 우울증 같은 정신 건강상의 문제들을 **치료**하는 데 주안점을 둔 접근 방식이다. 예방이 치료보다 더 낫다는 것은 누구나 다 안다. 사람들은 미래에 심각한 정서적 문제가 발현할 위험성을 줄이기 위해 CBT에서 비롯된 기법들과 개념들을 적절히 조정하여 회복력을 키우는 데 활용하고자 하였다. 하지만 많은 사람들이 장기적인 예방적 접근으로 사용하기에 훨씬 더 적합한 것은 스토아 철학과 CBT의 조합이라고 나는 믿는다. 그런 조합을 매일의 실천과 함께 하나의 삶의 철학으로 채택할 때, 우리는 훨씬 더 뛰어난 정서적 회복력, 성품의 역량, 도덕적 고결성을 배울 수 있는 기회를 갖게 될 것이다. 그것이 바로 이 책이 정말로 다루고자 한 바이다.

스토아주의자들은 우리에게 인생에서 목적의식을 찾는 법, 역경에 맞서는 법, 우리 안에 있는 분노를 정복하고, 욕망을 누그러뜨리고, 건강한 기쁨의 원천을 경험하며, 고통과 질병을 끈기 있고 존엄하게 견디어 내는 법, 불안에 직면하여 용기를 드러내고 상실에 대처하는 법, 그리고 어쩌면 소크라테스처럼 마음의 동요 없이 나 자신의 죽음을 대면할 수 있는 법까지도 가르쳐 줄 수 있다. 마르쿠스 아우렐리우스는 로마 황제로 나라를 다스리던 시기에 어마어마한 도전들에 직면하였다. 『명상록』은 그런 그의 영혼을 들여다볼 수 있는 창을 제공한다. 우리는 그 창을 통해서 그가 그 자신을 어떻게 인도해 나갔는지 전모를 들여다볼 수 있다. 실제로 나는 독자들에게 이 책을 특별한 방식으로 읽는 노력을 기울여 보라고 권유하고 싶다. 마르쿠스의 입장이 되어서 생각하고 그의 눈을 통해, 그의 철학의 렌즈를 통해 인생을 바라보려고 노력해 보라는 것이다. 어엿한 스토아주의자로 하루하루 변모해 간 그의 여정에 우리도 동반자가 될 수 있을지 한번 보자. 운명이 허락한다면, 더 많은 사람들이 스토아주의의 지혜를 현대 생활에서 직면하는 현실의 도전들과 일상의 문제들에 적용할 수 있을 것이다. 하지만 그런 변화가 그냥 뚝딱하고 생겨나지는 않을 것이다. 그것은 오로지 그런 생각들을 실천에 옮기는 일을 여기서 지금 당장 시작하겠다는 굳은 결심을 다짐함으로써만 이루어질 것이다. 마르쿠스가 스스로에게 이렇게 썼던 것처럼 말이다.

좋은 사람은 어떠해야 하는지를 놓고 말싸움하느라 시간을 낭비하지 말라. 그냥 좋은 사람이 되어라.

1

죽은 황제

HOW TO
THINK LIKE
A ROMAN
EMPEROR

이 순간을 위해 준비해 온 시간들이다. 그가 추종하는 스토아 철학은 자신의 유한성을 차분하고 이성적으로 사색하는 일을 실천하라고 그를 가르쳤다. 스토아주의자들에 따르면 죽는 법을 배운다는 것은 노예로 사는 버릇을 버리는 일이다.

죽음을 향한 이런 철학적 태도가 마르쿠스에게 저절로 생겨난 것은 아니었다. 마르쿠스의 아버지는 그가 채 몇 살 되지 않았을 때 엄숙한 표정의 아이를 남겨 두고 세상을 떠났다. 마르쿠스는 17살 때 안토니누스 피우스^{Antoninus Pius} 황제에게 입양되었다. 선제(先帝)인 하드리아누스^{Publius Aelius Hadrianus}가 궁리한 장기적인 제위 계승 계획의 일환이었다. 하드리아누스는 어린 소년에 불과하던 마르쿠스에 잠재해 있는 지혜와 탁월성을 미리 내다보았던 것이다. 하지만 마르쿠스로서는 황궁으로 들어가기 위해 어머니의 집을 떠나야 한다는 사실이 가장 마음에 내키지 않았다. 안토니누스는 최고의 수사학, 철학 교사들을 소집해서 마르쿠스를 교육시킴으로써 제위를 물려받을 준비를 갖추게 했다. 그의 개인 교사들 중에는 플라톤주의나 아리스토텔레스주의의 전문가들이 있었지만, 그가 받은 주된 철학 교육은 스토아주의에 있었다. 이들 교사들은 그에게 가족과도 같은 존재들이 되었다. 그가 가장 사랑하는 개인 교사가 죽었을 때, 마르쿠스가 너무도 세차게 울부짖는 바람에 궁정의 종복들이 그를 진정시키느라 애를 먹었다고 전해진다. 그의 주변인들은 그런 행동이 다른 사람들 눈에 미래의 통치자답지 않은 모습으로 비춰질까 봐 걱정했다. 하지만 안토니누스는 그들에게 마르쿠스를 혼자 내버려 두라고 말했다. "이번 한번만은 그를 그냥 한 명의 인간으로 있게 내버려 두어라. 철학이건 제국이건 자연스러운 감정을 어찌해 주지는 못하는 법이니까 말이다." 여러 해가 지나 어린 자녀 여럿을 잃고 난 후에 마르쿠스는 법적인 소송 사건을 주관하다가 사람들 앞에서 다시 한번 감정에 북받쳐 눈물을 흘렸다. 그는 한 변론인이 주장을 전개하던 중에 이렇게 말하는 소리를 들었던 것이다. "역병에 걸려 죽은 저들에게 신의 가호가 있기를."[1]

마르쿠스는 타고나길 애정이 넘치는 따뜻한 심성을 가진 인간인지라 상실로 인해 깊은 마음의 상처를 입었다. 인생의 행로에서 그는 점점 더 오래된 스토아주의의 가르침들에 귀를 기울이게 되었다. 그것이 가장 가까운 사람들이 세상을 떠날 때를 대처하는 방법의 하나였던 것이다. 이제 병상에 누워 죽어가면서 그는 다시 한번 그가 상실했던 사람들을 되돌아본다. 몇 년 전 아내인 황비 파우스티나Faustina가 35세의 나이로 세상을 떠났다. 마르쿠스는 열세 명의 자녀 중 여덟 명이 죽는 것을 직접 목도할 정도로 오래 살았다. 여덟 명의 딸들 중에서 네 명이 살아남았지만 다섯 명의 아들 중에서는 오로지 한 명, 콤모두스Commodus만이 목숨을 건졌다. 물론 죽음이야 어디에나 널려 있었다. 마르쿠스의 재위 중에 제국 전역에서 수백만의 로마인이 전쟁이나 질병으로 목숨을 잃었다. 전쟁과 질병은 떼려야 뗄 수 없는 관계였고, 로마 군단의 주둔지는 특히 전염병의 창궐에 취약했다. 긴 겨울을 나는 몇 달 간은 더욱 그러했다. 그의 주변 공기는 달콤한 유향 냄새로 여전히 가득했다. 유향은 로마인들이 혹시 질병의 확산을 막는 데 도움이 되지 않을까 헛된 희망을 갖게 했던 물질이었다. 지금껏 10년이 넘는 세월 동안 그 향냄새와 연기는 마르쿠스에게 자신의 삶에 죽음의 그림자가 드리워져 있으며, 당장 내일까지 살아 있을지조차 결코 장담할 수 없다는 사실을 떠올리게 해 주었다.

　역병에 걸린다고 반드시 치명적인 것은 아니었다. 하지만 마르쿠스의 명망 높은 궁정의 갈레노스^{Claudios Galenos}는 환자의 대변 색깔이 검을 때는 여지없이 죽는다는 사실을 관찰한 바 있었다. 내장 출혈 증세였다. 아마도 그것이 의사들이 마르쿠스가 죽어 가고 있음을 알아낸 방법일 것이다. 아니면 그저 의사들이 노쇠한 그가 얼마나 쇠약해졌는지를 절감했을 수도 있겠다. 성인이 되고 난 후 그는 줄곧 만성적인 흉통과 복통, 그리고 고질적인 각종 질병들에 시달렸다. 식욕은 늘 형편없었다. 이제 그는 자의로 음식과 물을 거부하여 자신의 종말을 재촉한다. 소크라테스는 죽음이란 어린 꼬마들을 겁주기 위해 험상궂은 가면을 쓰고 도깨비 옷을 입고 다니는 장난꾸러기 같은 녀석이라고 말하곤 했다. 현명한 사람이 조심스레 그 가면을 벗기고 그 뒤의 얼굴을 보게 되면 거기에 두려워할 만한 게 아무것도 없음을 깨닫게 된다. 이 평생에 걸친 준비 덕분에 마르쿠스는 죽음이 멀리 떨어져 있어 보일 때에 비해 지금이라고 더 죽음을 두려워할 일이 없다. 그리하여 그는 의사들에게 지금 자기 몸 안에서 무슨 일이 벌어지고 있는지 상세히 설명해 보라고 침착하게 요청한다. 그래야 자신의 증세들을 자연철학자의 짐짓 의도적인 무심함으로 사색할 수 있겠기에 그렇다. 그의 목소리는 쇠잔하고 입과 목 속에 생긴 염증들 때문에 말을 하는 것도 힘들다. 금세 지친 그는 의사들에게 나가 달라는 몸짓을 한다. 조용히 혼자 명상을 계속하고 싶은 것이다.

　방에서 홀로 자신의 헐떡이는 숨소리를 듣고 있을 때 그는 더 이상 자신이 황제라고 느껴지지 않는다. 그저 병이 들어 죽어 가고 있는 연약한 노인에 불과하다. 그는 머리를 옆으로 돌려서 침대 곁에 있는 행운의 여신 포르투나Fortuna의 반들반들한 황금 조각상에 비춰지고 있는 자신의 모습을 힐끗 쳐다본다. 그의 스토아주의 개인 교사들은 자신의 상(像)을 인지할 때 정신 훈련을 수행하라고 그에게 충고하였다. 그것은 자신의 죽을 운명에 익숙해지는 수련을 통해 정서적 회복력을 키우는 방법이다. 반사된 자신의 모습을 가냘픈 눈으로 뚫어지게 바라보면서, 그는 오래 전 세상을 떠난 선대의 로마 황제들 중 한 명이 되레 자기를 응시하고 있는 것처럼 상상해 보려 애쓴다. 먼저 그는 양부(養父) 안토니누스를, 그 다음에는 양조부인 하드리아누스 황제를 떠올린다. 조각상에 비친 자신의 상에서 두 세기 전에 제국을 건설했던 아우구스투스Augustus의 초상화나 조각상에서 묘사된 특징들이 천천히 우러나오는 모습을 상상하기도 한다. 그러면서 마르쿠스는 조용히 스스로에게 묻는다. "그들은 지금 어디에 있는가?" 그리고 나지막이 답을 속삭인다. "아무 데도 없다.…아니, 적어도 우리는 그 어느 곳에 있다고도 말할 수가 없다."[2]

몸은 나른해졌지만 그는 끈기 있게 선대 황제들의 죽음을 계속 명상한다. 이제 그들에게서 남아 있는 것이라고는 뼈와 먼지들뿐이다. 한때 화려했던 그들의 삶은 이미 그들을 반쯤은 잊어버린 뒤이은 세대들에게는 점차 무의미한 것이 되었다. 그들의 이름조차 옛날이야기처럼 들리며, 저 지나간 한 시대의 기억들을 자극한다. 하드리아누스 황제는 소년 마르쿠스의 친구가 되어 주었었고, 두 사람은 함께 멧돼지 사냥을 나가곤 했었다. 이제 마르쿠스 휘하의 젊은 사관들에게 하드리아누스는 그저 역사책에 나오는 이름 가운데 하나일 뿐이며, 살아 있던 그의 진짜 육신은 이미 오래 전에 생기

없는 초상화들과 동상들로 대체되고 없다. 안토니누스, 하드리아누스, 아우구스투스, 모두 다 똑같이 죽어서 사라졌다. 알렉산드로스 대왕서부터 저 아래 비천한 당나귀 몰이꾼에 이르기까지 모든 사람은 결국 똑같이 땅에 묻혀 누워 있는 신세가 된다. 왕이건 극빈자이건 다를 바 없이 궁극적으로 똑같은 운명이 모든 이를 기다리고 있을 뿐…….

　돌연 터져 나온 한바탕의 기침이 목구멍 저 안쪽의 궤양에서 생긴 핏덩어리를 쏟아 내는 바람에 지금의 사유 흐름이 방해를 받는다. 열병으로 인한 고통과 불편이 그의 주의를 빼앗기 위해서 다투는 지경이지만, 마르쿠스는 또 다른 명상 주제로 넘어간다. 그는 자기도 그런 죽은 자들 가운데 하나일 뿐이라고 되뇌고 있는 것이다. 머지않아 그는 기껏해야 역사책에 그들의 이름과 나란히 써질 또 하나의 이름으로나 남게 될 것이며, 언젠가는 그 이름조차 망각될 것이다. 그가 어린 시절에 배운 수백 년 된 스토아주의의 수행들 중 하나는 바로 자신의 유한성을 사색하는 방식이다. 일단 우리가 자신의 종말을 피할 수 없는 인생의 사실로서 진심으로 받아들이고 나면, 불멸을 소망하는 일은 육신이 다이아몬드처럼 단단하기를 갈망하거나 새의 날개를 달고 솟아오를 수 있기를 갈망하는 것만큼이나 허무맹랑한 일이 될 것이다. 어떤 불행은 피할 길이 없다는 진리를 아주 확고히 파악할 수 있는 한, 그런 불행을 걱정해야 할 필요를 더는 느끼지 않는다. 또한, 불가능하다는 것을 스스로 인정하고 그것을 갈망하는 일이 헛되다는 것을 수정처럼 투명하게 알아볼 수만 있다면, 우리는 더는 그것을 갈망하지 않을 것이다. 죽음은 인생에서 가장 확실한 사건 중 하나이므로, 지혜로운 인간에게 죽음은 가장 두렵지 않은 대상이어야 한다.

  마르쿠스가 철학 훈련을 처음 시작한 것은 불과 열두 살의 소년 때부터였지만, 그의 수행은 그가 전심전력을 바쳐 스토아주의자가 되기로 한 20대 중반에 강도가 높아졌다. 그때 이후로 그는 스토아의 훈련들을 매일 연습하면서 이성에 복종하도록 자신의 몸과 마음을 단련시켰고, 인간으로서나 통치자로서나 스토아의 이상에 접근해 가는 존재로 점차 스스로를 변모시켜 나갔다. 그는 자기에게 가르침을 나눠 준 철학자들과 그의 탄복을 자아낸 다른 위대한 인물들을 본받으면서(그중에서도 으뜸은 안토니누스였다) 자신의 지혜와 회복력을 체계적으로 발전시키려 노력하였다. 그는 그런 인물들이 다양한 형태의 역경을 평온하고 위엄이 있는 태도로 마주했던 방식을 공부하였다. 그는 그들이 이성에 부합하는 삶을 살아가면서 **지혜, 정의, 용기, 절제**라는 주된 덕들을 드러내 보인 방식을 주의 깊게 관찰하였다. 그들도 상실의 고통을 느꼈지만 그것에 굴복하지는 않았다. 마르쿠스는 육친을 잃은 경험이 아주 많았고 그럴 때 자신의 반응을 실천으로 옮길 기회도 많았기에, 통제 불능으로 비탄에 빠지는 일은 더는 생기지 않는다. 그는 더 이상 "어째서! 어떻게 이런 일이 벌어질 수 있다는 말인가?"라며 울부짖지 않는다. 그런 생각을 마음에 품지조차 않는다. 그는 죽음이란 자연스럽고 또한 피할 수 없는 삶의 일부라는 진리를 단단히 다잡는다. 이제 자기 차례가 왔으므로 그는 죽음을 철학적인 태도로 환영한다. 아예 그는 죽음과 친구가 되는 법을 배운 것이라고나 할까. 그는 여전히 눈물을 흘리며 상실한 것들을 애통해하지만 그저 현명한 인간답게 처신한다. 그는 우주를 향해 불평을 터뜨리고 주먹을 휘두르면서 자신의 자연스러운 슬픔을 부풀리는 일을 더는 하지 않는다.

여러 해 전에 철학을 성찰하는 자신의 여정을 완료한 이래로 마르쿠스는 일생에 걸친 영적 여정의 마지막 단계를 지금 지나가고 있는 중이다. 이제 고통스럽고 불편하게 자리에 누워 있으면서 종말에 가까이 다가서 있는 그는 자신이 이미 여기까지 오던 도중에 여러 번 죽어 본 적이 있다는 사실을 스스로에게 온화하게 일러 준다. 가장 먼저, 소년 마르쿠스는 하드리아누스가 세상을 뜬 후에 카이사르^{Caesar}(원래는 로마 공화정 시대의 위대한 정치가인 율리우스 카이사르의 이름이지만 후대에는 로마 황제를 지칭하는 일반적인 호칭으로 사용됨-옮긴이)의 칭호를 받고 제위 후계자로서 황궁에 들어섰을 때 죽었다. 안토니누스가 세상을 뜬 후 로마 황제에 즉위했을 때 청년 마르쿠스는 죽어야 했다. 두 차례에 걸쳐 마르코만니 전쟁^{Marcomannic War}(서기 166~172년과 177~180년의 2회에 걸쳐 로마제국이 서(西)게르만 지역의 마르코만니인(人)들의 침입에 맞서 싸운 전쟁-옮긴이)을 치르면서 북부 지역을 정벌하기 위해 로마를 뒤에 남겨 두고 원정을 떠난 것은 또 다른 죽음을 상징했다. 외국 땅에서 전쟁을 치르며 체류하는 삶으로의 변천이니까. 이제 노인으로서 그는 자신의 죽음을 처음이 아니라 마지막으로 대면한다. 우리는 태어난 그 순간부터 끊임없이 죽어 오고 있다. 죽음은 비단 삶의 각 단계에서만 겪는 일이 아니다. 하루하루가 지날 때마다 죽는다. 마르쿠스의 표현대로, 우리의 육신은 더는 우리의 어머니들이 탄생시켜 준 그 육신이 아니다. 어제의 나와 똑같은 사람은 아무도 없다. 이를 깨닫는 것이 육신을 떠나보내는 일을 더 쉽게 해 준다. 급류의 강물을 붙잡을 수 없듯이 우리는 더 이상 삶을 붙들어 둘 수 없다.

이제 마르쿠스는 점점 더 노곤해지고 곧 떠내려 갈 지경에 이르렀지만 애써 자신의 의식을 일깨우고 침대에서 몸을 일으켜 앉는다. 신경을 써야 할 아직 처리 안 된 일이 있다. 그는 경비병들에게 가족들과 그의 막사로 호출되어 온 '황제의 친구들'인 최측근 신하들을 들어오게 하라고 명령한다. 비록 연약해 보이고 일생 동안 질병으로 고통을 겪어 온 마르쿠스지만 그는 회복력이 뛰어난 것으로도 유명하다. 전에도 죽음의 문턱에 도달한 것처럼 보인 적이 있었으나 이번에는 황실 주치의들이 그에게 생존할 가능성이 없다고 확인해 준 상태이다. 누구나 끝이 가까이 다가온 것을 감지한다. 그는 사랑하는 친구들, 사위들, 생존해 있는 네 명의 딸들에게 작별 인사를 고한다. 그들 모두에게 입맞춤을 해 주어야 마땅하겠지만, 역병 때문에 그들과 거리를 둘 수밖에 없다.

그의 오른팔이자 두 차례의 마르코만니 전쟁을 치르는 동안 선임 지휘관이었던 사위 폼페이아누스^{Pompeianus}가 변함없이 그 자리를 지킨다. 그의 일생의 친구이자 또 다른 휘하 장군인 아우피디우스 빅토리누스^{Aufidius Victorinus}도 눈앞에 있으며, 콤모두스의 장인인 브루티우스 프라에센스^{Bruttius Praesens}, 절친한 친구이자 동료 철학자로서 또 한 명의 사위이기도 한 그나에우스 클라우디우스 세베루스^{Gnaeus Claudius Severus}도 함께 자리하고 있다. 그들은 마르쿠스의 침대 곁에 엄숙한 얼굴로 모여 있다. 마르쿠스는 그들에게 자신의 유일하게 살아남은 아들 콤모두스를 잘 돌봐 주어야 한다고 강조한다. 콤모두스는 지난 3년간 그의 곁에서 아버지와 함께 2세 공동 황제로 통치해 왔다. 그는 아들을 위해 제국 최고의 교사들을 채용했지만 그들의 영향력은 시들하다. 콤모두스는 불과 열여섯 살 때 황제가 되었다. 마르쿠스는 콤모두스를 얻기 위해 마흔이 될 때까지 기다려야 했었다. 네로 황제 같은 어린 통치자들은 쉽게 부패해지는 경향이 있으며 마르쿠스는 이미 그의 아들도 못된 무리들과 어울리며 타락하고 있음을 알고 있다. 그는 친구들 특히 폼페이아누스에게 콤모두스를 자기 자식처럼 여기고 그의 도덕 교육을 반드시 계속하겠노라 맹세하라고 요청한다.

마르쿠스는 콤모두스를 공식적인 후계자로 지명했고, 그가 겨우 다섯 살일 때 그에게 카이사르라는 칭호를 허락했다. 콤모두스의 남동생인 마르쿠스 안니우스 베루스Marcus Annius Verus 역시 카이사르라고 명명되었지만 그러고 얼마 지나지 않아 죽었다. 마르쿠스는 두 소년이 언젠가는 공동으로 통치하게 되리라 희망했었다. 마르쿠스가 원로원과 합의한 어떤 후계 계획도 불안정하기는 늘 마찬가지였을 것이다. 하지만 제1차 마르코만니 전쟁이 발발하고 전염병의 확산이 극에 달했을 때, 로마의 안정을 위해 혹시라도 찬탈자가 권좌를 강탈하려는 시도가 있을 것에 대비하여 후계자를 지정해 놓을 필요가 있었다. 5년 전에 한 차례 병상에 누웠을 때 마르쿠스가 이미 세상을 떠났다는 소문이 퍼진 적이 있었다. 동쪽의 속주에서 이집트 군단이 그의 가장 강인한 부하 장군인 아비디우스 카시우스Avidius Cassius를 황제에 추대함으로써 단기간의 내전이 발발했다. 마르쿠스는 즉시 로마에 있던 콤모두스를 북부 전선으로 급히 불러들여 흰 토가toga virilis(고대 로마에서 만 14세가 된 남성이 입는 성인 복장-옮긴이)를 입혔다. 콤모두스가 공식적으로 성인 자격을 통과했음을 표명하기 위해서였다. 반란을 진압한 후에 마르쿠스는 콤모두스를 황제로 지명하는 절차에 계속해서 가속도를 냈다. 만약 마르쿠스가 후계자

없이 죽었더라면, 아마도 또 다른 내전으로 이어졌을 것이다.

　이 단계에서 콤모두스를 다른 통치자로 교체하는 것 역시 전체 제국을 취약하게 만드는 결과가 될 것이다. 북부의 부족들은 새로 습격할 기회를 노릴 수 있을 것이고, 또 한 번의 침략은 로마의 종말을 의미할 수도 있다. 이제 마르쿠스의 최선의 희망은 콤모두스가 신뢰하는 교사들과 조언자들의 인도를 따를 수 있게 되기를 바라는 것이었다. 하지만 콤모두스는 로마로 돌아가자고 쉴 새 없이 졸라 대는 가지각색의 식객들 때문에 마음이 흔들리고 있다. 콤모두스가 군대에 머물면서 매부 폼페이아누스의 주의 깊은 감독 하에 있는 한, 지혜롭게 통치하는 법을 배울 수도 있겠다는 희망은 여전히 있다. 그러나 아버지와 달리 그는 철학에는 전혀 흥미를 보이지 않는다.

　대화 도중에 마르쿠스가 갑자기 앞으로 푹 고꾸라지며 의식을 잃는다. 곁을 지키던 친구들 중 몇몇이 깜짝 놀라 걷잡을 수 없이 흐느끼기 시작한다. 이제는 그가 정말로 떠나가고 있다고 생각한 것이다. 의사들이 간신히 그의 정신을 돌아오게 한다. 비탄에 젖어 있는 벗들의 얼굴을 보자, 마르쿠스는 자신의 죽음을 두려워하기보다 오히려 그들에게 마음을 쓴다. 그는 그들이 자기를 위해 흐느끼는 것을 바라본다. 그것은 그가 아내와 아이들을 위해, 그리고 오랜 세월이 흐르는 동안 잃어버린 수많은 친구들과 스승들을 위해 흐느꼈던 것과 다름없었다. 하지만 이제 바로 자신이 죽음의 당사자가 되자 그들의 눈물은 불필요해 보인다. 어찌할 도리가 없는 불가피한 일에 대해서 슬퍼하는 것은 의미 없다고 느낀다. 저들이 차분하고 사려 깊게 콤모두스의 통치 시대로 넘어갈 채비를 하는 것이 그에게는 더 중요하다. 마르쿠스는 가까스로 의식을 차리고 있지만, 어쨌든 지금의 사태는 어느 때보다 더 분명해 보인다. 그는 이 자리에 모여 있는 사람들이 각자 자신의 유한성을 기억하고, 그것이 함축하는 바를 받아들이고, 그것의 중요성을 납득하고, 그리고 현명하게 살기를 원한다. 그래서 이렇게 속삭인다. "어째서 그대들은 역병에 관해서, …그리고 우리 모두의 공통된 운명인 죽음에 관해서 생각하지 않고 하필 나를 위해 흐느끼는 것인가?"

그의 온화한 훈계가 그들의 마음에 와닿자 방은 침묵에 빠진다. 흐느낌이 조용히 가라앉는다. 누구도 무슨 말을 해야 할지 모른다. 마르쿠스는 미소를 지으며 힘겨운 몸짓으로 그들에게 나가도 좋다고 허락한다. 그는 마지막 한마디를 남긴다. "그대들이 내가 떠나가는 걸 허락한다면, 나는 그대들에게 작별 인사를 남기고 그대들보다 먼저 떠날까 하오."[3] 그의 병세를 알리는 소식들이 주둔지 전체로 퍼지자 병사들은 소리 내어 슬피 운다. 그들은 그의 아들 콤모두스를 위하는 마음보다 그를 사랑하는 마음이 훨씬 더 크기 때문이다.

다음날 일찍 깨어난 마르쿠스는 극히 무기력하고 진이 다 빠져나간 느낌을 받는다. 그의 열병은 더 심해진 상태이다. 지금이 자신의 마지막 시간임을 깨달은 그는 콤모두스를 호출한다. 마르쿠스가 적대적인 게르만 부족, 사르마트족과 여태껏 10년이 넘도록 싸워온 일련의 전쟁들은 이미 마지막 단계에 접어들었다. 그는 아들에게 군대 통수권을 본인이 직접 떠맡고, 잔존한 적들이 항복할 때까지 추격하고, 현재 진행 중인 복잡한 평화 협상들을 관장함으로써 사태를 만족스럽게 매듭질 것을 재촉한다. 마르쿠스는 콤모두스에게 만약 그가 전선에 머무르지 않는다면, 그렇게도 많은 자원을 기나긴 전쟁에 쏟아붓고 그렇게도 많은 목숨을 전투에서 잃고 난 상황에서 원로원은 그런 행동을 반역으로 간주할 수도 있다고 경고한다.

하지만 아버지와 달리 콤모두스는 죽음에 잔뜩 겁을 집어먹는다. 그는 마르쿠스의 쇠잔한 육신을 응시하면서 아버지의 덕스러운 모범을 우러러 따르고 싶은 마음이 생기기는커녕 거부감과 두려움을 느낀다. 그는 북부 군단에 계속 머무르다간 역병에 걸릴 위험이 있다고 불평하면서 다른 어떤 무엇보다도 그저 안전한 로마로 귀환하기를 간절히 원했다. 마르쿠스는 이제 곧 단독 황제로서 본인이 원하는 대로 할 수 있을 것이라고 아들을 안심시키면서 다만 콤모두스에게 며칠만 더 기다렸다가 떠나라고 명령한다. 그때 죽음의 시간이 아련히 다가온 것을 감지한 마르쿠스는 병사들에게 콤모두스를 데리고 나가서 보호하라고 지시한다. 그래야 그 청년이 아버지를 살해했다는 죄를 뒤집어쓰지 않을 수 있기 때문이다. 이제 마르쿠스의 유일한 희망은 그의 장군들이 콤모두스에게 북부 전선을 버리고 떠나려는 분별없는 욕구를 접으라고 고언하는 것뿐이다.

마르쿠스는 그 누구도 자기가 죽을 때 그 죽음을 내심 기뻐할 사람이 한두 명도 되지 않을 만큼 정말로 복 많은 사람은 세상에 없다고 적었다.[4] 그는 황제인 자신의 경우에도 자신과 상충하는 가치관을 갖고 있어서 자신이 떠나는 것을 보고 기뻐해 마지않을 자들이 수백 명은 족히 되리라 생각할 수 있다고 말한다. 그런 자들은 지혜와 덕에 대한 자신의 사랑을 함께 나누지 않으며 제국 시민들의 자유를 최고의 목표로 삼으려는 자신이 꿈꾼 제국의 미래를 비웃는다. 그럼에도 불구하고, 철학은 그에게 삶에 감사하되 그렇다고 죽음을 두려워하지는 말라고 가르쳐 주었다. 잘 익은 올리브가 나뭇가지에서 떨어지면서 자기에게 생명을 준 나무와 자기가 떨어지며 남긴 씨앗을 받아 줄 그 아래의 땅 둘 다에게 감사하는 것과 마찬가지이다. 스토아주의자들에게 죽음은 단지 우리 몸이 우리를 있게 한 바로 그 원천으로 되돌아가는 아주 자연스러운 탈바꿈일 뿐이다. 따라서 마르쿠스의 장례식에서 사람들은 그를 잃었다고 말하는 대신 그가 신들과 자연에게로 되돌아갔다고 말할 것이다. 그의 친구들은 아마도 추도사에서 그런 정서를 말로 옮겼을 것이다. 그래야 그것이 마르쿠스가 마음속에 소중히 간직했던 스토아의 가르침을 언급하는 소리로 들릴 테니까 말이다. 그 가르침은 결코 무언가를 잃었다고 말하지 말라고 우리에게 말한다. 그저 자연으로 되돌아간 것뿐이니까.

불행히도 콤모두스는 훨씬 더 큰 향락을 누릴 수 있는 고국으로 돌아가자고 끊임없이 애걸복걸하는 아첨꾼들로 둘러싸여 있다. "어찌하여 이 얼어붙은 진창물을 계속 들이마시고 계십니까, 카이사르 폐하시여. 더운물이건 찬물이건 깨끗한 물을 마실 수 있는 로마로 되돌아갈 수 있는데도 말입니다." 조언자들 중 최고 연장자인 폼페이아누스만이 미완의 전쟁터를 떠나는 것은 불명예일 뿐만 아니라 위험한 일도 될 수 있다고 그에게 경고하면서 맞선다. 마르쿠스의 생각처럼 폼페이아누스도 적은 그런 행동을 겁을 먹고 퇴각한 것으로 간주할 것이며 그로 인해 미래에 다시 봉기를 일으킬 자신감을 얻게 될 것이라고 믿는다. 또한 원로원은 그것을 무능력으로 간주할 것이다. 콤모두스는 잠깐 설득되는 것 같지만, 결국은 로마라는 미끼가 너무도 유혹적이다. 그는 폼페이아누스에게 자기가 자리를 비운 사이에 반란의 음모를 꾸미는 반역자가 갑자기 등장하는 경우를 대비해 로마로 돌아가야 한다고 핑계를 댄다. 마르쿠스가 세상을 뜬 후 콤모두스는 적대적인 게르만 부족과 사르마트족 지도자들에게 막대한 뇌물을 지불하여 서둘러 전쟁을 매듭짓게 된다. 주둔지 병영에서 도망친 행위는 그의 아버지에게 매우 단단한 충성심을 드러냈던 군대가 그나마 그에게 기대한 일말의 신뢰마저 일거에 무너뜨리는 꼴이 될 것이다. 이제 그는 대신 로마 대중의 지지에 기대야 한다. 대중의 인기를 얻기 위해 막대한 비용이 드는 군중 위락적인 조치들을 시행해야 하고 현명하고 인자한 통치자가 아니라 점점 더 연예인처럼 처신해야 한다. 스토아주의자들은 죽음을 피해 가장 필사적으로 도망치려는 사람들이 흔히 죽음의 품속으로 곧장 돌진하게 되는 법임을 깨달았고, 그 말은 확실히 콤모두스에게 잘 들어맞는 것 같다. 마르쿠스는 허약 체질에 질병까지 걸린 상태에서 북부 군단의 사령관으로서 온갖 가혹한 조건들을 견뎌야 했음에도 불구하고 58세까지 살았다. 대조적으로 콤모두스는 장차 반복되는 암살 기도에 뒤이은 망상과 폭력의 소용돌이에 휘말려 들어갈 운명이다. 로마에 있는 그의 적들은 결국 그를 살해하는 데 성공한다. 그때 콤모두스의 나이는 불과 서른한 살이었다. 마르쿠스가 일전에 말한 바 있듯이, 자기가 다스리는 백성들의 선의를 얻지 못한 통치자를 보호하는 일은 아무리 많은 호위병이 있다 한들 충분치 않다.

　황제가 선택한 후계자는 황제가 남기는 중요한 유산의 일부이다. 하지만 스토아주의자들은 우리가 다른 이들의 행위를 통제할 수는 없으며, 심지어 소크라테스처럼 최고로 현명한 스승들에게도 제멋대로 구는 아이들과 학생들이 있기 마련이라고 가르쳤다. 메가라학파^{Megarian school}의 철학자이자 스토아주의 선배들 중 한 명인 스틸포^{Stilpo}가 딸의 망나니 같은 성격 때문에 비난을 받았을 때, 그는 자기 행동이 아이에게 명예를 주는 것이 아니듯 아이의 행동이 자기에게 불명예를 주는 것은 아니라고 말했다고 전해진다. 나중에 판명 나는 바와 같이, 마르쿠스가 남긴 진짜 유산은 콤모두스가 아니라 그의 성품과 철학이 다가올 세대들에게 제공한 감화일 것이다. 모든 스토아주의자들이 그랬던 것처럼, 마르쿠스도 덕에는 반드시 보상이 있다고 굳건하게 믿었다. 또한 죽은 다음에 벌어지는 사건들은 말할 것도 없고, 살아 있는 동안의 사건들도 결코 전적으로 우리 소관인 것은 아니라는 사실을 기꺼이 받아들였다.

그럼에도 스토아주의자들은 현명한 사람은 자연스럽게 다른 사람들에게 도움이 되는 책을 쓰고 싶어 진다고 말했다. 마르쿠스는 저 멀리 로마에 있는 사랑하는 스토아 친구들, 스승들과 헤어져 북부 전선으로 처음 원정을 떠나 있는 동안 틈틈이 자신의 개인적인 철학적 성찰들을 일련의 짧은 메모와 격률들로 적어 두기 시작했다. 아마도 그의 주요한 스토아 스승인 유니우스 루스티쿠스^{Junius Rusticus}가 죽고 얼마 지나지 않아 글쓰기를 시작했을 것이다. 어쩌면 글쓰기가 그런 슬픔에 대처하는 마르쿠스 나름의 방식이었을 수도 있다. 루스티쿠스와의 대화를 대신하기 위해 그 자신이 직접 교사가 되는 것이다. 이렇게 모아 놓은 성찰들이 오늘날 『명상록』으로 알려진 책이 되었다. 이 문헌이 어떻게 보존되었는지는 불가사의하다. 마르쿠스가 이 글들을 다른 누군가에게 물려주지 않았다면 아마도 콤모두스의 수중에 떨어졌을 것이다. 어쩌면 신하들과의 마지막 만남에서 주인이 바뀐 것일 수도 있다. 아들의 무책임한 성품에 실망한 황제는 아마도 신임하는 친구 한 명에게 『명상록』을 맡겼을 테고, 그래서 그가 후대를 위해 남긴 그 진정한 선물을 친구가 잘 간수하고 있다는 사실을 죽어 가는 중에도 이미 알고 있었으리라.

콤모두스가 물러간 직후 마르쿠스는 야간 경비를 서고 있던 젊은 부관을 손짓으로 불러서 몸을 가까이 기울이게 하고 쉰 목소리로 무언가를 귀에 대고 속삭인다. 그런 다음 힘겹게 이불을 머리 위까지 덮고 잠에 빠져든다. 그렇게 앓아눕고 난 후 일곱 번째 되는 날에 그는 조용히 세상을 떠난다. 아침에 의사들이 황제의 서거를 선포하자 막사는 괴로워 어쩔 줄 모르는 혼돈 상태에 빠진다. 이 소식이 신속하게 퍼지면서 병사들과 백성들이 거리를 가득 채우고 흐느낀다. 콤모두스의 통치를 직접 목격했던 로마의 역사가 헤로디아누스에 따르면, 마르쿠스의 죽음을 전하는 소식이 알려졌을 때 제국 전체가 마치 다함께 합창이라도 하듯 울부짖었다고 한다. 그들은 자기들의 '다정한 아버지', '고귀한 황제', '용감한 장군', 그리고 '현명하고 온화한 통치자'로서 그의 상실을 애도했으며, 헤로디아누스의 견해에 의하면 "모든 사람이 진실을 말했다."

바깥에서 왁자지껄하는 소리가 점점 더 커지고 있을 때, 신경이 곤두선 근위병들이 지휘관에게 묻는다. "황제께서 뭐라 하셨습니까?" 부관은 곧 말을 꺼낼 것처럼 하더니 잠시 숨을 가다듬는다. 그가 당혹스러운 표정으로 이마를 찌푸리며 죽은 황제의 메시지를 전달한다. 황제께서 이렇게 말씀하셨다. "떠오르는 태양에게로 가거라, 나는 이미 지고 있으니."[5]

스토아주의 이야기

####

마르쿠스 아우렐리우스는 고대 세계 최후의 이름난 스토아주의자였다. 하지만 스토아주의의 이야기는 그가 죽기 거의 500년 전에 어떤 난파 사건과 함께 시작되었다. '키티움의 제논$^{Zenon\ of\ Citium}$'이라는 이름의 키프로스 섬 출신의 한 부유하고 젊은 페니키아 상인이 자주색 염료를 배에 실은 채 지중해를 가로질러 항해 중이었다. 주로 황제와 국왕의 의복을 염색하는 데 사용되었다고 해서 '제국의 자주색 혹은 황실의 자주색'이라고 알려진 이 염료는 불과 몇 그램만 추출하려 해도 발효시킨 수천 마리의 조개들을 직접 손으로 고되게 해체해야 하기 때문에 매우 비싸고 귀했다. 바로 그 염료를 실은 배가 난폭한 폭풍우에 휘말린 것이다. 제논은 파도에 떠밀려 피라에우스^{Piraeus}라는 그리스 항구 인근의 해변에 닿게 된 바람에 간신히 목숨을 건졌다. 그는 귀중한 화물이 파도에 떠밀려 원래 자신들의 고향인 바다로 다시 녹아들어 가는 광경을 해변에서 무력하게 쳐다보았다.

어떤 이야기에 따르면, 제논은 이 난파로 모든 것을 잃었다고 한다. 망연자실한 그는 아테네 근방에 이르렀을 때 비로소 자신이 거지 신세라는 사실을 절감했다. 땡전 한 푼 없이 외국 도시에 발을 들인 이민자가 된 것이다. 먹고 살 수 있는 최선의 방도가 무엇일지 알려줄 사람을 찾아서 그는 터벅터벅 수 킬로를 걸어서 델피 신전에까지 이르렀다. 그곳에서 아폴로 신은 여사제들의 입을 빌려 제논은 죽은 조개가 아니라 죽은 사람들의 색을 입어야 한다고 선언하였다. 그는 이 불가해한 조언에 꽤나 멍해졌을 것이 틀림없다. 도저히 뜻을 알 수 없어 당혹감을 느끼며 제논은 다시 아테네로 돌아와 한 서점 주인의 마구간에 쌓여 있는 잡동사니들 위에 풀썩 고꾸라졌다. 거기서 그는 우연히 책 한 권을 읽게 되었는데, 알고 보니 그 책은 소크라테스의 가장 빼어난 제자들 중 한 명이었던 크세노폰이 스승 소크라테스에 관련된 일련의 일화들을 적어 놓은 것이었다. 제논이 읽은 글은 마치 번개에 맞은 것과도 같은 충격을 주었고 그로 인해 그의 인생은 완전히 바뀌게 되었다.

전통적으로 그리스의 귀족들은 덕이란 고귀한 출생 신분과 관계있는 것이라고 믿었다. 하지만 소크라테스는 정의, 용기, 절제 같은 예로부터의 덕들은 모두 도덕적 지혜의 형식들로서 누구에게나 그것들을 배울 수 있는 잠재력이 있다고 주장하였다. 그는 크세노폰에게 사람들이 지혜와 덕을 획득할 수 있게끔 수양을 통해 스스로를 단련시켜야 한다고 가르쳤다. 소크라테스가 처형된 후, 크세노폰은 소크라테스와 나눈 철학적인 대화들을 회상하면서 공들여 많은 글을 남겼다. 아마도 제논이 불현듯 그 신탁의 의미를 깨달았던 것은 바로 이 순간이었을 것이다. 그는 이전 시대를 산 현명한 사람들의 가르침들, 이를테면 그가 지금 소크라테스에 관한 크세노폰의 『회상록』에서 읽고 있는 바로 그런 철학적 신조들을 뼛속까지 흡수함으로써 '죽은 사람들의 색을 입어야' 할 것이다.

제논은 책을 내려놓고 벌떡 일어나 책방 주인에게 흥분한 목소리로 물었다. "요즘에는 이런 사람을 어디 가면 찾을 수 있습니까?" 우연히도 바로 그때 '테베의 크라테스$^{Crates\ of\ Thebes}$'라고 하는 유명한 견유학파 철학자가 앞을 지나가고 있었고, 책방 주인은 그를 가리키면서 "저기 저 사람을 쫓아가시오"라고 말해 주었다. 아니나 다를까 제논은 크라테스의 추종자가 되었으며, 시노페의 디오게네스 Diogenes of Sinope가 세운 견유학파의 철학을 수련하였다. 따라서 스토아주의는 견유주의에서 진화한 것이며, 그 두 전통은 마르쿠스 아우렐리우스의 시대에 이르기까지 매우 밀접하게 결부되어 있었다.

오늘날 'cynicism'(소문자 'c'로 시작하는)이라는 단어를 언급할 때 우리는 부정적이고 무언가 불신하는 태도 같은 것을 의미한다(이 경우에는 우리말로 '냉소', '비꼬기' 정도로 번역할 수 있다-옮긴이). 하지만 그 단어는 대문자 'C'로 시작하는 'Cynicism(견유주의)'의 의미와는 아주 미약한 정도로만 관계가 있을 뿐이다. 견유주의라고 하는 고대의 철학은 다양한 형태의 '자발적 고난'을 견디어 내는 등과 같은 가혹한 단련을 통해서 덕과 성품의 역량을 함양하는 데 초점을 두었다. 그것은 금욕적으로 자기를 훈련하는 삶의 방식이었다. 제논의 추종자들은 나중에 그것을 덕에 이르는 지름길이라고 부르게 된다. 그럼에도 불구하고 그는 견유주의 철학에 완전히 만족하지 못했고, 그 철학의 신조들이 언뜻 봐도 지적인 엄격함을 결여하고 있다고 판단하였다. 그래서 그는 플라톤과 메가라의 유클리드가 각각 창시한 아카데미학파와 메가라학파에서 계속 철학을 공부하게 되었다. 이 두 사람은 소크라테스의 가장 유명한 제자들에 속한다. 이들 학파들은 저마다 철학의 상이한 측면에 초점을 두었다. 견유학파는 덕과 자기훈련, 메가라학파는 논리학, 그리고 아카데미학파는 실재의 근본적인 본성에 관한 형이상학 이론들이었다.

제논은 아테네의 서로 다른 철학 전통들에서 가장 훌륭한 측면들을 뽑아내 종합하고자 애쓴 것으로 보인다. 하지만 견유학파와 아카데미학파는 철학자가 된다는 것의 의미에 관해 근본적으로 다른 전제들을 표방하는 것으로 흔히 비춰졌다. 견유주의자들은 플라톤의 아카데미가 풍기는 젠체하고 학자연하는 면모를 비아냥거렸다. 반면 아카데미학파 사람들은 견유주의자들의 신조들이 품위가 없고 너무 극단적이라고 생각했다. 일설에 따르면 플라톤은 디오게네스를 '미친 소크라테스'라고 불렀다고 전해진다. 제논은 자신의 입장을 절충적인 것으로 보았음이 틀림없다. 제논의 추종자들은 철학 이론이나 논리학, 우주론 같은 과목들을 공부하는 것은 그것이 우리를 더욱 덕스러운 존재로 만들고 우리의 성품을 개선해 주는 한에서만 좋은 것일 수 있다고 믿었다. 하지만 그런 공부가 너무 현학적이거나 과도하게 '학술적'이어서 우리의 관심을 덕의 추구 말고 다른 데로 엇나가게 한다면 그것은 또한 나쁜 것이 될 수도 있다. 마르쿠스도 그의 스토아 스승들에게서 똑같은 태도를 배웠다. 그는 너무 많은 책을 읽어서 정신이 산란해지지 않아야 한다고 스스로에게 거듭 경고했다. 논리학과 형이상학의 하찮은 쟁점들을 논하느라 시간을 낭비해서는 안 된다는 것이다. 그러지 말고 우리는 현명한 삶이라는 실천적인 목표에 계속 초점을 두어야 한다.

아테네에서 약 20년간 철학을 공부하고 난 후에 제논은 스토아 포이킬레Stoa Poikile 즉 '색이 칠해진 회당 복도'라고 알려진, 저 멀리 아크로폴리스가 바라보이는 공공건물에서 자신의 학파를 창시했다. 그곳에서 제논은 힘차게 복도를 오가며 철학적인 담론을 나누었다고 한다. 그곳에 모인 학생들은 처음에 제논주의자로 알려졌으나 나중에는 스스로를 스토아주의자라고 불렀다. 모임 장소인 회당 복도, 즉 '스토아'에서 유래한 명칭이었다. '스토아주의자'라는 이름은 또한 스토아 철학의 실천적이고 현세적인 본성을 암시한다고도 볼 수 있다. 이 건물이 소크라테스가 예전에 지혜와 덕을 논하며 시간을 보냈던 시장 근처 사람들이 많이 다니는 아테네 거리에 자리 잡고 있다는 사실을 생각해 보라. 제논주의자에서 스토아주의자로 이름을 변경한 것은 의미심장하다. 왜냐하면 다른 철학 분파들과 달리 스토아주의의 창시자들은 완벽하게 현명하다고 자처하지 않기 때문이다. 제논이 그의 학생들을 대하는 태도는 아마도 나중에 세네카가 기술한 태도와 닮았을 것이다. 세네카는 의사 같은 전문가 행세를 하는 대신에 오히려 자신의 역할을 환자의 역할과 더 비슷한 것으로 보았다. 이를테면, 병원 침대에 누워서 곁에 있는 동료 환자들에게 자신이 받고 있는 치료가 어떻게 진행되고 있는지 설명해 주는 역할이다. 이것은 창시자의 이름을 따서 명명된 에피쿠로스주의 같은 경쟁 학파와 확연한 대조를 이루었다. 에피쿠로스는 완벽하게 현명하다고 정말로 자처했다. 제자들은 그가 한 말들을 모조리 기억하고 그의 생일을 경축하며 그의 형상을 숭배해야 했다.

제논은 제자들에게 자신은 재산이나 평판보다 지혜를 더 가치 있는 것으로 보게 되었다고 말했다. 그는 이렇게 말하곤 했다. "내가 가장 많은 이문을 남긴 여행은 난파되어 내 전 재산을 깡그리 잃었던 바로 그날 시작되었다."[6] 오늘날에도 치료 중인 내담자가 의외로 실직이 이제껏 자기에게 벌어진 최고의 사건이 되었다고 역설적인 고백을 하게 되는 경우가 드물지 않다. 제논은 재산이나 여타 외적인 것들은 완전히 무관한 것이며, 덕이야말로 인생의 참된 목표라고 하는 견유주의의 가르침을 알아볼 줄 알게 되었다. 쉽게 말해, 견유주의자들은 궁극적으로 중요한 유일한 대상은 바로 우리의 성품이며, 이에 비하면 인생의 나머지 모든 것들은 완전히 무가치하다는 사실을 알아볼 줄 아는 것이 바로 지혜라는 것이다. 그들은 이런 태도를 숙달하려면 평생에 걸쳐 자발적으로 고난을 인내하고 특정 욕망들을 극기하는 도덕적이고 심리적인 훈련이 필요하다고 믿었다.

하지만 견유주의자들과 대조적으로 다른 어떤 철학자들은 덕에 더하여 건강, 재산, 평판 같은 '외적인 선(善)들'도 좋은 삶을 위해 역시 필요하다고 주장하였다. 문제는 그런 외적인 것들은 부분적으로 운명의 소관이라는 것이다. 운명은 좋은 삶을 많은 사람이 성취할 수는 없는 대상으로 만드는 것처럼 보인다. 예를 들어, 소크라테스는 아테네 기준으로 악명 높을 정도의 추남이었고, 상대적인 빈곤 속에 살았으며, 권력을 지닌 적들의 박해를 받고 죽었다. 하지만 만약 그가 멋지고 부유하고 모든 이의 칭송을 받았더라면 더 나은 삶을 산 것이라고 말할 수 있을까? 그의 위대성은 정확히 말해 그가 삶의 그러한 난관들에 대처할 수 있도록 해 준 지혜와 성품의 힘에 있는 것이 아니겠는가? 앞으로 보겠지만 제논의 혁신은 외적인 장점들도 분명히 어떤 가치를 가지지만 그것은 덕과는 전적으로 다른 종류의 가치임을 주장하게 되었다는 것이다. 그런 것들이 언제나 완전히 무관한 것은 아니다. 스토아주의자들에게 덕이란 여전히 유일하게 참된 선이지만(이 점에 관해서는 견유주의자들이 옳았다) 적정한 한도 내에서라면 병에 걸린 것보다는 건강을, 가난보다는 부유함을, 적보다는 친구를 더 선호하는 것도 자연스러운 일이다.

라르크인 로도스의 파나이티오스^{Panaetius of Rhodes}의 제자가 되었다. 기원전 2세기에 스키피오는 로마에서 소위 스키피오 서클^{the Scipionic Circle}이라고 알려진 일군의 지성인 무리를 자기 주위에 끌어모았다. 이 무리에는 또 다른 영향력 있는 로마의 스토아주의자로서 스키피오의 절친한 친구인 현인 라일리우스^{Laelius the Wise}도 포함되어 있었다.

여러 세대 뒤에 살았던 유명한 로마의 정치가이자 연설가인 키케로^{Cicero}는 우리가 스토아주의를 이해하고자 할 때 가장 중요한 자료 제공자 중 한 명이다. 그는 플라톤 아카데미아의 문하생이었지만 그럼에도 스토아 철학을 상당히 많이 알았고 그 주제로 광범위한 글을 썼다. 한편으로 그의 친구이자 정치적 경쟁자인 유티카의 카토^{Cato of Utica}는 키케로의 표현에 따르면 '완전한 스토아주의자'로서 스토아주의의 살아 있는 모범이었으나 철학에 관해서는 아무런 글도 남기지 않았다. 로마의 대(大)내전 중에 종신독재관 율리우스 카이사르에 대항하다가 죽음을 맞은 후에 카토는 후대의 스토아주의자들에게 영웅이자 귀감이 되었다.

카이사르가 암살되고 뒤이어 그의 조카의 아들인 옥타비아누스^{Octavianus}가 로마 제국의 창건자인 아우구스투스^{Augustus}가 되었다. 아우구스투스에게는 아리우스 디디모스^{Arius Didymus}라고 불리는 유명한 스토아주의자 가정교사가 있었다. 이것이 아마도 뒤이은 로마 황제들이 그 자신을 철학과 결부시키는 전례가 되었을 것이다(물론 가장 두드러진 경우는 마르쿠스이다). 아우구스투스 이후로 몇 세대가 지난 후 스토아 철학자 세네카^{Seneca}가 청년 네로 황제의 수사학 교사로 임명되었다. 그는 나중에 황제의 연설문 작성자이자 정치적 조언자가 된다. 그 자리는 네로가 잔혹한 독재자로 타락했을 때 세네카의 스토아적인 도덕적 가치관에 분명히 시련을 주었을 것이다. 그때 당시에 트라시아Thrasea라는 원로원 의원이 주도한 소위 '스토아 반정 세력Stoic Opposition'이라 불리는 정치 당파가 네로 및 그들이 폭군이라 고 여긴 뒤이은 황제들에 맞서 꿋꿋하게 저항을 시도하고 있었다. 마르쿠스는 나중에 카토, 트라시아, 그리고 그들과 힘을 합쳤던 사 람들에 대한 존경심을 표명하게 되는데, 이들 스토아주의자들이 제 국 통치에 맞선 이름난 반대자들, 아니 적어도 비판자들이었다는 점을 고려할 때 그것은 흥미로운 일이다.

마르쿠스와는 대조적으로 네로는 정치적 견해차가 있는 철학 자들에게 덜 관용적이었고, 실제로 트라시아와 세네카를 처형하였 다. 하지만 네로의 신하 한 명이 에픽테토스라고 불리는 노예를 소 유하고 있었는데, 에픽테토스는 자유인이 된 후에 로마 역사에서 아마도 가장 유명하다 할 철학 교사가 되었다. 에픽테토스 본인은 아무 글도 남기지 않았지만, 그가 학생들과 나눈 토론을 그중 한 명 인 아리아노스Arrianos가 받아 적은 덕분에 여러 권의『대화록』과 그의 가르침에서 실천적인 측면을 개괄해 놓은 짧은『요약서』가 전해지 게 되었다. 마르쿠스가 개인적으로 알고 지낸 스토아주의자들은 아 마도 에픽테토스에게 영향을 받았던 것 같고 일부는 그의 강의에 도 출석했을 가능성이 높다. 실제로 일설에 의하면 마르쿠스의 주 요한 스토아주의 스승인 유니우스 루스티쿠스가 그에게 에픽테토 스의 강의록 사본을 전해 주었다고 한다. 그러니『명상록』에서 마 르쿠스가 가장 많이 인용하는 저자가 에픽테토스라는 사실이 놀랄 일도 아니다. 마르쿠스가 비록 에픽테토스를 직접 만난 적은 없지 만, 아마도 그는 스스로를 주로 에픽테토스가 이해하는 방식의 스토아주의 신봉자로 여겼을 것이다.

염료 상인 제논이 스토아학파를 창시한 이후 거의 다섯 세기가 지난 후에 마르쿠스 아우렐리우스는 여전히 **사물을 자주색으로 물들이는 일**에 관해 말하고 있었다. 그는 자신의 성품을 황실의 자주색으로 물들여서 카이사르로 변신하는 일을 피하고, 대신 자신의 철학적 원리들을 속이지 않는 존재로 남기를 열망해야 한다고 스스로에게 경고한다. 그는 자신의 자주색 황제 의복들은 단지 발효시킨 조개의 진액으로 염색한 양털에 불과하다는 것을 스스로에게 (두 번이나) 되뇐다. 또한 자신의 마음을 스토아의 스승들로부터 전수되어 내려온 철학적 격언들의 지혜로 물들이라고 말한다. 실제로 마르쿠스 아우렐리우스는 자신을 스토아주의자로 생각하는 것이 먼저였고 황제는 그 다음이었다.

스토아주의자들이 믿은 것은 무엇이었나

⁜

스토아주의자들은 많은 글을 남긴 저술가들이었지만, 오늘날까지 남아 있는 글은 아마 채 1%도 되지 않을 것이다. 오늘날 우리가 보유한 가장 영향력 있는 스토아주의 문헌은 제국 시기에 활동한 세 명의 잘 알려진 로마 스토아주의자들에게서 나온 것들이다. 세네카의 다양한 편지와 논고들, 에픽테토스의 『대화록』과 『요약서』, 그리고 마르쿠스 아우렐리우스의 『명상록』이다. 우리는 또한 키케로가

hegemonikon(통치 능력)'이라고 부른다. 인생에서 섹스나 음식 같은 특정 대상들을 욕망하는 것은 인간의 본성이다. 이성은 우리에게 한 걸음 뒤로 물러나서 우리가 욕망하는 대상이 실제로 우리에게 좋은 것인지 질문을 던져 보게 한다. 지혜 그 자체는 독보적인 가치를 지닌다. 왜냐하면 우리에게 외적인 것들의 가치를 판단하게 해 주기 때문이다. 지혜는 다른 모든 것이 지닌 가치의 원천인 것이다. 그러므로 스토아주의자들은 아마도 이렇게 말할 것이다. 만약 어떤 이가 세계를 전부 다 얻더라도 대신 자신의 지혜와 덕을 잃는다면 그것이 어떻게 그 사람에게 이득이 된단 말인가?

인간이 본질적으로 이성을 쓸 줄 아는 사유하는 피조물이라고 믿는 것에 덧붙여 스토아주의자들은 또한 인간이 본래적으로 사회적인 피조물이라고도 믿었다. 그들은 정상적인 조건 하에서 우리는 일반적으로 자녀들과 '본성적 애정'의 유대 관계를 맺는다는 전제로부터 출발하였다. (만약 그렇지 않다면 우리가 지금 알고 있는 바와 같이, 우리 후손들이 생존해서 우리 유전자를 전달할 수 있는 가능성이 더 낮았을 것이다.) 더 나아가 이 본성적 애정의 유대 관계는 배우자, 부모, 형제자매, 그리고 가까운 친구들처럼 다른 사랑하는 대상들에게로 확대되는 경향이 있다. 스토아주의자들은 사람이란 지혜가 성숙해질수록 점점 더 자신의 이성 능력과 일체가 될 뿐만 아니라, 이성을 쓸 줄 아는 타인들과도 일체가 되기 시작한다고 믿었다. 다른 말로 하면 현명한 사람은 이성적인 모든 피조물에게로 도덕적 배려를 확장하고 그런 사람들을 어떤 의미에서 자신의 형제자매로 바라본다는 것이다. 그것이 바로 스토아주의자들이 **세계시민주의**^cosmopolitanism, 즉 '우주의 시민'이 되는 것을 그들의 이상(理想)으로 기술했던 이

유이다. '우주의 시민'이라는 구절은 소크라테스와 견유주의자 디오게네스 둘 다에게서 유래한 표현이다. 스토아의 윤리는 다른 사람들을 향한 이 본성적인 애정을 정의, 공정, 친절 같은 덕들에 부합할 수 있게 함양하는 일과 관련이 있다. 비록 스토아주의의 이런 사회적 차원이 오늘날 흔히 간과되기는 하지만, 이것은 실은『명상록』의 주요한 주제들 중 하나이기도 하다. 마르쿠스는『명상록』의 거의 모든 지면에서 정의와 친절, 본성적 애정, 인간의 형제애, 윤리적 세계시민주의 같은 덕들을 논의 주제로 다루고 있다.

오늘날 흔히 접할 수 있는 또 다른 오해는 스토아주의자들이 매정하다는 타박이다. 정작 고대의 스토아주의자들은 이런 생각을 일관되게 부인하였다. 그들은 철의 인간이 되거나 돌의 마음을 갖는 것은 자신들이 추구하는 이상이 아니라고 말한다. 사실 그들은 세 가지 유형의 감정을 구분하였다. 좋은 감정, 나쁜 감정, 무관한 감정이 그것이다. 그들은 여러 가지 상이한 유형의 좋은 정념들마다 이름을 붙였다. 'eupatheiai'라는 용어는 욕망과 감정을 모두 아우르는 말로서, 이 좋은 정념들은 광의의 세 항목으로 분류되었다.

1. 지혜와 덕이 있는 삶으로부터 얻게 되는 희열 혹은 기쁨의 심원한 감각과 마음의 평화
2. 양심, 명예, 존엄, 고결 등의 감각처럼 악덕을 혐오하는 건강한 감정
3. 우정, 친절, 선의를 통해 본인과 타인 둘 다를 돕고자 하는 욕망

그들은 또한 우리가 공포, 분노, 갈망 그리고 우리에게 좋지 않

은 특정 형태의 쾌락들 같은 많은 불합리한 욕망과 감정을 갖고 있다고 믿었다. 스토아주의자들은 불건전한 감정들을 억압해야 한다고 믿지 않았다. 대신에 그런 감정들을 건강한 감정들로 교체해야 한다. 하지만 그런 건강한 감정들은 전적으로 우리의 통제 하에 있는 것들이 아니며, 우리가 언제나 그 감정들을 경험할 수 있다고 보장된 것도 아니므로 그것들을 인생의 목적인 덕과 혼동해서는 안 된다. 스토아주의자들에게 그런 감정들은 그저 추가 지급된 상여금과 같은 것이다.

그들은 또한 자동적으로 생겨나는 우리의 최초의 감정들은 자연스럽고 무관한 것으로 간주해야 한다고 가르쳤다. 그런 자동적인 감정들에는 깜짝 놀라거나 짜증이 나거나, 얼굴이 불그락푸르락해지거나, 안색이 창백해지거나, 긴장이 차오르거나, 몸이 떨리거나, 땀을 흘리거나, 말을 더듬는 등과 같은 상태가 포함된다. 이것들은 우리의 자연스러운 반사적 반응들, 단지 최초의 반응들로서 이후로 우리는 그런 반응들을 완숙한 정념들로 상승시킨다. 이러한 원초적인 감정의 전조들은 인간 이외의 일부 동물들과도 공통된다. 그리고 그렇기 때문에 스토아주의자들은 그것들을 좋을 것도 나쁠 것도 없는, 그저 무관한 것으로 바라본다. 앞으로 보겠지만 세네카는 우리가 용기와 절제의 덕을 발휘할 수 있으려면 적어도 그에 앞서 어떤 공포의 기색과 극복의 욕망을 가질 필요가 있다는 역설적 상황을 언급하였다.

따라서 스토아적인 현명한 사람도 위험에 직면하면 떨릴 수가 있다. 중요한 것은 그다음에 어떻게 하느냐이다. 그는 그런 감정들을 수용하되 그것들에 굴하지 않고 자신의 이성 능력을 주장함으로써 용기와 자제력을 발휘한다. 그는 사이렌이 부르는 쾌락의 노래에 도취되거나 고통이 주는 괴로움을 두려워하지 않는다. 어떤 고통은 우리를 더 강하게 만드는 잠재력이 있고 어떤 쾌락은 우리에게 해가 된다. 중요한 것은 우리가 이런 경험들을 어떻게 활용하느냐에 달려 있으며, 그러기 위해 지혜가 필요하다. 현명한 사람은 수술을 받거나 격렬한 신체 운동을 수행하는 등의 고통과 불편을 참아 낼 것이다. 그것이 자신의 몸을 건강하게 해 준다면, 그리고 더 중요하게도 그것이 자신의 품성을 더 건강하게 해 주는 것이라면 얼마든지 그렇다. 마찬가지로 즉석식품을 먹거나 마약이나 술에 탐닉하거나 늦잠을 자거나 하는 일과 같은 쾌락을 단념할 것이다. 모든 것은 이성 능력의 발휘와 현명한 삶이라는 목표로 되돌아간다.

이쯤 되면 독자들은 'Stoicism'(대문자로 시작하는)과 'stoicism'(소문자로 시작하는)을 뒤섞어버린 사람들 때문에 얼마나 많은 혼란이 야기되었는지 헤아리게 될 것이다. 소문자로 시작하는 '스토아주의'는 단지 하나의 성격 특성일 뿐이다. 그 단어는 불평하지 않고 고통이나 역경을 견디어 내는 정신적 강인함이나 인내심을 가리킨다. 대문자로 시작하는 '스토아주의'는 그리스 철학의 온전한 한 학파이다. 감정적으로 강인해지거나 회복력을 갖는 것은 그 철학의 그저 작은 일부분에 불과하다. 그리고 소문자 '스토아주의'는 정의, 공정, 타인에 대한 친절 등에 관련된 스토아적인 덕의 사회적 차원 전체를 무시한다. 또한 사람들이 소문자 스토아적인 태도, 즉 불굴의 정신을 갖는 것에 관해서 말할 때 그것이 단지 감정의 억압을 의미한다고 생각하는 경우가 흔하지만, 감정의 억압은 실제로는 아주 건강하지 않은 태도로 알려져 있다. 그래서 그것이 마르쿠스 아우렐리우스나 다른 스토아주의자들이 권장했던 것이 아니라는 점을 매우 분명히 해 두는 것이 중요하다. 스토아 철학은 우리에게 불건전한 감정들을 건전한 감정들로 전환하라고 가르친다. 우리는 이성을 사용하여 가치판단과 그것의 근거가 되는 다른 믿음들에 도전함으로써 그 일을 할 수 있다. 이것은 우리가 현대적인 합리정서행동치료rational emotive behavior therapy, REBT와 인지행동치료CBT에서 활용하는 치료법과 상당히 비슷하다.

이제부터의 장들에서 독자들은 고통, 걱정, 분노, 상실을 포함하여 구체적인 유형의 심리적 문제들을 극복하기 위해 스토아주의를 인생에 적용할 수 있는 다양한 방식들을 배우게 될 것이다. 마르쿠스 아우렐리우스의 인생 이야기는 철학에게 인간의 얼굴을 달아주고 우리에게는 스토아의 전략과 기법에 관한 실천적인 모범들을 공급해 줄 것이다. 우리는 마르쿠스의 어린 시절의 삶과 교육을 고찰하는 것으로 시작할 것이다. 그것이 스토아적인 언어 사용을 소개함으로써 문제의 핵심을 곧장 파고드는 길이기 때문이다.

2

로마에서
가장 진실한 아이

HOW TO
THINK LIKE
A ROMAN
EMPEROR

마르쿠스는 서기 121년 4월에 태어났고 "하드리아누스의 주목을 받으며 자랐다."[1] 그는 나중에 '아우렐리우스'라는 이름을 얻었다. 유년기 내내 그는 아버지와 할아버지의 이름을 따서 마르쿠스 안니우스 베루스^{Marcus Annius Verus}로 알려졌다. 가족은 히스파니아 바이티카^{Hispania Baetica}(오늘날의 스페인)라는 로마 속주에 속한 작은 마을 우쿠비^{Ucubi}에서 살다가 로마로 이주하였다. 그가 세 살 때 아버지가 세상을 떠났다. 그 사연에 대해서는 자세히 알지 못한다. 마르쿠스는 아버지에 관해 아는 것이 거의 없었으며, 나중에 아버지의 남자다움과 겸손함에 관해 쓴 글도 평판을 통해 아버지에 대해 알고 있던 사실들과 자신의 소소한 기억으로부터 그려낸 소묘였다.

마르쿠스는 어머니와 외할아버지 밑에서 자랐다. 외할아버지는 매우 지체 높은 원로원 의원으로서 세 차례나 집정관을 지낸 적이 있었다. 그는 하드리아누스 황제의 가까운 친구였고 하드리아누스의 부인이자 마르쿠스의 대고모인 사비나^{Sabina} 황비의 시숙이었다. 황제와 연줄이 있는 부유한 로마 귀족 집안의 일원으로서 마르쿠스는 자연스럽게 할아버지의 사교계 일원이 되었다. 그가 모든 이에게 사랑받았다고들 이야기하지만 마르쿠스의 어떤 측면은 특히 하드리아누스의 시선을 사로잡았다. 황제는 어릴 때부터 그에게 영예로운 혜택을 잔뜩 베풀었다. 이를테면, 황제는 마르쿠스가 여섯 살 때 고위 기마대$^{equestrian order}$(로마에서 원로원 의원 다음 가는 높은 신분에 해당함-옮긴이)에 입교시켜서 종종 로마 기사로 묘사되곤 하는 신분으로 만들었다. 또 마르쿠스가 여덟 살이 되자 하드리아누스는 그를 사리이 사제단$^{the College of the Salii}$, 즉 도약하는 사제들에 임명했는데 이들의 주요 임무는 전쟁의 신 마르스^{Mars}에게 경의를 표하기 위해 옛 갑옷을 입고 의식용 칼과 방패를 쥔 채로 정성스런 무도(武道) 의례를 수행하는 일이었다.

하드리아누스는 이 소년에게 베리시무스^{Verissimus}라는 별명을 붙여 주었다. 이는 그의 성(姓)인 베루스^{Verus}를 갖고 지어낸 말장난으로 '베루스'가 '참' 혹은 '진실'을 의미하므로 '가장 참된' 혹은 '가장 진실한'이라는 의미가 된다. 황제는 아이에 불과한 마르쿠스가 궁정에서 가장 솔직한 사람이라는 사실을 깨달았던 것 같다. 실제로 마르쿠스의 가족은 부유하고 힘 있는 사람들이었지만 그럼에도 정직과 검약을 소중히 여기는 것으로 유명했다. 솔직하게 말하는 마르쿠스의 성향은 그가 나중에 발견하게 되는 스토아 철학에 자연스러운 친근감을 갖게 해 주었을 것이다. 하지만 그런 성향은 형식적인 수사학과 웅변술을 찬양하는 문화 운동의 성격을 띤 제2차 소피스트 운동이 한창이던 시기에 하드리아누스의 궁정에 만연해 있던 지적 문화와는 어긋나는 것이었다. 하드리아누스의 시대에 이르러 그리스의 예술과 문학은 매우 크게 유행하고 있었다. 그리스의 지성인들, 그중에서도 특히 웅변가들이 큰 존경을 받고 로마 엘리트층 인사들의 개인 교사가 되었으며, 이로 인해 로마 제국의 중심부에서 그리스 문화가 번성하였다.

연설할 때 사용하는 언어에 대한 형식적인 연구로서 그 시절 모든 청년 귀족의 교육 과정의 일부였던 수사학을 가르치는 교사들은 소피스트들로 알려져 있었고, 이들이 소크라테스 시대로 거슬러 올라가는 그리스의 전통을 부활시켰다. 그들은 흔히 도덕적 교훈들, 약간의 철학, 그리고 지적 문화의 다른 측면들을 수업 내용에 포함시켰다. 영어의 'sophistication(지적인 세련성, 교양, 정교성 등을 뜻함-옮긴이)'은 여기서 유래한 것으로서, 이 단어의 의미는 당시 소피스트들이 전파하고자 했던 바를 느슨하게 담고 있다. 소크라테스가 오래전에 관찰했던 것처럼, 비록 소피스트들은 흔히 말로는 본인들이 철학을 하고 있는 것처럼 행세했지만, 그들의 근본 목표는 덕 그 자체에 도달하는 것이라기보다는 능숙한 말재주를 과시함으로써 사람들의 찬사를 얻어 내는 것이었다. 간단히 말해서, 그들은 지혜와 덕에 관해 많은 말을 하지만 정작 그런 가치관에 부합하는 삶을 사는 것은 아니었다. 보통 그들은 대중의 갈채를 받기 위해 박학다식과 능변을 과시하며 서로 경쟁하는 일에 더 관심이 많았다. 그리하여 많은 로마 사람들에게는 지혜의 겉모습이 지혜 그 자체보다 더 중요해졌다. 심지어 황제 본인도 이런 지혜의 외양에 탐닉했다. 우리의 가장 중요한 원전(原典) 중 하나인 『로마 황제의 역사Historia Augusta』는 하드리아누스가 나름대로 산문이나 운문을 어느 정도 쓸 줄 아는 재주가 있기는 했으나, 이런저런 기예들을 가르치는 교사들보다 자기가 더 교양 있고 머리가 좋다는 것을 보여 주려는 의도에서 그들을 조롱하고 모욕하려 했다고 말한다. 그는 몇몇 교사들이나 철학자들을 데리고 편을 갈라서 양측이 서로를 비판하는 소책자와 시들을 지어내게 해 놓고 함께 어울려 허세에 찬 논쟁을 벌이곤 하였다. 오늘날의 인터넷 플레이밍internet flaming(인터넷의 익명성과 개방성을 악용해 모욕적인 말, 욕설, 적대적인 언어로 온라인상의 상대방에게 상처를 주는 흥분되고 억제되지 않은 의사소통 현상을 가리킴-옮긴이)이나 인터넷 트롤링internet trolling(사소한 문제로 온라인상의 상대방을 자극하여 일부러 논쟁을 야기하는 소위 '낚시' 행위를 가리킴-옮긴이)의 고대 로마판이라고 할 수 있겠다.

예를 들면, 소피스트인 파보리누스Favorinus of Arelate는 로마에서 가장 빼어난 지성인 중 한 명으로 제국 전역에서 명성이 자자했다. 그는 아카데미학파의 회의론 철학에 매우 정통했으며 그의 수사학적인 능변은 폭넓은 찬사를 받았다. 하지만 그는 몇몇 단어들의 올바른 용법에 관한 하드리아누스 황제의 의심스러운 주장들에 대응하면서 부끄럽게도 몸을 사렸다. 파보리누스는 친구들에게 이렇게 말했다. "자네들은 나에게 잘못된 길을 따라가라고 재촉하고 있는 것일세. 자네들이 내게 세상에서 가장 학식 높은 그분을 서른 개의 군단을 거느린 분으로 대접하지 못하게 한다면 말일세."2 하드리아누스는 자기가 틀리는 것을 좋아하지 않았다. 더 나쁜 것은 자기와 의견 차이가 있는 지성인들에게 무자비한 앙갚음을 가했다는 것이다. 실제로 훗날 끝내 하드리아누스의 비난을 초래하게 된 파보리누스는 그리스의 키오스Chios라는 섬으로 유배되었다. 그럼에도 불구하고 어떤 이유에서인지 하드리아누스는 어리지만 꽤나 엄숙하고 고귀한 베리시무스, 지혜의 세련된 겉모습보다 진짜 지혜를 더 사랑했던 저 베리시무스의 고결성과 솔직한 언행을 가장 으뜸으로 존중하게 되었다.

하드리아누스는 재주 많고 열정적이고 민활한 인간이었다. 아주 영악하지만 꼭 현명하다고는 할 수 없다고 묘사할 법한 그런 종류의 인간이었다. 놀랄지도 모르겠지만, 일설에 따르면 그는 로마 제국에서 스토아주의의 교사로서 가장 중요한 인물인 에픽테토스의 친구였다고 한다. 하드리아누스의 지독한 우월 의식을 그 유명한 스토아주의자가 어찌 견디어 냈을지 상상하는 것만도 애먹을 일이다. 하지만 황제는 에픽테토스의 가장 유명한 제자로서 스승의 『대화록』과 『요약서』를 받아 적고 편집한 인물인 아리아노스와는 분명히 사이가 좋았다. 앞으로 보겠지만, 아리아노스는 하드리아누스 재위 중에 두각을 나타냈다. 물론 하드리아누스는 철학자가 아니었다. 그는 소피스트들처럼 철학을 피상적인 방식으로 바라보았다. 그에게 철학이란 단지 자신의 학식을 과시할 수 있는 소재의 원천일 뿐이었다.

대조적으로 에픽테토스는 전형적인 스토아의 방식으로 학생들에게 학문적인 배움과 지혜를 혼동하지 말고, 쩨쩨한 논쟁을 벌이거나 지엽말단적인 것들을 따지거나 추상적이고 학술적인 주제들에 매달려 시간을 낭비하는 일 따위를 피하라고 지속적으로 경고했다. 그는 소피스트와 스토아주의자의 근본적인 차이를 강조했다. 소피스트는 청중의 찬사를 받고 싶어 말하는 사람이며, 스토아주의자는 청중이 지혜와 덕을 획득할 수 있게 도와서 그들을 개선하고

자 말하는 사람이다.[3] 수사학자들은 찬사에 목을 매는데, 그것은 허영일 뿐이다. 철학자들은 진리를 사랑하고 겸양을 받아들인다. 수사학은 듣기 좋은 소리를 하는 일종의 오락이다. 철학은 도덕적이고 심리적인 치료로서 종종 듣고 있기가 괴롭다. 왜냐하면 철학은 우리의 오류를 치유하기 위해서 우선 오류를 인정할 수밖에 없게 만들기 때문이다. 때로는 진리가 고통을 준다. 에픽테토스 본인의 스승인 스토아주의자 무소니우스 루푸스^{Musonius Rufus}는 그의 학생들에게 이렇게 말하곤 했다. "만약 여러분이 나를 칭송할 정도로 한가하다면, 내가 하고 있는 말은 아무런 성과도 없다는 뜻입니다." 따라서 철학자의 학교는 의사의 진료실과 다름없다고 에픽테토스는 말했다. 쾌락을 기대하고 그곳에 갈 생각은 하지 말아야 한다. 오히려 고통을 기대하는 편이 옳다.

세월이 흐르면서 마르쿠스는 소피스트들의 가치관에 대한 환멸감과 스토아주의자들의 가치관에 대한 자연스러운 친화감을 점점 더 확실히 자각하게 된다. 이는 어느 정도 그의 어머니 덕분이라고 말할 수 있을 것이다. 도미티아 루킬라^{Domitia Lucilla}는 마르쿠스의 아버지처럼 지체 높은 로마 귀족 가문 출신의 탁월한 여성이었다. 또한 막대한 유산을 상속받아서 엄청나게 부유했으며, 상속 재산 중에는 로마 근방에 위치한 중요한 벽돌 생산 공장도 포함되어 있었다. 하지만 마르쿠스는 훗날 자기가 특히 "부자들의 생활양식과는 한참 거리가 먼" 소박하고 소탈한 어머니의 생활양식에 영향을 받았다고 말하게 된다.[4]

이렇듯 검소한 삶을 사랑하고 과시적인 사람들을 경멸하는 어머니의 태도는 아들에게 깊은 인상을 심어 주었다. 여러 해가 지난 후 마르쿠스는 『명상록』에서 궁정 생활의 위선과 부패에 대한 혐오감을 드러냈다. 하지만 그는 그런 문제를 부정적으로 고심하느라 다시는 시간을 낭비하지 않으리라고 스스로에게 다짐하였다. 그는 아무리 궁정 생활이라도 견딜 만할 것으로 여기게 되고, 궁정 사람들도 자기를 견딜 만하다 여기게 된 것도 오로지 철학에 의지한 덕분이었다고 덧붙였다. 그는 사람 사는 것이 가능한 곳이라면 어디에서나, 심지어 로마에서도 잘 사는 것, 현명하게 사는 것이 가능하다고 되뇌었다. 로마야말로 스토아의 덕과 조화를 이루면서 산다는 것이 하나의 투쟁이 되는 곳임을 그가 분명하게 느꼈음에도 그렇다. 그는 궁정의 삶에서 배어나는 불성실에 끝없는 좌절을 느꼈고 그에 대처하는 방법으로써 스토아주의에 의존하게 되었다.[5]

마르쿠스는 또한 어머니에게 아량을 배웠다. 마르쿠스는 하나뿐인 여동생이 결혼할 때 아버지가 자기에게 남긴 유산을 넘겨주었다. 전 생애에 걸쳐 그는 헤아릴 수 없이 많은 재산을 상속받았고, 그럴 때마다 대개는 그 재산을 고인의 가까운 친척들에게 나눠 주곤 했다고 한다. 수십 년 후 황제 재위 중에 제1차 마르코만니 전쟁이 발발했을 때 마르쿠스는 국가 재정이 바닥나 있는 것을 발견하였다. 이에 대한 그의 대응 조치는 공매를 실시하여 전쟁 물자 조달을 위한 자금 조성에 나선 것이었다. 두 달 동안 지속된 공매를 통해서 셀 수 없이 많은 제국의 보화들이 팔려 나갔다. 심각한 재정 위기에 대응할 때 재물에 대한 그의 무관심과 제국 궁정의 온갖 치장들이 둘 다 매우 쓸모 있었던 것으로 밝혀진 셈이다.

마르쿠스의 어머니는 그리스 문화 애호가였으며, 아마도 아들에게 나중에 그의 친구나 교사가 될 몇몇 지식인들을 소개해 준 사람이 바로 그녀였을 것이다. 마르쿠스는 자신의 스토아 멘토인 유니우스 루스티쿠스가 편지는 단순하고 꾸밈없는 양식으로 써야 한다고 가르쳐 주었다고 언급한다. 이를테면, 루스티쿠스가 이탈리아 연안에 있는 시눼사^{Sinuessa}에서 마르쿠스의 어머니에게 보낸 편지처럼 말이다.⁶ 아마도 루스티쿠스와 마르쿠스의 어머니는 여러 해 동안 친구로 지냈던 것 같다. 틀림없이 어머니의 그리스 문화 사랑과 더불어 마르쿠스가 가정교육을 받으면서 몸에 밴 오래된 로마의 가치관 중 일부가 나중에 그가 스토아 철학에 관심을 갖게 되는 진입로를 닦아 주었을 것이다. 실제로 그것이 바로 『명상록』 서두의 몇몇 구절들에서 그런 가치관을 되뇐 이유일 수도 있다.

마르쿠스는 이례적으로 어린 나이 때부터 철학을 훈련함으로써 이런 가치관을 기반으로 성장하기 시작했다. 『로마 황제의 역사』는 그가 하드리아누스가 살아 있는 동안에 벌써 스토아 철학에 완전히 빠져들었다고 말한다. 하지만 아직 어린 소년일 때 그는 어머니 집에서 실천적인 삶의 양식으로서 처음 철학을 배웠던 것처럼 보인다. 그리고 한참 후에야 여러 명의 빼어난 스승들 밑에서 철학 이론을 공부하기 시작했다. 그는 처음에는 신체적 불편을 견디고 불건전한 습관들을 극복하는 법을 독학했다. 그리고 다른 사람들의 비판을 참아 내고 듣기 좋은 말이나 아첨에 쉽게 흔들리지 않는 법을 배웠다.

이런 식으로 우리의 정념들을 다스리는 것이 스토아주의 수련의 첫 단계이다. 에픽테토스는 그것을 '욕망의 규율'이라고 불렀는데, 실은 여기에는 우리의 욕망만이 아니라 공포나 혐오도 모두 포함된다. 앞서 본 바와 같이, 스토아주의자들은 그들보다 앞서간 견유주의 철학자들에게서 아주 많은 영향을 받았다. 에픽테토스는 특히 견유주의의 견해들을 매우 존중하는 형태의 스토아주의를 가르쳤다. 그는 "참고 단념하라"는 구호(혹은 "참고 또 삼가라")를 전파한 것으로 알려져 있다.『명상록』에서 마르쿠스가 자신이 목표로 하는 것은 다른 사람들의 결함을 참고 그런 자들에게 어떤 나쁜 짓이라도 가하는 일을 삼가는 한편, 자기가 직접 통제할 수 없는 것들은 냉정히 수용하는 것이라고 되뇌었을 때 아마도 그는 저 구호를 떠올렸던 것처럼 보인다.[7]

『명상록』제1권에서 마르쿠스는 가족에게 배운 훌륭한 자질과 교훈을 사색한 다음, 이어서 불가사의한 한 무명의 개인 교사를 칭송한다. 그 사람은 아마도 어머니 집안에서 일하던 노예 혹은 노예였다가 풀려난 자유인이었던 것 같다.[8] 마르쿠스가 자신의 도덕 발달에 더 많은 영향을 미친 사람으로 하드리아누스 황제나 제국에서 가장 칭송 받는 지식인들이 포함된 그의 수사학 개인 교사들이 아닌 그 비천한 노예를 꼽고 있다는 사실은 참으로 색다른 일이 아닐 수 없다. 이 무명 인사는 어린 마르쿠스에게 인내심을 갖고 고난과 불편을 견디어 내는 법을 보여 주었다. 그는 마르쿠스에게 자립심을 가져야 하며 인생에서 갖고 싶은 것이 거의 없게 하라고 가르쳤다. 또한 마르쿠스는 그에게서 타인의 비방에 귀를 닫는 방법과 타인의 일에 코를 들이박고 쿵쿵대는 일을 삼가는 방법을 배웠다. 이것은 하드리아누스 황제나 그런 황제의 총애와 로마 군중의 박수를 받고 싶어 경쟁하는 이름난 소피스트들이 정해 놓은 모범과는 매우 다른 것이다. 뿐만 아니라 그 개인 교사는 전차 경주에서 청색파이건 녹색파이건 어느 편도 들지 말고 투기장에서도 이런저런 검투사 편에 서지 말라고 일찍부터 마르쿠스를 채근했다(고대 로마의 전차 경주에서는 오늘날 스포츠 팀이 경쟁하듯 재정 지원을 해 주는 후원자들을 각각 대변하는 파벌들이 나뉘어 있었으며 이에 따라 대중들도 편을 갈라 응원하였는데, 이들 파벌들은 특정 정치사상이나 종교적 교리 등과 결부되어 정치 세력화되기도 했다고 한다. 그중 청색파와 녹색파가 대중적으로 가장 인기가 많았고 적색파와 백색파의 인기는 상대적으로 열세였다고 한다.-옮긴이). 우리가 본 바와 같이, 견유주의자들은 어지간히 가혹한 생활양식과 다양한 훈련들을 활용하여 자발적으로 고난^{ponos}을 견디어 냄으로써 스스로를 단련시킨 것으로 명성이 자자했다. 그들은 또한 외적인 것들에 대한 무관심을 함양하고 타인의 칭찬이나 비난을 무시한 것으로도 유명했다. 그렇게 함으로써 그들은 지금의 진리를 아주 평범하고 간명하게 이야기할 수 있었다. 마르쿠스의 그 이름 모를 개인 교사가 견유주의에 영향을 받았는지, 아니면 단지 유사한 가치관을 우연히 공유하고 있었던 것뿐인지는 결코 알 길이 없다. 하지만 그가 그 아이에게 미래의 스토아주의 수련을 위한 단단한 토대를 제공했음에는 틀림이 없다.

그렇다면 마르쿠스를 공식적인 철학 공부로 처음 인도한 사람은 누구였을까? 놀랍게도 마르쿠스는 그 사람은 바로 자신의 그림 선생인 디오그네투스^{Diognetus}였다고 말한다. 두 사람은 아마도 마르쿠스가 12살이 되었을 무렵에 만났을 것이다. 당시 마르쿠스는 다음 단계의 교육에 진입한 상태였다. 『명상록』에는 마르쿠스가 빵덩어리에 생긴 갈라진 금이나 나이든 사람의 얼굴 주름, 혹은 야생 멧돼지의 주둥이에서 떨어지는 게거품 같은 시각적으로 세밀한 측면을 포착할 줄 아는 화가의 눈을 갖고 있음을 과시하는 듯 보이는 몇몇 인상적인 구절들이 있다. 이런 관찰들은 스토아의 형이상학적 이상(理想)들을 설명하는 데 사용된다. 즉, 무언가의 외관상 결함이 지닌 아름다움과 그것의 가치는 더 큰 그림의 일부로 바라볼 때 더 분명해진다는 것이다. 그래서 혹시 그런 구절들이 마르쿠스가 어릴 때 그림 개인 교사와 나눈 철학적 대화들에서 영감을 얻은 것은 아닌지 궁금한 생각이 든다.

어쨌든 디오그네투스는 마르쿠스에게 사소한 문제들로 시간을 낭비하지 말고, 메추라기 싸움 따위의 대중오락을 멀리하며 처신하라고 가르쳤다. 메추라기 싸움은 아마도 오늘날의 비디오 게임 등에 해당하는 고대 로마의 오락거리였던 것 같다. 그는 마르쿠스에게 기적이나 부적으로 등쳐먹은 사기꾼이나 악령을 몰아낸다고 떠들어 대는 사람들(추정컨대 초창기 기독교인들이었을 것이다)에게 속아 넘어가지 말 것을 경고했다. 초자연적인 현상들이나 도박 같은 일탈 행위에 시간과 정력을 낭비하지 말라는 경고는 마르쿠스가 견유주의나 스토아주의 철학자에게서 배웠을지도 모른다. 디오그네투스는 또한 그에게 솔직한 언행parrhesia을 관대히 대하고 땅바닥에 간이침구를 펴고 동물의 생가죽을 이불 삼아 잠을 자라고 가르쳤다. 거의 확실히 견유주의적 요법을 언급하는 측면들이다.[9] 실제로 『로마 황제의 역사』는 디오그네투스가 개인 교사가 되었을 무렵 마르쿠스가 철학자의 옷을 입기로 결심하고 역경을 이겨 내기 위해 스스로를 단련하기 시작했음을 확인해 준다. 하지만 그의 어머니가 원정에 나선 군단 병사처럼 깔개를 펴고 잠을 자는 것은 적절치 않다고 반대했다. 어머니는 아들이 침상을 사용하도록 설득하느라 애를 먹었다. 그래도 여전히 침대보는 정상적인 것이 아니라 동물의 생가죽을 깔아 놓았다고 한다.

마르쿠스는 디오그네투스가 '그리스식 훈련^{agoge}'의 이런저런 면모들을 가르쳤다고 말한다. 그런 면모들 전부를 알 수는 없지만 그중 일부가 어떤 것이었을지 추론해 볼 수는 있다. 견유주의 철학자들은 보통 싸구려 흑빵과 콩 혹은 루핀 씨앗을 곁들인 아주 간소한 식사를 했고 주로 물을 마셨다. 에픽테토스의 스승인 무소니우스 루푸스에 따르면 스토아주의자들 역시 차리기 쉬운 간소하고 건강한 음식을 먹어야 하며, 그럴 때도 게걸스럽지 않게 신경을 써 가며 적당히 먹어야 한다. 견유주의자들처럼 스토아주의자들도 때때로 열기와 냉기를 견딜 수 있도록 스스로를 단련시키곤 하였다. 전설에 따르면, 견유주의자 디오게네스는 벌거벗은 채 얼어붙은 동상을 껴안거나 한여름 태양 아래 뜨거운 모래에서 구르는 방식으로 이를 실천했다고 한다. 세네카는 신년에 로마의 테베레 강에서 냉수욕과 수영을 했다고 글에 적었다. 그리고 찬물 샤워는 오늘날 스토아주의에 영향을 받은 사람들에게 인기를 끌고 있다. 마르쿠스가 이런 내용을 상세하게 언급하고 있지는 않지만, 그는 젊은이로서 자발적 고난을 견디어 내는 '그리스식 훈련'의 일환으로 아마도 이와 유사한 수행들을 채택했을 것이다. 프랑스 학자 피에르 아도는 '그리스식 훈련'이라는 구절이 악명 높은 스파르타식 훈련을 암시하는 것이며, 아마도 그 훈련의 여러 측면들이 견유주의 철학자들과 일부 스토아주의자들이 채택한 가혹한 생활양식에 영향을 주었을지도 모른다고 생각했다.

실제로 고대 세계에서 철학은 다른 무엇보다도 가장 우선시되는 삶의 방식이었다. 오늘날 대학에서 가르치는 '강단 철학'은 훨씬 더 학구적이고 이론적인 활동으로 변했다. 대조적으로 고대의 철학자들은 흔히 그들의 생활양식과 심지어 옷을 입는 방식으로 식별될 수 있었다. 스토아주의자들이나 그들 이전의 견유주의자들은 그리스어로 '트리본tribon'이라고 불리는 단일한 의복을 관습적으로 걸쳤다. 대개 염색하지 않은 잿빛 양모로 만든 이 옷 같지 않은 외투 혹은 숄을 몸에 둘러서 입었으며 대개 어깨가 노출되었다. 또한 소크라테스나 견유주의자들 같은 몇몇 철학자들은 맨발로 다녔다. 몇몇 로마 철학자들도 여전히 이런 식으로 옷을 입고 다녔다. 그런 옷차림은 아마도 젠체하는 고리타분한 모습으로 비춰지곤 했을 테지만 말이다. 마르쿠스는 적어도 청년 시절에 그런 철학자의 외투를 입었다. 그의 조각상들을 통해 알 수 있듯이 그는 잘 손질한 수염을 길게 길렀는데, 그것은 아마도 그 시기 스토아주의자들의 전형적인 외모였을 것이다.

혹시 디오그네투스 본인이 철학자처럼 입고 생활했고 마르쿠스는 그의 모범을 모방하고픈 마음이 생겨났을 수도 있다. 다시 한 번 말하지만, 하드리아누스의 궁정에서 웅변과 시가(詩歌)가 대유행을 탔던 제2차 소피스트 운동이 한창일 때 마르쿠스가 정반대의 방향으로 이끌렸다는 것은 놀라운 일이다. 그리스 철학의 단순성과 정직성에 경도된 그는 수사학의 세련성과 겉치장에 질색을 했다. 디오그네투스는 이런 생활양식을 소개한 것에 그치지 않고 그 소년에게 철학적인 대화를 기록으로 남기고, 여러 철학자들의 강의에 출석하라고 권장하기 시작했다(그는 세 사람을 거명했다고 하는데 그들이 누구인지는 알려져 있지 않다). 몇 년이 지나 15살이 되었을 무렵 마르쿠스는 마침 로마를 방문 중이던 칼세돈의 아폴로니우스Apollonius of

^{Chalcedon}라고 하는 이름난 스토아 교사의 거처에서 열린 강연에 잠깐 출석하였다. 강연을 마친 아폴로니우스는 그리스로 떠났으나 앞으로 보겠지만 곧 소환될 것이다.

이 무렵 마르쿠스는 이미 열정적인 스토아주의자가 되어 있었다. 아폴로니우스나 여타 스토아주의자들은 장담컨대 에픽테토스의 가르침을 그에게 소개했음이 틀림없다. 에픽테토스는 두말할 것도 없이 전체 로마 철학자들 가운데서 가장 영향력 있는 인물이었다. 로마에 있던 에픽테토스의 학교는 그리스로 이전된 지 오래되었고, 에픽테토스는 마르쿠스가 아직 소년이었을 때 죽었기 때문에 사실상 그들이 직접 만났을 리는 거의 없다. 하지만 마르쿠스의 교육이 진행되면서 아마도 그는 아리아노스가 에픽테토스의 강의에 출석해서 받아 적은 『대화록』을 공부했을 가능성이 아주 많은 연장자들과 교제하게 되었을 것이다. 『명상록』에서 마르쿠스는 에픽테토스를 소크라테스와 크리시포스에 견줄 수 있는 모범적인 철학자로 거명한다.[10] 그러면서 에픽테토스를 다른 어떤 저자보다도 많이 인용한다. 실제로 마르쿠스는 분명히 자신을 에픽테토스의 추종자로 바라보게 되었다. 하지만 가족들은 그의 교육이 빼어난 소피스트들에게서 수사학을 배우는 데에 초점을 두게 될 것으로 당연히 생각했던 것 같다. 그가 미래의 황제로 지명이 되고 난 후에는 더욱 그랬을 것이다.

하드리아누스의 결혼은 후사가 없었기에 건강이 나빠지기 시작한 말년에 이르러 그는 후계자로 양자를 들였다. 모두가 경악하는 가운데 그는 비교적 평범한 인물로서 나중에 루키우스 아에리우스 카이사르^{Lucius Aelius Caesar}로 알려지게 되는 루키우스 케이오니우스 콤모두스^{Lucius Ceionius Commodus}를 선택했다. 제국의 공식 후계자가 카이사르라는 칭호를 받게 된다는 전통은 바로 여기서 시작되었다. 하지만 루키우스는 건강이 매우 안 좋았기 때문에 1년이 조금 지나지 않아 죽고 말았다. 일설에 따르면 하드리아누스는 내심 이제 열여섯 살이 된 마르쿠스를 계승자로 삼고 싶어 했지만, 그래도 아직은 너무 어리다고 느꼈다. 대신 그는 티투스 아우렐리우스 안토니누스^{Titus Aurelius Antoninus}라고 하는 나이가 많은 인물을 선택했다. 그는 이미 50대 초반이었고 두 딸이 있지만 생존해 있는 아들은 없었다. 그의 부인은 마르쿠스의 고모인 파우스티나였다. 그렇게 해서 장기적인 황위 계승 채비의 일환으로, 하드리아누스는 안토니누스를 입양하면서 안토니누스가 마르쿠스를 입양하기로 한다는 조건을 달았다. 마르쿠스를 황위를 계승할 자격이 있는 직계 서열에 올려놓으려는 것이었다. 그리하여 하드리아누스는 마르쿠스를 그의 손자로 입양하게 되었다.

서기 138년 초 입양된 날 청년 마르쿠스 아우렐리우스 베루스는 안토니누스의 성을 받게 되었고 이제부터 영원히 마르쿠스 아우렐리우스 안토니누스로 알려지게 되었다. 하지만 문제가 복잡해진 것이, 하드리아누스가 원래 후계자이자 카이사르로 지명했던 인물인 루키우스 아에리우스가 루키우스^{Lucius}라고 하는 어린 아들을 한 명 남겼다는 것이다. 그래서 안토니누스가 그 루키우스라는 아이를 입양했고 그 바람에 그 아이는 마르쿠스 아우렐리우스의 새로운 형제가 되었다. 나중에 마르쿠스는 자신이 즉위하고 난 직후 그 의붓동생을 공동 황제로 지명하게 되며, 그때부터 그 동생은 루키우스 베루스^{Lucius Verus} 황제로 알려지게 되었다. 두 명의 황제가 이런 식으로 연합 통치를 하게 된 것은 그때가 처음이었다. 추정컨대 마르쿠스가 동생과 권력을 공유하기로 결정을 내린 이유는 권좌에 오를 권한이 있는 경쟁하는 혈통이 상존하여 야기될 불안정을 피하기 위한 측면이 있었던 것으로 보인다. (우리는 나중에 다시 마르쿠스와 그의 동생 루키우스의 관계로 돌아올 것이다.)

처음에 마르쿠스는 하드리아누스가 자신을 황실로 입양한 것에 매우 당황했다. 그는 어머니의 장원에서 황제의 살림집으로 옮겨 가는 것을 꺼려했다. 친구들과 가족들이 왜 그렇게 마음 불편해하냐고 물었을 때, 그는 궁정의 삶에 관한 걱정거리 목록을 몽땅 쏟아냈다. 그의 나중 언급들을 통해 우리는 그가 로마 정계의 위선과 부패에 맞서 싸웠다는 것을 안다. 그런데 자신이 장차 황제가 되리라는 것을 알고 난 그날 밤 마르쿠스는 자기 팔과 어깨가 상아로 되어 있는 꿈을 꾸었다. 꿈에서 누군가가 그 팔과 어깨를 여전히 쓸 수 있는지 묻자 그는 무거운 짐을 들어 올려 보여 주었고, 그래서 자신의 힘이 훨씬 세졌다는 것을 발견했다. 노출된 어깨는 추위를 이겨 내는 견유주의 혹은 스토아주의 철학자의 인내심을 상징하는 것이었으므로, 그는 이 꿈을 통해 자신의 스토아 철학 수련이 황제로서 자신의 미래 역할을 완수하는 데 필요한 힘과 회복력을 부여해 줄 것임을 내다볼 수 있었을 것이다.

마르쿠스는 이제 황위 계승 서열상 제2인자로서 안토니누스를 계승하게 되어 있었다. 그는 궁정의 지식인들 무리에 소개되었는데, 그들 중 일부는 제국에서 가장 훌륭한 수사학자들, 철학자들이었다. 그는 또한 황제가 그들을 어떤 식으로 들볶아 대는지를 틀림없이 관찰했을 것이다. 그것은 마르쿠스의 가치관과는 완전히 배치

되는 태도였으며 하드리아누스가 자신의 적으로 상정한 자들에게 보인 점점 더 커져 가는 의혹, 불관용, 박해도 마찬가지였다. 나중에 황제로서 자신의 통치 시대에 마르쿠스는 정적들이 자기를 공개적으로 조롱하거나 비판하고 나섰을 때에도 처벌받지 않고 지나가게 으레 내버려 두었다. 그가 거리낌 없는 비판자들에게 응수하는 방식은 기껏 연설이나 소책자에서 점잖게 그들의 발언을 소개하는 것 정도가 최대였다. 하드리아누스였다면 그런 자들은 아마 멀리 추방되거나 목이 달아났을 것이다. 유명한 이야기이지만 마르쿠스는 자신이 재위하는 동안 단 한 명의 원로원 의원도 처형되는 일은 없을 것이라고 서약한 바 있다. 심지어 동방 속주에서 내전이 벌어지던 중에 원로원 의원 여럿이 자기를 배반했을 때에도 이 약속을 어기지 않았다. 그는 진정한 힘은 폭력이나 억압이 아니라 인정을 보여 줄 수 있는 능력에 있다고 믿었다.

하드리아누스는 말년에 이르러서는 폭군에 가까운 존재가 되었다. 망상이 점점 심해졌고 첩자를 고용해 친구들을 염탐했으며 처형의 칼날을 휘둘러 댔다. 그를 몹시 증오하는 지경에 이른 원로원은 그가 죽고 난 후 그의 법령들을 무효화하고 신격화의 영예를 부여하는 전통적인 관행을 보류하고 싶어 했다. 하지만 새로 등극한 황제 안토니누스는 더 타협적인 방식으로 일을 처리하는 것이 더 나을 것이라고 그들을 설득했고, 덕분에 그는 원로원으로부터 피우스[Pius]('경건한 자'라는 의미-옮긴이)라는 또 하나의 이름을 얻게 되었다. 마르쿠스가 『명상록』 여기저기에서 하드리아누스를 여러 차례 언급하면서도 자신의 가족 구성원들과 교사들을 한 명 한 명 거론하며 칭송하고 있는 그 책의 제1권에서는 그에 대한 언급을 이례적으로 피했다는 사실을 당사자인 하드리아누스가 알았더라면 틀림없이 격노했을 것이다. 반면에 마르쿠스는 안토니누스의 덕목을 한 차례 이상 아주 길게 열거하였고 그가 황제로서 이상적인 역할 모델을 상징한다는 점을 분명히 했다.

로마의 역사가들은 안토니누스를 많은 방식에서 선황과는 정반대로 묘사한다. 실제로 마르쿠스가 칭송한 양아버지의 성격 특성 중 일부는 하드리아누스에 대한 암묵적 비판으로 읽힐 수 있다. 안토니누스는 전혀 허세를 부리지 않는 사람이었다. 전하는 바에 의하면, 그는 황제에 등극하고 나서 궁정 대신들의 일부 저항에도 불구하고 황궁의 장식들을 최소화함으로써 로마 시민들로부터 큰 존경을 받았다고 한다. 그는 내빈을 접견할 때 가끔 황제의 관복을 입지 않고 일반 시민처럼 옷을 입기도 했으며 이전에 해 왔던 대로 계속 살고자 노력했다. 하드리아누스의 신하들이 그의 변덕스런 기분과 급한 성질을 우려하여 황제의 비위 맞추기에 급급했던 반면에, 안토니누스는 온화한 품행을 보이면서 궁정에서건 다른 곳에서건 솔직한 언행을 환영한 것으로 유명했다. 하드리아누스와 달리 안토니누스는 신랄한 언사로 인해 기분이 상하더라도 그냥 감수하며 무시해 버리곤 했다.

스토아주의자들은 자신들이 수년간 철학을 공부하고 수련하면서 획득하고자 애썼던 덕들을 어떤 이들은 이미 태생적으로 갖추고 있다는 사실을 기꺼이 인정하였다. 마르쿠스에 따르면 안토니누스가 그런 사람이었다. 안토니누스가 갖고 있다고 서술된 성격들은 마르쿠스가 스토아 철학의 수련을 통해 계발하고 싶어 했던 성품이 어떤 유형의 것이었는지 생생한 그림을 그려 준다. 예를 들어,

안토니누스는 일단 무언가를 숙고해서 어떤 판단에 이르렀다면 머뭇거리지 않고 단호히 실천으로 옮겼다.[11] 『명상록』에서 마르쿠스는 어떻게 선제가 결코 다른 사람들의 공허한 칭찬이나 인정을 추구하지 않고 언제나 그들의 직언에 기꺼이 귀를 기울여 주의 깊게 숙고했는지를 사색한다. 그는 세심한 심의가 요구되는 문제들을 검토할 때는 매우 꼼꼼했다. 결코 성급한 결정을 내리지 않았고 늘 자신이 받은 첫인상에 기꺼이 의심을 제기하곤 하였다. 쟁점이 있을 때는 마침내 자신의 추론에 완전히 만족할 때까지 끈질기게 생각을 이어 갔다. 그는 철학자들의 모든 신조에 반드시 다 동의한 것은 아니었지만 진정한 철학자들에게 경의를 표했다. 또한 아첨꾼들을 공격하지 않았지만 그들에게 휘둘리지도 않았다. 한마디로 그는 매우 침착하고 이성적인 사람이었다. 허영을 모르는 타고난 심성이 그가 더욱 일관되게 이성을 따르고 사물들을 더 명료하게 알아볼 수 있게 해 주었다. 하드리아누스와 달리 그는 자기가 항상 옳아야 할 필요가 없었다.

안토니누스와 나중의 마르쿠스 치세에서 로마의 문화는 소피스트들보다 철학자들, 그중에서도 특히 스토아주의자들을 선호하는 쪽으로 두드러지게 변모하였다. 마르쿠스는 그리스식 학업에 참여하고 싶었지만 하드리아누스와는 철저히 다른 방식으로였다. 그는 단지 지식 대결에서 경쟁자들을 제압하고 싶었던 것이 아니라, 진정으로 자신을 더 나은 사람으로 변화시킬 수 있기를 원했다. 그런 변화의 씨앗을 뿌린 사람들은 그의 가족 특히 어머니지만, 그 씨앗을 잘 키워 낸 사람들은 그를 가르친 여러 명의 비범한 개인 교사들이었다.

그렇지만 어쨌든 로마 귀족 집안의 자제들은 대개 형식적인 수사학 수련을 받게 되어 있었다. 이 수련은 흰 토가를 입는 의식으로 상징되는 이른바 성인기에 공식적으로 도달한 열다섯 살 때쯤부터 시작한다. 사람들과 더 능숙하고 설득력 있게 소통하기 위해 수사학을 공부하는 것이 학생으로서 마르쿠스의 주된 의무 사항이었을 것이다. 물론 그런 공부는 점점 커져 가는 그의 스토아 철학에 대한 관심과 충돌을 빚었을 것이다. 헤로데스 아티쿠스^{Herodes Atticus}를 비롯해 여러 사람들이 그에게 그리스어를 다방면으로 훈련시켰다. 그리스어는 그가 『명상록』을 쓸 때 사용하게 될 바로 그 언어이다. 하지만 안토니누스 황제가 마르쿠스를 입양하고 나서는 그의 주임 개인 교사로 당시 일류 라틴어 수사학자인 마르쿠스 코르넬리우스 프론토^{Marcus Cornelius Fronto}가 임명되었다.

프론토는 가족의 가까운 친구로 받아들여졌고 그가 서기 166년 혹은 167년경에 죽을 때까지 줄곧 그런 관계를 유지했다. 아마도 그는 로마에서 역병이 처음 창궐했던 시기에 희생된 것 같다. 프론토는 나중에 청년 마르쿠스가 자기에게 남긴 선명한 인상을 글로 남겼다. 그는 말하기를, 마르쿠스는 덕을 수련하기도 전에 이미 본유적으로 모든 덕을 발휘할 수 있는 소질을 갖추고 있었다고 한다. "사춘기가 오기 전에 벌써 훌륭한 인간이었으며, 인간다운 의복을 걸치기 전에 벌써 숙련된 화자였다."[12] 프론토는 『명상록』 제1권에 언급될 정도로 중요한 개인 교사 중 한 명이었다. 하지만 마르쿠스는 자신의 성격 형성에 프론토가 어떤 영향을 미쳤는지는 거의 언급하지 않았고, 더 큰 찬사는 그의 그리스어 문법 교사이자 하급 교사인 코티아이움의 알렉산드로스^{Alexandros of Cotiaeum}를 위해 아껴 둔다.

따라서 둘 사이 관계의 중요성에도 불구하고 프론토가 마르쿠스에게 어떤 역할모델로서 많은 영감을 불어넣어 주었던 것은 아니었다. 그는 또한 그의 젊은 학생이 스토아주의자가 되는 것을 단념시키려 적극적으로 노력했다.

우리가 알고 있는 바는 프론토가 철학자들이 정치인이나 황제에게 종종 요구되는 능변을 결여하고 있으며, 그들 특유의 신조들에 영향을 받게 되면 나쁜 결정을 내릴 위험성이 있다고 걱정했다는 것이다. 그는 마르쿠스에게 이렇게 적어 보냈다. 설령 그가 아무리 스토아주의의 창시자들인 제논과 클레안테스의 지혜를 성취한다고 하더라도, 여전히 그에게는 본인이 좋건 싫건 상관없이 "성긴 양털로 만든 철학자들의 외투가 아닌"[13] 자주색 황실 망토를 입어야 할 의무가 있게 될 것이라고 말이다. 프론토가 뜻한 것은 마르쿠스가 황제처럼 입어야 할 뿐만 아니라 황제처럼 말해야 할 필요도 있다는 것이었다. 몸에 자주색 의복을 걸치고 격식에 맞는 능변을 펼쳐 사람들의 찬사를 따내야 한다는 것이다. 물론 실제로 마르쿠스는 철학자처럼, 혹은 그게 정 어렵다면 평범한 시민처럼 간편한 옷차림에 꾸밈없이 말하는 편을 더 선호했다. 프론토의 임무는 이 청년에게 인생의 그 위치에 어울리는 문화적 세련성을 불어넣고, 그를 잘 훈련시켜서 효과적인 정치 연설문 작성자이자 웅변가가 되도록 하는 것이었다. 수사학과 철학 사이에 끼어 마음이 괴로웠던 청년 카이사르 마르쿠스에게는 이때가 매우 어려운 시기였다. 하지만 프론토의 영향은 점차 사그라졌다. 능변은 능변이고, 지혜는 다른 문제였다. 우리는 플라톤의 말이 항상 마르쿠스의 입술을 떠나지 않았다는 이야기를 듣는다. **철학자가 왕이거나 왕이 철학자**

인 그런 국가들은 번영하였나니.

청년 마르쿠스를 둘러싼 소피스트들과 스토아주의자들 간의 경쟁은 하드리아누스의 죽음 직후에 안토니누스가 철학자인 칼케돈의 아폴로니우스를 로마로 다시 호출했을 때부터 시작된 것이었다. 『로마 황제의 역사』는 안토니누스가 아폴로니우스에게 황궁인 '티베리우스의 저택the House of Tiberius(로마 제국 2대 황제인 티베리우스가 지은 저택으로 이후 후대 황제들의 황궁으로 사용됨-옮긴이)'에 입주할 것을 지시했다고 주장한다. 그렇게 되면 마르쿠스의 상근 개인 교사가 될 수 있을 테니 말이다. 하지만 아폴로니우스는 간결한 어투로 이렇게 대답했다고 한다. "선생이 제자에게 가서는 안 되며 제자가 선생에게로 와야 합니다."[14] 안토니누스는 처음에는 이런 반응에 별 감명을 받지 않았고, 그렇다면 아폴로니우스에게는 집에서 일어나 황궁에 걸어오는 것보다 그리스에서 로마로 힘들여 여행 오는 편이 더 쉬웠나 보다고 비꼬았다. 아마도 황제의 아들도 다른 모든 학생들처럼 수업료를 내고 자기 집으로 찾아와야 한다고 고집하는 것은 단지 교사의 오만일 뿐이라고 여겼던 것 같다. 아폴로니우스는 마르쿠스가 청년 시절에 강의에 출석했던 주요한 철학자였으며, 이 말은 곧 안토니누스가 결국에는 누그러져서 아들이 궁전 밖에서 다른 학생들과 어울려 수업을 듣도록 허락했음을 암시한다. 앞으로 보겠지만, 수십 년이 지난 후 생의 막바지를 향해 갈 때까지도 마르쿠스는 마치 일반 시민들처럼 철학자들의 대중 강연에 참석함으로써 여전히 논란을 일으키게 될 것이다.

마르쿠스는 스토아의 신조들을 가르치는 교사로서 아폴로니우스가 지닌 기법과 달변에 감명을 받았다. 하지만 그가 가장 우러러

보았던 것은 그 사람의 성품이었다. 소피스트들은 지혜와 덕에 관해 장광설을 늘어놓지만 결국은 그저 모든 게 말뿐이었다. 반면에 아폴로니우스는 자신의 지적인 기량에 대해서는 일절 젠체하는 법이 없었고, 학생들과 철학 문헌을 놓고 토론을 벌일 때에는 눈곱만큼도 불만스러워하는 법이 없었다. 그는 마르쿠스에게 스토아주의자가 '자연에 따라서 사는 것'이 무슨 의미인지, 즉 인생에서 우리의 길잡이로 이성에 시종일관 의존한다는 방식이 무엇인지를 실천을 통해 보여 주었다. 실제로 아폴로니우스는 그냥 선생이 아니라 모진 고통이나 지병, 자녀의 상실에 직면해서도 스토아주의자의 참된 항구성과 평정심을 보여 준 사람이었다. 마르쿠스는 또한 그에게서 스토아주의자들이 대단한 기운과 결연한 의지를 갖고 행동 방침에 개입하면서도 그 결과에 대해서는 줄곧 마음 편안하게 평정을 잃지 않는다는 것이 무슨 의미인지 그 분명한 모범을 보게 되었다. (그들은 이것을 '유보조항'을 염두에 두고 행동에 나서는 것이라고 불렀다. 이것은 나중에 더 자세히 검토하게 될 행동 전략이다.) 마르쿠스는 아폴로니우스가 친구들의 호의를 기쁜 마음으로 받아들였으나 그렇게 함으로써 스스로를 품위 없게 만들지도 않았고 배은망덕의 기색조차 드러낸 적이 없었다는 점을 덧붙인다.[15] 다른 말로 하자면, 이 사람은 저 미래의 황제에게 감화의 대상이었고, 스토아주의가 약속하는 도움을 받아 장차 되고 싶은 바로 그런 종류의 인간이었다.

아폴로니우스가 마르쿠스에게 스토아 철학의 신조들을 가르친 방식은 그런 신조들을 일상의 삶에 어떻게 적용할 것인지 보여 주는 것이었다. 스토아주의자들은 지혜에 대한 진실한 사랑이 더 큰 정서적 회복력과 관계가 있다고 믿었는데, 아마도 마르쿠스도 그렇게 배웠을 것이다. 그들의 철학은 그 자체에 분노, 공포, 슬픔, 불건전한 욕망 등으로 인해 곤경에 처한 마음을 다스리는 도덕적이고 심리적인 테라페이아^{therapeia}(치유법)를 담고 있었다. 그들은 이런 치유의 목표를 아파테이아^{apatheia}라고 불렀는데, 여기서 아파테이아는 냉담함이 아니라 해로운 욕망과 감정(정념들)으로부터의 자유를 의미했다. 따라서 아폴로니우스가 마르쿠스에게 스토아 철학을 가르쳤다고 말하는 것은, 스토아주의자들이 때때로 '정념의 치료'라고 부르곤 했던 오래된 형태의 심리 치료와 자기 개선을 통해 정신의 회복력을 발전시키도록 마르쿠스를 수련시켰다고 말하는 것과 다르지 않다. 이런 수련의 중요한 일면에는 아폴로니우스가 마르쿠스에게 스토아주의자들이 기술한 특별한 치유 방식에 따라 신중하게 언어를 사용함으로써 자신의 평정을 유지하는 방법을 보여 준 것이 포함되었을 것이다.

하지만 스토아적인 언어 사용의 문제로 들어가기 전에, 우리는 먼저 스토아주의의 감정 이론을 조금 더 이해해야 한다. 익명의 한 스토아 교사에 관한 흥미로운 이야기가 이 주제에 관한 최고의 서론을 제공한다. 이 이야기는 마르쿠스 아우렐리우스의 동시대 사람으로 라틴어 문법학자인 아울루스 겔리우스$^{Aulus Gellius}$가 쓴 잡문집 『아티카 야화$^{Noctes Atticae}$』에 수록되어 있다. 겔리우스는 코르푸^{Corfu}에 있는 카시오파^{Cassiopa}라는 마을에서 이오니아 해를 건너서 이탈리아 남부에 있는 브룬디시움^{Brundisium}으로 항해하던 중이었다. 아마도 로마에 가던 길이었을 것이다. 그는 그간 아테네에서 강의해 온 매우 존경받는 중요한 스토아 교사 한 명이 승객으로 같이 배에 타고 있었다고 적는다. 그 교사가 누구인지 우리로서는 확인할 길이 없다.

하지만 아마도 칼케돈의 아폴로니우스를 가리키는 것이리라 추측하는 것이 터무니없는 생각은 아닐 것이다.

대해로 나오자 배가 난폭한 폭풍우에 갇히게 되었다. 폭풍우는 거의 밤새 지속되었다. 승객들은 생사의 갈림길에서 공포에 질렸고 배가 난파해서 바다에 빠져 죽을까 봐 배에서 물을 퍼내느라 난리를 쳤다. 겔리우스는 저 위대한 스토아 교사가 백지장처럼 하얗게 질려서 다른 승객들과 다름없는 불안한 표정을 짓고 있다는 것을 알아챘다. 하지만 그 철학자는 공포에 질려 울부짖으며 절망적인 신세를 한탄하는 대신 홀로 침묵을 지켰다. 바다와 하늘이 조용해지고 배가 목적지에 다다를 때쯤 겔리우스가 그 스토아주의자에게 어째서 폭풍우가 칠 때 다른 사람들과 거의 다를 바 없이 잔뜩 겁을 먹은 것처럼 보였던 것인지 조심스럽게 물었다. 그는 겔리우스의 진지한 태도를 알아보고 스토아주의의 창시자들은 그런 위험에 직면할 때 사람들이 어떻게 자연스럽고 불가피하게 일시적 공포의 단계를 경험하는지 가르쳤다고 정중하게 대답했다. 그러더니 책가방에 손을 뻗어 에픽테토스의 『대화록』 제5권을 꺼내 겔리우스에게 정독하게 했다. 오늘날 『대화록』은 제4권까지만 남아 있지만, 마르쿠스는 에픽테토스의 그런 현존하지 않는 대화들도 모두 읽고 『명상록』에 인용하고 있는 것처럼 보인다. 어쨌든 겔리우스는 제논과 크리시포스의 원형적인 가르침에 부합한다고 본인이 자신 있게 주장하는 에픽테토스의 발언들을 서술한다.

에픽테토스는 학생들에게 스토아주의의 창시자들은 위협적인 상황들을 포함한 모든 사건에 대한 우리의 반응을 두 단계로 구분했다고 말한 것으로 전해진다. 첫 번째 단계에서는 최초의 인상

phantasiai이 먼저 생기는데, 그것은 바다에서 폭풍우를 만나는 사건 같은 것에 처음 노출될 때 외부로부터 우리의 의지와 상관없이 우리 마음에 부과되는 것이다. 천둥소리, 건물이 붕괴하는 굉음, 느닷없이 들려오는 위험천만한 비명소리 등과 같은 무시무시한 소리가 그런 인상들을 유발할 수 있다고 에픽테토스는 말한다. 제아무리 완벽한 스토아 현자의 마음이라 하더라도 처음에는 이런 종류의 급작스런 충격에 전율할 것이며 깜짝 놀라 본능적으로 몸을 움츠리게 될 것이다. 이런 반응은 직면한 위험에 대한 잘못된 가치판단에서 나오는 것이 아니라 몸에서 생겨나는 감정적 반사에서 나오는 것으로서 일시적으로 이성을 앞질러 나간다. 에픽테토스는 이런 감정적인 반응은 인간 이외의 동물들이 경험하는 반응에 비견할 만한 것이라고 덧붙였을지도 모른다. 예를 들면 세네카는 동물들은 위험한 기색을 접하고 깜짝 놀랐을 때 곧장 도망치지만, 그렇게 피신하고 난 후에는 불안이 금방 누그러지고 다시 평화롭게 풀을 뜯어먹는 삶으로 되돌아간다고 적는다.[16] 대조적으로 인간의 사유 능력은 우리의 걱정들을 이런 자연스러운 한도를 넘어서 영속화한다. 우리가 누리는 최고의 축복인 이성이 또한 우리에게 내려진 최고의 저주이기도 하다.

우리 반응의 두 번째 단계에서 우리는 보통 그렇게 자동 발생한 인상들에 대한 '승인sunkatatheseis'이라고 하는 자발적 판단들을 보태게 된다고 스토아주의자들은 말한다. 여기서 스토아적인 현명한 사람의 대응은 대다수 사람들의 대응과는 다르다. 그는 자신의 마음을 침범한 어떤 상황에 대한 초기의 감정적 반응에 부화뇌동하지 않는다. 에픽테토스는 스토아주의자라면 위험에 직면하여 생긴 불안같이 새로 생긴 인상에 동의하지도 그것을 승인하지도 말아야 한다고 말한다. 스토아주의자는 그런 인상을 오도된 것으로 거부하고, 숙고된 무관심으로 바라보며, 그냥 손을 뗀다. 이와 대조적으로 현명하지 않은 사람들은 외적 사건들(무섭고 두려워할 만한 사건들을 포함해서)에 대한 초기 인상에 함께 휩쓸리기 때문에 그 감지된 위협에 대해서 계속 걱정하고 되뇌며 심지어 목청껏 우는 소리를 늘어놓는다. 세네카는 『화에 관하여』에서 감정을 이해하는 스토아의 모형을 더 상세하게 설명한다.[17] 여기서 그는 정념을 경험하는 과정을 세 가지 '운동' 혹은 단계로 나눈다.

제1단계 최초의 인상들이 자동적으로 마음에 부과된다. 여기에는 생각들과 새로 생긴 감정들이 포함되는데 스토아주의자들은 후자를 '프로파테이아이^{propatheiai}' 즉 '원형적 정념'이라고 부른다. 예를 들어 '배가 가라앉고 있다'는 인상은 아주 자연스럽게 어떤 초기 불안을 유발할 것이다.

제2단계 배에 타고 있는 사람들과 비슷하게 대다수 사람들은 그 첫 인상에 동의하고 부화뇌동하면서 더 많은 가치판단들을 보탤 것이다. 그러면서 이런 파국적인 사유에 골몰할 것이다. '이제 나는 끔찍하게 죽을지도 몰라!' 그들은 그렇게 걱정을 하고 난 이후에도 오랫동안 지속적으로 그 생각에 매달릴 것이다. 이와는 대조적으로 이 이야기에 나오는 그 익명의 철학자 같은 스토아주의자들은 초기의 생각과 감정에서 한 걸음 물러나서 그것들에 대한 동의를 보류할 줄 아는 사람들이다. 그들은 이렇게 되뇜으로써 이를 실행할 수도 있다. "너는 그냥 하나의 인상일 뿐이고 네가 대변한다고 주장하는 실제 사정과는 전혀 달라." 혹은 "우리를 당황케 한 것은 실제 사건들이 아니라 그것들에 대한 우리의 판단일 뿐이야." 배는 가라앉고 있지만 나는 어쩌면 뭍에 오를 수도 있다. 설령 그러지 못한다 해도 어쨌든 겁을 집어먹는 것은 도움이 되지 않을 것이다. 침착하게 용기를 내서 대응하는 것이 더 중요하다. 만약 다른 사람이 동일한 상황에 직면하여 그런 태도를 실천한다면 그게 바로 우리가 칭찬할 일이 아닌가.

제3단계 반면에 만약 우리가 어떤 것이 본래적으로 나쁘다거나 파국적이라는 인상에 동의해 버리면 완전히 무르익은 '정념'이 발달하게 되며, 그로 인해 빠르게 통제 불능의 상태로 휘말려 들어갈 수 있다. 이것은 실제로 폭풍에 갇혀 있을 때 세네카에게 일어났던 일이다. 그 상황에서 그는 점점 멀미가 심해지고 겁을 잔뜩 집어먹는 바람에 어리석게도 물로 뛰어들어 손수 파도와 암초를 헤치며 해변으로 건너가겠다고 나섰다. 배 안에 남아 있는 편이 훨씬 더 안전했을 텐데도 말이다.[18]

다시 말해, 일정 정도의 불안은 자연스럽다. 실제로 가장 숙련된 선원들이라고 해도 타고 있는 배가 금방이라도 전복될 것처럼 보인다면 심장이 입 밖으로 튀어나올 지경이 될 수도 있다. 용감성이란 여하튼 간에 계속해서 그 상황에 이성적으로 대처해 나가는 힘에 있을 것이다. 마찬가지로 스토아주의자는 비록 직면한 상황이 무시무시해 보일지라도 인생에서 진정으로 중요한 것은 그 상황에 어떻게 대응할지 선택하는 문제라고 스스로에게 다짐한다. 그러므로 그는 폭풍우를 스토아적인 무심함으로 바라보고 자신의 소심한 초기 반응이 무해하며 불가피한 것임을 받아들임과 동시에 그런 상황에 지혜와 용기로 대응하라고 스스로를 일깨운다. 물론, 그가 하지 않는 일은 계속 걱정에만 매달림으로써 사태를 스스로 악화시키는 짓이다.

이런 이유에서 현명한 사람의 불안은 창백해진 불안한 표정이 그의 얼굴에서 떠나고 나면 자연스럽게 누그러지기 마련이며 오래지 않아 그는 자신의 평정을 되찾게 된다. 그는 초기의 불안한 인상을 재평가하면서 그것은 오류이기도 하지만 무익한 것이기도 하다고 자신 있게 주장한다. 반면에 어리석고 겁 많은 사람들은 자신의 비탄을 훨씬 더 오래 이어 간다. 겔리우스는 에픽테토스의 잃어버린 『대화록』에서 이에 관한 내용을 읽었고, 자기가 방금 목숨을 건진 사건과 같은 위험천만한 상황이 전개되는 동안에 누군가가 잠시 동안 불안을 느끼고 얼굴이 창백해졌다고 해서 "그건 스토아적인 태도가 아니야"라고 말할 이유는 전혀 없다는 것을 배웠다. 이와 같은 감정들을 경험한다는 것은 자연스럽고 불가피한 일이다. 우리는 그런 경험에 수반되는 인상들에 부화뇌동해서 어떤 무시무시한 파국이 곧 벌어질 것이라고 되뇜으로써 스스로 비탄을 증폭시키지만 않으면 된다.

마찬가지로 세네카도 신체적 고통, 질병, 친구나 자녀의 상실, 전쟁의 패배로 인해 겪게 되는 파국 등과 같은 어떤 불행이 현명한 사람을 타격하더라도 결코 그를 무력화시키는 법은 없다고 적었다.[19] 그런 일들은 그의 살갗에 생채기는 나게 해도 내상을 입히지는 못한다. 실로 세네카는 우리가 느끼지 못하는 것들을 인내하는 덕이란 존재하지 않는다고도 지적한다. 이것은 중요하게 눈여겨볼 대목이다. 즉, 스토아주의자가 극기의 덕을 드러내려면 그전에 적어도 일말의 단념하고픈 욕구를 갖고 있어야 하며, 용기를 드러내려면 적어도 참아 내야 할 그런 공포의 첫 인상들을 갖고 있어야 한다. 스토아주의자들이 즐겨 쓰는 표현처럼, 현명한 사람은 돌이나 쇠가 아니라 피와 살로 된 육신을 가진 사람들이다.

『명상록』에서 마르쿠스는 본인도 인상들을 떨쳐내는 데 어려움을 겪고 있다고 말하고는 있으나 그런 인상들 때문에 화를 내는 것은 아니라고 썼다. 왜냐하면 그런 인상들은 그 나름의 "오래된 방식"에 따라 생겨난 것들이기 때문이다. 다른 말로 하면, 인상들은 동물들에게 기본적인 감정들이 생겨나는 것과 같은 방식으로 생겨난 것들이다.[20] 이것은 폭풍우에 시달리는 겔리우스의 배에 탄 그 익명의 스토아 교사처럼 마르쿠스가 그런 인상들을 본래적으로 나쁜 것이라고 판단하기보다는 그저 무심하게 바라본다는 것을 의미한다. 다른 곳에서 그는 신체에 생기는 유쾌하거나 불쾌한 감각들은 불가피하게 마음에 영향을 미친다고 말한다. 왜냐하면 감각이건 마음이건 다 동일한 유기체의 일부이기 때문이다.[21] 우리는 그런 감각들에 저항하려 하지 말아야 하며, 오히려 그것들의 발생을 자연스러운 것으로 수용해야 한다. 우리가 지금 경험하고 있는 것들이 좋거나 나쁜 것이라는 판단을 보태는 일만 마음이 허용하지 않으면 되는 것이다. 이것은 고유한 철학 사상의 이름으로 사용되는 "스토아주의Stoicism(대문자 'S'가 사용된)"와 단지 '불굴의 정신을 갖는 것' 등과 같은 어떤 성격상의 특징을 표현할 때 사용하는 "스토아주의stoicism(소문자 's'가 사용된)"를 혼동하는 사람들이 흔히 스토아주의란 불안처럼 자기들이 나쁘거나 해가 되거나 창피하다고 간주하는 감정들을 억누르는 태도와 관계가 있다고 오해하기 때문에 특히 중요하다. 그런 태도는 나쁜 심리학일 뿐만 아니라 스토아 철학과도 완전히 상충하는 것이다. 스토아 철학은 비자발적인 감정적 반응들, 돌연 생겨나는 불안감을 무관심하게 수용하라고 우리에게 가르친다. 그런 것들은 **좋은 것도 아니고 나쁜 것도 아니다**. 다른 말로 하면, 중요한 것은 우리가 무엇을 느끼느냐가 아니라 그런 느낌들에 우리가 어떻게 대응하느냐에 있다.

비록 사람들은 마르쿠스가 보기 드물게 어린 나이에 철학으로 인도되었다고들 말하지만, 그가 이십대 초반의 나이가 되었을 무렵 프론토의 후임으로 유니우스 루스티쿠스가 그의 주임 개인 교사 자리를 맡게 될 때까지는 마르쿠스 역시 전심전력을 다해 자신의 삶을 스토아주의에 헌신했던 것은 아니라고 믿어진다. 이 시기를 회고하면서 마르쿠스는 자기가 처음 철학에 손을 대기 시작했을 때 프론토 같은 소피스트의 마법에 완전히 빠져들거나, 논리적인 난제들의 해결에 매달리거나, 물리학과 우주론에 관해 사변하면서 그야말로 강박적으로 책을 파고드는 지경에 이르지 않았던 것에 감사했다. 오히려 그는 스토아의 윤리를 공부하고 그것을 일상의 삶에 실천적으로 적용하는 일에 집중했다. 프론토는 마르쿠스에게 더 황제답게 옷을 입고 더 황제답게 언행에 신경을 쓰라고 조언한 반면, 루스티쿠스는 정반대를 권했다. 그는 마르쿠스에게 카이사르의(그리고 나중에는 황제의) 정식 복장을 몸에 두르고 돌아다니는 것보다는 가급적 신분상의 허영을 멀리하고 간소하게 옷을 입으라고 장려한 사람 중 한 명이었다. 이것은 마르쿠스 같은 신분의 로마인에게는 이례적인 처신이라 하겠지만, 대영박물관은 그런 일이 실제로 일어났었음을 확증해 주는 것처럼 보이는 작은 조각상을 보유하고 있다. 언뜻 만년에 이집트를 방문 중인 형상으로 보이는 그 조각상에서 마르쿠스는 황제가 아닌 마치 평범한 시민처럼 옷을 입고 있다.

루스티쿠스는 또한 처음에 형식적 수사학에 열의를 가졌더라도 그 때문에 길을 엇나가서는 안 된다고 마르쿠스를 타일렀다. 수사학적인 수필들을 쓰거나 단지 덕 있는 인간의 배역을 연기해서 사람들의 찬사를 애써 얻어 내려고 시간을 낭비해서도 안 된다. 실제로 마르쿠스는 루스티쿠스 덕분에 웅변이나 운문을 비롯해 일반적인 세련된 언어를 삼가고, 스토아주의와 결부된 솔직하고 꾸밈없는 말하기 방법을 채택해야 한다는 것을 깨닫게 되었다고 말한다. 다시 말해, 마르쿠스는 수사학에서 철학으로 일종의 개종을 경험하게 되었고, 이것이 그의 인생에서 결정적인 사건이 된 것으로 보인다. 하지만 어째서 그것이 그렇게 뒤집어질 일이었단 말인가? 소피스트의 기법들은 겉모양을 만들어 내는 것이 전부인 반면, 철학은 있는 그대로의 실제 모습을 파악하는 일과 관련이 있다. 따라서 마르쿠스가 어엿한 스토아주의자로 변신했다는 것은 그가 지닌 근본적인 가치관의 변화를 함축하는 것이었다. 스토아적인 '꾸밈없이 말하기'는 생각만큼 그렇게 쉬운 일이 전혀 아니라는 것을 알게 되리라. 그것은 용기, 자기훈련, 그리고 철학적 진리에 대한 진지한 헌신을 요구한다. 이런 방향성과 세계관의 변화는 더 스토아다운 말하기 방법만이 아니라 사건들을 사유하는 전혀 새로운 방식과도 밀접히 연관된 것이었다.

현명하게 말하는 법

▦

우리는 마르쿠스가 하드리아누스의 황궁에서 수사학이 크게 유행하던 시기에 성장했다는 것을 알았다. 그는 일군의 개인 교사들 밑에서 연설문 작성법과 웅변술을 철저히 훈련받았는데, 그런 교사들 중에는 각각 당대의 일류 그리스어, 라틴어 수사학자들인 헤로데스 아티쿠스와 프론토도 포함되어 있었다. 하지만 아주 어릴 때부터 마르쿠스는 꾸밈없고 정직하게 말하는 언행으로 평판이 자자했다. 학식의 과시를 사랑했던 하드리아누스와는 완전히 대조적으로 마르쿠스는 참된 철학이란 단순하고도 수수한 것이라는 점을 고려해 우리가 허영이나 치장에 속아 넘어가서는 안 된다고 스스로를 일깨운다. 그는 언제나 가장 짧은 길을 택하라고 말한다.[22] 그 짧은 길이란 자연의 길을 말하며, 그 길은 가장 건전한 말과 행동으로 이어진다. 단순성은 우리를 겉치레와 그로 인해 야기되는 곤경에서 벗어나게 해 준다. 스토아주의자들에게 언어의 이런 정직성과 단순성은 두 가지 주된 요소들을 요구한다. 바로 간결성과 객관성이다. 이것을 단지 불평을 멈추라는 의미로 이해하는 것은 과도한 단순화가 되겠지만, 많은 경우 스토아주의자들은 실제 그와 유사한 취지로 조언을 하였다. 우리의 언어가 강렬한 감정을 자극하기 시작하는 지점은 정확히 우리가 타인이나 자기 자신에게 강렬한 가치 판단이 수반되는 말들을 내뱉기 시작할 때이다. 스토아 철학에 따르면, 우리가 '좋다' 혹은 '나쁘다' 같은 본래적 가치들을 외적 사건들에 할당하는 것은 불합리한 처신이며 심지어 일종의 자기기만을 드러내는 것이기도 하다. 예를 들어, 어떤 사안을 '파국^{catastrophe}'이라고 부를 때 우리는 있는 그대로의 사실들을 넘어서 사건들을 왜곡하고 스스로를 기만하기 시작한다. 더군다나 스토아주의자들은 거짓말을 불경(不敬)의 한 형태라고 생각한다. 사람이 거짓말을 할 때 그는 자기 자신을 자연으로부터 소외시키는 것이다.[23]

그렇다면 스토아주의자들은 언어를 어떻게 사용하라고 권장하였을까? 『수사학 요약서』를 쓴 제논은 번지르르한 말솜씨 그 자체를 추구해야 할 목적으로 간주하지 않았다. 그런 재주는 단지 진리를 청자의 필요성에 적합한 방식으로 명료하고 간결하게 또박또박 진술함으로써 지혜를 함께 공유하는 수단일 뿐이다. 디오게네스 라에르티오스^{Diogenes Laertius}에 따르면, 스토아적인 수사학은 화술의 다섯 가지 '덕'을 분별하였다.

1. 정확한 문법과 풍부한 어휘
2. 생각들을 쉽게 이해할 수 있게 해 주는 표현의 명료성
3. 필요 이상의 단어들을 사용하지 않는 간결성
4. 주제에 적합하고 듣는 이에게도 명확한 표현 양식의 적절성
5. 탁월성, 즉 예술적 우수성과 저속함의 회피

전통적인 수사학은 이런 가치관의 대부분을 공유했는데, 다만 한 가지 눈에 띄는 예외가 간결성일 뿐이다. 하지만 통상적으로 스토아적인 언어 사용은 기존에 확립된 수사학의 형식들과는 완전히 반목하는 것으로 간주되었다.

우리가 본 바와 같이 소피스트들은 전형적으로 찬사를 따내기 위해 감정에 호소함으로써 사람들을 설득하고자 애썼다. 이와 대조적으로 스토아주의자들은 이성에 호소함으로써 진리를 파악하고 소통하는 일에 최고의 가치를 두었다. 이것은 감정적인 수사나 강한 가치판단의 사용을 피하는 것을 의미한다. 우리는 흔히 수사학을 다른 사람들을 조종하는 데 사용하는 그 무엇이라고 생각한다. 하지만 수사학을 통해 실은 자기 자신에게까지 같은 짓을 하고 있다는 사실은 망각하는 경향이 있다. 그것은 말을 할 때만이 아니라 언어를 사용해 생각할 때도 마찬가지이다. 스토아주의자들은 확실히 우리의 말이 타인에게 어떤 영향을 미칠지에 관심이 있었다. 하지만 그들의 가장 우선적인 관심사는 우리의 언어 선택을 통해서 우리 자신, 우리 자신의 생각과 감정에 영향을 미치는 방식을 바꾸는 것이었다. 우리는 과장하고, 과도하게 일반화하고, 정보를 생략하고, 강한 언어와 화려한 은유를 사용한다. "저 인간은 언제 봐도 나쁜 놈이야!" "저 개자식이 나를 완전히 열받게 만들었어!" "이 일은 완전 개수작이야!" 사람들은 이런 절규들이 분노 같은 강렬한 감정의 자연스런 귀결이라고 생각하는 경향이 있다. 하지만 그런 말들이 역으로 우리의 감정을 야기하거나 지속시키고 있다면 어쩌겠는가? 생각해 보면, 이와 같은 수사는 강렬한 감정들을 유발하기 위해 고안된 것이다. 이와는 대조적으로 동일한 사건을 더 객관적으로 기술함으로써 감정적 수사의 효과를 무효화하는 것이야말로 고대 스토아의 정념 치유법의 기초를 형성한다.

실제로 스토아 철학과 소피스트적인 수사학의 대조를 이해하는 한 가지 방법은 스토아주의를 일종의 반(反)수사학적 혹은 역(逆)

수사학적 실천으로 바라보는 것이다. 웅변가들은 전통적으로 청중의 감정들을 이용하고자 애쓰는 반면 스토아주의자들은 사건들을 의식적으로 평범하고 단순한 어휘들로 기술할 것을 주장한다. 그들은 오도된 언어와 가치판단을 헤쳐 나가면서 온갖 치장이나 감정적 언어를 걷어 내어 주어진 사실을 더 침착하고 냉철하게 또박또박 진술하고자 노력했다. 마찬가지로 마르쿠스는 자신의 생각에 화려한 언어로 옷을 입히기보다는 그저 수수하게 말하라고 되뇐다. 실제로 그는 이런 식으로 사건을 벌거벗겨 그 본질적인 특성만 남겨 둠으로써 그것을 이성적으로 검토하고 사실적으로 바라볼 수 있게 하는 능력만큼 마음의 위대성에 이바지하는 것은 아무것도 없다고 말했다.[24] 『대화록』에서 우리는 스토아주의자가 아닌 것으로 추정되는 어떤 철학자가 예전에 자신의 성품에 의문을 제기하는 친구들 때문에 너무도 진이 빠진 나머지 이렇게 비명을 질렀다는 이야기를 듣는다. "도저히 견딜 수가 없군. 너희들은 나를 죽이고 있는 거야. 너희들은 나를 저 사람처럼 바꿔 놓으려는 거라고!"[25] 그가 지목한 사람은 에픽테토스였다. 이것은 갑작스럽게 펼쳐진 촌극이었다. 감정적 수사의 폭발이었던 것이다. 하지만 아이러니하게도 만약 그가 에픽테토스와 정말 더 닮기라도 했다면 속상해하지 않고 그저 주어진 사실에 충실하게 이런 식으로 말했을 것이다. "너희들이 나를 비판하고 있군 그래. 그럼 그러시든지." 진실을 말하자면, 아무도 이 사람을 죽이고 있지 않았으며 그는 견디어 낼 수가 있었다.

우리가 사건에 대해 말하고 생각하는 방식은 '가치판단 내리기'를 수반하고 그것이 우리의 감정을 형성한다. 셰익스피어의 햄

릿은 이렇게 탄식한다. "세상에는 좋거나 나쁜 것이 없으며 다만 생각이 그렇게 만드는 것뿐이다." 스토아주의자들은 외부 세계에 좋거나 나쁜 것은 없다는 주장에 동의할 것이다. 오로지 우리에게 달려 있는 것들만이 진정으로 '좋거나' 혹은 '나쁠' 수 있으며, 이럴 때 그 말들은 덕, 악덕과 동의어가 된다. 따라서 이런 측면에서 지혜란 외적인 것들을 객관적으로 무심하게 파악하는 능력이라 말할 수 있다. 때때로 스토아주의자들은 이를 가치판단을 부과하기 이전의 초기 인상에 머무르는 것이라고 서술한다. 에픽테토스는 이와 관련된 많은 사례를 제공한다. 예를 들어, 어떤 사람의 배가 바다에서 표류 중이라면 우리는 그저 "배가 뱃길을 잃었다"라고 말해야 하며, 거기에 대고 "어째서 나한테 이런 일이 생긴 거야? 이건 말도 안 돼!" 같은 가치판단이나 불평을 덧붙여서는 안 된다.[26] 어떤 사람이 너무 급하게 목욕을 한다고 해서 경멸적으로 반응하거나 그가 몸을 제대로 안 씻었다고 암시해서는 안 되며, 다만 그 사람이 목욕을 신속하게 했다고만 말해야 한다. 어떤 이가 포도주를 많이 마실 때 그가 무언가 엄청난 일을 했다고 말할 것이 아니라 단지 포도주를 많이 마셨다고만 말해야 한다.[27] 더불어, 마르쿠스가 누군가가 자기를 모욕할 때 그런 일이 있었다는 그 사실만 있는 그대로 되뇌어야 하며, 그것이 자기에게 어떤 해를 끼쳤다는 가치판단까지 덧붙여서는 안 된다고 말할 때 그는 바로 에픽테토스의 지침을 따르고 있는 것이다.[28] 만약 우리가 사실에 충실할 뿐 그로부터 불필요하게 어떤 판단을 내리지 않는다면, 우리의 인생에서 많은 불안들이 잠재워질 것이다.

제논은 사실과 가치판단을 분리하여 사건을 객관적으로 조망하고자 하는 이런 스토아의 방식을 가리키기 위해 스토아적인 전문 용어인 '판타시아 카탈렙티케phantasia kataleptike'라는 말을 지어냈다. 피에르 아도는 이 말을 '객관적 표상objective representation'으로 번역하는데, 우리도 바로 이 번역어를 사용할 것이다.[29] 하지만 이 용어는 문자 그대로 실제 사실을 포착하고 있어서 우리가 정념에 휩쓸리지 않게 해 주는 인상을 의미한다. 초기 인상과 달리 이런 인상은 우리의 사유가 실재에 닻을 내리게 해 준다. 제논은 이 개념을 주먹을 꽉 움켜쥐는 신체 동작으로 상징화하기도 했다. 우리는 오늘날에도 여전히 사실 그대로의 방식으로 사건을 바라보는 사람에게 "실제 사실을 단단히 파악(把握, 문자 그대로 보자면 '파악'은 손으로 꽉 쥔다는 뜻이다-옮긴이)하고 있다"고 말한다. 에픽테토스는 스토아주의자라면 누군가가 "감방에 갇혔다"고 말할 수 있으나, 그게 얼마나 끔찍한 일이겠냐며 이야기를 늘어놓는다거나 제우스가 그 사람을 부당하게 처벌한 것이라고 불평하는 일 따위를 하도록 스스로를 방치해서는 안 된다고 설명하였다.[30] 아울러 학생들에게 만약 잘못된 엉터리 인상들을 좇아서 휩쓸려 가지 않을 수 있다면 처음에 지각했던 객관적 표상들에 계속 의지할 수 있게 될 것이라고 말한다.[31] 배움의 열의에 불타는 스토아주의자로서 우리는 의도적으로 사건을 더 객관성 있게 기술하고 덜 감정적인 어휘들로 기술하는 일부터 실천에 옮기기 시작해야 한다.

사실을 충실히 고수하는 태도는 종종 그 자체로도 우리의 불안을 줄여 줄 수 있다. 인지치료사들은 우리가 어떻게 자신의 가치관을 외부 사건에 투사하게 되는지 내담자에게 설명할 때 알아듣기 쉽도록 '파국화하기catastrophizing'라는 신조어를 지어내 사용한다. 이

는? 그리고 또 그런 다음에는?"

분노에 대해 벡이 원래 제안했던 인지치료 접근법은 리처드 라자루스$^{Richard\ Lazarus}$(인지, 스트레스와 대처 등에 대해 연구한 미국의 저명한 심리학자-옮긴이)가 발전시킨 것으로 알려진 스트레스의 '거래' 모형에서 파생된 것이었다.[32] 시소를 상상해 보라. 한쪽에는 상황의 심각성에 대한(그것이 얼마나 위협적인지 혹은 얼마나 위험한지 등에 대한) 자신의 평가가 타고 있고, 다른 한쪽에는 자신의 대처 능력(원한다면 자신감이라고 불러도 좋다)에 대한 평가가 타고 있다. 만약 지금 어떤 위협이 자신의 대처 능력을 상회해서 시소가 위험 쪽으로 기울어질 것이라고 믿는다면 아마도 심한 스트레스나 불안을 느낄 것이다. 반면에 그 위협의 심각성이 낮고 자신의 대처 능력이 높은 수준이라고 판단한다면, 시소는 자신감 쪽으로 기울어질 것이며 평온함을 느끼게 될 것이다. 현대의 치료사들처럼 스토아주의자들도 이 방정식의 양항을 조절하고자 노력하였다.

따라서 보통은 일단 두려운 상황을 더 사실적으로 서술하게 된다면, 우리는 혹시라도 그 상황을 견디고 이겨 낼 수 있는 방법이 없을지 고려하게 될 것이다. 이를 위해 때로는 창조적인 문제 해결책이 필요하기도 하다. 대안적인 해결책들을 브레인스토밍하면서 그 결과들을 가늠해 보는 것이다. 스토아주의자들은 이렇게 자문하는 것을 좋아했다. "자연은 지금 상황에 더 잘 대처하는 데 도움이 될 어떤 덕들을 내게 주었는가?" 또한 현명한 사람들이라면 과연 어떻게 대처할지 숙고하며 그들의 태도와 행동을 본받고자 노력할 수도 있다. 소크라테스, 디오게네스, 제논 같은 역할모델들이라면 어떻게 했을까? 마찬가지로 같은 상황에서 "마르쿠스라면 어떻게 했을까?"라고 물을 수도 있다. 현대의 치료법에서 내담자는 다른 사람들의 행동을 본보기로 삼아 두려운 상황이 실제로 발생했을 때 어떻게 대처할 것인지 서술하는 '대처 계획'을 수립하게 된다. 다른 사람이라면 어떻게 했을지 혹은 그가 어떻게 하라고 조언을 해 줄지 고려하는 것이 더 나은 대처 계획을 마련하는 데 도움을 줄 수 있다. 그리고 그렇게 함으로써 대략 그 상황을 탈(脫)파국화하면서 그것의 심각성에 대한 평가를 절하하게 될 것이다. 이것은 어떤 사건을 '전혀 견딜 수 없는' 것처럼 생각하는 데서 벗어나 그것을 견디어 내고 대처할 수 있는 현실적인 방법들을 구상하는 쪽으로 전진하는 것을 의미한다. 대처 계획이 더 명료하게 형성되고 그것을 실천으로 옮기는 일에 더 많은 자신감을 가질수록, 당사자가 느끼는 분노는 대개 더 줄어들 것이다.

스토아주의자들은 감정을 이기지 못해 힘들어 하는 친구들이 있을 때 이따금 위로의 편지를 써 보내곤 하였다. 사건을 덜 파국적이고 더 건설적인 방식으로 바라볼 수 있게 도우려는 것이었다. 오늘날 세네카가 쓴 여섯 통의 위로 편지가 남아 있다. 그 가운데 하나는 최근에 아들을 잃은 마르키아Marcia라는 여인에게 쓴 편지이다. 세네카는 죽음이란 인생의 모든 고통으로부터의 해방이자 우리의 고난이 더 확장되지 않게 막아 주는 울타리로서 우리가 태어나기 이전에 처해 있던 바로 그 평온한 상태로 되돌아가게 해 주는 것이라는 요지로 그녀를 위로한다. 또한 에픽테토스는 학생들에게 그가 특히 높게 평가하는 스토아주의자인 파코니우스 아그리피누스 Paconius Agrippinus가 역경이 닥쳐 올 때마다 스스로를 위로하는 유사한 편지를 쓰곤 했다고 말했다.[33] 열병, 비방, 망명 등에 직면했을 때 그는 성품의 역량을 도야할 수 있는 기회라며 이런 사건들을 칭송하는 스토아적인 '송덕문'을 작성하곤 하였다. 아그리피누스는 진정한 탈파국화하기의 대가였다. 그는 모든 고난을 지혜와 성품의 역량을 발휘하여 대처할 수 있는 기회로 탈바꿈시키곤 하였다. 에픽테토스는 어느 날 아그리피누스가 친구들과의 저녁 식사를 준비하고 있을 때 전령이 당도하여 네로 황제가 정치적 숙청의 일환으로 그를 로마에서 추방한다는 포고문을 전했다고 말한다. 아그리피누스는 어깨를 으쓱하면서 말했다. "아주 잘됐군. 점심은 아리키아^Aricia 에서 하게 될 테니." 그곳은 그가 망명지로 갈 때 들리게 될 첫 번째 경유지였다.[34]

우리는 화나거나 골치 아픈 사건을 꾸밈없는 언어로 서술하는 이 객관적 표상이라는 스토아적인 수행을 통해 지금 당장 혼자서 훈련을 시작해 볼 수 있다. 사물들을 최대한 정확하게 표현하고 그것들을 좀 더 철학적인 시각에서 숙고된 무관심으로 바라보라. 일단 이 기법에 숙달이 되고 나면 파코니우스 아그리피누스의 본보기를 따라서 추가적인 단계로 넘어가 긍정적인 기회들을 찾아 보라. 어떻게 성품의 역량을 발휘하여 그 상황에 현명하게 대처할 수 있었는지를 적어 보라. 동일한 상황에서 자신이 존경하는 사람이라면 어떻게 대처했겠는지, 혹은 그 사람이라면 그럴 때 어떤 조언을 해 주었겠는지 자문해 보라. 닥쳐 온 사건을 마치 체육관에서 만난 스파링파트너처럼 대하라. 감정적인 회복력과 대처 기술을 강화할 수 있는 기회를 제공해 줄 상대로서 말이다. 원한다면 대본을 소리 내어 읽으며 여러 차례 검토해 볼 수도 있고, 혹은 이 정도면 사건에 대해 느끼는 자신의 감정을 바꾸는 데 도움이 되겠다고 만족할 때까지 여러 가지 판본으로 대본을 써 볼 수도 있다.

마르쿠스는 이런 식으로 사건을 바라보는 태도가 우리의 가치 판단과 외적 사건의 **분리**를 수반한다고 말하는 경향이 있다. 마찬가지로 인지치료사들도 수십 년 동안 내담자들에게 에픽테토스의 유명한 인용구를 가르쳤다. "우리 속을 뒤집어 놓는 것은 사물들이 아니라 그 사물들에 대한 우리의 판단이다." 이것은 치료 접근법에 대한 내담자의 초기 방향 설정('사회화')에서 필수적인 부분이 되었다. CBT에서는 이런 종류의 기법을 '인지적 거리두기$^{cognitive\ distancing}$'라고 부른다. 이 기법이 우리의 생각과 외적 현실의 분리 혹은 그 둘 사이의 간격을 인식할 것을 요구하기 때문이다. 벡은 이것을 '메타인지^{metacognitive}'의 과정이라고 정의하였는데, 이 말은 '생각에 관한 생각'을 수반하는 차원의 자각으로 전환함을 뜻한다.

> '거리두기'는 자신의 사유(혹은 믿음)를 현실 그 자체가 아니라 '현실의 구성물'로 바라볼 수 있는 능력을 가리킨다.[35]

그는 내담자에게 이를 설명할 때 색안경의 비유를 사용할 것을 권장하였다. 우리는 긍정적인 장밋빛이 착색된 안경을 통해 세상을 바라볼 수도 있고, 우울한 파란색 안경을 통해 세상을 바라볼 수도 있다. 그런데 그럴 때 자기가 마치 실제 사물 그 자체를 있는 그대로 보고 있는 것처럼 생각해 버린다. 하지만 우리는 안경 그 자체를 바라보며 그것이 우리의 시야에 색을 입힌다는 사실을 깨달을 수도 있다. 우리의 사유와 믿음이 어떻게 우리가 지각하는 세계에 착색을 하는지 알아채는 일은 인지치료에서 그런 사유와 믿음을 바꾸기 위해 요구되는 선행 필수요건이다. 후속 세대의 임상의들과 연구자들은 엄격한 인지적 거리두기 훈련이 그 자체로도 치료의 개선을 불러오기에 충분한 경우가 많다는 사실을 발견하였다. 이 인지적 기술을 더 많이 강조하는 것이 CBT에서 마음챙김과 수용mindfulness and acceptance 접근법으로 알려져 있는 기법에서 필수적인 부분이다.

때로는 "우리 속을 뒤집어 놓는 것은 사물들이 아니다"라는 에픽테토스의 말을 기억하는 것만으로도 자신의 사유로부터 인지적 거리를 확보하는 데 도움이 될 수 있다. 그것은 곧 우리가 자신의 사유를 세계에 관한 사실이 아니라 단지 하나의 가설로 볼 수 있게 해 준다. 하지만 현대의 CBT에서 사용하는 인지적 거리두기의 기법에는 다른 방법들도 많이 있다. 이를테면 다음과 같은 것들이다.

- 어떤 생각이 떠오를 때 그것을 간결하게 종이에 글로 적어 놓고 바라보라.
- 생각을 칠판 위에 적어 놓고 '저 건너편으로 가서' 말 그대로 거리를 두고 바라보라.
- 글머리에 다음과 같은 구절을 덧붙이라. "바로 지금 나는 내가 ……라는 생각을 하고 있다는 것을 알아챈다."
- 생각을 3인칭으로 지칭하라. 예를 들면, "도널드는 ……라는 생각을 하고 있다." 마치 자신이 다른 사람의 생각이나 믿음을 연구하고 있는 듯이 표현하라는 것이다.
- 어떤 견해를 갖는 것의 장단점을 치우침 없는 방식으로 평가하라.
- 치우침 없는 호기심에서 특정 생각의 빈도를 탐색하기 위해 계수

기나 기록표를 사용하라.

• 관점을 전환하고 동일한 상황을 바라보는 대안적 방식들의 범위를 상상함으로써 가급적 자신의 초기 관점이 불변하거나 고정되지 않게 하라. 예를 들면, '내가 만약 마르쿠스 아우렐리우스라면 이번에 내 자동차 사고를 어떻게 생각할까?' '이 사고가 만약 내 딸에게 일어났다면, 나는 딸에게 어떻게 대처하라고 조언할까?' '지금으로부터 10년이나 20년 후에 여러 가지 일들을 되돌아본다면 나는 이 사고에 관해 어떻게 생각할까?'

고대 스토아의 문헌에서는 여러 가지 거리두기 방법들이 발견된다. 이를테면, 우리는 자신의 생각과 감정에게 말을 걸음으로써 (돈호법, apostrophizing) 인지적 거리를 확보할 수가 있다. 에픽테토스가 『요약서』에서 학생들에게 한번 해 보라고 조언했던 바와 같이 이런 식으로 말해 보는 것이다. "너는 그냥 감정일 뿐이지 실제로 네가 대변한다고 주장하는 그 사물이 아니야."

실제로 『요약서』는 어떤 것들은 "우리에게 달려 있으나", 즉 우리의 직접적인 통제 하에 있으나 또 어떤 것들은 그렇지 않다는 것을 우리에게 일깨우는 기법으로 시작한다. 현대의 스토아주의자들은 이것을 '통제의 이분법' 혹은 '스토아의 두 갈래'라고 부르곤 한다. 그저 이 구분을 떠올리는 것만으로도 외적인 것들에 대한 무관심의 감각을 회복하는 데 도움이 될 수 있다. 이런 식으로 생각해 보라. 우리가 어떤 것을 좋거나 나쁘다고 강하게 판단할 때, 우리는 실은 그것을 획득하거나 회피하고 싶다는 생각에도 깊이 빠져 있는 것이다. 그러나 무언가가 자신의 통제 밖에 있을 때 그것을 획득하거나 회피하라고 말하는 것은 완전히 불합리한 요구이다. 무언가를 해야 한다고 믿으면서 동시에 그것이 자기 능력 밖의 일이라고 믿는 것은 앞뒤가 맞지 않는다. 스토아주의자들은 이런 혼동이야말로 대부분의 감정적 고통의 근본 원인이라고 보았다. 그들은 오로지 자신의 의지적 행위만이, 혹은 우리 자신의 의도와 판단만이 우리의 직접적인 통제 하에 있는 것들이라고 지적하였다. 확실히 나는 문을 열 수 있지만 그것은 언제나 내 행위가 낳은 결과일 뿐이다. 오로지 나 자신의 자발적인 행위 그 자체만이 진정으로 나의 통제 하에 있다. 우리가 외적인 것들을 좋거나 나쁘다고 판단할 때, 그것은 우리의 통제 하에 있는 것이 무엇인지를 망각하고 우리의 책임 한도를 과도하게 확대하려고 하는 것이나 마찬가지이다. 스토아주의자들은 오로지 자기 자신의 행위만을 좋거나 나쁜 것으로, 유덕하거나 부덕한 것으로 보며, 따라서 모든 외적인 것들은 무관한 것들로 분류한다. 왜냐하면 그것들은 전적으로 '우리에게 달려 있는' 것들이 아니기 때문이다.

물론 우리가 본 바와 같이, 스토아주의자들은 질병보다는 건강, 가난보다는 부유함 등을 더 선호하는 것이 합리적이라고 여전히 믿는다. 하지만 그들은 외적인 것들에 너무 많은 가치를 부여하는 것은 스스로를 기만하는 것과 같다고 주장한다. 그들은 또한 모든 사람이 사건을 동일하게 보는 것은 아니라는 점을 이해함으로써 인지적 거리를 확보할 수 있도록 스스로를 단련시켰다. 내가 사건을 바라보는 시각은 그저 수많은 시각들 중 하나일 뿐이다. 이를테면, 대다수 사람들은 죽는 것을 무서워한다. 그러나 에픽테토스가 지적한 바와 같이, 소크라테스는 죽음을 두려워하지 않았다. 물론 소크라테스도 사는 쪽을 더 선호했겠지만, 그는 지혜와 덕으로 자신의 죽음을 맞이할 수 있는 한 비교적 죽음에 무심하였다. 이 것은 흔히 '좋은 죽음'의 극치로 알려졌고 이로부터 'euthanasia'(흔히 '안락사'로 번역하는 표현으로 문자 그대로 행복한 죽음을 의미한다-옮긴이)라는 단어가 파생되었다. 하지만 소크라테스와 스토아주의자들에게 좋은 죽음이란 기분 좋거나 평화로운 죽음을 의미한다기보다 지혜와 덕으로 맞이하는 죽음을 의미했다. 모든 사람이 어떤 상황을 파국적으로 보는 것은 아니라는 사실을 알게 되면 그 상황에 대한 두려움이 그 상황 자체가 아니라 자기 자신의 생각, 자기 자신의 가치판단, 자기 자신의 대응 방식에서 파생된 것임을 더 확실히 깨닫게 될 것이다. 두려움(나쁨)은 물리적인 속성이 아니다. 아리스토텔레스가 말한 것처럼, 불은 페르시아에서나 그리스에서나 똑같이 탈 뿐이지만 무엇이 좋고 나쁜지에 대한 사람들의 판단은 장소마다 다르다. 그래서 마르쿠스는 우리의 견해를 외부 사물에 내리쬐는 햇살에 비교한다. 이것은 착색된 안경을 통해 세상을 바라본다는 벡의 비유와 다르지 않다. 가치판단이란 하나의 투영임을 깨달음으로써 우리는 그런 판단과 외적 사건을 분리하게 된다고 마르쿠스는 말한다. 그는 이런 인지 과정을 마음의 '정화katharsis'라고 일컫는다.

이번 장에서 우리는 마르쿠스가 그가 태어난 가정에서 배운 검소함과 꾸밈없는 언행 같은 가치관이 제2차 소피스트 운동 시기와 하드리아누스의 궁정 수사학자들의 가치관과 어떻게 충돌하는지 보았다. 이렇게 해서 그는 스토아주의자들의 급진적인 언어 사용을 역(逆)수사학적 기법으로 받아들이게 되었다. 더 객관적인 언어로 사건을 다시 서술하는 것 같은 기법을 통해 가치판단으로부터 자유로워지는 것이다. 이것은 현대 인지치료에서 이야기하는 탈파국화하기의 오래된 선배 격이라고 할 수 있을 것이다.

우리의 상황을 서술할 때(그것이 어떤 상황이든지 간에) 이런 접근법을 수용하는 것은 스토아의 다른 수행들을 공부하는 기초 단계이다. 그리고 이로부터 다음 단계가 이어진다. 내가 가진 어떤 자원과 덕이 나를 상황에 더 잘 대처할 수 있게 해 줄까, 현명한 사람이라면 같은 상황을 어떻게 처리할까 숙고하는 것이다. 인지적 거리 두기라고 부르건 카타르시스라고 부르건, 우리는 사물에 대한 과도한 집착을 내버림으로써 강한 가치판단을 외적 사건과 분리한다. 처음에는 이것이 그리 신통치 않은 착상이라고 생각할지 모르겠지만, 에픽테토스의 유명한 격언으로 되돌아가는 것은 진정으로 훌륭한 길잡이가 되어 줄 것이다. "우리의 속을 뒤집는 것은 사물들이 아니라 사물들에 대한 우리의 판단이다."

우리는 마르쿠스가 궁정 생활과 형식적인 수사학의 미혹에서 벗어나면서 점점 더 철학을 마음속 깊이 받아들이게 되었음을 보았다. 아마 마르쿠스에게 더 철두철미하게 스토아 철학으로 개종해서 그 철학을 하나의 삶의 방식으로 온 마음을 다해 받아들이라고 설득한 사람은 그의 개인적인 정신적 지주 유니우스 루스티쿠스였을 것이다.

3

철인(哲人)들의
삶을 사색하기

HOW TO
THINK LIKE
A ROMAN
EMPEROR

젊을 때 마르쿠스는 불같이 화가 나는 경우가 빈번했고 성질을 부리지 않으려고 참느라 애를 먹었다. 훗날 그는 그런 순간이 찾아왔을 때 나중에 후회할 수도 있는 괜한 일을 저지르지 않고 자제할 수 있었던 데 대해 신들에게 감사하곤 하였다. 그는 하드리아누스의 성정이 야기한 피해를 잘 알고 있었다. 불끈하고 울화를 분출한 한 불명예스러운 사건에서 그 황제는 쇠꼬챙이로 어떤 불쌍한 노예의 눈을 찔러 버렸다. 분명 쳐다보는 사람들의 공포심을 자아내기 위해서였을 것이다. 제정신이 돌아오자 하드리아누스는 미안해하면서 무엇이라도 보상해 줄 수 있는 게 없겠는지 그에게 물었다. 돌아온 답변은 이랬다. "제가 원하는 것은 제 눈을 돌려받는 것뿐입니다."[1]

그의 계승자인 안토니누스는 하드리아누스와는 정반대로 점잖고 성정이 어진 것으로 유명했다. 『명상록』 제1권에서 마르쿠스는 양아버지의 덕을 여러 차례 사색한다. 심지어 그 자신을 안토니누스의 사도라고 칭하기도 하였다. 하지만 마르쿠스는 하드리아누스가 지닌 덕에 대해서는 일절 언급하지 않는다. 마르쿠스는 분명히 안토니누스를 이상적인 통치자의 본보기이자 그 자신이 되고자 열망하는 모든 것으로 간주하였다. 실제로 안토니누스가 죽고 나서 10년이 넘도록 마르쿠스는 여전히 그가 보여 준 본보기를 세심하게 명상하고 있었다.

스토아주의자들은 분노란 순간적인 광기에 다름 아니며, 그것의 결과는 흔히 그 노예의 눈처럼 돌이킬 수 없는 것이라고 마르쿠스를 가르쳤다. 또한 공격적인 감정들을 다스리는 데 필요한 심리적 개념들과 일군의 도구들을 마르쿠스에게 제공하였다. 마르쿠스는 분명히 거만하고 변덕스러운 하드리아누스보다 겸손하고 평화로운 안토니누스가 되기를 더 원했다. 하지만 이를 성취하려면 도움이 필요했다. 아이러니하게도 그는 분노를 통제하는 법을 가르쳐 주면서 가장 빈번하게 자신의 분노를 자극했던 사람을 신용한다. 마르쿠스의 스토아 멘토인 유니우스 루스티쿠스는 종종 그를 격분하게 했지만, 또한 정상적인 마음 상태를 어떻게 복구하는지도 보여 주었다. 앞으로 보게 되겠지만, 스토아주의자들은 분노 관리의 구체적인 기법들을 많이 보유하고 있었다. 그중 하나는 감정이 자연스럽게 누그러질 때까지 기다렸다가 유사한 상황에서 현명한 사람이라면 어떻게 했을지 차분하게 숙고하는 것이다. 마르쿠스는 또한 루스티쿠스로부터 기꺼이 사과하는 사람과 곧바로 화해하는 방법을 배웠다. 아마도 그것은 루스티쿠스가 마르쿠스가 화를 내려

한다고 감지했을 때 대처한 방식이었을 것이다. 이런 식으로 그는 마르쿠스가 공부하고 따라 했던 품위 있는 행동의 본보기를 보여 주었다.

아폴로니우스가 전문적인 철학 강사였다면, 루스티쿠스는 스 토아주의 전문가이기도 했지만 필시 멘토나 개인 가정교사에 더 가깝게 처신했을 것이다. 로마에서 집정관 급의 정치인이었던 루스 티쿠스는 마르쿠스보다 대략 20년 정도 손위 사람이었다. 그는 유 명 스토아주의자인 아룰레누스 루스티쿠스^Arulenus Rusticus의 손자로 추 정되는데, 그 사람은 에픽테토스와 그의 학생들에게는 정치적 영웅 이었던 스토아 반정세력의 지도자 트라세아^Thrasea의 친구이자 추종 자였다. 루스티쿠스 본인은 사생활에서나 공적인 삶에서나 매우 고 결한 인간이었다. 그는 또한 마르쿠스에게 극진히 충성했다. 프론 토는 사적인 편지에서 전형적인 과장어구를 섞어 가며 루스티쿠스 는 여차하면 마르쿠스의 새끼손가락 하나 지키겠다고 "기꺼이 목 숨도 내놓고 희생을 마다치 않을 사람"이라고 말한다. 마르쿠스는 분명 루스티쿠스를 존경했고, 곧 그 스토아주의자의 사도를 자임하 게 되었으며, 황제가 되고 난 후에도 수십 년 동안 줄곧 그에게 헌 신하였다. 예를 들어, 황제가 집정관을 맞이할 때 집정관이 먼저 다 가가 입술에 입맞춤하는 것이 황궁의 풍습이었지만, 마르쿠스가 루 스티쿠스를 만날 때는 마치 형제를 맞이하듯 늘 루스티쿠스에게 먼저 입맞춤함으로써 이 관례를 깼다. 이런 행동은 모든 사람에게 그 철학자가 궁정에서 특별한 지위를 차지하고 있다는 사실을 분 명히 각인시켜 주었다. 안토니누스가 황제로서 마르쿠스의 역할모 델이었다고 한다면, 의심할 바 없이 루스티쿠스는 마르쿠스가 스토아주의자로서 따르고자 애썼던 주된 본보기를 제공하였다. 마르쿠스가 다른 데서 말했다시피, 그에게는 철학이 친모였고 궁정은 단지 계모였을 뿐이었다.[2]

　마르쿠스가 철학자로서 발전하는 데 루스티쿠스가 핵심적인 역할을 한 인물이었음은 틀림이 없다. 하지만 마르쿠스는 그들 관계에서 일어난 가장 중요한 사건 중 하나가 그 개인 교사가 자신의 개인 서고에서 에픽테토스의 강의 내용을 수록한 여러 권의 공책을 가져와 그에게 제공했을 때였음을 분명히 밝힌다. 마르쿠스가 언급한 책은 아마도 아리아노스가 받아 적었다는 『대화록』이었을 것이다. 그는 그 책을 『명상록』에서 여러 번 인용한 바 있다. 앞서 본 바와 같이, 아리아노스는 에픽테토스 강의의 철학적 논의를 총 여덟 권 분량으로 옮겨 적은(오늘날까지 전해지고 있는 것은 그중 네 권뿐이다) 그의 학생이었다. 우리는 또한 그가 에픽테토스의 어록을 더 짧게 압축해 놓은 『요약서』(『엥케이리디온Enchiridion』이라고도 부르는)도 접할 수 있다. 아리아노스는 그 자신의 글도 많이 쓴 저술가로서 매우 교양 넘치는 로마 장군이자 정치가였다. 하드리아누스는 그를 원로원 의원으로 삼았고 나중에 서기 131년에는 보궐 집정관suffect consul에 임명하기도 하였다. 그런 다음 아리아노스는 제국의 가장 중요한 군사 요충지 중 한 곳인 카파도키아Cappadocia 총독으로 6년을 재임하였다. 안토니누스의 치세 동안 그는 중앙 정부에서 물러나 아테네로 갔고, 그곳에서 나중에 통치자 겸 행정 최고 수반인 아르콘archon(고대 그리스에서 최고 통치자를 가리키던 명칭에서 유래한 것으로 사실상 집정관을 의미함)으로 지역을 다스렸으며 마르쿠스의 통치가 시작될 무렵 죽었다. 바로 이 아리아노스가 마르쿠스와 루스티쿠스를 에픽테토스와 이어 준 우리가 놓친 연결 고리일 수 있다.

아리아노스는 루스티쿠스보다 열 살 정도 연상이었고 두 사람은 서로를 알았을 가능성이 있다. 실제로 4세기 때 로마의 철학자인 테미스티우스^{Themistius}는 그 두 사람을 함께 언급한다. 그는 하드리아누스, 안토니누스, 마르쿠스가 "아리아노스와 루스티쿠스를 서고에서 데리고 나왔으며 그들이 단지 펜과 잉크의 철학자로 남도록 내버려 두지 않았다."[3]고 말한다. 그 황제들은 아리아노스와 루스티쿠스가 집안에 안전하게 머물러 있으면서 용기에 관해 글을 쓰거나, 공적인 삶을 회피하면서 법률적인 논고들을 작성하거나, 로마 정부에 참여하는 것을 삼가면서 최선의 정부 형태에 관해 숙고하도록 내버려 두지 않았다는 것이다. 그들은 스토아 철학을 공부하는 서재를 뒤로 하고 '장군의 막사와 연사의 연단'으로 호출되었다. 테미스티우스는 아리아노스와 루스티쿠스가 로마의 장군으로 복무하는 동안 "카스피 해의 관문^{Caspian Gates}을 뚫고 들어가 알라니족을 아르메니아 바깥으로 몰아냈고, 이베리아족과 알바니족의 경계선을 확고히 수립하였다"고 덧붙인다. 이런 군사적 성취에 대한 보상으로 두 사람은 집정관에 임명되었다. 그들은 위대한 도시 로마를 다스렸고 원로원을 관장하였다. 마르쿠스보다 앞서간 이런 사람들의 사례는(스토아주의에 영감을 받은 정치가 겸 군대 지휘관이라는) 그에게 자신도 황제 겸 철학자가 될 수 있다는 믿음을 강하게 불어넣어 주었다.

우리는 마르쿠스가 황제에 등극하고 난 다음 해에 루스티쿠스가 다시 한 번 집정관에 임명되었다는 것을 안다. 그는 또한 서기 162년부터 168년까지 수도 로마의 행정 장관으로 봉직함으로써 결과적으로 마르쿠스 치세 초기에 황제의 오른팔이 되었다. 루스티쿠스는 이 시기 직후에 죽었는데 아마도 또 한 명의 전염병 희생자였던 것 같다. 마르쿠스는 그의 명예를 기리기 위해서 여러 개의 동상을 세워 달라고 원로원에 요청하였다. 다른 개인 교사들의 경우에도 그랬듯이 마르쿠스는 루스티쿠스의 작은 조각상을 개인 성소에 보관하고 그를 추모하며 제물을 올렸다. 그리하여 우리에게는 한 가지 기이한 의문이 남겨진다. 루스티쿠스가 정확히 어떻게 하였기에 미래의 황제가 그렇게 심하게 화를 냈던 것일까?

정답은 그들 관계의 성격에 있을 것이다. 마르쿠스는 『명상록』에서 읽고 쓰는 법을 배울 때 우선 학생이 되지 않고서는 교사가 될 수 없으며, 이것은 삶의 기술이라는 측면에서는 훨씬 더 잘 들어맞는 말이라고 되뇐다.[4] 스토아주의의 학생들은 교사를 자기들이 따라 하고 싶어 하는 행동을 보여 준 본보기이자 자기들이 귀담아 들을 수 있는 조언을 해 주는 멘토로 대우함으로써 그들의 지혜로부터 이로움을 얻어 냈다. 루스티쿠스는 확실히 지혜와 덕의 살아 숨 쉬는 모범을 마르쿠스에게 제공했을 것이다. 『명상록』에서 마르쿠스는 루스티쿠스가 칼케돈의 아폴로니우스, 카이로네이아의 섹스투스$^{Sextus of Chaeroneia}$와 더불어 하나의 삶의 양식으로서 스토아주의를 몸소 실천해 타의 모범이 되었던 세 명의 스승 중 한 명이었다고 언급한다. 또한 루스티쿠스는 그에게 삶의 지침을 주고 도덕적인 잘못을 바로잡아 주면서 충고를 해 준 존재이기도 했다. 실제로 마르쿠스는 자기에게 도덕적 단련과 스토아적인 심리 치료^{therapeia}의 필요성을 보여 준 사람이 바로 루스티쿠스였다고 말했다. 아마도 이것이 두 사람 사이의 긴장 관계를 설명해 줄 수 있을 것이다. 마르쿠스는 분명히 친구로서 루스티쿠스를 진심으로 사랑했고 교사로서 그를 존중했지만, 그가 시시때때로 자기를 몹시 약 오르게 한다는 것도 알았다. 추측컨대 젊은 카이사르가 자신의 성격 결함에 관심을 가질 수밖에 없게끔 몰아갔기 때문이었을 것이다.

과연 루스티쿠스가 마르쿠스의 성격 가운데 어떤 측면에 이의를 제기했을지 『명상록』에 언급된 견해들을 기초로 추론해 볼 수 있을 것 같다. 예를 들면, 루스티쿠스는 그에게 젠체하지 말고 가능하면 평범한 시민처럼 옷을 입으라고 권장하였다. 그는 또한 마르쿠스에게 세심하고 끈기 있는 철학도가 되어야 하며, 사물들을 그냥 대충 훑어보는 것이 아니라 그 내면을 꼼꼼하게 읽어내고, 연사들의 현란한 혀 놀림에 쉽게 동요되지 말라고 가르쳤다. 에픽테토스 또한 학생들에게 소피스트들처럼 철학을 가볍게 입에 올려서는 안 되며, 자신의 성격과 행동을 통해 철학의 열매를 드러내 보여 주어야 한다고 반복적으로 이야기했다. 특유의 퉁명스런 말투로 그는 양이 양치기에게 자기가 얼마나 많이 먹었는지를 보여 주는 방법은 자기가 먹은 풀을 다시 토해 내는 것이 아니라 잘 소화해서 훌륭한 털과 우유를 제공하는 것이라고 학생들에게 말했다.[5]

하지만 루스티쿠스가 일으킨 가장 중요한 변화는 마르쿠스를 설득해서 로마의 귀족이라면 당연히 습득해야 할 형식적인 라틴어 수사학 공부를 접게 만들고, 대신 삶의 양식으로서 스토아 철학에 더 많이 헌신하게 만들었다는 것이다. 마르쿠스의 가장 중요한 두 명의 개인 교사들인 철학자 루스티쿠스와 수사학자 프론토는 거의 10년 동안 그의 주목을 받기 위해 경쟁했고 결국은 루스티쿠스가 승리를 거둔 것으로 보인다. 연구자들은 이 '개종' 시기를 마르쿠스가 스물다섯 살이던 때인 서기 146년경으로 본다. 마르쿠스는 프론토에게 보낸 한 편지에서 자신이 라틴어 수사학 공부에 집중할 수 없게 된 상태임을 고백한다. 그는 아리스토^{Aristo}라고 하는 철학자가 쓴 몇 권의 책을 읽은 후에 기쁨과 번민이 혼재된 느낌에 압도된다. 대부분의 연구자들은 그가 언급한 사람은 키오스의 아리스토^{Aristo of Chios}가 틀림없다고 믿는다. 그는 제논의 제자로서 스승의 가르침에 반기를 들고 견유주의와 비슷한 더 단순하고 더 내핍한 형태의 스토아주의를 받아들인 사람이었다. 아마도 루스티쿠스 혹은 다른 스토아주의 개인 교사들 중 한 명이 그런 글들을 마르쿠스와 공유했던 것 같다. 아리스토는 논리학과 형이상학 공부를 거부했으며 철학자들의 우선적인 관심사는 윤리학 공부가 되어야 한다고 주장했다. 우리는 바로 이런 태도가 『명상록』에 그대로 반영되어 있음을 발견할 수 있다.

마르쿠스는 프론토에게 아리스토의 글들이 자기를 괴롭힌다고 말했다. 이것은 그가 자기의 성품에서 덕이 얼마나 부족한지 의식하고 있다는 것을 뜻한다. "당신의 제자는 자꾸만 부끄러워지고 자기 자신에게 화가 납니다. 왜냐하면 스물다섯 살의 나이가 된 저는 이러한 탁월한 가르침과 더 순수한 원칙들 가운데 그 어떤 것도 아직 제 영혼에 스며들게 하지 못했기 때문입니다."⁶ 젊은 카이사르는 진심으로 혼란에 빠졌다. 우울함과 분노를 느꼈고 식욕을 잃었다. 그는 또한 다른 사람들을 부러워하는 감정을 내비친다. 이것은 아마도 스토아주의에 전념하여 그가 존경하는 철학자들처럼 되고 싶은 간절한 마음을 표출한 언급이었을 것이다. 마르쿠스가 프론토나 헤로데스 아티쿠스 같은 소피스트들과 거리를 두기 시작한 시기가 아마도 이 무렵이었을 것이다.

그렇다면 스토아 철학자에게서 멘토링을 받는 과정이란 실제로 어떤 것이었을까? 어째서 그 과정이 그렇게 깊고 지속적인 영향을 마르쿠스에게 미쳤던 것일까? 스토아주의자들은 정념에 대한 그들의 정신요법을 기술하는 여러 권의 책을 썼다. 그중에는 스토아학파의 제3대 수장인 크리시포스의 『치료법』도 포함된다. 불행히도 이런 책들은 오늘날 우리에게 전해지고 있지 않다. 하지만 마르쿠스의 명망 높은 궁정 주치의인 갈레노스가 쓴 『영혼의 정념들에 대한 진단과 치유에 관하여$^{\text{On the Diagnosis and Cure of the Soul's Passions}}$』라는 제목의 논고는 남아 있다. 편식하지 않는 철학 취향을 가진 박학다식한 인물 갈레노스는 처음에는 필로파테르^{Philopater}라고 하는 한 스토아주의자 밑에서 공부하였고, 건강하지 않은 정념들을 진단하고 치유하는 문제와 관련된 설명을 제시할 때 제논을 위시한 초기 스토아 철학에 의존하였다. 이것이 우리에게 마르쿠스가 루스티쿠스를 통해 체험한 스토아적인 '치료'의 성격을 이해하는 몇 가지 실마리를 제공해 줄 수 있을 것이다.

젊을 때 갈레노스는 어째서 델피의 아폴로 신전에 새겨진 신탁 "너 자신을 알라"라고 하는 격률이 그렇게 높은 평가를 받아야 했던 것인지 궁금했다. 누구나 자기가 누구인지 이미 알고 있지 않은가? 하지만 그는 오로지 우리 중에 가장 현명한 사람만이 진실로 자기 자신을 안다는 것을 점차 깨닫게 되었다. 갈레노스가 관찰한 바대로, 나머지 사람들은 자기는 아예 절대적으로 잘못이 없다거나 혹은 자기는 결함이 거의 없고 그나마도 가벼운 수준이며 자주 드러나지도 않는다고 지레짐작하는 경향이 있다. 실제로 자기가 세상에서 가장 결함이 적은 사람이라고 자처하는 사람들이 다른 사람들 눈에는 가장 심각한 결함이 있는 사람인 경우가 흔하다. 이솝 우화의 한 토막이 이를 잘 설명하고 있다. 이 이야기에서 우리는 모두 각자 두 개의 자루를 목에 매달고 태어난다. 자루 하나는 우리 눈에 보이게 매달려 있는데 그 안에는 타인의 결함들이 가득 차 있다. 그리고 등 뒤로 매달려서 눈에 보이지 않는 또 하나의 자루에는 우리 자신의 결함들로 가득 차 있다. 다시 말해, 타인의 결함은 우리 눈에 매우 분명하게 보이지만 자신의 결함에는 깜깜하다는 것이다. 마찬가지로 『신약성서』에서도 어째서 우리 형제의 눈에 들어간 작은 티는 잘도 보면서 우리 자신의 시야를 가리고 있는 들보는 눈여겨보지 않는지 묻는다.(〈마태복음〉 7장 3-5절) 갈레노스는 플라톤이 '사랑하는 연인들이란 자기가 사랑하는 상대방에 대해서 대개 눈이 멀어 있는 사람들'이라고 말했던 것이 이런 면을 잘 설명해 준다고 말한다. 어떤 의미에서 우리는 자기 자신을 다른 누구보다도 더 사랑하기 때문에, 결국 자신의 결함에 관해서는 가장 눈이 멀어 있는 셈이다. 따라서 대다수 사람들은 우리 삶을 개선하기 위해 요구되는 자기인식에 이르기 위해 분투해야 한다.

이 문제에 대한 갈레노스의 해결책은 진심으로 신뢰할 수 있는 지혜와 경험을 갖춘 제대로 된 멘토를 찾는 것이다. 정말로 엉터리 가수라면 아무나 쓴소리를 할 수 있겠지만, 공연 중에 발생한 아주 미묘한 문제점을 포착해 내려면 전문가가 되어야 한다. 마찬가지로 다른 사람의 성격에서 근소한 결함들을 식별해 내려면 도덕적 지혜를 갖춘 사람이 되어야 한다. 어떤 사람이 붉으락푸르락 하는 얼굴로 고함을 치기 시작했을 때는 누구나 그 사람이 화가 났다는 것을 알 것이다. 그러나 인간의 본성을 잘 아는 진정한 전문가라면 어떤 사람이 화를 내기 직전 상태일 때를 심지어 당사자 본인도 미처 깨닫기 전에 미리 알아채서 말할 수 있을 것이다. 따라서 우리는 더 연륜이 있고 더 현명한 친구를 얻기 위해 노력을 기울여야 한다. 우리의 악덕을 제대로 확인하여 우리의 인생행로가 잘못 흘러가고 있지 않은지 말해 줄 수 있고, 우리가 감당하지 못해 도움이 필요한 똑같은 정념들을 이미 다스려 본 적이 있는, 정직성과 솔직한 언행으로 이름난 그런 사람으로 말이다. 갈레노스가 서술하고 있는 것은 어쩐지 현대적인 상담사 혹은 심리치료사와 내담자의 관계처럼 들린다. 하지만 약물 중독이나 알코올 중독에서 회복한 사람들이 비슷한 중독 상태에서 벗어나고자 애쓰고 있는 사람들에게 제공하는 멘토링이나 '스폰서십'을 떠올리는 편이 아마도 더 적절한 비교가 될 것이다. 이것은 세네카의 말마따나, 더 경험 많은 동료 환자가 주는 도움이다. 물론 적합한 멘토를 발견한다는 것은 말처럼 쉬운 일은 아니다.

마르쿠스는 스토아주의를 통해 지혜의 성취를 진정으로 원하는 사람이라면 누구나 자신의 성품을 함양하고 유사한 가치관을 공유하는 타인의 도움을 구하는 일을 인생의 우선순위로 삼게 될 것이라고 적었다.[7] 유니우스 루스티쿠스가 마르쿠스를 위해 수행했던 역할이 바로 그것이었던 것 같다. 우리는 그런 사람에게 혹시 우리 안에 있는 건전하지 않은 정념들이 포착되지는 않는지 물어야 하며 솔직하게 대답해 주어도 상처 받지 않을 것이라고 그 사람을 안심시켜야 한다고 갈레노스는 말한다. 또한 갈레노스는 초심자라면 멘토가 관찰한 것 중 몇 가지는 부당하다고 생각하기 마련이지만 짜증내지 말고 끈기 있게 경청하면서 비판을 참고 견디는 법을 배워야 한다고 설명한다. 마르쿠스가 한 말들로 미루어 보건대, 아마 이런 훈련이 처음에는 그에게 꽤나 시련이 되었던 것 같다. 제아무리 루스티쿠스가 그런 고비를 부드럽게 넘어가게 하는 데 명수였다고 하더라도 말이다.

마르쿠스에게는 또 한 명의 스토아 개인 교사가 있었다. 그렇게 많이 알려져 있지 않은 킨나 카툴루스$^{Cinna\ Catulus}$라는 사람이다. 마르쿠스가 관찰한 바에 따르면, 카툴루스는 자신의 성격상의 허물을 친구들이 발견하고 지적할 때 그들이 하는 말을 귀 기울여 경청했던 사람이었다. 설령 아주 부당한 트집이었다고 하더라도 그는 언제나 문제를 잘 매듭짓고 우정을 복구하고자 노력하곤 하였다.[8] 따라서 루스티쿠스와 카툴루스 둘 다 현명한 사람이란 친구들이 제기하는 비판을 기꺼이 환영해야 한다는 것을 본인들의 행동을 통해 마르쿠스에게 직접 보여 준 것이다.

솔직한 언행을 사랑하는 스토아주의자들의 태도는 분명히 그들의 선배인 견유주의자들에게서 물려받은 것이었다. 견유주의자들은 심지어 권세 있는 통치자들 앞에서도 몸을 사리지 않고 직설적으로 비판한 것으로 널리 알려져 있었다. 어떤 의미에서 권력자에게 진리를 설파하는 것은 참된 철학자의 의무이자 특권이었다. 견유주의자 디오게네스에 관하여 가장 널리 알려져 있는 전설적인 이야기는 알렉산드로스 대왕이 그 철학자를 찾아갔을 때 있었던 일화이다. 둘은 상극에 위치한 사람들이다. 디오게네스는 거지처럼 살았고 알렉산드로스는 당시 세계에서 가장 강력한 인간으로 알려져 있었다. 하지만 알렉산드로스가 디오게네스에게 혹시 자기한테

부탁하고 싶은 일이 없는지 물었을 때, 그 견유주의자는 지금 그가 태양을 가로막고 있으니 옆으로 물러서 달라고 대답한 것으로 알려져 있다. 디오게네스는 재산이나 권력에 무관심했기 때문에 서로 동등한 사람들인 것처럼 알렉산드로스와 대화할 수 있었다. 알렉산드로스는 발길을 돌려 자신이 정복한 세계로 되돌아갔다고 하는데 확실히 디오게네스에게서 많은 지혜를 얻어 가지는 못한 것처럼 보인다.

다른 경우에도 그렇듯이 스토아주의자들은 더 온건한 접근 방법을 채택하였다. 그들은 정직하고 간결하게 발언해야 할 뿐만 아니라 그것이 청자가 바라는 바에도 부합해야 한다는 점에 관심을 가졌다. 솔직하게 말한다 해도 그것이 듣는 사람에게 아무 이득도 주지 않는다면 의미가 없다. 『명상록』에서 마르쿠스는 진리를 말한다는 것의 가치를 여러 차례 언급하면서, 그런 진리를 적절하게 소통하는 방법의 중요성 또한 시종일관 인정한다. 이를테면, 유년기에 그에게 문법을 가르친 코티아이움의 알렉산드로스는 말실수를 저지른 사람들을 교정해 주는 세련된 방식을 선보임으로써 마르쿠스에게 평생 남을 인상을 심어 주었다.[9] 만약 어떤 이가 단어를 올바르게 사용하지 않았더라도 알렉산드로스는 그 화자를 공공연하게 비난하는 법이 없었다. 그는 결코 즉석에서 그 사람의 말을 끊거나 시비를 걸지 않았다. 대신 그 문법학자는 그런 사람의 말버릇을 올바른 방향으로 이끌어 가는 더 요령 있는 우회적인 방식을 알고 있었다. 마르쿠스는 알렉산드로스가 다른 주제에 관해 응답하거나 토의하는 동안에 은근슬쩍 아까의 그 잘못된 말의 올바른 표현을 툭 내뱉곤 한다는 것을 알아챘다. 스토아주의자들이 추구하는 진정한 목표가 지혜라고 해도, 때로는 진리를 그냥 내뱉는 것만으로는 충분치 않다. 우리는 타인과 효과적으로 의사소통하는 일에 더 많은 노력을 기울여야 한다.

당연히 외교는 마르쿠스에게 특별히 중요한 사안이었다. 카이사르로서나 나중에 황제로서나 그에게 부여된 의무는 적국들과 평화 조약을 맺기 위한 협상 같이 대단히 민감한 토의 주제를 취급하는 것이었다. 마르쿠스가 개인적으로 주고받은 서신 등을 통해 볼 때 우리는 그가 친구들 간의 갈등을 해소하는 인상적인 능력을 가진 매력적이고 요령 있는 인간이었음을 분명히 알 수가 있다. 실제로 프론토는 모든 친구들을 조화롭게 하나로 뭉치게 하는 이 젊은 학생의 능력을 입이 닳도록 칭찬하면서 여기에 시적인 감상을 덧칠해 윤기를 낸다. 그 수사학자는 마르쿠스의 이런 능력을 오르페우스가 칠현금의 음악으로 난폭한 맹수들을 길들일 때 보여 준 신비한 힘에 비교한 것이다. 분명 마르쿠스는 재위 기간 내내 참을성 있는 외교와 섬세한 언어 사용을 통해 많은 심각한 문제들을 막아 냈을 것이다. 실제로 그는 누구에게 말을 하건, 특히 원로원 안에서라면 항상 요령 있고 정직해야 한다고 스스로를 일깨우기도 한다.[10]

이런 타고난 재능에 덧붙여 마르쿠스는 현명한 사람이라면 다른 사람들과 어떻게 소통을 시도해야 하는지에 관해서도 스토아주의자들에게 많은 것을 배웠다. 이를테면, 칼케돈의 아폴로니우스는 주저하지 않고 할 말은 하는 사람이었지만, 그래도 그런 자기 확신과 열린 마음 사이의 균형을 잃지 않았다. 마르쿠스는 자신이 가장 사랑하는 또 한 명의 개인 교사인 카이로네이아의 섹스투스가 어떻게 매우 진중하면서도 동시에 솔직하다는 인상을 강하게 심어 주었는지, 그러면서 못 배운 사람들이나 심지어 독불장군들을 상대할 때도 어떻게 그렇게 잘 참아 내는지 묘사한다. 타인의 악덕을 교정하는 일은 마치 입 냄새가 난다고 지적하는 것과 같다고 마르쿠스는 말한다. 그런 지적을 하려면 상당한 요령이 있어야 한다는 것이다. 그는 섹스투스의 경우 대화 수위를 능수능란하게 조절함으로써 상대방에게 솔직하게 말을 하거나 반대 의견을 제시하고 있을 때조차 그 어떤 아첨의 말보다 더 매력적인 말로 들리게끔 만들었으며, 그 덕분에 온갖 유형의 사람들이 다 그를 존중했다는 사실에 유의하였다. 분명히 마르쿠스 같은 스토아주의자들은 견유주의자들보다 예의범절과 정중한 태도에 더 많은 가치를 부여하였다. 스토아주의자들은 우리가 현명하게 소통하려면 사물들을 알맞게 표현해야 한다는 것을 깨달았다. 실제로 에픽테토스에 따르면 소크라테스의 가장 두드러진 특징은 논쟁 중에 결코 짜증을 내지 않았다는 점이었다. 그는 언제나 예의 바른 사람이었고 모진 말을 삼갔으며, 심지어 다른 사람이 자기를 모욕할 때도 그랬다. 그는 쏟아지는 욕설을 참을성 있게 견디어 내면서 대부분의 언쟁을 차분하고 이성적인 방식으로 마무리 지을 수 있었다.[11]

루스티쿠스가 어떤 방식으로 마르쿠스의 행동을 문제 삼았을지 한번 상상해 보라. 그의 지적들은 때로는 도발적이고 뼈에 사무치는 것이었겠지만, 아마도 충분히 사리분별이 있는 것이어서 지적받은 그 젊은 학생이 수치심을 느끼지 않고도 그런 지적들로부터 이득을 얻을 수 있었을 것이다. 하지만 그런 요령을 지닌 스승을 어디 가서 어떻게 찾을 수 있다는 말인가? 갈레노스는 우리가 견유주의자 디오게네스처럼 알렉산드로스 대왕 앞에서도 솔직하게 말할 수 있을 만큼 용감한 사람들을 자주 접할 가능성은 매우 낮다는 것을 인정한다. 먼저 요구되는 것은 타인의 비판을 꺼려하지 않는 매우 전면적인 개방성이다. 갈레노스에 따르면, 우리는 만나는 모든 사람에게 내 잘못이 무엇인지 얼마든지 지적해도 좋다는 허가증을 내주어야 하며, 누가 뭐라고 지적하더라도 화를 내지 않으리라 결심해야 한다. 실제로 마르쿠스는 모든 사람의 마음속에 들어가서 그들의 판단과 가치관을 공부하고 그와 동시에 **다른 모든 사람이 자기 마음속에 들어올 수 있게 하라고 되뇐다.**[12] 그는 만약 누군가가 자기를 찾아와 지금 생각에서건 행동에서건 엇나가고 있지 않냐고 타당한 이유를 들어 지적한다면, 자기는 기쁜 마음으로 기존의 방식들을 바꿀 것이라고 말한다. 마르쿠스는 있는 그대로의 진실을 알아내는 것을 삶의 우선적인 관심사로 삼고자 애썼으며, 이런 삶의 방식 때문에 실제로 해를 입는 사람은 아무도 없는 반면 오류와 무지에 매달리는 사람들은 스스로에게 해를 끼친다는 사실을 스스로에게 일깨운다.[13] 이 조언은 제논에게서 유래한 것이라고 전해진다. 대부분의 사람들은 누가 묻건 묻지 않건 그저 이웃의 결점을 지적하고 싶어 안달이 나 있다고 제논은 말했다. 그러니 우리는 그런 행태를 원망하기보다는 대신 다른 사람들의 비판을 인생의 피할 수 없는 사실 중 하나로 여기고 기꺼이 환영해야 하며, 모든 사람을 자신의 교사로 만듦으로써 그런 비판을 자신에게 이득이 되는 일로 바꾸어야 한다. 따라서 갈레노스는 누구든 지혜를 배우고 싶은 욕망이 있다면 자신이 접하는 모든 이의 목소리에 귀를 기울이고 "자기에게 아첨하는 사람들이 아니라 자기를 꾸짖는 사람들에게"[14] 고마움을 표시할 준비가 되어 있어야 한다고 말한다.

모든 의견을 똑같이 신뢰해야 한다는 뜻은 당연히 아니다. 마르쿠스는 좋은 조언과 나쁜 조언을 분별하고 어리석은 사람들의 의견에 마음을 뺏기지 않도록 스스로를 단련시켜야 한다고 분명히 밝힌다. 우리가 인생에서 만나는 사람들의 말에 대부분 주의 깊게 귀를 기울이는 것은 현명한 일이지만, 그들의 모든 의견에 똑같은 무게를 주는 일은 그렇지 않다. 오히려 비판을 환영하고 냉정하게 수용하는 과정에서 우리는 그 비판을 이성적으로 자세히 살피며 좋은 조언과 나쁜 조언을 분별하는 법을 점차 배울 수 있게 된다. 때때로 우리는 다른 사람들의 실수로부터 많은 것을 배운다. 하지만 갈레노스가 언급한 것처럼, 지혜와 덕을 갖추었다는 증거를 꾸준히 보여 주는 사람들의 충고를 더 많이 신뢰해야 한다. 우리가 신중함을 발휘한다면, 절대적으로 신뢰할 수 있는 지혜의 소유자인 루스티쿠스 같은 벗을 아직 찾고 있는 도중에라도 누구에게서든 배울 수 있다.

물론 이런 관계가 이루어지려면 학생은 멘토에게 한결같이 정직해야 한다. 어떤 한 구절에서 마르쿠스는 마음에 떠오르자마자 가감 없이 소리 내어 말할 의사가 없는 것은 아예 생각도 하지 말라고 가르치는 현명한 교사를 상상한다. 마르쿠스는 사람들이 정말 단 하루 동안만이라도 이 가르침에 따를 수 있을까 의심한다. 왜냐하면 우리는 어리석게도 자기 생각보다 다른 사람들의 의견을 더 중시하면서 자기 생각을 함부로 밖으로 꺼내려 하지 않기 때문이다. 그럼에도 그는 그런 투명성을 열망하였다. 그는 아무런 예고 없이 "바로 지금 당신의 마음속에서는 무슨 일이 벌어지고 있습니까?"라고 묻는 사람을 상상해 보라고 말한다. 그럴 때 언제라도 우리는 부끄러움을 느낄 필요 없이 진실 되게 대답할 수 있어야 한다는 것이다. 마르쿠스는 자신의 영혼이 발가벗겨지고 단순해지기를 원하며 겉을 둘러싸고 있는 육신보다 그런 영혼이 더 사람 눈에 잘 보이기를 원한다고 말한다. 다른 구절에서 그는 한술 더 떠 인생에서 벽이나 장막으로 가릴 필요가 있는 일이라면 어떤 것도 갈망하지 말아야 한다고 마치 견유주의자들처럼 말한다. 한편으로 이런 표현들에는 고고한 도덕적 이상(理想)을 향해 나아가고자 노력하는 마르쿠스의 의지가 담겨져 있다. 즉, 마음을 아주 순수하게 만들어 타인에게 숨길 것이 하나도 없는 상태가 되려는 것이다. 여기서 그는 매우 강력한 **치유**의 전략을 암시하고 있기도 하다. 누군가로부터 관찰된다는 것은 우리의 자아인식을 한층 더 발전시키고 우리의 행동을 교정하는 데 도움을 줄 수 있다. 특히 신뢰하는 멘토처럼 자신이 존경하는 누군가의 면전에 있는 경우라면 더욱 그러하다. 설령 실제로 나만의 루스티쿠스가 없다 하더라도, 현명하고 자애로운 누군가가 자신을 관찰하고 있다는 상상만으로도 잠재적으로 비슷한 이득을 얻을 수 있다. 특히 우리 내면의 사유와 감정이 마치 그들 눈에 다 보이는 것처럼 여길 때 더욱 그러하다.[15]

우리가 스스로를 개선하고 싶다면 결코 경계심을 누그러뜨려서는 안 된다고 갈레노스는 말한다. 단 한 시간도 그래서는 안 된다. 도대체 어떻게 그럴 수가 있다는 말인가? 그는 키티움의 제논이 이렇게 가르쳤다고 설명한다. "우리는 만사에 조심스럽게 행동해야 한다. 마치 행동하고 난 즉시 교사들에게 그 행동에 대해 답변을 해야 하게 되어 있는 것처럼 말이다."[16] 이것은 꽤나 영리한 마음의 요령으로서 스토아의 멘토링을 일종의 **마음챙김**의 실천으로 변모시키는 것이다. 누군가가 자기를 관찰하고 있다는 상상은 자신의 성격과 행동에 더 많은 주의를 기울이는 데 도움을 준다. 아마도 청년 마르쿠스처럼 한창 수련 중인 스토아주의자는, 마치 멘토 루스티쿠스가 그를 끊임없이 관찰하고 있는 것 마냥 자신의 생각, 행동, 감정 등을 스스로 주시함으로써 자아인식을 연습하라고 늘 조언 받았을 것이다. 에픽테토스는 맨발로 걷는 사람이 못을 밟거나 발목을 삐지 않도록 조심하는 것처럼, 누구나 도덕적 판단의 오류에 은근슬쩍 빠져들어 자신의 성품에 해를 입히지 않도록 하루 종일 조심해야 한다고 학생들에게 말했다.[17] 오늘날 치료에 진전을 보이는 내담자의 경우 다음번 상담 시간을 기다리는 동안에 자기가 지금 하고 있는 이런저런 생각에 대해서 그 치료사라면 뭐라고 할지 궁금해하는 경우가 흔하다. 예를 들어, 무언가를 걱정하고 있다가도 다음과 같은 질문들을 던지며 이의를 제기하는 치료사의 목소리를 불현듯 상상할 수 있다. "그런 두려움이 진짜 그럴 만하다는 증거가 어디에 있습니까?" 혹은 "그런 걱정이 당신에게 실제로 어떤 답을 찾아줄 수 있을까요?" 어떤 다른 사람이 우리의 사유와 감정을 관찰하고 있다는 바로 그런 생각 정도면 우리가 잠시 한숨을 돌리면서 스스로 그 사유와 감정을 고려할 수 있게 하기에 충분하다. 물론 가끔씩 자신의 경험을 멘토나 치료사에게 이야기하곤 하는 사람이라면, 그런 이들이 주변에 없을 때에도 지금 함께 있다고 상상하기가 훨씬 더 쉽다. 설령 자신의 삶 속에 이런 역할을 해 줄 사람이 실제로 없다 하더라도, 든든하고 현명한 친구가 자신을 관찰하고 있다고 얼마든지 마음에 그려 볼 수 있을 것이다. 가령 우리가 마르쿠스 아우렐리우스를 충분히 읽었다면, 어떤 도전적인 과제를 수행하거나 어려운 상황에 직면했을 때 바로 그를 내 친구라고 상상하는 실험을 해 볼 수도 있다. 그가 우리 곁에 있다는 것을 아는 것만으로도 우리의 처신이 얼마나 달라질까? 그가 우리의 행동에 대해 무어라 말할 것이라고 생각하는가? 그가 우리의 마음을 읽어 낼 수 있다면, 우리의 생각과 감정에 대해 그가 내놓을 한마디는 무얼까? 당연히 저마다 자신의 멘토를 정할 수 있지만, 어쨌든 요점은 같다.

나는 이것이 부분적으로 마르쿠스가 『명상록』을 쓰면서 하고 있던 일일 수도 있겠구나 생각한다. 루스티쿠스는 서기 170년경에 죽은 것으로 추정되는데, 그때는 마르쿠스가 제1차 마르코만니 전쟁을 치르느라 멀리 북부 전선에서 군단을 지휘하고 있던 시기였다. 바로 그때쯤에 『명상록』의 집필이 시작되었음을 암시하는 몇 가지 증거가 있다. 그렇다면 혹시 그가 친구이자 멘토였던 루스티쿠스의 상실에 대한 반응으로 그 일에 착수하게 된 것은 아닌지 호기심을 가져 볼 만하다. 앞서 본 것처럼, 마르쿠스는 자신의 견해에 반대할 뿐만 아니라 심지어 자신이 죽어 없어지기를 소원하는 사람들에 둘러싸여 있다고 자신의 처지를 묘사한 바 있다. 이것은 마치 그가 그 시기에 철학적 신념과 가장 소중한 가치관을 공유하는 루스티쿠스 같은 친구의 부재를 절절히 느끼며 한 소리처럼 들린다.

정말로 마르쿠스가 자신의 스토아 멘토를 잃고 난 직후에 그 자신을 위해 이런 수기들을 남기기 시작한 것이라면, 아마도 그의 목표는 자신을 스스로 멘토링하는 책무를 맡으려고 한 것이었을 수도 있다. 오늘날에도 치료 일기 작성 같은 글쓰기 훈련은 널리 알려져 있는 자기계발의 한 형식이다. 하지만 『명상록』에는 마르쿠스가 공들여 지어낸 금언들과 유명 시인이나 철학자들에게서 인용한 명언들 말고, 딱히 대화에서 발췌했다고 간주할 만한 내용은 조금 밖에 들어 있지 않다. 그것은 루스티쿠스가 그에게 준 에픽테토스의 『대화록』 같은 강의록에서 인용한 것들일 수도 있고 혹은 마르쿠스가 상상력을 발휘하여 내면의 멘토를 등장시켜 지어낸 허구적인 대화들일 수도 있다. 어쩌면 마르쿠스가 여러 해 전에 개인 교사들과 나누었을 수도 있는 대화들을 자신의 기억에서 되살려 낸 대목들일지도 모른다. 예를 들면, 그런 대목들 중 하나를 다음과 같이 풀어서 다시 써 볼 수 있을 것이다.

교사 : 한 조각 한 조각 이어지는 행동 하나하나로 여러분은 여러분의 삶을 쌓아 가야 합니다. 그리고 운명의 여신이 허락하는 한에서 그런 행위 하나하나가 그것의 목적을 성취한다면 만족해야 합니다.

학생 : 하지만 그런 목적을 달성하지 못하게 방해하는 어떤 장애물이 외부에 존재한다면 어떻게 합니까?

교사 : 현명하게, 정의롭게, 그리고 자아를 인식하며 세상에 접근해 가는 인간의 노력에는 어떤 장애물도 있을 수가 없습니다.

학생 : 하지만 제 행동의 어떤 외적 측면이 훼방 받는다면요?

교사 : 글쎄요, 그럴 때는 그 방해물을 유쾌한 마음으로 수용할 것이 요구됩니다. 그러면서 주변 여건이 허락하는 것을 하는 쪽으로 요령 있게 방향을 전환할 필요가 있겠지요. 이로써 여러분은 행동 방침을 바꿀 수 있게 될 것입니다. 우리가 계속 이야기해 온 인생의 전반적인 계획에 부합하는 그런 행동 방침으로 말입니다.[18]

갈레노스는 역할모델을 모방하는 것이 청년기에는 더 적절하다고 제안하였다. 우리가 자신의 성품에 더 많은 책임을 지게 되는 인생의 나중 시기에는 구체적인 철학적 원칙들을 따르고 그에 맞는 삶을 실천하는 것이 중요해진다. 세월이 흐르고 더 많은 경험을 쌓게 되면 우리는 자아인식을 더욱 발전시켜야 하며 멘토의 도움을 필요로 하지 않고도 스스로 자신의 오류를 짚어 낼 수 있게 되어야 한다. 더 나아가, 훈련된 수행을 통해 분노 같은 정념들을 약화시키는 법을 배운다. 그런 정념들이 초기 단계에서 어떻게 표출되는지 점검하는 것도 도움이 된다. 이를 자주 실천하다 보면 결국에는 처음부터 아예 그런 감정들을 덜 경험하게 되는 성향을 갖게 될 것이다. 루스티쿠스가 세상을 떠날 무렵 마르쿠스는 이미 30년 이상 철학을 훈련한 상태였다. 그러므로 『명상록』을 쓰기 시작했을 때 그는 아마도 스토아주의자로서 심리적 발달의 그다음 국면에 진입할 준비가 잘 되어 있었을 것이다.

자신의 가치관에 따르는 법

✠

'멘토mentor'는 호메로스Homeros의 『오디세이아Odysseia』에 나오는 말이다. 지혜와 덕의 여신 아테나가 멘토라는 오디세우스의 친구로 변장함으로써 엄청난 위험에 빠진 오디세우스의 아들 텔레마코스Telemachus에게 조언을 해 줄 수 있었다. 여신은 오디세우스가 적들과 최후의 전투를 벌이는 동안 곁에 머물면서 그가 승리를 거둘 수 있게 힘을 북돋아 준다. 마르쿠스는 아무리 대단한 포부를 품은 스토아주의자라 할지라도 타인의 도움을 구하는 일을 부끄러워하지 말아야 한다고 말했다. 그것은 요새를 포위하고 있는 부상병이 성벽을 넘기 위해 다리를 받쳐 주는 전우의 도움을 받는 일로 얼굴을 붉히지 않는 것과 같은 이치이다.[19] 하지만 성벽 넘는 것을 도와줄 루스티쿠스를 누구나 보유한 것은 아니다. 누구든 자신이 신뢰할 수 있는 어떤 이를 발견할 수 있다면, 갈레노스가 기술한 바와 같이, 그것은 실로 대단한 일이다. 하지만 진실을 말하자면 대부분의 사람들은 아마도 마르쿠스가 루스티쿠스가 죽은 후에 그랬던 것처럼 다른 본받기 전략들에 의존해야 할 것이다. 그런 전략은 크게 두 개의 주요 범주로 나뉜다. 바로 **글쓰기**와 **상상하기**이다.

설령 자기 주변을 따라다니는 현실 세계의 멘토를 갖고 있지 않더라도, 우리는 상상력을 발휘하여 여전히 그 '멘토'라는 개념으로부터 이득을 얻을 수가 있다. 다른 고대 철학자들처럼 마르쿠스는 다양한 조언자들과 역할모델들의 이미지를 자기 마음속에 불러냈다. 또한 역사상 유명한 철학자들의 품성과 행동을 숙고하는 것이 중요하다고 믿었다. 어딘가에서 그는 아마도 헤라클레이토스 Heraclitus의 추종자들을 가리키는 것으로 보이는 '에페소스인들'의 글 안에 모범적인 덕을 몸소 입증해 보였던 이전 세대 사람들을 항시 생각하라는 조언이 담겨 있다고 말한다. 앞서 본 바와 같이, 제논의 이야기는 이전 세대의 지혜를 공부함으로써 "죽은 사람들의 색을 입어야 한다"고 하는 아리송한 조언을 받는 것에서 시작한다. 마르쿠스는 현명한 사람들의 정신세계를 주의 깊게 살펴보아야 한다고 되뇐다. 특히 그런 사람들이 갖고 있는 근본 원칙들에 주의를 집중하고 그들이 인생에서 피한 것과 추구한 것이 각각 무엇인지 조심스럽게 숙고해 보아야 한다고 말이다. 『명상록』에서 그는 자기가 가장 존경하는 철학자들의 이름을 거명한다. 피타고라스, 헤라클레이토스, 소크라테스, 견유주의자 디오게네스, 크리시포스, 그리고 에픽테토스이다. 물론 마르쿠스의 생애와 철학을 공부하고 있는 사람이라면, 다름 아닌 바로 마르쿠스를 자신의 역할모델로 선택할 수도 있을 것이다.[20]

전략의 첫 번째 단계는 자기가 존경하는 사람이 드러낸 덕을 글로 적어 두는 것이다. 마르쿠스가 『명상록』 제1권에서 했던 것처럼 자기가 타인의 품성 가운데 가장 존경하는 성질들을 나열해 목록으로 만드는 일은 단순하지만 강력한 훈련이다. 『명상록』의 뒤쪽 어떤 장에서 그는 자신의 정신을 고양하기 위해 그간 함께 살아온 주변 사람들의 덕을 사색한다고 설명한다. 어떤 이가 보여 준 활력, 또 어떤 이가 보여 준 겸손, 또 다른 어떤 이가 보여 준 관용 등등.[21] 가까운 주변 사람들이 삶에서 덕을 드러내 보여 주는 것만큼 우리의 영혼을 기쁘게 하는 일은 없다고 그는 말한다. 그리고 바로 그 이유 때문에 우리는 그런 본보기들을 보물로 여기고 그들에 대한 기억을 생생하게 간직해야 한다. 이런 것들을 글로 적어 두게 되면 대개 그 이미지가 더 또렷하고 기억에 많이 남게 될 것이다. 스토아주의자들은 이것을 건전한 기쁨의 원천이라고 생각하였다. 다른 사람의 존경할 만한 품성에 관해 자신의 생각을 글로 적고 시간이 날 때마다 곰곰이 떠올리며 개선해 나간다면 그런 생각을 행동으로 옮길 수 있는 기회가 주어진다. 이런 실천을 통해 자신이 묘사하고 있는 성격의 특질을 눈앞에 생생히 떠오르게 하는 일이 더 쉬워질 것이다.

예를 들어, 안토니누스가 죽고 10년이 더 지난 후에도 마르쿠스는 인생의 모든 영역에서 충실한 그의 사도로 남아야 한다는 사명을 여전히 스스로에게 일깨우고 있었다.[22] 비록 철학자는 아니었지만 안토니누스는 스토아주의자들이 칭송하는 많은 덕을 태생적으로 갖고 있었던 것처럼 보인다.『명상록』에서 마르쿠스는 황제가 호위병이나 값비싼 의복, 귀한 장식물과 조각상 등 그 밖에 그의 신분에 어울리는 삶의 다른 모든 치장들 없이도 백성들의 존경을 얻을 수 있다는 사실을 자기에게 보여 준 사람이 바로 안토니누스였다고 말했다. 양아버지는 마르쿠스에게 비록 카이사르라는 지위를 갖고 있어도 일개 민간 시민의 지위에 가까운 삶의 방식을 택할 수 있으며, 그러더라도 원래의 지위를 상실하거나 그에 따른 책무를 소홀히 하지 않는 일이 얼마든지 가능하다고 가르쳤다. 따라서 안토니누스의 모범을 좇아 그는 "자주색에 물든" 카이사르로 변신하지 말라고 스스로를 일깨운다.[23] 대신 마르쿠스는 다른 이들에게서 관찰했던 덕들로 자신의 마음을 물들이고자 애썼다. 그 자신의 표현대로, 철학이 길러내고자 애쓰는 바로 그런 사람으로 남고자 갈망했던 것이다.

마르쿠스는 이성에 대한 안토니누스의 단호한 헌신, 그의 소박한 신앙심과 동요하지 않는 내면의 평화, 침착한 품행을 깊이 사색한다. 마르쿠스는 자기 아버지가 대다수 사람들은 너무 나약해서 안 하고는 못 배기는 일들을 삼갈 수 있고, 대부분의 사람들이 즐기다 보면 반드시 과해지기 마련인 일들을 적당하게 즐길 수 있었다는 측면에서 소크라테스를 닮았다고까지 말한다. 그는 이 모든 덕들을 따라 할 수 있다면 자신도 안토니누스가 임종 때 보여 준 평정과 선명한 도의심을 갖추고 최후의 시간을 마주할 수 있게 될 것이라고 스스로에게 말한다.

스토아주의자들은 실존 인물들의 덕뿐만 아니라 이상적인 현인, 즉 현명한 사람이 가지고 있는 가상의 성격을 사색한 것으로도 알려져 있다. 마르쿠스도 그렇게 한 것처럼 보이는 여러 구절이 있다. 그런 묘사들은 불가피하게 약간은 추상적이고 과장된 측면이 있어 보인다. 예를 들면, 그는 완벽하게 현명한 인간이란 자기 안에 이성이라는 신성한 요소를 함께 갖추고 있는 참된 신의 사제 같은 사람이라고 말한다. 그런 사람은 쾌락으로 부패하지도 않고 고통 때문에 상처를 입지도 않는다. 모욕을 받아도 한결같이 원래 모습 그대로다. 진정한 현인은 깊게 배인 정의감으로 무장하고 가장 고귀한 싸움에 나선 투사와 같다. 그는 온 생애에 걸쳐 자기에게 닥친 모든 일을 운명의 여신이 자기에게 할당한 것으로 받아들인다. 누가 무슨 말을 하건 무슨 행동을 하건 그것이 공동선을 위한 것이 아닌 한 사실상 관심을 두지 않는다. 그러면서도 모든 이성적인 존재들을 마치 형제자매처럼 마땅히 돌보아 준다. 그는 그저 아무 사람의 의견에 흔들리는 것이 아니라 자연에 부합하는 삶을 사는 현명한 사람들에게 특별한 주의를 기울인다.[24] 여기서 마르쿠스는 완벽한 인간상을 묘사하면서 스토아적인 삶의 목표들을 완벽하게 체현한 이상적인 현인을 마음속에 그려 보고자 노력하고 있다.

우리는 현명한 사람이 가질 수 있는 특질들이 무엇인지 자문하는 것에 덧붙여 먼 미래에 갖게 되기를 희망하는 특질들이 무엇인지도 물을 수 있다. 이를테면, 스토아주의를 10년 혹은 20년의 세월 동안 수련하고 나서 어떤 종류의 인간이 되기를 희망하는지 묻는 것이다. 어느 대목에서 마르쿠스는 본인이 루스티쿠스와 함께 겪어 냈던 스토아적인 치유 과정의 장기적 목표들을 기술하고 있는 것처럼 보인다. 그는 훈련을 받고 철저하게 순화된 사람의 마음속에는 피부 아래로 곪아 있는 종양 같은 것이 없으며, 시험을 견디지 못하거나 빛을 피해 숨길 것도 전혀 없다고 말한다. 이를 성취한 사람에게서는 더 이상 비굴하거나 거짓된 무언가를 찾아볼 수 없다고 그는 덧붙인다. 아울러 그런 사람들은 타인에게 의존하지도 않고 타인에게서 소외되지도 않는다.[25] 이런 것들은 스토아주의자들을 위한 치유의 목표들이면서 동시에 인생의 목표들이기도 하다.

가상의 현자들이 소유한 덕이나 우리가 스스로에게 열망하는 덕을 글로 적어 두는 일은 매우 유익한 훈련이다. 두세 명의 특정 개인을 세밀하게 묘사하고, 그 내용을 이상적인 사람의 좀 더 일반적인 묘사와 비교하는 일 역시 유용할 수 있다. 그런 사람들은 삶 속에서 실제로 접하는 사람들일 수도 있고, 역사적인 인물들일 수도 있고, 혹은 허구적인 사람들일 수도 있다. 중요한 것은 그런 정보를 성찰하고 필요할 경우 수정하는 방식으로 글쓰기를 전개하는 일이다. 나중에 어느 정도 시간이 지난 후에 다시 돌아와 자신이 적어 놓은 것들을 검토하고 개선하라. 자신이 선택한 역할모델들이 지혜, 정의, 용기, 절제 등 어떤 구체적인 덕을 드러낼 수 있겠는지 고려하라. 일반적으로 사물들을 찬찬히 사유하고 그런 사유의 결과물들을 여러 상이한 시각에서 바라보는 일은(어떤 방식으로 그리할 것을 선택하든지 간에) 자기 개선이라는 측면에서 도움이 될 수 있다. 글쓰기 연습에 어느 정도 시간을 할애한다면 사물들을 마음의 눈으로 더 쉽게 그려 낼 수 있게 될 것이다. 이럴 때 최고의 방법은 자신이 포착한 역할모델의 힘이 도전적인 상황에 대처하는 모습을 상상하는 것이다. 스토아주의자들은 이렇게 자문했다. "소크라테스나 제논이라면 어떻게 했을까?" 마르쿠스도 비슷하게 루스티쿠스나 그의 다른 개인 교사들이라면 자신이 인생에서 직면한 어려운 상황들에 어떻게 대처했을까 자문했다. 틀림없이 그는 안토니누스라면 어떻게 했을지도 자문했을 것이다. 심리학자들은 이것을 누군가의 행동에 대한 '모델링modeling(타인의 유사한 행동을 관찰하여 어떤 특정한 행동을 유도해 내려는 심리 요법-옮긴이)'이라고 부른다. 우리는 이미 인지치료의 탈파국화하기에 관한 논의에서 이 방법을 간단히 언급한 적이 있다. 예를 들면, 우리는 이렇게 자문하고 싶을 수가 있다. "마르쿠스라면 어떻게 했을까?"

사람들을 눈앞에 떠올려 그들의 **행동**을 모델링하는 방법과 더불어 그들의 **태도**를 모델링할 수도 있다. 스토아주의자들은 이렇게 자문할지도 모른다. "소크라테스나 제논이라면 이것을 보고 뭐라고 말을 했을까?" 우리는 자신의 역할모델이, 혹은 아예 스토아의 현인들로 구성된 전체 위원단이 조언을 제공하는 모습을 상상해 볼 수 있다. 그들이라면 내게 어떻게 하라고 말할까? 과연 내게 어떤 조언을 줄까? 내가 현재 문제를 다루고 있는 방식을 보면 그들이 뭐라 말해야겠다고 할까? 상상력을 발휘하여 그들을 마음속에 그리면서 이런 유형의 질문들을 스스로에게 던지고 과연 어떤 응답이 나올지 구상해 보라. 괜찮다면 이런 단편적인 상상을 질문과 대답을 주고받는 더 긴 토론의 과정으로 변모시켜라. 만약 지금 마르쿠스 아우렐리우스를 모델링하고 있는 중이라면, "마르쿠스 같으면 뭐라고 말할까?"라고 물어라.

모델링에는 전형적으로 행동 변화의 '심적 시연mental rehearsal'이 뒤따른다. 역할모델과 더 비슷하게 행동하는 자신을 그려 보거나 그들의 조언을 따르고 있는 자신을 상상하는 것이다. 이런 시도는 여러 번 해 볼 필요가 있다. 일종의 시행착오 학습trial-and-error learning이라고 생각하라. 장차 마주칠 것으로 예상되는 도전들에 대처하면서 지금 자신이 배우고 싶어 하는 덕을 드러내고 있는 자신의 모습을 상상하라. 자신이 전체 상황을 즉각적으로 장악하는 모습을 그려 보는 것보다는 조금씩 문제가 개선되고 있는 모습을 그려 보는 편이 더 유익하다는 것을 아마도 깨닫게 될 것이다. 이것은 '주도 심상화mastery imagery'를 상회하는 '대처 심상화coping imagery'의 이득으로 알려져 있다. 비현실적인 목표를 설정하는 것은 걸을 수 있기도 전에 뛰려고 하는 꼴이다. 그저 자신의 행동에서 몇 가지 간단한 변화들을 시연해 보는 것으로 시작하라. 흔히 작은 변화가 어쨌든 큰 귀결을 낳는 법이니까.

사람들에게 스토아의 수행들을 채택하라고 가르칠 때, 나는 일상적인 스토아의 수행들에 알맞은 간단한 프레임워크를 갖추는 것이 유익하다는 사실을 깨달았다. 이를테면 시작, 중간, 종료라는 '학습 주기'를 설정한 다음 그것을 매일 반복하는 것이다. 아침에는 오늘 펼쳐질 그날 하루를 준비한다. 낮 동안은 자신의 가치관에 부합하는 일관된 삶을 살고자 노력한다. 그리고 저녁에 오늘 하루 얼마나 전진했는지 검토하고 다음날 이 주기를 다시 반복할 준비를 한다. 나는 매일의 시작과 끝에 활용하는 스토아의 훈련들을 각각 아침 명상과 저녁 명상이라고 부를 것이다. 이와 같이 매일의 규칙적 절차들을 수립해 놓는 것이 수행을 견실히 유지하는 일을 훨씬 쉽게 해 준다.

이 프레임워크는 모델링과 멘토링에 관한 우리의 논의에도 깔끔하게 잘 들어맞는다. 아침 명상을 하면서 오늘 어떤 과제를 완료해야 하고 어떤 도전들을 극복해야 하는지 숙고하라. "나의 역할 모델이라면 어떻게 했을까?"라고 자문하고 자신이 곧 직면할 똑같은 상황을 그들이라면 어떻게 처리할지 상상해 보라. 자신이 드러내고 싶은 덕을 마음속으로 시연하라. 낮 동안에는 마치 현명한 멘토나 교사가 자기를 관찰하고 있는 양 내내 자신을 되돌아보는 일에 쉼 없이 노력하라. 오늘날 우리는 이것을 '스토아의 마음챙김 Stoic mindfulness'이라고 부르지만, 스토아주의자들은 자기 자신에게 주의를 기울인다는 유사한 의미의 '프로소케prosoche'라는 단어를 사용했다. 자신의 마음과 몸을 자신이 어떻게 사용하는지, 특히 상이한 상황들에서 자신이 내리는 가치판단들을 예의 주시하라. 그리고 나쁜 습관들은 물론이요, 분노, 공포, 슬픔 같은 미묘한 감정들이나 불건전한 욕망들에도 유의하라.

저녁 명상 중에는 그날의 일들이 실제로 어떻게 전개되었는지 검토하라. 이를테면, 마음의 눈으로 그날의 열쇠가 되는 사건들 두세 가지를 다시 훑어보라. 상상 속의 멘토들이라면 무엇이라고 말할까? 그들은 다음번에는 일을 달리 처리하는 문제에 관해서 어떤 조언을 해 줄 수 있을까? 이때가 경험으로부터 배우고 다음날 아침을 준비할 수 있는 기회의 시간이며, 다음날 아침이면 계속되는 자기개선의 주기를 따라서 또 다시 그날의 행동을 계획하고 벌어질 일들을 시연하게 될 것이다. 이런 저녁 명상 시간에 예를 들어 이렇게 자문할 수 있을 것이다. "마르쿠스 아우렐리우스라면 내가 이럭저럭 오늘 하루를 지낸 방식에 관해서 무엇이라고 말할까?"

고대인들도 비슷한 일을 했다. 갈레노스는 자신의 일상의 규칙적인 절차에는 「피타고라스의 황금 시편The Golden Verses of Pythagoras」이라고 하는 철학에 관한 유명한 시를 사색하는 일이 포함되어 있다고 말했다. 세네카와 에픽테토스 역시 그 시를 언급하고 있으며 아마 다른 스토아주의자들에게도 그 시가 영향을 미쳤을 것이다. 갈레노스는 그 시구들을 두 번씩 읽을 것을 권장한다. 처음에는 조용히 눈으로 읽고 그다음에는 소리 내어 읽는 것이다. 그는 멘토 덕분에 포착하게 된 자기 개선의 영역들을 매일 상기해야 한다고 제안한다. 우리는 가능한 한 자주 이런 시도를 해야 하지만, 적어도 "새벽에, 우리의 일상의 과제를 시작하기 이전에, 그리고 저녁을 향해 갈 때, 우리가 곧 수면에 들기 전에는" 꼭 해야 한다고 그는 말한다.

아침 명상에 관하여 갈레노스는 우리가 침대에서 일어나서 오늘 해야 할 과제들을 하나씩 숙고하기 시작할 때 곧바로 두 가지 질문을 스스로에게 던져야 한다고 말한다.

1. 만약 내가 정념의 노예처럼 처신한다면 그 결과가 어떻게 될까?
2. 만약 지혜와 절제를 발현해 더 이성적으로 처신한다면 나의 하루는 어떻게 달라질까?

마르쿠스는 오늘 하루를 어떻게 준비해야 할지를 『명상록』에서 적어도 네 번은 논의한다. 그는 피타고라스주의자들이 매일 새벽마다 별을 찬찬히 바라보면서 별의 일관성, 순수성, 적나라함이 곧 지혜, 덕, 단순성을 갖추고 사는 인간을 상징한다고 생각하곤 했다고 언급한다. 마찬가지로 마르쿠스는 잠에서 깰 때 자신은 지혜를 향한 자신의 잠재력을 실현하기 위해 일어나는 것이라고 스스로에게 말한다. 단지 쾌락적인 감정들 때문에 흔들리고 불쾌한 것들은 외면하는 신체 감각의 꼭두각시나 되려고 잠에서 깬 것이 아니라고 말이다. 그는 자신의 본성과 이성 능력을 사랑하라고, 그리고 그에 부합하는 삶을 살기 위해 최선을 다하라고 되뇐다. 또한 곤란한 사람들을 대할 때 절망하거나 원망하지 않는 방법에 관해서도 매우 구체적인 조언을 스스로에게 제공한다.[26]

「황금 시편」에 나오는 다음의 유명한 시구는 에픽테토스가 학생들에게 들려주기도 한 것으로서 저녁 명상에 관해 서술하고 있다.

그대가 낮에 한 일들 모두를 낱낱이 되짚어 보기 전에는
결코 피로에 지친 눈을 감아 잠을 허락하지 말라
"내가 어디서 틀린 것인가? 난 무엇을 했던가? 그리고 해야 할 일 중에
하지 않고 남겨 둔 것들은 무엇인가?"
처음부터 끝까지 그대가 한 행위들을 검토하고 그런 다음에는
야비한 행위들에 대해서는 그대 스스로를 꾸짖되, 제대로 된 일들에는
기뻐하라

우리는 다음과 같은 세 가지 간단한 질문을 스스로에게 던질 수 있다.

1. 잘못한 일은 무엇이었나? 비이성적인 공포나 불건전한 욕망이 자기를 지배하도록 스스로를 방치했는가? 나쁜 행동을 했거나 혹은 비이성적인 사유에 탐닉하게 자신을 방치했는가?

2. 잘한 일은 무엇이었나? 현명하게 행동함으로써 이전에 비해 진척을 이루었는가? 자신을 칭찬해 주고, 반복하고 싶은 일에는 힘을 더 보태라.

3. 혹시 달리 할 수 있었던 일은 무엇인가? 덕이나 품성의 역량을 발휘할 수 있는 기회를 행여라도 놓친 적이 있었는가? 어떻게 했으면 일들을 더 잘 처리할 수 있었을까?[27]

앞서 본 바와 같이, 신뢰하는 멘토의 관찰이나 질문을 받는 젊은 스토아주의자들은 자신의 생각과 행동에 더 깊게 마음을 쓰게 된다. 그날의 마지막 시점에 내가 나 자신을 반대신문하게 되리란 것을 아는 것도 어느 정도 유사한 효과를 얻을 수 있다. 그렇게 하면 하루 종일 자신이 행하는 일들에 더 많은 주의를 기울일 수밖에 없게 된다. 마르쿠스는 헤라클레이토스가 던진 함축성 있는 한마디를 상기한다. "우리가 마치 잠자고 있는 것처럼 행동하고 말해서는 안 된다."[28] 다시 말해, 우리는 자신의 자아인식을 일깨우기 위한 노력을 기울일 필요가 있다. 이 매일의 규칙적 절차를 따르는 것이 그런 노력에 도움을 준다. 그것은 곧 자신이 스스로에게 멘토처럼 행동하는 것이기 때문이다.

이런 양생법은 우리가 자신의 생각, 감정, 행동을 더 잘 인식하게 해 줄 것이다. 우리는 또한 스토아주의자들이 묘사한 방식대로 온종일 스스로에게 규칙적으로 질문을 던짐으로써 자아인식의 역량을 기를 수 있다. 예를 들어, 마르쿠스는 스토아의 멘토가 던졌을 법한 그런 종류의 질문들을 제기하면서 자신의 성격과 행동을 자주 검열했다. 그는 상이한 상황들을 접할 때마다 스스로에게 "나는 지금 내 영혼을 어떻게 사용하고 있는 것일까?"라고 묻는다.[29] 그는 본인이 당연시하는 근본적인 가치관을 음미하면서 자신의 마음을 면밀히 살폈다. 그리고 이렇게 묻곤 하였다. "나는 지금 누구의 영혼을 갖고 있는가? 나는 아이처럼, 폭군처럼, 양처럼, 늑대처럼 처신하고 있는가, 혹은 이성적인 존재로서 나의 참된 잠재력을 실현하고 있는가? 나는 현재 무엇을 목표로 나의 마음을 사용하고 있는가? 나는 지금 어리석은가? 나는 다른 사람들로부터 소외되어 있는가? 나는 공포와 욕망 때문에 행로를 벗어나 질질 끌려가도록 내 자신을 방치하고 있는가? 지금 당장 내 마음속에는 어떤 정념들이 들어 있는가?" 우리는 또한 이렇게 자문할 수도 있다. "이것이 실제로 어떻게 문제를 해결한다는 것일까?" 때로는 그냥 습관적으로 하고 있던 일들에 개입하는 것이 필요하다. 그럼으로써 그런 일들이 장기적인 관점에서 실제로 자기에게 건전한 것인지 불건전한 것인지를 자문해 볼 수 있기 때문이다.

스토아주의자들은 소크라테스적인 질문 던지기 방법, 즉 '엘렝코스elenchus'를 채택하였다. 이것은 질문을 받는 사람의 믿음 안에 내재해 있는 모순을 폭로하는 것으로서, 법정에서 증인에게 던지는 반대신문과 비슷한 측면이 있다. 마르쿠스는 루스티쿠스나 다른 스토아 개인 교사들로부터 스토아적인 치료의 일환으로서 그런 종류의 질문 던지기를 받았을 가능성이 매우 높다. 그 과정에서 부각하고자 한 주된 요점 중 하나는, 우리가 자신의 삶이나 자신이 욕망하는 것들을 좌우할 때 사용하는 가치 기준과 타인에게서 찾아낸 칭찬할 만하거나 비난할 만한 요소들을 판단할 때의 가치 기준 사이에 발생하는 어떤 모순이다. 오늘날 치료사들은 이것을 "이중 잣대"라고 부르곤 한다.

이런 종류의 소크라테스적 질문 던지기는 '가치명료화values clarification'라고 불리는 접근법의 일부로, 1970년대부터 활용되어 왔지만 최근 들어 치료사들과 연구자들 사이에서 인기가 되살아나고 있다.[30] 매일 우리의 가치 기준을 깊이 성찰하고 그것을 간명하게 서술해 봄으로써 더 분명히 인생의 방향 감각을 발전시키는 것이다. 우리는 다음과 같은 질문들을 스스로에게 던지면서 이를 실천에 옮길 수 있다.

- 내 삶에서 궁극적으로 중요한 것은 무엇인가?
- 내 삶이 정말로 무엇을 의미하기를, 무엇을 담아내기를 바라는가?
- 내가 죽은 후에 사람들에게 어떤 존재로 기억되고 싶은가?
- 나는 삶 속에서 어떤 종류의 인간이 가장 되고 싶은가?
- 나는 어떤 종류의 성격을 갖고 싶은가?
- 내 묘비에 어떤 비문이 써지기를 원하는가?

이런 질문들은 자신의 장례식장에서 낭송될 추도사를 상상하면서 자신이 사람들에게 어떤 이상적인 사람으로 기억되기를 원하는지 자문하는 잘 알려진 치유 기법과 유사하다. 디킨스의 『크리스마스 캐럴A Christmas Carol』에 나오는 스크루지 영감을 생각해 보라. 그는 미래의 크리스마스 유령 덕분에 그의 죽음과 묘비에 반응하는 사람들의 고통스러운 광경을 대면하고 난 후 일종의 돌연한 도덕적 깨달음을 얻는다.

스토아주의를 공부하는 학생들에게 유용한 또 다른 가치명료화 기법은 두 개의 칸을 만들어 맨 위에 각각 '욕망하는 것'과 '존경하는 것'이라고 써넣고 해당하는 내용을 채워 간단한 목록을 만들어 보는 것이다.

욕망하는 것	존경하는 것
내 삶에서 내 자신을 위해 가장 욕망하는 것들	내가 타인에게서 발견한 가장 칭찬할 만하고 존경할 만한 성질들

처음에는 이 두 개의 목록에서 일치하는 내용은 거의 없을 것이다. 그것들이 어째서 다를까, 그리고 만약 타인에게서 발견한 존경할 만한 성질들을 자신도 욕망했더라면 자신의 삶은 어떻게 바뀌었을까? 스토아주의자들이 표현할 법한 말이지만, 만약 삶에서 덕에 최고의 우선권을 부여했다면 어떤 일이 벌어졌을까? 스토아주의자들에게 이런 가치명료화 연습의 가장 중요한 측면은 인간의 최고선이 무엇인지 그 참된 본성을 파악하고, 우리의 가장 근본적인 목표를 선명하게 드러내어 그에 따라 사는 일이 될 것이다. 스토아주의의 모든 것은 결국은 선의 참된 본성을 파악하고 그 본성에 따라 산다고 하는 근본 목표로 환원된다.

일단 중심적인 가치관을 명료히 하고 나면 그것을 스토아의 주덕들인 지혜, 정의, 용기, 절제와 비교할 수 있다. 사람들은 하루에 단 몇 분이라도 따로 시간을 내서 그런 가치들을 깊이 성찰하는 것이 놀라울 정도로 유익하다는 사실을 발견한다. 실제로 가치명료화는 임상 우울증^{clinical depression}을 다루는 현대적인 증거기반 처치법의 필요 불가결한 부분이 되었다. 우리의 가치관을 명료히 하고 더 일관되게 그에 따라 살고자 하는 노력은 우리가 더 훌륭한 방향 감각과 삶의 의미를 획득하여 더 큰 만족과 성취로 이어지는 데 기여할 수 있다. 자신의 중심적인 가치 기준을 만족하는 일들에 대해 할 수 있는 소소한 방식들을 찾아 매일 브레인스토밍을 시도하라. 너무 거창하게 하려 하지 말라. 그냥 작은 변화들에서부터 시작하라. 그러고 나면 저녁 명상 시간에 문자 그대로 자기 자신에게 10점 만점에 몇 점의 덕 점수를 주거나 혹은 자신의 중심적인 가치관에 얼마나 부합하는 생활을 했는지 점수를 매길 수 있을 것이다. 이것은 자신의 가치관을 구현하는 방향으로 발전할 수 있는 방식들을 더 깊게 생각해 보도록 자극이 되어 줄 것이다. 이것을 기억하라. 스토아주의자들에게 인생의 근본 목표, 최고선은 이성과 덕에 따라 **일관되게** 행동하는 것임을.

이번 장에서는 유니우스 루스티쿠스가 마르쿠스의 인생에서 스토아의 개인 교사이자 멘토로서 수행한 역할을 고찰해 보았다. 그는 청년 카이사르 마르쿠스를 설득하여 그가 도덕 훈련과 정념의 스토아적인 치유를 통해 이로움을 얻을 수 있게 도왔다. 우리는 마르쿠스의 주치의인 갈레노스가 크리시포스의 잃어버린 『치료법』에 의거하여 제공한 서술을 기초로 스토아적인 치유^{therapeia}에 대한 설명을 재구성하고, 이 설명을 『명상록』의 관련 구절들과 연결시켰다.

또한 의지할 수 있는 진짜 스승이 있건 없건 상관없이 오늘날의 유사한 실천 방법들을 통해 우리가 이로움을 얻는 법을 설명하였다. 멘토의 역할은 **행동**과 **태도** 둘 다의 모델링이라는 측면에서 이해될 수 있다. 우리는 글쓰기와 시각화의 상이한 연습들을 활용하여 스토아의 멘토링 과정을 흉내 낼 수 있다. 또한 「피타고라스의 황금 시편」이 하루를 세 단계, 즉 아침 명상, 낮 동안의 마음 챙김, 저녁 명상으로 나눔으로써 어떻게 갈레노스, 세네카, 그리고 에픽테토스에게 스토아적인 치료에 알맞은 프레임워크를 제공할 수 있었는지 보았다.

우리는 오늘날의 치료법에서 활용되는 가치명료화라는 개념을 도입했다. 중심적인 가치관을 성찰하고 명료히 하는 것은 우울증이나 여타 정서적 문제들과 맞서 싸우는 데 도움을 줄 수 있다. 특히 자신의 가장 참된 가치 기준에 더 부합하는 삶을 살고자 매일 일관된 노력을 기울이고 나면 더욱 그렇다. 우리는 매일의 규칙적인 절차들을 따름으로써 이런 가치관을 스토아의 덕들과 비교하고 여러 관점에서 탐구할 수 있다. 계속 이 질문으로 되돌아와야 한다. "인생에서 가장 중요한 것은 무엇인가?" 혹은 스토아주의자들이 자주 말하곤 하듯이 "선의 참된 본성은 무엇인가?" 자신의 가치관을 명료화하고 그에 부합하는 일들을 할 수 있도록 아예 매일 몇 분씩을 따로 떼어 사색하는 시간을 갖는 것이 매우 이로울 수 있다. 기억하라. 이런 종류의 작은 변화들이 깜짝 놀랄 정도로 큰 효과를 불러올 수 있다.

이번 장의 착상들은 일상의 실천에 이바지할 프레임워크를 제공해 줌으로써 이제 곧 배우게 될 다른 많은 스토아적인 개념들과 기법들을 적용하는 데 도움을 줄 것이다. 이 간단한 '학습 주기'만 적절히 이용해도 많은 사람들이 자신의 성격과 정서적 회복력의 개선 효과를 보기에 충분하다. 특히 이와 더불어 스토아의 문헌들을 직접 읽고 공부하기까지 한다면 더욱 그럴 것이다. 이런 종류의 자기성찰은 고대 스토아주의의 훈련에서 중요한 일면이기도 했다. 소크라테스가 말했듯이 말이다. "검토되지 않는 삶은 살 가치가 없다."

4

헤라클레스의 선택

HOW TO
THINK LIKE
A ROMAN
EMPEROR

마르쿠스는 머리를 양손에 파묻고 신음을 터뜨렸다. 그를 절망케 한 로마의 미래는 안토니우스 대(大)역병이 야기한 황폐함이나 북부 지역에서 점점 커져 가는 야만족의 침략 위협이 아니었다. 문제는 바로 그의 동생 루키우스 베루스$^{Lucius Verus}$가 개최한 파티였다. 루키우스와 마르쿠스는 비록 함께 통치해 왔으나 늘 매우 다른 성품을 드러냈다. 하지만 세월이 지나면서 그들의 삶의 간극은 더욱 더 넓게 벌어져 갔다. 마르쿠스는 자신의 길잡이로 점점 더 철학에 의지했던 반면에 루키우스는 악명 높은 향락주의자이자 허랑방탕한 존재가 되었다.

로마 귀족의 가족 관계는 복잡하게 뒤얽힐 수 있었다. 루키우스는 마르쿠스의 의붓형제이면서 동시에 그의 사위이기도 하였다. 루키우스는 마르쿠스의 딸 루킬라와 결혼했기 때문이다. 그래서 사람들은 마르쿠스가 루키우스를 형제라기보다 아들로 더 생각했다고 말한다. 황제에 등극하면서 이뤄진 마르쿠스의 첫 번째 조치는 루키우스를 공동 황제로 지명함으로써 함께 협력하여 나라를 통치할 수 있게 한 것이었다. 이런 식의 권력 조정은 로마 역사상 처음이었다. 루키우스는 마르쿠스의 성(姓)인 베루스를 부여받았다. 이전에 그는 루키우스 아엘리우스 아우렐리우스 콤모두스^{Lucius Aelius} ^{Aurelius Commodus}라는 이름으로 알려져 있었다. 루키우스는 멋지고 카리스마 있는 젊은이였다. 아마도 황제의 자주색 의복을 입은 모습은 마르쿠스보다 더 편안해 보였을 것이다.

> **[루키우스]** 베루스는 균형이 잘 잡힌 사람이었고 표정이 온화했다. 그는 거의 야만족 같은 스타일로 수염을 길렀고, 장신에 외모가 당당했다. 이마는 눈썹보다 약간 툭 튀어나와 있었다. 그는 자신의 노랑머리에 매우 자부심이 있어서 환히 빛나는 자신의 머리카락이 더 노랗게 보일 수 있도록 머리에 금분을 뿌리곤 했다고 전해진다.[1]

마르쿠스와 루키우스가 둘 다 황제의 직함을 갖고 있기는 했어도 분명히 루키우스는 마르쿠스의 아랫사람이었으며, 그래서 그는 속주의 총독이나 부대 지휘관의 행동에 비견할 만한 방식으로 마르쿠스에게 복종했다.

아마도 마르쿠스가 공동 황제를 지명한 이유 중 하나는 틀림없이 루키우스가 권좌에 오를 권한을 갖고 있었기 때문이었을 것이다. 앞서 본 바와 같이, 루키우스의 친부는 일찍 죽는 바람에 하드리아누스를 승계할 수 없었으니 말이다. 그래서 반대 도당들의 발흥을 피하기 위해 마르쿠스가 자기 형제와 권력을 공유해야 한다고 원로원을 설득한 것은 나름 현명한 처사였다. 원로원의 입장에서 제국을 갈가리 찢어 놓는 내전보다 더 두려운 것이 없었고, 이 방책은 정치의 안정을 보장하는 데 도움이 되었다. 사료들은 마르쿠스의 좋지 않은 건강도 그런 결정에 영향을 미쳤음을 암시한다. 루키우스는 아홉 살 더 어렸고 신체 조건도 훨씬 좋았기 때문에 마르쿠스보다 오래 살아서 그의 후계자가 될 준비를 갖출 수도 있었다. 당연히 협동 통치는 만일 한 황제가 갑자기 죽는다면 다른 황제가 권력을 유지함으로써 황위 계승을 둘러싼 충돌의 위험을 감소시킨다는 의미도 있었다.

더구나 역사가 카시우스 디오는 루키우스를 "군사적인 과업에 더 잘 어울리는" 더 젊고 더 활력 넘치는 인간이라고 묘사하였다. 우리가 알고 있는 한, 루키우스는 젊을 때 군복무가 뭔지도 모르는 사람이었지만, 처음에는 아마도 그가 마르쿠스보다 군단 내에서 인기가 더 많았을 것이다. 그의 아버지는 판노니아^{Pannonia}(로마 제국의 속주 가운데 하나로 현재의 헝가리 서부와 오스트리아 동부, 크로아티아 북부 등지에 해당함-옮긴이) 총독과 군사령관으로 짧게나마 복무한 적이 있었다. 마르쿠스와 루키우스가 공동 황제로 인정되자마자, 마르쿠스는 루키우스를 보내 자기 대신 군단을 맡게 했고, 실질적으로 그를 군부에서 자신을 대리하는 자로 대우하기 시작했다. 분명히 마르쿠스나 주변 조언자들은 루키우스가 장군으로 대성할 수 있으리라는 기대를 갖고 있었다. 하지만 그는 그런 역할을 수행하기에는 완벽히 쓸모없는 인간인 것으로 드러났다. 그는 군대 생활에 필요한 의무감과 자제력이 부족했고, 친구들과 음주와 유흥을 즐기며 시간을 보내는 쪽을 더 선호했기 때문이다.

실제로 루키우스는 사치스러운 파티를 사랑한 것으로 알려졌다. 이는 그의 형과는 극명하게 대조되는 것이었다. 마르쿠스를 그렇게도 걱정하게 만든 그 파티에 대략 전체 군단의 일 년 치 봉급에 맞먹는 비용이 들었다. 주된 지출은 루키우스 황제가 초대 손님들에게 뿌려 대는 호화로운 선물에 있었던 것 같다. 손님들은 먼저 기가 막힌 문양을 새긴 칼과 접시를 받았고, 그다음 코스 요리가 나올 때마다 지금 먹고 있는 것과 동일종의 실제 살아 있는 동물들을 선물로 받았다. 동물원을 차려도 좋을 만큼 많은 야생 조류와 네발 짐승들이었다. 그다음에는 준보석과 알렉산드리아산(産) 수정으로 만든 고급 술잔을 받았다. 그다음에는 금은보석으로 치장한 물잔들, 황금 리본과 제철이 아닌 귀한 꽃을 휘감은 화관들, 진귀한 연고를 담은 황금 단지가 건네졌다. 손님들은 비공개로 검투사들의 승부를 즐겼고 새벽이 올 때까지 술을 마시며 주사위 놀이를 했다. 마지막으로 은제 마구를 채운 노새들이 이끄는 수레들이 그들을 집으로 모시고 갔다. 수레들도 그들이 챙기는 것이었고 가는 길에 시중을 들었던 잘 생긴 어린 노예 소년들도 함께 딸려 갔다. 당연히 돈으로 좋은 친구를 살 수는 없는 법이었으니, 그런 사치품은 루키우스의 성격에서 드러나는 최악의 면모들만 부추기는 한 떼거리의 탐욕스럽고 방탕한 식객들을 끌어 모았을 뿐이었다.

『로마 황제의 역사』는 전반적으로 매우 부정적인 시각으로 루키우스를 바라보면서 그를 우쭐대고 방종적인 어릿광대라고 묘사한다. 루키우스를 묘사하는 그림은 진실한 스토아주의자로서 마르쿠스의 그림과는 극적으로 대조된다. 설령 그런 이야기들이 루키우스의 악덕을 과장하고 있는 것이라 하더라도 어쨌든 적어도 그 안에 일말의 진실은 담겨 있을 것이다. 이를테면, 마르쿠스의 공동 황제로 거의 10년을 함께 통치했음에도 불구하고, 『명상록』에서 루키우스는 고작 주석 하나에 이름을 올리는 신세로 사실상 좌천되었다. 마르쿠스는 "그의 성격이 나를 자극하여 내 자신의 본성을 함양하게 할 수 있었고, 그와 동시에 그의 존경과 애정이 나에게는 원기를 북돋아 주었던" 그런 동생을 갖게 된 것에 감사한다고 말할 뿐이다. 어쩐지 이것은 내키지 않는 칭찬을 통해 되려 루키우스를 책망하려는 말로 들린다.[2] 마르쿠스는 여기서 기교적인 모호함을 섞어서 말하고 있지만 아마도 동생의 악덕이 통제 불능으로 확장하는 것을 관찰한 후에 자신의 성품을 튼튼히 해야겠다고 더욱 확고히 결심하게 되었음을 표현하려 했을 것이다. 하지만 마르쿠스는 루키우스가 자신의 통치에 반대하는 자들 편에 서서 제국을 쪼개려 하지 않고 다만 '존경과 애정'을 표하면서 자신에게 계속 충성을 다하고 있다는 점에 안도했다. 루키우스가 죽고 6년 후에 마르쿠스의 가장 명망 높은 휘하 장군 아비디우스 카시우스^{Avidius Cassius}가 그를 거역하며 내전을 선동했던 데서도 알 수 있듯이, 그것은 매우 현실적인 위험이었다.

어릴 때 마르쿠스와 루키우스 둘 다 사냥, 레슬링, 그리고 여타의 활동적인 취미들에 대한 사랑을 함께 나누었고, 둘 다 스토아 철학의 훈련을 받았다. 하지만 마르쿠스가 점점 더 수사학과 철학 공부에 전념하고 점점 커져가는 공직에서의 역할들을 근면하게 수행해 냈던 반면에, 루키우스는 향락을 즐기는 것 말고 별로 한 일이 없는 것처럼 보인다. 동생이 마차 경주, 검투사 승부, 친구들과의 연회 따위에 빠져 있는 동안에 마르쿠스는 열심히 책을 읽으며 로

마법과 정부 관료제도에 관한 중요한 지식을 획득하고 있었다. 루키우스는 일보다 쾌락을 먼저 선택하는 사람이었고, 마르쿠스는 쾌락보다 일이 먼저였다.

나의 해석은 루키우스가 정신적 회피의 한 형태로서 자신의 전 인생을 공허한 쾌락의 추구에 집중시켰다는 것이다. 오늘날 심리학자들은 흔히 사람들은 불쾌한 감정에서 벗어나거나 그것을 억압하는 하나의 방법으로서 자신이 쾌락적이라고 생각하는 습관들(소셜미디어에서부터 마약 흡입에 이르기까지)에 빠져든다는 것을 안다. 루키우스의 경우, 알코올이나 여타 유희들은 아마도 그에게 부여된 황제로서의 책무에 대한 걱정으로부터 도피할 수 있는 길을 제공해 주었을 것이다. 너무 과도하게 쾌락을 갈망하는 바람에 인생의 책무들을 게을리하게 되거나 그로 인해 건전하고 만족스러운 활동들을 그렇지 않은 활동들로 대체하게 되는 일이 발생하지 않는 한, 쾌락 그 자체에 잘못된 것은 아무것도 없다.

공허하고 덧없는 쾌락을 좇는 것은 장기적인 측면에서 결코 참된 쾌락으로 이어질 수 없다. 하지만 쾌락은 교활할 수 있다. 마치 안 그런 것처럼 둔갑해서 우리를 유혹할 수 있는 것이다. 우리 모두가 인생에서 진정으로 추구하는 것은 스토아주의자들이 에우다이모니아eudaimonia라고 부르는 이른바 진정한 행복감 혹은 충만감이다. 루키우스는 그런 감각을 완전히 잘못된 장소에서 찾고 있었다. 원형경기장에서 벌어지는 학살극을 구경하며 환호하고, 수상한 친구들에게 아낌없이 선물을 뿌려 대고, 인사불성이 되도록 술을 마시면서 말이다. 물론 한 퇴폐적인 로마 황제의 연회 습관은 향락적인 충동을 제멋대로 방치한 어떤 사람이 보여 주는 그저 극단적인 하나의 사례처럼 보일 수도 있다. 하지만 그 기본적인 욕망의 심리는 오늘날에도 크게 다르지 않다. 사람들은 여전히 쾌락과 행복을 혼동하며, 인생을 바라보는 또 다른 시각을 떠올리는 일이 어렵다는 사실을 발견하곤 한다. 대조적으로 스토아주의자들은 마르쿠스에게 우리 모두가 더 깊고 더 영속적인 충만감을 추구해야 한다고 가르쳤다. 그들은 그러한 추구는 오로지 자기 내면의 잠재력을 깨닫고 자신의 중심적인 가치관에 따라 살면서 피상적인 감정들로 인해 타락하지 않을 때에만 성취할 수 있다고 그에게 가르쳤다. 마르쿠스의 삶과 루키우스의 삶은 이런 점에서 갈렸고 정반대의 방향으로 나아가기에 이르렀다.

이 이야기에는 이상하리만치 친숙한 무언가가 들어 있다. 우리의 두 젊은 카이사르가 공동 황제로서 걷게 된 정반대의 두 행로는 꼭 어떤 도덕적 우화를 베낀 것처럼 보일 수 있다는 말이다. 실제로 아폴로니우스나 여타 스토아주의자들의 강의에 참석해서 철학을 삶의 방식으로 받아들이라는 거듭되는 권고에 주의 깊게 귀를 기울일 때 마르쿠스는 틀림없이 동생을 생각했을 것이다. 그중에 가장 유명한 권고는 '헤라클레스의 선택'이라고 알려진 것이었다. 우리의 인생 행로를 선택하는 문제에 관련된 이 오래된 우화는 스토아주의의 역사에서 특별한 역할을 한다. 이 이야기에 따르면, 배가 난파되고 얼마 지나지 않아 제논은 우연히 크세노폰의 『회상록』 제2권을 집어 들어 읽었다고 한다. 그 책은 극기의 덕이 인간을 고귀하고 선하게 만드는 반면, 쾌락의 삶을 따라가는 것은 그렇지 않다고 주장하는 소크라테스에 대해 이야기한다. 소크라테스는 헤시오도스가 쓴 잘 알려진 시구를 인용하는 것으로 시작한다.

악은 누구나 쉽게 넉넉히 누릴 수가 있다. 그 길은 순탄하고, 아주 가까이에 그녀(악)가 산다. 그러나 덕 앞에서는 불멸의 신들도 땀을 쏟는다. 그녀(덕)에게 이르는 통로는 길고 가파르며 처음에는 험하다. 하지만 그 꼭대기에 이를 때, 비록 힘은 들었으나 마침내 그 길은 수월하다.

이어서 소크라테스는 '헤라클레스의 선택'에 대해 자세히 설명한다. 이 이야기는 당시 그리스에서 가장 높게 평가받던 소피스트 중 한 명인 케오스의 프로디쿠스^{Prodicus of Ceos}가 소크라테스에게 가르쳐 준 것이었다.

어느 날 청년 헤라클레스가 낯선 길을 따라 걷고 있었다. 그러다 길이 갈라지는 지점에 다다랐는데, 거기서 그는 바닥에 주저앉아 자신의 미래를 사색하기 시작했다. 어느 쪽 길을 택해야 할지 확신하지 못한 그의 눈앞에 갑자기 두 명의 불가사의한 여신이 모습을 드러냈다. 첫 번째 여신은 멋진 옷을 차려 입은 아름답고 매혹적인 여인의 모습이었다. 그녀의 이름은 카키아^{Kakia}였다. 하지만 그녀는 친구들이 자기를 행복과 충만을 의미하는 에우다이모니아라는 이름으로 부른다고 (거짓으로) 자칭하였다. 그녀는 함께 온 길동무를 밀치고 앞으로 나서서 헤라클레스에게 자기 길로 따라오라고 아주 끈덕지게 애원했다. 그 길은 단연코 가장 수월하고 가장 쾌락적인 인생 행로로 이어져 있다고 그녀는 약속했다. 참된 행복에 이르는 지름길이라는 것이다. 그녀는 그가 왕처럼 살 수도 있고, 고난 따위는 모른 채 대부분의 사람들이 가장 환상적으로 꿈꿀 수 있는 그 이상의 호사를 누릴 수 있을 것이며, 이 모든 것이 전부 다른 이들의 노동으로 주어질 것이라고 꼬드겼다.

헤라클레스가 잠시 그녀의 이야기를 귀 기울여 듣고 났을 때 두 번째 여신이 접근해 왔다. 자화자찬이 덜하고 더 온화하지만 그럼에도 자연스러운 아름다움으로 환히 빛나는 여인 아레테^Arete였다. 놀랍게도 그녀는 엄중한 표정을 하고 있었다. 그녀는 자신의 길은 매우 다른 방향으로 이어진다고 그에게 경고하였다. 그 길은 무척 길고도 험난한 행로가 될 것이며 상당히 고된 노력을 들여야 하리라. 쉽게 말해서 그녀는 헤라클레스에게 이 길로 가면 장차 고통을 받을 것이라고 말했던 것이다. 그는 넝마를 걸치고 땅 위를 걸어 다니며 적들에게 욕설과 박해를 받는 운명에 처하게 될 것이다. 아레테는 이렇게 주의를 주었다. "정말로 좋고 소중히 할 만한 것들 중에서 어떤 노력이나 근면도 없이 그저 신이 인간에게 하사하는 것은 아무것도 없습니다." 헤라클레스는 지혜와 정의를 발휘하고 용기와 수양으로 장차 커져 가는 역경에 맞서야 할 것이다. 용기 있고 명예로운 행위들을 통해 엄청난 장애물들을 극복하는 것이야말로 인생의 충만함에 이르는 유일하게 참된 길이라고 그 여신은 말했다.

헤라클레스는 훌륭하게도 아레테의 영웅의 길, 즉 '덕'을 선택하고 카키아의 '악덕'의 유혹에 넘어가지 않았다. 나무 곤봉으로 무장하고 네메아의 사자 가죽을 걸친(더 원초적이고 자연스러운 생활양식을 상징한다) 그는 마치 전 세계가 제집 안마당인 것 마냥 이곳저곳을 돌아다녔다. 신들은 그에게 전설적인 열두 가지 과업을 이행하라고 명했다. 그중에는 히드라^Hydra(머리가 아홉인 뱀으로 머리를 베어도 그 자리에서 두 개의 머리가 자라난다는 괴물-옮긴이)를 죽이고 마지막으로 지하세계를 관장하는 하데스^{Hades}에게 가서 케르베로스^{Cerberus}(머리가 셋이고 꼬리는 뱀 모양을 하고 있다는 지하세계를 지키는 사나운 개-옮긴이)를 맨손으로 포획하는 과업도 포함되어 있었다. 결국 그는 질투 많은 아내에게 배신당하고 극심한 고통을 겪으며 죽었다. 그녀가 남편을 속여서 히드라의 독에 오염된 피를 적신 의복을 입게 했던 것이다. 하지만 제우스는 자신의 인간 아들이 보여 준 위대한 영혼에 매우 깊은 감명을 받았고, 그에게 아포테오시스^{apotheosis}, 즉 신격을 하사하였다. 나름 충분한 자격을 지닌 그를 신의 지위로 격상시킨 것이다.

놀랄 것도 없이, 헤라클레스는 견유주의와 스토아주의 철학자들이 가장 존경한 신화 속 영웅이었다. 그의 과업은 자발적으로 역경에 맞서고 품성의 역량을 함양하는 쪽이 안락한 생활과 나태를 수용하는 손쉬운 선택지를 택하는 쪽보다 더 큰 보답을 준다는 그들의 믿음을 몸소 실현해 보여 준 것이었다. 그래서 마르쿠스와 동시대 사람인 풍자시인 루키아노스^{Lucianus}는 노예 경매 시장에서 있었던 견유주의자 디오게네스의 전설적인 거래 광경을 이렇게 묘사하였다.

구매자 : 혹시 꼭 흉내 내고 싶은 그런 사람이 있느냐?

디오게네스 : 있소이다. 헤라클레스요.

구매자 : 그러면 어째서 사자 가죽을 안 입고 있느냐? 네가 들고 있는 몽둥이는 그의 것과 비슷하다는 걸 인정하겠으나 말이다.

디오게네스 : 뭐라는 거요? 이 낡은 망토가 내 사자 가죽이오. 그리고 난 헤라클레스처럼 쾌락에 맞선 원정길에 나아가 싸우고 있는 중이

오. 이건 어느 누구의 명령을 따라서도 아니고 내 자신의 자유의지에 따른 일이오. 왜냐하면 난 인간의 삶을 청소하는 일을 내 목적으로 삼았기 때문이외다.[3]

선배인 견유주의자들처럼 스토아주의자들은 헤라클레스의 신화를 용기와 수양의 덕에 관한 우화라고 보았다. 에픽테토스는 학생들에게 이렇게 묻는다. "만약 헤라클레스가 싸워야 했던 네메아의 사자, 히드라, 아르테미스의 사슴, 에리만토스의 멧돼지, 그리고 그 모든 불의하고 흉포한 인간들이 없었더라면 과연 헤라클레스는 어떤 존재가 되었을 것이라고 생각하는가? 만약 그가 집에 가만히 눌러 앉아서 호화롭고 편안하게 살면서 침대보를 둘둘 말고 잠이나 자고 있었더라면, 그때는 뭐, 그는 전혀 헤라클레스일 수가 없었을 테지!"[4] 에픽테토스는 헤라클레스가 괴물들의 세상을 일소했듯이 (그것도 아무런 불평도 하지 않고) 우리도 자신의 마음에서 생겨나는 저열한 욕망과 감정들을 씻어냄으로써 자기 자신을 정복하는 일에 착수해야 한다고 학생들에게 말한다.

스토아주의자들에게 헤라클레스의 이야기는 우리가 인생에서 정말로 되고 싶은 사람이 어떤 사람인지를 결정해야 하는 웅장한 도전과 철학의 약속, 그리고 쾌락과 악덕에 굴복하게 만드는 유혹 모두를 상징한다. 교훈은 계속 올바른 길을 따라간다는 것은 흔히 헤라클레스적인 노력을 요구한다는 것이다. 그러나 헤라클레스의 삶은 불쾌한 것이 아니었는가? 앞으로 보게 되겠지만, 스토아적인 관점에서 볼 때 헤라클레스는 그 끔찍한 일들을 겪었음에도 불구하고 늘 유쾌했다. 그는 스스로 자신의 운명을 실현하고 자신의 참된 본성을 표현하고 있다는 것을 알면서 심원한 내면의 만족감을 즐겼다. 그의 삶에는 쾌락보다 훨씬 더 만족스러운 무언가가 있었다. 그의 삶에는 **목적**이 있었던 것이다.

스토아주의의 교육을 받은 마르쿠스와 루키우스에게는 이 모든 것이 틀림없이 친숙한 이야기들이었을 것이다. 하지만 루키우스는 철학에 점차 흥미를 잃다가 결국에는 등을 돌렸다. 실제로 마르쿠스가 부지런히 공부하며 쉬지 않고 공무에도 관여하는 동안, 루키우스는 방탕에 빠져 흥청망청하고 인기 있는 로마의 관람 스포츠에 점점 더 열중하면서 악명을 떨치고 있었다. 그는 경주에서 녹색파 편에 섬으로써 경쟁 파벌들, 특히 청색파 응원자들의 기분을 상하게 하여 곤란한 상황을 자초했다. 그는 녹색파의 가장 값나가는 경주마인 월루케르^{Volucer}의 황금 조각상을 자기가 가는 곳마다 가지고 다녔다. 또한 "그 어떤 인간의 주량도 압도하는" 거대한 수정 포도주 잔을 만들게 하고 경의를 표하기 위해 특별히 잔에 이름까지 붙였다. 그의 악명 높은 폭음을 증언하는 또 하나의 사례인 셈이다.

대조적으로 마르쿠스는 우화 속의 헤라클레스처럼 이런 종류의 유흥거리들을 피하거나 적어도 최소화하는 쪽을 선택하였다. 어릴 때 아주 많은 것을 가르쳐 주었던 저 무명의 노예는 현명하게도 마차 경주에서 녹색파나 청색파에 서지 말고, 검투사 명단에 있는 상이한 파벌들을 후원하지 말 것을 그에게 충고한 바 있었다. 이것들이 로마 제국의 주요한 대중오락이었으며, 당시의 '대중들'은 오늘날에도 많은 사람들이 관람 스포츠와 리얼리티 텔레비전 프로그램에 중독되어 있는 것처럼 그런 오락거리들에 중독되어 있었던 것 같다.

마르쿠스는 그런 모든 공공 이벤트에 진저리를 내는 지경에 이르렀지만, 친구들과 조언자들의 고집 때문에 그런 자리에도 나가야만 했다. 그는 불필요한 유혈은 해롭고 야만적임을 깨달았던 것으로 보인다. 실제로 황제로서 마르쿠스는 그런 시합들의 잔인성에 많은 제약을 부과하기 시작했다. 그는 자기 앞에서는 검투사들이 뭉툭한 무기들을 사용하게 해서 목숨을 잃는 등의 위험 없이 운동선수들처럼 싸울 수 있게 하라고 강조했다. 마차 경주의 스릴은 피의 굶주림과 비슷했다. 말이나 기수가 이 위험한 스포츠에서 불구가 되거나 죽는 일이 허다했던 것이다. 마르쿠스는 흥분한 군중의 이면을 보고자 노력했다. 그는 자기 눈앞에서 펼쳐지는 이 이벤트들에 대해 더 철학적인 태도를 취하면서 이렇게 자문하였다. 정말로 이것을 사람들이 재미있다고 생각하는 것일까?

스토아주의자들에게 쾌락의 감정 그 자체는 좋은 것도 나쁜 것도 아니다. 오히려 우리의 마음 상태가 좋은지 나쁜지, 건전한지 불건전한지는 우리가 무엇에서 기쁨을 얻느냐에 달린 문제이다. 마르쿠스는 로마 사회를 한가로이 지나가는 화려한 행렬에 비교한다. 로마 사람들은 그저 사소한 짓거리들에 정신이 팔려 있는 것처럼 보인다. 하지만 그는 자신도 기꺼이 그런 사회의 일원으로서 일익을 맡아야 한다는 점을 스스로에게 일깨운다. 아무렴, 한 인간의 가치란 그 사람이 진심으로 원하는 것들이 무엇인지를 갖고서 측량될 수 있는 법이다.[5] 타인의 고통을 즐기는 것은 나쁜 짓이다. 따라서 스토아주의자들은 죽음이나 심각한 부상의 위험을 무릅쓰고 있는 사람들을 구경하는 데서 쾌락을 얻는 것을 악덕으로 간주할 것이다. 대조적으로 사람들이 번영하는 모습을 바라보며 즐기는 것은 좋은 일이다. 누구나 명백히 그렇게 생각할 것이다. 하지만 우리는 쾌락 때문에 눈이 멀어서 그것이 타인과 본인 둘 다에게 어떤 결과를 미칠지 깜깜할 수가 있다. 마르쿠스는 스토아의 개인 교사들에게서 쾌락의 원천과 결과를 매우 면밀히 검토하라고 배운 바 있었다. 따라서 그는 자신의 문화적 편견들을 어느 정도 접어 두고 그 너머를 내다볼 수 있었다. 마찬가지로 우리는 본인이나 타인에게 좋은 것들을 즐기고 나쁜 것들은 삼가는 법을 배워야 한다. 실제로 우리의 가장 심원한 가치관에 일관되게 부합하는 생활로부터 얻게 되는 그런 내면의 희열이 있으며, 그에 비하면 일상의 쾌락들은 상대적으로 피상적인 것처럼 느껴질 수도 있다. 마르쿠스가 거듭 자신의 인생의 목표는 쾌락이 아니라 **행동**이라고 되뇔 때 그는 이것을 염두에 둔 것이다.

처음에 사람들은 마르쿠스를 점잖은 척하는 속물이자 따분한 인간이라고 조롱하였다. 왜냐하면 그들은 그가 경기장에서 법률 문서를 읽으며 조언자들과 토론하고 있는 모습을 볼 수 있었기 때문이다. 그는 군중을 계속 행복하게 하려면 이런 행사에 얼굴을 내비쳐야 한다는 주변의 이야기를 들었지만, 실은 그 시간을 국가 운영이라는 진지한 과업을 다루는 데 사용하고 싶었다. 개인 교사이자 절친한 친구인 프론토조차 그가 너무 진지하다며 비난했다.

이따금 자네가 없을 때 내 가장 친밀한 몇몇 친구들 앞에서 자네를 매우 가혹한 말로 비판한 적이 있다네. 이를테면, 자네가 자리에 어울리지 않는 너무 음울한 표정으로 대중 회합 장소에 입장했을 때나, 극장이나 연회장에서 열심히 책을 읽고 있을 때가 바로 내가 그리하곤 했던 때였다네. (나는 지금 나 자신도 아직 극장이나 연회와 거리를 두지 않고 있던 때에 대해 말하고 있는 것일세.) 당시 그런 경우들을 접할 때에 나는 자네를 주변 상황이 요구하는 대로 행동할 줄 모르는 무감각한 인간, 때로는 그만 갑자기 화가 치밀어서 자네를 마음에 들지 않는 인간이라고까지 부르곤 하였다네.[6]

프론토도 결국에는 마르쿠스의 사유 방식으로 돌아섰다. 그는 인생에는 로마의 귀족 계층 사이에서 사교 활동을 하는 것만이 아닌 그 이상의 무언가가 있다는 사실을 점차 깨닫게 되었다. 두 사람 모두 로마 귀족 계층 사람들에게는 어떤 진정한 따스함이나 다정함이 결여되어 있다고 보게 되었다. 마르쿠스는 또한 장차 사위가 될 폼페이아누스 같은 사람들을 고귀한 태생에 의거해서가 아니라, 그들이 실제로 거둔 공적에 근거하여 승진시킨 것을 두고 수구 세력이 제기한 비판에 직면하였다. 그는 자기가 속한 사회 계층 사람들에게 잘 어울려 보이는 성격 특질들이 아니라 자기가 가장 존경하는 성격 특질들을 판단의 기준으로 삼아서 조심스럽게 친구들을 골랐다. 그런 친구들과 함께한 회합이 늘 재미있지는 않았다. 때때로 친구들은 솔직한 목소리로 그를 비판했다. 하지만 그는 자신의 가치관을 그들이 공유할 뿐더러 한 인격으로서 자신을 개선하는 데 도움을 주었기 때문에 그들을 기꺼이 포용했다. 그는 분명히 로마의 엘리트층 사람들과의 사교 활동보다 가족이나 그가 가장 신뢰하는 친구들과의 회합을 더 선호하였다. 『명상록』에서 그는 이탈리아 시골의 평화로운 별저에서 보내는 아주 소박하면서도 목가적인 가족생활을 갈망한다는 점을 인정한다. 루키우스의 떠들썩한 연회와 비교했을 때 이것이 여가 시간을 보내는 더 건전하고 온건한 방식임에는 의심의 여지가 없지만, 그럼에도 불구하고 이것은 마르쿠스가 곧 접게 될 동경이었다. 마르코만니 전쟁을 치르러 로마를 떠나 북부 전선으로 갈 수밖에 없었기 때문이다.

현명하게 투기장에서는 문서들을 치워 버렸지만, 마르쿠스는 여전히 고집스레 일에 매달렸다. 그가 조언자들과 정치적 결정들을 논의하고 있는 동안 주변의 구경꾼들은 그가 여느 사람과 다를 바 없이 시합에 관해서 그들과 잡담을 나누고 있다고 넘겨짚었다. 그는 그런 시합에서도 인생의 교훈을 건질 수 있는 방법들을 발견하기도 하였다. 그는 야생의 맹수들과 싸우는 검투사들을 유심히 눈여겨보았다. 거의 반은 뜯어 먹히고 온통 상처로 뒤덮인 검투사들은 상처에 헝겊을 둘러 달라고 간청했다. 다시 싸움터로 뛰어들려는 것이었다. 마르쿠스는 이런 광경을 목도하면서 우리가 어떻게 해가 된다는 것을 알면서도 불건전한 욕망들에 끊임없이 굴복하게 되는지를 일깨우게 되었다. 아마도 마르쿠스는 이를 통해 철학을 단념하고 명백히 자기 파괴적인 방탕한 삶을 받아들인 동생의 모습도 떠올렸을 것이다.

마르쿠스는 함께 있는 동안에는 그래도 어느 정도 루키우스를 제지하였다. 하지만 두 형제가 황제에 즉위하고 난 직후에 파르티아Parthia(지금의 이란 북부 지역에 있던 옛 왕국-옮긴이)의 왕 볼로가세스 4세Vologases IV가 로마의 속국인 아르메니아Armenia(지금 시리아 북부 지역에 있던 옛 왕국-옮긴이)를 침략했다. 인근 카파도키아의 총독은 적과 맞붙기 위해서 진격했으나, 그가 이끈 군단이 오히려 포위되어 궤멸

　　　　　　　　　　　로마 황제처럼 생각하는 법

되었다. 총독은 불가항력으로 스스로 목숨을 끊고 말았다. 이것은 로마인들에게는 치욕적인 패배였고 그 충돌은 급속히 중대한 군사적 위기로 확대되었다.

로마에서는 여전히 마르쿠스의 임석이 요구되었기 때문에 그는 루키우스를 시리아^{Syria} 지역으로 보내서 동부에 집결한 부대들을 지휘하게 하였다. 하지만 몇 주면 충분할 현지 도착 여정은 아홉 달이나 걸려서야 끝이 났다. 역사서들은 루키우스가 여정 중에 사냥과 파티를 벌이며 시간을 낭비했다고 적고 있다. 마르쿠스는 이탈리아 남부의 카푸아^{Capua}까지는 동생과 동행했지만 거기서 로마로 되돌아와야 했다. 형이 돌아가자마자 루키우스는 "모든 이의 별저에 들러 게걸스레 먹어 댄 바람에" 급기야 앓아눕게 되었고, 그 바람에 마르쿠스는 그를 보살피기 위해 근처의 카누시움^{Canusium}으로 급히 달려가야 했다. 앞서 본 바와 같이 우리가 주의를 기울이지 않는다면 쾌락은 그로 인한 결과를 알지 못하게 우리의 눈을 멀게 만들 수 있다. 루키우스의 허랑방탕은 점점 더 그를 본인과 제국의 안녕 둘 다에 소홀해지게 만들었을 것이다.

『로마 황제의 역사』는 루키우스 황제를 가혹하게 다루는데, 그가 마침내 시리아에 당도해서 파르티아 전쟁을 치르는 내내 마르쿠스의 감독에서 벗어나 있게 되자 그의 성격에 들어 있던 더 나약하고 더 타락한 특성들이 전면에 드러났다고 저자는 불평을 터트린다.

왜냐하면 지방 총독[로마의 장군]이 죽임을 당하고 있는데, 군단이 도륙을 당하고 있는데, 시리아가 반란을 꾀하고 있는데, 동부 지역이 황폐화되고 있는데, [루키우스] 베루스는 아풀리아^{Apulia}(이탈리아 반도의 동남부 지역-옮긴이)에서 사냥놀이를 하고 있었고 악단과 가수들을 대동하여 아테네와 코린트 일대를 오가며 여행을 즐기고 있었고, 바다에 접한 아시아의 모든 연안 도시들과 향락적인 휴양지들로 특히 악명이 높은 팜필리아^{Pamphylia}(소아시아 남주의 옛 지방-옮긴이)와 킬리키아^{Cilicia}(소아시아 남동쪽 해안 지역-옮긴이) 같은 도시들을 거치면서 농탕이나 치고 있었기 때문이다.

루키우스가 마르쿠스의 시야에서 아주 멀리 떨어진 시리아의 수도 안티오크^{Antioch}에 마침내 당도했을 때 그는 방탕한 생활에 완전히 빠져들고 말았다. 그는 또한 자신의 첩 판테아^{Panthea}를 웃기려고 수염을 밀어 버렸다. 이것은 그가 더 방종한 생활양식을 추구하기 위해 철학에 완전히 등을 돌리고 있는 것임을 확인해 주었다. 철학자의 수염은 예전의 통치 하에서 박해의 세월을 겪고 난 후, 의외의 정치적 상징이 되어 있었다. 적어도 어떤 이에게는 수염을 민다는 것은 자신이 가장 소중하게 간직한 신념과 가치관을 단념한다는 뜻을 함축했다. 예컨대 몇 세대 전 도미티아누스 황제가 철학자들을 박해할 때, 에픽테토스는 만약 권력자들이 자신의 수염을 잘라 내고 싶다면, 자신의 머리를 먼저 베어야 할 것이라고 대담하게 외쳤다.

마르쿠스는 이미 엄격한 규율가로 소문난 로마의 장군 아비디우스 카시우스를 파견하여 시리아에서 부대를 지휘하도록 맡겨 놓은 상태였다. 난봉을 피우는 동부의 군단들을 매춘굴과 술집에서 끄집어내고 그들 머리에 꽂혀 있는 꽃들을 털어 내게 했던 것이다.

하지만 루키우스가 도착해 지휘권을 잡자마자 그를 개인적으로 수행했던 무리들이 병사들 대신 동부의 환락가와 휴양지를 차지해 버렸다. 마르쿠스의 어린 딸 루킬라와 결혼한 상태임에도 불구하고 루키우스가 시리아에서 여성들과, 그리고 또 젊은 남성들과 셀 수도 없을 만큼 빈번히 불륜적인 애정 행각에 탐닉했다는 추문이 돌았다. 그가 새벽까지 주사위 놀이를 즐기는 습관이 몸에 밴 곳이 바로 거기였다. 그는 평민처럼 선술집과 사창가를 밤늦게까지 전전하다가 만취해서 급기야는 싸움까지 벌여 흠씬 두들겨 맞고 집에 돌아오곤 했다고 전해진다. 주점에 놀러 나가 술을 마실 때 그는 동전을 집어 던져 그곳에 있는 잔들을 박살 내는 것을 좋아했고, 그런 행동은 필시 적지 않은 소동을 촉발했을 것이다. 그는 밤새 술판을 벌이다가 완전히 고주망태가 되어 연회장 식탁에서 곯아떨어지기 일쑤였고 그럴 때면 부하들이 그를 침대로 옮겨야 했다.

실제로 루키우스는 말술로 악명이 자자했다. 접할 수 있는 정보를 토대로 말하자면, 그는 불안과 우울 증세를 동반한 알코올 중독자였을 가능성이 있는 것 같다. 예를 들어, 파르티아 전쟁 중에 그는 프론토에게 "나를 밤낮으로 매우 비참하게 만들고 모든 것을 다 망쳤다고 생각하게 하는 불안" 때문에 자포자기하며 불만을 터뜨리는 편지를 썼다. 아마도 적대적인 파르티아 인들과 협상 중인 쟁점들을 지칭하고 있는 것으로 보이지만, 그는 분명히 정신적인 고통에 압도당한 상태였다. 떠들썩한 음주, 아무 때나 아무하고나 벌이는 섹스, 도박, 그리고 파티가 자신의 역할이 자기에게 주는 압박에 대처하는 그 나름의 방식이 되었다. 비록 나쁜 방식이기는 하지만 말이다. 스토아주의자들은 여흥, 섹스, 음식, 심지어 알코올도 인생에서 나름의 자리가 있다고 믿었다. 그런 것들은 그 자체로 좋은 것도 아니고 나쁜 것도 아니다. 하지만 과도하게 추구했을 때 불건전한 것이 될 수 있다. 그래서 현명한 사람들은 자신의 욕망에 합당한 한도를 설정하고 절제의 덕을 행사한다. "어떤 것도 과도하지 않게." 쾌락적으로 느껴지는 일을 하는 것이 자신이나 자신이 사랑하는 사람들에게 실제로 좋은 일을 하는 것보다 더 중요해질 때, 그것이 바로 재앙을 초래하는 비결인 것이다. 건전한 쾌락과 불건전한 쾌락 사이에는 엄청난 차이가 존재한다. 루키우스는 확실히 그 선을 넘었다.

　로마가 그 이후로 6년간 이어진 전쟁에서 파르티아에 승리를 거두고 난 후에, 루키우스는 마침내 시리아에서 귀환하여 마르쿠스와 함께 자신의 승전을 축하하게 되었다. 하지만 로마로 돌아오고 나자 그는 형을 훨씬 더 아랑곳하지 않게 되었고 그의 행동은 끝없이 타락했다. 사람들은 그가 동방에서 그렇게도 많은 포로를 득의양양하게 끌고 온 것을 보니 아무래도 파르티아 병사들이 아니라 배우들을 포로로 잡은 것이 틀림없다고 조롱했다. 그럼에도 불구하고, 루키우스는 부끄러운 줄도 모르고 위대한 수사학자 프론토를 데려다가 모든 로마군의 성과를 루키우스 본인의 공로로 돌리는 전쟁사를 집필하게 했다. 진실을 말하자면, 루키우스는 아비디우스 카시우스를 비롯해 여타의 휘하 장군들에게 지휘권을 넘기고 교전지역에서 최대한 멀리 떨어져 있었다. 그는 자기를 수행하는 식객 떼거리를 거느리고 마치 저명인사처럼 그 지역을 순회하고 다녔을 뿐이다. 나중에 보게 되겠지만, 이런 태만은 결코 작은 문제가 아니었다. 아비디우스 카시우스는 그의 역할을 대신할 수 있었고 점차 동방 속주 전역에서 거의 황제 못지않은 강력한 힘을 갖게 되었다.

루키우스가 돌아와 채 얼마 지나기도 전에 제1차 마르코만니 전쟁이 북부 전선에서 발발하였다. 이번에는 두 황제가 함께 군복을 차려 입고 로마에서 출정 길에 올랐다. 분명히 마르쿠스는 동생 혼자 가는 것은 좋은 발상이 아니라고 생각했고, 그렇다고 누구의 감독도 받지 않는 채로 그를 로마에 홀로 남겨 둔다는 생각도 마음 편히 받아들여지지 않았다. 루키우스는 이탈리아 북부에 있는 아퀼레이아Aquileia에 머물며 사냥과 연회를 즐길 수 있기를 원했다. 이에 맞서 마르쿠스는 알프스를 넘어서 마르코만니족과 그들의 동맹 세력에게 유린당한 판노니아로 함께 갈 필요가 있다며 강하게 주장을 폈다. 로마군이 야만족의 초반 침입을 격퇴한 후, 공동 황제 두 사람은 루키우스의 고집에 따라 아퀼레이아로 귀환하였다. 루키우스는 가급적 로마 가까운 곳에 머물러 있기를 간절히 바랐던 것이다. 하지만 서기 169년 초에 루키우스는 갑자기 실신했고, 주치의들이 사혈을 시도했지만 그러고 3일 만에 죽었다. 그가 왜 죽었는지 이유는 확실히 알 수 없다. 심지어 마르쿠스가 독살했다는 소문도 돌았지만 의식을 잃었다든지, 말을 하지 못하게 되었다든지, 급사했다든지 하는 등은 역병의 증상들이었다. 역병은 당시 인근 도시들과 군단 병영 근처에 만연해 있었다. 아이러니하게도 두 명의 공동 황제 중 루키우스가 더 젊고 더 튼튼하다는 세평이 있었으나 그는 결국 서른아홉 살까지밖에 살지 못했다. 반면 마르쿠스는 허약하기로 소문난 건강 상태에도 불구하고 거의 60세까지 살았다.

우리는 제멋대로 구는 동생이 제거되자 마르쿠스가 내심 안도했을 것이라고 생각할 수도 있겠지만, 실제로 그는 엄청난 상실감을 느꼈던 것 같다. 동생의 죽음은 위기들이 고조되고 있던 시기에 찾아왔다. 질병이 제국 전역으로 확산되고 있었고 거기에 마르쿠스가 난생 처음으로 로마를 떠나 북부 전선에서 군대를 통솔해야 했던 시기였다. 그는 개인적으로 큰 위험에 처했고 엄청난 정치적 압박도 받으면서 점점 더 고립감을 느꼈음에 틀림이 없다. 하지만 앞으로 보게 되듯이, 『명상록』이 모습을 드러낸 것은 바로 이 모진 시련 속에서였다.

욕망을 다스리는 법

▓

우리는 앞에서 프로디쿠스의 '헤라클레스의 선택'을 언급했지만, 마르쿠스는 욕망에 관한 또 다른 유명한 우화를 자신의 원고에 인용한다. 그것은 바로 「도시 쥐와 시골 쥐」라는 제목의 이솝 우화이다. 도시 쥐가 한번은 시골에 있는 사촌 집을 방문하였다. 그곳에서 그는 시골 음식으로 만든 소박한 식사를 대접받았다. 빵 한 조각과 마른 귀리 조금이었다. 도시 쥐는 사촌의 세련되지 않은 취향과 변변찮은 농부 음식을 비웃었다. 그러고는 도시에서 누릴 수 있는 호사와 풍요를 떠벌리며 시골 쥐에게 함께 도시로 가서 멋진 삶을 맛보자고 고집한다. 시골 쥐는 함께 가기로 동의한다. 그래서 도시 쥐는 주인집 식탁에서 떨어지는 최상급의 음식 부스러기들을 왕처럼 즐기기 위해 시골 쥐를 데리고 자기가 숨어 사는 집으로 돌아간다.

하지만 그들이 방안을 뒤지고 돌아다니는 소리를 두 마리 개가 듣고 방으로 몰려 들어와 요란스레 짖어댄다. 그 바람에 생쥐들은 목숨을 건지기 위해서 두려움 속에 허겁지겁 숨을 곳을 찾아 갈팡질팡 도망 다닌다.

간신히 쥐구멍으로 숨어들어 안전하게 한숨 돌리고 나자, 겁에 질려 벌벌 떨던 시골 쥐는 사촌의 환대에 감사하면서도 자기는 비천한 시골 거처로 즉시 돌아가겠다고 말한다. 비록 시골의 먹거리가 수수하기는 하지만, 시골 쥐는 도시의 위험보다는 제집의 평화와 고요 그리고 소박한 삶이 더 낫다고 생각한다. 도시 쥐의 위험천만한 습성들은 실제로는 전혀 훌륭한 삶이 아니며 그에 따른 엄청난 대가를 치르게 마련이다. 시골 쥐는 굶주린 개들에게 산 채로 잡아먹히는 위험을 감수하느니 차라리 농군처럼 식사하겠다고 말한다. 이 이야기의 교훈을 성찰한 마르쿠스는 도시 쥐가 자신의 탐욕 때문에 앞으로 사는 동안 영속적으로 느끼게 될 '공포와 전율'을 마음에 떠올린다.[7] 나는 마르쿠스 아우렐리우스가 자신을 시골 쥐로, 그리고 동생 루키우스를 도시 쥐로 여겼을 것이라고 밖에 생각할 수 없다.

단지 마르쿠스가 루키우스를 옭아맸던 쾌락을 공허하고 피상적인 것으로 여겼기 때문에 본인의 삶 속에서는 그 어떤 기쁨도 없었으리라 넘겨짚어서는 안 된다. 우리는 마치 딱딱한 규정처럼 보이기 쉬운 훈련 과제들로 구성된 『명상록』의 근엄함에 속아 그 저자가 실제로 어두운 인격을 소유했을 것이라고 생각해서는 안 된다. 마르쿠스가 주고받은 사적인 편지들은 그가 매우 폭넓게 스포츠와 취미 생활을 즐기면서 어린 시절을 보낸 놀라울 정도로 따뜻한 인간이자 훌륭한 유머 감각의 소유자였음을 증명해 준다. 그는 미술, 복싱, 레슬링, 달리기, 들새 사냥, 멧돼지 사냥 등을 좋아했고, 『로마 황제의 역사』는 그가 다양한 공놀이 시합을 즐기는 데 매우 능했다고 덧붙인다. 물론 세월이 흐르고 주어지는 책무가 점차 무거워지면서 그는 국가의 정무를 돌보고 자신의 행실을 인도하는 데 도움을 준 스토아 철학을 수련하는 데에 자신의 삶을 모두 바쳤다. 하지만 전하는 이야기에 따르면 그는 주위 사람들의 사랑을 받았으며 다른 사람들을 유쾌하고 사근사근하게 대했다고 한다. 또 엄격하지만 과할 정도는 아니었고, 겸손하지만 소극적이지는 않았고, 진지하지만 결코 어두운 사람은 아니라고 묘사되었다. 그는 분명히 친구들이나 가족과의 모임에서 큰 쾌락을 얻었다.

마르쿠스는 아마도 향락적인 동생 루키우스보다 훨씬 더 행복한 사람이었을 것이다. 그는 루키우스가 빠져든 모든 떠들썩한 파티의 황홀경을 경험하지 못했지만, 과도한 방종이 불러오는 저열하고 고통스런 귀결 또한 겪지 않았다. 대신에 그가 얻은 것은 스토아주의자들이 지혜와 덕에 따른 생활의 결과라고 주장했던 더 심원하고 더 지속적인 행복, 혹은 적어도 그런 이상적인 상태에 대한 깨우침이었다. 실제로 그는 마음속에 최대한의 기쁨을 성취하여 전 생애에 걸쳐 내내 '유쾌한 평온함'을 유지하는 것이 자신의 목표임을 분명히 해 두었다. 내면의 평화란 무엇인지 깨우친 마르쿠스는 설령 주변 사람들이 비판을 가하거나 야생의 맹수들이 들이받는다 하더라도 그런 마음의 상태로 일관되게 사는 것이 가능하다고 확신하였다.[8] 소크라테스는 수감되어 처형을 기다리는 동안에 유쾌한 기분을 유지했고, 심지어 독배를 들어 올려 입술에 댈 때에도 그러했다. 적어도 전하는 이야기에 따르면 그랬다. 마르쿠스는 사랑하는 스토아주의 개인 교사들이 몸소 드러내 보여 준 덕분에 역경을 마주해서도 잃지 않는 유쾌함이라는 이 건전한 태도가 무엇인지 두 눈으로 볼 수 있었다. 그들은 청년 마르쿠스에게 내면의 평온과 행복은 진정한 지혜와 자기 수련에 부합하는 잘 사는 인생의 자연스러운 귀결이라고 가르친 바 있었다. 이보다 더 중요한 것은 마르쿠스가 이것이 그들의 실제 삶의 양식이었으며, 끔찍한 역경에 직면해서도 이 위대한 인간들의 행동에는 그런 삶의 양식이 고스란히 체현되었다는 생생한 증거를 목격했다는 사실이다.

오늘날의 언어는 고대 그리스 철학에서 구분했던 몇 가지 개념들을 제대로 포착할 수 있는 채비가 잘 되어 있지 않다. 특히 감정과 감각을 기술하는 문제에서 더욱 그러하다. 우리는 '쾌락'이라는 단어를 거의 모든 긍정적인 감정을 아우를 정도로 매우 폭넓게 사용한다. 하지만 스토아주의자들은 우리가 음식이나 섹스나 아첨 같은 '외적인' 것들로부터 얻는 쾌락hedone과 마르쿠스가 말하고 있는 더 심오한 의미의 내면의 기쁨chara을 구분하였다. 스토아적인 기쁨은 심원한 것이다. 이것은 인생에서 근본적인 목표를 성취하고 진정한 충만감을 경험함으로써 얻게 되는 것이며, 이와 비교할 때 일상적인 쾌락은 사소해 보이게 된다. 일상적인 쾌락은 흔히 우리의 마음을 헝클어뜨리며 특히 거기에 너무 많이 빠져들 때 더욱 그렇다. 스토아적인 기쁨은 결코 그런 일이 없다. 그것은 내면의 평화와 동의어이며 과도함을 모른다.[9] 스토아주의자들은 그것을 가리켜 참으로 훌륭한 삶을 살아가면서 진정한 개인적 충만함eudaimonia에 도달한 사람이 경험하는 순수한 형태의 '기쁨'이라고 하였다. 물론 우리

중에 그런 경지에 이른 사람은 아직 아무도 없지만, 올바른 방향을 지향해 나아가는 한 누구나 잠재적으로 그 목표를 깨우칠 수가 있다.

스토아적인 기쁨에 관해 강조해 둘 만한 두 가지 핵심적인 요점이 더 있다.

1. 주로 스토아주의자들은 기쁨을 인생의 목표가 아니라(인생의 목표는 지혜이다) 그것의 부산물로 간주하였다. 그래서 그들은 지혜의 희생을 감수하면서까지 그런 기쁨을 직접 추구하려 하는 것은 우리를 잘못된 길로 접어들게 할 수도 있다고 믿었다.

2. 스토아적인 의미의 기쁨은 근본적으로 수동적이라기보다는 능동적이다. 그런 기쁨은 우리의 행위들 우리가 한 일들에 담겨 있는 덕스러운 성질을 지각함으로써 얻는 것이다. 반면 육체적인 쾌락은 설령 그것이 먹고 마시고 섹스하는 등의 행위들의 귀결이라 하더라도 어쨌든 우리에게 어쩌다 생긴 경험들로부터 생긴다.

마르쿠스는 따라서 우리에게 가장 좋은 것이 있을 자리는 감정이 아니라 행동에 있다고 말한다.[10]

현명한 사람의 환희의 감각은 단 한 가지 것, 즉 **덕에 부합하는 일관된 행동**에서 얻는다.[11] 그럼에도 불구하고, 마르쿠스는 다른 대목에서 두 가지 추가적인 기쁨의 원천을 분명히 언급한다. 이들 두 가지를 합쳐 세 개의 원천이 각각 스토아의 윤리 안에 포함되어 있는 세 개의 핵심적인 관계들, 즉 **우리의 자아, 타인들, 그리고 총체로서의 세계**에 대응한다.

1. 네 자신 안에 있는 덕을 사색하기 방금 본 것처럼, 마르쿠스는 스토아주의자에게 '평온'과 '기쁨' 둘 다를 얻을 수 있는 가장 중요한 원천은 외적인 것들에 대한 집착을 버리고 현명하게 사는 것에 초점을 두는 데 있다고 말한다. 특히 우리가 타인과 맺는 관계 속에서 덕(정의)을 발휘할 때 그렇게 된다.

2. 타인의 덕을 사색하기 마르쿠스는 또한 자신의 마음을 기쁘게 하고 싶을 때에는 가까운 사람들이 지닌 활기, 겸손, 관용 같은 선한 성질들을 명상해야 한다고 말한다. 그가 『명상록』 제1권에서 가족과 교사들이 드러낸 덕의 목록을 길게 적어 가고 있을 때 하고 있던 일이 본질적으로 바로 이것이며, 이는 그의 인생에서 그러한 우정의 중요한 역할을 설명하는 데도 도움을 준다.

3. 자신의 운명을 환대하기 마르쿠스는 또한 많은 사람들이 그러듯 어차피 있지도 않은 것을 욕망하느니 차라리 이미 자기 눈앞에 놓여 있는 것들의 즐거운 측면들을 성찰해야 하며, 그것들마저 없었더라면 얼마나 아쉬워하게 될지를 사색해야 한다고 되뇐다.[12]

기쁨에 해당하는 그리스어 단어 'chara'는 감사에 해당하는 단어 'charis'와 밀접한 관계가 있다. 실제로 스토아주의자들은 행운의 여신이 우리에게 준 외적인 것들을 고맙게 여기라고 충고한다. 여기에 더해 마르쿠스는 이와 관련하여 우리는 절제를 발휘해야 한다고 경고한다. 외적인 것들을 과대평가하는 버릇에 빠져 그것들에 지나치게 집착하게 되어서는 안 된다. 자기가 중시하는 것들을 누군가가 가져가 버린다면 화가 날 것인지 자문해 봄으로써 이를 점검할 수 있다고 그는 말한다. 스토아주의자들은 집착으로 인해 망가지지 않는 건전한 감사의 감각을 삶에서 발전시키기를 원했다. 그래서 그들은 변화와 상실이란 만물을 싣고서 서서히 과거로 흘러 들어가는 강물과 같은 것이라고 차분히 상상하는 연습을 했다. 현명한 사람은 인생을 사랑하고 인생이 자기에게 준 기회들을 감사해하지만, 만물은 변화하며 그 어떤 것도 영원히 지속되지는 않는다는 사실도 인정한다. 그리하여 마르쿠스는 "자기에게 벌어진 모든 일, 자기를 위해 돌아가는 모든 운명의 수레바퀴를 사랑하고 환영하는 것"이 스토아적인 현인의 특징이라고 적었다.[13] 오늘날 사람들은 종종 이것이 19세기 독일 철학자 프리드리히 니체가 지어낸 유명한 라틴어 구절과 유사하다고 느낀다. **아모르파티**amor fati, 자기 운명을 사랑하라.

스토아주의자들은 감사의 마음을 강조하지만, 그들은 또한 건전한 경험을 통해 쾌락을 취하는 것에 잘못된 것은 전혀 없다는 점도 인정한다. 쾌락의 추구가 과도한 지경에 이를 정도만 아니면 된다. 앞에서 언급한 것처럼, 확실히 그들은 쾌락적인 경험이 나쁜 일이라고 생각하지 않았다. 오히려 쾌락과 그것의 원천은 도덕과는 '무관한' 것, 즉 나쁜 것도 좋은 것도 아닌 것이다.

다른 말로 하면 스토아주의자들은 잔칫상에 찬물을 끼얹는 사람들이 아니었다. 마르쿠스는 인생에서 그에게 주어진 단순한 일들로부터도 동생처럼 쾌락을 추구하는 자들이 불건전한 욕망에 게걸스럽게 탐닉함으로써 얻는 것 못지않게 많은 건강한 즐거움을 획득할 수 있다고 확신했다.[14] 마찬가지로 소크라테스는 자제력을 단련한 사람들은 실제로 음식이나 술 같은 것들로부터도 그런 것들에 과도하게 탐닉하는 사람들보다 더 많은 쾌락을 획득한다고 역설적으로 주장한 바 있었다. 허기가 최고의 반찬인 반면 과식은 우리의 입맛을 버리게 한다고 그는 말했다. 향락주의자는 인생의 쾌락을 놓치고 있는 스토아주의자들을 비난할 수도 있다. 이에 대해 스토아주의자들은 아마도 이런 역설로 응수할 것이다. 절제를 발휘하는 마르쿠스 같은 이의 삶이 루키우스처럼 자제력을 잃고 너무 과도한 탐닉에 빠져든 이의 삶보다 확실히 더 쾌락적이며 자초되는 고통은 덜하다는 것이다.

하지만 궁극적으로 자제의 덕 그 자체가 음식이나 그 밖에 우리가 욕망하는 다른 외적 대상들보다 더 큰 '쾌락'의 원천이 될 수 있다는 생각 안에는 훨씬 더 심오한 역설이 자리하고 있다. 더 정확히 말해서, 절제력의 발휘는 그를 통해 극복하고자 애쓰는 일상의 쾌락들보다 더 무게가 나가는 개인적 만족과 내적 충만의 원천이 될 수 있다는 것이다. 여기서 우리는 지금 실제로 어리석거나 불건전한 일이 될 수도 있는 일종의 금욕 같은 것이 아니라 현명하게 발휘된 자제에 관해 이야기하고 있다는 점을 기억하는 것이 중요하다. 스토아주의자들에게 그 자체로 궁극적 목적인 이른바 지혜의 본래적 가치는 언제나 다른 모든 것을 능가하며, 거기에는 현명한 삶의 결과로서 저절로 생겨날 수 있는 쾌락과 다른 외적인 이득들도 다 포함된다. 그런 것들은 진정한 삶의 목적이라기보다는 그저 별도의 상여금 같은 것이다.

욕망을 바꾸기 위한 단계들

███

그렇다면 어떻게 불건전한 욕망을 제거하고 스토아주의자들이 서술한 것과 같은 인생의 더 큰 충만을 경험하는 방법을 배울 수 있을까? 우리 대부분은 향락적인 쾌락을 추구하며 좀처럼 끊기 어려워 보일 수 있는 나쁜 버릇에 탐닉하고 있는 자신의 모습을 발견한다. 물론 진짜 심각한 약물 중독이나 알코올 중독의 경우에는 전문적인 조언을 구해야 하지만, 1970년대에 활동한 심리학자들은 일상적인 습관과 갈망을 변화시키는 신뢰할 만한 방법들을 발전시켰다. 이 방법들은 오늘날에도 치료사들이 건강에 좋지 않은 음식을 즐긴다거나 손톱을 물어뜯는다거나 하는 문젯거리들에 여전히 적용하고 있다. 우리의 가장 끈덕진 버릇들 중에는 더 심각한 문제들을 미해결로 남겨 둔 채 그저 불쾌한 감정들을 회피하고자 하는 태도가 있을 수 있다. 하지만 공허한 쾌락들을 붙잡으려 너무 많은 시간을 소비하는 일 또한 우리가 진정한 보답을 발견할 수 있는 활동들, 이를테면 우리의 중심 가치관에 더 완벽하게 들어맞는 삶을 추구하지 못하게 훼방할 수 있다. 말할 것도 없이 무엇보다 심각한 문제는 바로 그것일 것이다.

예를 들어, 오늘날 사람들은 흔히 요사이 소셜미디어에 '중독'된 느낌이라고 불평한다. 그들은 일종의 습관 혹은 강박증에서 온라인 메시지들을 확인하느라 많은 시간을 허비하며, 일정 시간 끊어 보려고 노력하지만 곧 마음의 동요나 지루함, 불편함을 느낀다.

이들은 SNS, 컴퓨터 게임, 텔레비전 프로그램 등에 사로잡혀 있다. 루키우스가 전차 경주나 검투사들의 승부에 사로잡혀 있던 것과 다를 바 없는 방식이다. 하지만 잘 생각해 보면 그런 것들이 그들의 삶을 소비하는 가장 만족스런 방식이라고 결론 내릴 사람은 거의 없을 것이다. '텔레비전을 더 많이 봤다면 얼마나 좋았을까'라거나 '페이스북에 더 많은 시간을 썼다면 좋았을 텐데'라는 말을 묘비에 새겨 달라고 한 사람은 지금껏 없다. 이러한 공허하고 수동적인 쾌락들이 영속적인 충만감이나 만족감을 제공하지 않는다면, 스토아주의자들은 아마도 우리에게 그런 일들에 너무 많은 시간을 쓰지 말라고 경고할 것이다.

특히 임상적 우울증을 앓고 있는 사람들은 불만족스러운 쾌락들이 예전에 자기 삶에 의미를 부여했던 더 충만한 활동들을 대체해 버렸음을 깨달았을 수 있다. 그런 쾌락들은 쉽게 정신 산만의 형태들이나 감정적 마비의 원천이 되는 결과로 귀착될 수 있다. 그러므로 우리는 자신의 습관과 욕망을 다음과 같은 더 큰 그림을 통해 조심스럽게 평가해야 한다. 즉, 이런 식의 추구들이 실제로 장기적인 행복이나 인생의 충만감에 얼마나 많이 이바지할지 생각해 봐야 한다는 것이다.

나는 인지행동치료와 고대 스토아의 수행들을 조합한 것에 기초하여 우리의 행동을 평가하고 변화시키는 간단한 프레임워크를 추천하고자 한다. 이 프레임워크는 다음의 단계들로 이루어져 있다.

1. 어떤 습관 혹은 욕망을 바꿀 것인지 선택하기 위해서 자신의 습관 혹은 욕망에 따른 결과들을 평가하라.

2. 문제의 소지가 있는 욕망의 싹을 제거할 수 있게끔 조기 경보를 탐지하라.

3. 자신의 인상과 외적 현실을 분리시켜 인지적 거리를 확보하라.

4. 습관에 얽매이는 대신에 다른 무언가를 하라.

더불어 다음의 방법들을 통해 다른 건전하고 긍정적인 감정의 원천들을 어떻게 받아들일 수 있을지 고려하라.

1. 자신의 중심 가치관에 잘 들어맞는 새로운 활동들을 계획하라.

2. 자신이 존중하는 타인의 성질들을 사색하라.

3. 자신이 이미 인생에서 갖고 있는 것들에 대해 감사를 표하라.

1. 욕망의 결과들을 평가하기

어떤 습관을 바꿔야 할지 어떻게 확인할 것인가? 현대의 치료사들은 흔히 내담자들이 여러 가지 중에 선택을 할 수 있도록 상이한 행동 경로들의 장단점을 비교하는 일을 도와주곤 한다. 때로는 이것을 '비용-편익 분석' 혹은 '기능적 분석'이라고 부르기도 한다. 물론 과식이나 흡연 같이 끊고 싶은 습관을 가진 사람들은 보통 "나는 이미 이 습관이 내게 안 좋다는 것을 잘 알아요!"라고 말한다. 하지만 만약 무엇이 나쁜 습관 혹은 불건전한 욕망인지 확신하지 못한다면, 특정 욕망을 좇아가는 바람에 생긴 결과들과 절제력을 발휘하거나 무언가 다른 일을 했을 때의 결과들을 견주어 비교 평가해 보아야 한다.

예를 들어, 퇴근 후에 어김없이 한 시간 동안 텔레비전을 본다면 장기적인 관점에서 그런 습관의 장단점은 무엇일까? 인생의 참된 가치들에 더 잘 부합하는 대체 가능한 다른 일이 혹시 없을까, 그리고 결국에 가서 그런 습관이 어떤 결과를 빚어 낼까? 앞서 본 바와 같이 어떤 철학자들은 절제의 발휘라는 단순한 행위가 나쁜 습관에 빠져드는 것보다 그 자체로 더 만족스러운 일이 될 수 있다고 주장한다. 하지만 그러기보다 우리는 개인적인 가치관 목록의 상위에 있으면서 비교적 적은 노력으로 수행할 수 있는, 이를테면 사랑하는 사람과 통화를 하거나 책을 읽거나 하는 것 같은 '대체 행동'을 하고 싶어 할 수도 있다. 기억하라, 이 연습의 목적은 단지 나쁜 습관을 줄이는 것이 아니라 스토아의 덕들처럼 본래적으로 가치가 있고 보답을 주는 활동들을 더 많이 받아들이려는 것이다. 가령 좋은 부모가 되는 것이 중요하다고 생각한다면, 그런 가치에 잘 맞는 방식으로 처신할 수 있는 활동들의 목록을 만들라. 이런 유형의 기회들을 붙잡는 것이 향후의 인생에서 본인이 꼭 되고 싶은 그런 종류의 인간에 더 가까워질 수 있도록 도움을 줄 것이다. 설령 처음에는 매일 고작 몇 분 정도만 하게 된다고 하더라도 그렇다. 만약 자신이 존중하는 덕들을 발휘하고, 자신이 본래적으로 가치 있고 성취감을 준다고 생각하는 일들에 더 많은 시간을 할애하며, 쾌락적으로 느낄 수는 있으나 실제로 자기에게 좋지 않은 그런 종류의 습관들에 빠져 사는 데 시간을 덜 쓰게 된다면 어떤 일이 벌어질까?

사실을 말하자면, 바람직하지 않은 행동의 결과들을 철저히 사유하고 마음속에 생생히 그려 보는 일만으로도 실제로 일부 경우들에서는 그런 행동을 몰아내기에 충분할 수 있다. 그래서 에픽테토스는 학생들에게 행위의 귀결들을 마음속에 그려 보고 시간이 흐르면서 그 행위가 그들에게 어떤 식으로 영향을 미치게 될지 판정해 보라고 말했다. 우리는 마르쿠스가 이 방법을 채택하고 있음을 관찰할 수 있다. 그는 각각의 행위가 자기에게 어떤 의미가 있는지 자문하고 미래에 자기가 과연 그 행위를 후회할 만한 사유를 갖게 될지 궁금해 했다.[15] 우리가 지적했던 바와 같이, 스토아주의자들은 우리의 결심을 단순한 이분법으로 나누기를 좋아했다. '헤라클레스의 선택'에서처럼 기본적으로 앞에 두 개의 길이 놓여 있다.

1. 악덕의 길, 즉 과도한 욕망과 비합리적인 감정들(불건전한 정념들)을 따라가는 것.
2. 덕의 길, 즉 자제심을 발휘하고 이성 및 인생의 참된 가치들을 따라가는 것.

스토아주의자들은 흔히 공포와 분노 같은 건강하지 않은 감정들이 실제로 우리가 화를 내는 그 대상들보다 우리에게 더 많은 해를 끼친다는 역설을 스스로에게 일깨우곤 했다. 마찬가지로 극기를 배우는 것이 궁극적으로는 우리가 욕망하는 모든 외적인 것들을 획득하는 것보다 더 이득이 될 수 있다. 현명하게 발휘된 용기와 절제의 덕은 우리의 성격과 우리의 삶을 전반적으로 개선해 준다. 반면 우리가 갈망하는 대부분의 것들은 단지 우리에게 쾌락의 감각을 제공할 뿐이다.

치료사들은 내담자들에게 "당신의 그 습관이 장기적으로 어떤 결과를 불러올까요?"라고 묻는 것이 유익하다는 사실을 알고 있다. 이 간단한 질문이 행동 변화를 자극하기에 충분한 경우도 왕왕 있다. 하지만 우리가 이른바 스토아적인 '기능 분석'이라 부르게 될 이 방법은 종이에 기록해 가면서 훨씬 더 철저하게 수행할 수 있다. 우리는 어떤 행동 방식의 장기적 결과들을 적어 보고 그 다음에는 그것의 단기적 장단점을 적어 볼 수 있다. 때로는 단지 자신의 욕망이 부정적인 결과를 산출한다는 사실을 깨닫는 것만으로 자신이 생각하고 처신하는 방식을 바꿀 수 있다. 하지만 그렇지 않은 경우들에서는 나쁜 습관을 바꾸기 위해서 그것의 부정적인 효과를 매우 상세하고, 분명하고, 생생한 방식으로 반복적으로 묘사해 볼 필요가 있다. 또한 그 욕망을 삼가거나, 다스리거나, 그와 반대되는 일을 함으로써 얻는 긍정적인 결과를 묘사해 보는 것이 도움이 된다는 사실을 깨달을 수도 있다. 헤라클레스가 직면했던 두 갈래 길처럼 자기 눈앞에 두 개의 길이 놓여 있다고 시각화하는 것이 유익할 수 있다. 예를 들면, 금연하기와 계속 흡연하기, 운동하기와 아무 운동도 안 하기 등과 같은 갈림길이 앞에 놓여 있다고 생각하는 것이다. 이 두 갈래의 길이 지금으로부터 몇 달 혹은 몇 년이 지난 후에 자신을 어디로 데려갈 수 있을지, 시간이 흐를수록 그 두 길의 종착점이 서로 얼마나 멀어지게 될지 시간을 들여서 묘사해 보라.

이 단계에서 우리의 우선적인 목표는 어떤 욕망이나 습관의 극복을 원하는지 확인하고 그렇게 함으로써 얻게 될 결과들을 분명히 해 두는 것이다. 그다음 목표는 앞에 놓인 두 길의 대비와 변화를 통해 얻는 이득에 대한 확고한 감각을 발전시킴으로써 자신의 동기부여에 힘을 보태는 것이다. 동기부여는 습관을 깨는 문제와 관련해서 확실한 성공의 열쇠이므로 그것에 힘을 보태기 위해 할 수 있을 만한 일들을 해 보는 것으로 시작하는 것은 의미가 있다. 습관을 깨려면 바꾸고 싶은 욕망을 가져야 한다. 그런데 바꾸고 싶은 욕망을 키우는 것은 가능한 일이므로 바로 그것이 지금 해야 하는 일인 셈이다.

2. 조기 경보 탐지하기

이전 단계에서는 어떤 종류의 습관이나 욕망이 자신의 가치관과 충돌할 수 있는지, 그래서 어떤 것을 바꿔 볼 만한지 고려했다. 다음 단계는 그런 습관이나 욕망이 실제로 생겨나고 있는 바로 그 순간을 포착함으로써 '야생에서 그것들을 포획하는' 것이다. 열쇠는 조기에 탐지하는 것이다. 그래야 그 싹을 잘라 낼 수 있기 때문이다. 이것은 끈기 있는 자기점검을 요구하며, 특히 바꾸고 싶은 감정이나 행동에 대한 조기 경보를 주시해야 한다. 제대로 수행한다면, 사실상 이런 종류의 자기점검은 **스토아적인 마음챙김**의 한 훈련 형태가 된다.

욕망이 떠오르고 있음을 알아챈 상황들을 매일 기록으로 남겨 놓으라. 이것은 어떤 습관적인 행동을 할 것 같은 그야말로 가장 희미한 경향이라도 감지되면, 혹은 아주 초기 상태의 욕망이 어렴풋이 느껴지기라도 하면 그때마다 시간을 기록해 두는 아주 간단한 방식이 될 수 있다. 또는 더 상세한 기록표를 작성할 수도 있다. 그 표에는 날짜/시간, 외부 상황(그때 내가 어디에 있었나?), 자신이 알아챈 조기 경보, 그리고 충동의 강도 혹은 혹시라도 그 충동에 굴복했을 때 경험할 것으로 예상되는 실제 쾌락의 정도를 각각 0에서 10 사이의 숫자로 등급 매기기 위한 칸들이 포함될 수 있다. 이 방법이 유익하다고 생각한다면, 그 욕망을 촉진하거나 관대히 대하는 자신의 모든 생각들, 이를테면 '딱 한 번은 해롭지 않을 거야', 혹은 '내일 언제든 끊을 수 있어' 혹은 '나는 정말 의지력이 없어' 같은 생각들을 기록해 둘 수도 있다.

날짜/시간/장소	조기 경보	충동(1-10)	쾌락(1-10)	생각들

첫 번째 목표는 자기 자신을 연구하고 문제가 생겨나기 쉬운 도화선이 되는, 즉 '고위험'의 상황들을 확인하는 것이 되어야 한다. 혹시 직장에서 특별히 스트레스가 심한 날이었다거나 연인과 싸우고 난 후에 위안 삼아 정크 푸드를 먹을 수 있다. 이전에는 간과했던 그 행동의 미묘한 조기 경보를 주시하라. 자신의 생각, 행위, 감정을 더 잘 자각하게 되면 떠오르는 그 욕망을 훨씬 더 이른 단계에서 붙잡아 맬 수 있다. 그 욕망에 선행하는 전형적인 신호들이 무엇인지 주의 깊게 관찰하라. 정크 푸드 사례를 계속 이어가자면, 가게에서 사탕을 쳐다보며 그것을 먹는 상상을 하고 있는 자신의 모습을 알아챌 수 있을 것이다. 흡연자라면, 아마도 담배를 갈망하고 있을 때 긴장하거나 안절부절 못하게 될 것이다. 습관적인 행동을 시작할 때 하게 되는 간단한 움직임 같은 것들, 이를테면 얼굴 표정, 눈빛, 손동작 등은 관찰자의 눈에는 아주 잘 보일 수도 있지

만 정작 본인은 잡아내기가 어렵다. 이런 조기 경보에는 앞에서 언급한 종류의 촉진적인 생각들이 포함될 수도 있다. '내가 한 턱 낼 수 있어.' 혹은 '지금 딱 한 번은 아무렇지 않을 거야.'

손톱 물어뜯기, 흡연, 음주, 정크 푸드 즐기기처럼 많은 사람들이 공통적으로 끊고 싶어 하는 습관들은 주로 '손에서 얼굴로' 유형의 것들이다. 사람들은 흔히 손을 갖고 안절부절못하다가 결국은 이런 습관들을 들이기 시작한다. 이를테면 턱을 툭툭 건드리다가 결국은 손톱을 깨무는 것이다. 이런 전조들을 처음 알아채는 것이 흔히 그 습관을 약화시킬 수 있다. 자신이 도움을 구하는 스토아의 멘토나 친구는 이와 같은 상황에서 이루 말할 수 없는 자산이 될 것이다. 그런 사람에게 습관적 행동이 시작되려 할 때 코를 만진다거나 곁을 떠나 버린다든가 하는 간단한 몸짓으로 본인이 주의를 기울일 수 있게 해 달라고 당부하라. 사람들은 본인이 인식조차 하지 못한 채 무심결에 하고 있던 행동으로 인해 훈계를 듣는 것이 매우 자극되는 일이라고 흔히 생각한다. 혹시 혼자 일하고 있는 중이라면, 마치 다른 사람이 유심히 자기를 관찰하고 있는 것처럼 행동하면서 그 사람이 무엇을 볼 수 있을지를 상상해 볼 필요가 있을 것이다.

초기 단계에서 문제를 잡아내는 법을 배운다면 완전한 형태의 욕망이나 정념의 등장으로 이어지게 되는 일련의 행동 흐름을 끊는 일이 더 쉬워진다. 또한 행동의 미묘한 요소들에 대한 자각 수준을 높이는 일은 그 행동을 덜 자동적인 것으로 느껴지게 만든다. 이를테면, 대부분의 성인들은 신발 끈을 아무 생각 없이 자동적으로 묶을 수 있다. 굳이 생각할 필요가 없다. 하지만 만약 아이에게 신

로마 황제처럼 생각하는 법

발 끈을 어떻게 묶는지 가르치려 한다면, 갑자기 모든 것이 어색하고 서툴게 느껴질 수 있다. 굳이 생각해 가며 하지 않을 때는 그저 습관적이고 자동적이었던 일들이, 행동의 각 단계들을 분석해야 하거나 그 일을 약간 다른 방식으로 할 수밖에 없게 된 경우에는 흔히 매우 굼뜨고 거북해진다. 청중 앞에서 공연을 하거나 스포츠 시합 중이라면 그런 방식은 도움이 되지 않는다. 그런 상황에서 자신의 행동에 관해 너무 많은 생각을 하는 것은 자의식을 야기하고 규칙적인 절차대로 진행되어야 할 동작들을 혼란에 빠뜨릴 수 있다. 골프에서 퍼팅을 할 때처럼 어떤 숙련된 행동을 막 수행하려 하는 사람에게 그 행동을 숨을 들이마시고 시작하는지 내쉬고 시작하는지 한번 물어 보라. 대개 그런 식의 질문은 그를 혼란스럽게 하고 그의 동작을 지연시킬 수 있다. 자아인식이 행동의 자동적인 성질을 방해한다는 바로 그 원리가 실제로 어떤 나쁜 습관을 끊고 싶을 때 매우 유익할 수 있다.

3. 인지적 거리 확보하기

일단 갈망이나 습관의 조기 경보를 탐지했다면, 자신의 현재 관점과 외적 실재 간의 분리에 유의함으로써 그런 갈망이나 습관을 바꾸는 일에 또한 스스로 도움을 줄 수가 있다. 앞에서 이미 현대적인 심리치료에서 나온 인지적 거리두기라는 개념을 소개한 바 있다. 이것이 스토아주의의 가장 중요한 심리적 수행 중 하나를 이해하는 방식을 제공한다. 바로 외적 사건들과 우리의 가치관을 '분리'하는 것이다. 욕망이나 습관이 나타나려 할 때 그것을 부추긴 생각들을 적어 볼 수 있다. '나는 지금 온라인에서 무슨 일이 벌어지고 있는지 궁금하다.' 혹은 그것을 촉진한 생각이나 변명도 적어 본다. '잠깐 SNS 메시지를 확인하는 정도라면 내게 문제될 일이 없을 것이다.' 마치 다른 사람의 생각들을 들여다보는 것처럼 자신의 생각들을 초연하게 관찰하는 일은 인지적 거리를 확보하는 데 도움이 될 것이며, 그런 생각들 때문에 행동하게 되는 충동을 약화시킬 것이다. 우리가 본 바와 같이 스토아주의자들은 이를 수많은 방식으로 실행에 옮긴다. 그들이 하는 대로, 우리는 자기 생각을 '돈호법(頓呼法)'으로 처리할 수도 있다. 즉, 마치 사람을 대하듯 자기 생각에게 이렇게 말을 거는 것이다. "너는 그냥 하나의 생각일 뿐 네가 대변한다고 주장하는 그 사물이 전혀 아니야."(사물 그 자체는 본래적인 가치를 지니지 않는다.) 또는 에픽테토스를 원용하여 이렇게 말할 수도 있다. "그것을 갈망하게 만드는 것은 그것이 아니라 그것에 대한 우리의 판단이다." 매력적으로 보이는 것들에다 가치를 부여하기로 결정한 사람들은 바로 우리이다.

마치 강렬한 쾌락의 욕구와 감정이 우리에게 "이것은 좋은 거야!"라고 말하고 있는 것처럼 보인다. 강한 욕구는 우리가 갈망하는 사물들을 달리 바라보는 방식이 존재한다는 사실을 망각하게 한다. 하지만 잠시 한숨을 돌리며 실재에 스며든 자신의 생각을 제거하고 인지적 거리를 확보한다면, 감정의 힘과 그것이 행동에 발휘하는 지배력은 대체로 약화될 것이다.

인지적 거리를 확보하는 여러 가지 상이한 방식들이 있다. 그중에 하나는 역할모델이라면 동일한 상황을 어떻게 다르게 볼 수 있었을까를 상상하는 것이다. 햄버거를 몹시 갈망한다고 가정해 보자. 이때 이렇게 자문하는 언어 기법을 사용할 수 있다. "소크라 테스라면 이 욕망을 어떻게 처리했을까?" 마침 소크라테스는 식단에 유의했고 간소하게 먹는 쪽을 선호한 사람이었다. 앞서 보았듯이 그는 극기가 쾌락보다 더 중요하며 우리가 과식을 피할 때 음식으로부터 더 많은 기쁨을 획득할 것이라고 생각했다. 우리는 이렇게 질문할 수도 있을 것이다. "마르쿠스라면 같은 종류의 갈망이 생겼을 때 어떻게 대처했을까?" 물론 나만의 역할모델을 고르는 쪽을 선호할 수도 있겠다. 이를테면 자신이 개인적으로 아는 어떤 이가 역할모델이 될 수 있다. 친구, 동료, 가족, 혹은 저명인사나 가상의 인물도 가능하다. 먼저 본인이 선택한 역할모델은 그 욕망에 대해 스스로에게 무엇이라 말할지 숙고해 보라. 그 충동을 처음 자각했을 때 그는 어떻게 반응할까? 다음으로 그가 실제로 어떻게 할 것인지 숙고해 보라. 물론 꼭 그를 따라 할 필요는 없으나 그 경험을 다른 시각에서 바라보는 것이 그 감정의 힘을 약화시킬 수 있다. 그러면 문제 해결에 나서고 싶은 마음이 생길 수도 있고 대안적인 대응 방식들을 창조적으로 궁리해 볼 수도 있다. 반면, 욕구나 감정에 압도됨을 느끼는 사람들은 흔히 사건들을 바라보는 하나의 방식만을 상상할 수 있는 것이 보통이다.

마르쿠스는 어떤 사건 혹은 사물을 그 구성 요소들로 쪼개어 놓고 각 부분을 따로따로 성찰하는 것이 중요하다고도 말한다. 이 착상은 우선 무언가를 그것의 요소들을 통해 분석하고 각각의 요소에 차례로 주의를 집중하라는 것이다. 어떤 요소이건 따로 떼어내서 보면 그것 하나만으로는 충분히 압도적이지 않다는 사실을 확인하게 되고, 그럴 때 전체적인 경험 역시 대개는 더 잘 감당할 수 있을 것처럼 보일 것이다. 현대 인지치료에서도 문제가 되는 욕구나 감정을 극복하기 위해 이와 유사한 '분할 정복' 기법들을 채택한다. 이런 심리 기법을 기술하기 위해 스토아주의에 영향을 받은 20세기 초의 심리치료사 샤를 보두앵Charles Baudouin이 사용한 용어를 빌리는 편이 더 나을 수도 있겠다. 바로 '분석을 통한 가치저감depreciation by analysis'이다.[16] 이것은 어떤 문제가 발생했을 때 그것을 감정적으로 덜 강력하고 덜 위압적이게 보이는 작은 덩어리로 쪼개는 것을 의미한다.

예를 들어, 나쁜 습관 등과 같이 우리가 지금 논의하고 있는 유형의 특정 행동을 시작할 때 마르쿠스는 잠시 한숨을 돌리면서 각 단계에 대해 이렇게 질문하라고 조언하였다. "내가 이것을 안 하면 끔찍하게 죽을까?" 이것은 그에게 습관의 각 부분을 차례로 고립시키고 각각의 가치에 의문을 제기하는 방식을 제공하였다.[17] 가령, 담배를 피우고 있는 사람은 담배 한 모금 한 모금에 대해서 그 감각의 상실이 실제로 세계의 종말이라도 될 것인지 물을 수 있다. 강박적으로 메시지를 확인하는 사람은 개개의 알림을 매번 읽지 않는다는 것이 정말로 그렇게나 견딜 수 없을 일인지 물을 수 있다. 만약 이런 식으로 자아인식을 실천한다면, 그런 습관들로부터 획득하는 쾌락이 실제로 사전에 추정했던 것보다 훨씬 못 미친다는 사실을 종종(하지만 항상 그런 것은 아니다) 깨닫게 될 것이다.

마르쿠스는 귀족 청년들로 조직된 고대의 도약하는 전사이자 사제들의 무리인 사리이salii 사제단을 이끌었고, 어릴 때 권투와 레슬링을 단련했다. 그는 이러한 경험들에 의거하여, 노래와 춤을 부분들로 쪼개어 분석하느라 잠시라도 멈추게 되면 그것들로부터 얻

로마 황제처럼 생각하는 법

는 환희를 망쳐 놓을 수 있다는 기민한 심리 관찰을 수행한다. 예를 들어, 어떤 멜로디를 마음속에서 개개의 음표들로 쪼개 놓고 각각의 작은 부분에 대해서 이렇게 자문한다고 생각해 보라. '이것이 나를 압도하기에 충분할까?'[18] 마찬가지로 권투, 레슬링, 발차기, 조르기 등의 기술을 결합한 고대 스포츠 판크라티온[pankration]에서 상대방의 수법들을 각각 개별적으로 분석해 보는 것은 압도당한다는 느낌 없이 그 수법들을 이겨 내는 방법을 배우는 데 도움을 줄 수 있다. 따라서 마르쿠스는 정념의 마법을 깨기 위해 사건을 그것의 구성 요소로 분석하라고 스스로에게 충고하였다.

우리는 이미 스토아의 무관심 개념, 즉 아파테이아[apatheia]를 배웠다. 그것은 스토아주의자들이 일상적인 무관심과는 구분했던 매우 특별한 의미, 즉 해로운 욕망이나 정념으로부터의 자유를 뜻한다. 그것은 냉담이나 무신경 같은 것이 아니다. 스토아주의자들이 유일하게 참된 선은 지혜와 덕이라고 믿었던 데 반해, 우리는 외적인 것들이 마치 우리 자신의 본성을 실현하는 것보다 더 중요한 것인 양 생각하는 습관에 쉽게 빠져드는 경향이 있다. 우리는 스토아주의자들이 특히 외적 사물들에 관한 가치판단을 유예하는 일을 얼마나 강조했는지 보았다. 그들은 사건을 최대한 객관적으로 기술하는 언어를 사용함으로써 그 일을 실천하였다. 앞서 보았듯이, 그들은 이렇게 현실을 견고하게 파악하는 것을 판타시아 카타렙티케[phantasia kataleptike] 즉, 사건에 대한 '객관적 표상'이라고 불렀다.

우리는 어떻게 이 개념을 불건전한 욕구들을 관리하는 데 적용하는지 이해할 수 있다. 사람들은 흔히 자신이 갈망하는 것에 관해 말할 때 자신의 욕구를 자극할 수밖에 없는 언어를 사용한다. 심지어 그런 말들이 불건전한 습관들을 조장한다는 사실을 본인도 자각하면서 그런다. "난 초콜릿이라면 죽고 못 살아. 그게 왜 그렇게 좋은 걸까? 정말 천국의 맛이야! 섹스보다도 더 나아." (초콜릿의 주성분은 식물성 지방, 약간의 카카오, 그리고 다량의 정제 설탕 덩어리이다.) 이런 언어 구사는 본인에게 불리하게 작용하는 또 하나의 수사학적 사례이다. 반면에 음식이건 자신이 갈망하는 다른 그 무엇이건 그것을 실제적 언어로 기술할 때, 우리는 그것으로부터 초연해지는 느낌을 가질 수 있다. 심장마비로 죽었다고 알려진 하드리아누스는 '테트라파르마쿰^{tetrapharmacum}(고대 세계에서 쓰이던 네 가지 성분이 들어간 고약의 이름-옮긴이)'이라고 농담 삼아 불리기도 했던 한 호사스러운 음식에 대단히 감복하였다. 루키우스 베루스의 아버지가 개발했다고 전해지는 이 음식은 꿩, 야생 멧돼지, 햄, 그리고 암퇘지의 젖통에 밀가루 반죽을 입혀 요리한다. 대조적으로 마르쿠스는 이따금 구운 고기와 다른 진미들을 쳐다보면서 이렇게 혼잣말을 중얼거리곤 하였다. "이것은 죽은 새, 죽은 생선, 죽은 돼지로구나", "절미한 포도주는 단지 발효된 포도 주스일 뿐이다"[19] 등등. 달리 말해, 사람들이 그렇게 갈망하는 것들도 다른 시각으로 바라보면 흥분할 것이라고는 하나도 없는 경우가 태반이다.

때때로 이런 객관적 표상들은 고대의 의사들이나 자연철학자들이 물리적 현상을 관찰하고 기록해 두었을 법한 수기들과 닮았다. 현대 인지치료에서도 내담자들에게 스스로 과학자라고 생각하기를 제안한다. 행동의 변화를 파악하고자 할 때 호기심 넘치고 초연하고 객관적인 태도로 마치 과학자가 실험에 임하듯 접근해야 한다는 것이다. 마르쿠스는 심지어 세계를 고찰하는 이런 방식을 성생활에도 적용하였다. 우리는 앞에서 그가 젊은이로서 분노의 감정들을 극복하려 애썼다는 사실에 주목한 바 있다. 그는 성적 욕망을 갖는 것에 관해서도 짧게 언급한다. 그는 그런 욕망을 좇아 행동하지 않는 편이 더 낫다고 생각한다. 『명상록』 제1권에서 마르쿠스는 되돌아보건대 그가 성인기로 접어드는 몇 년 간 성적 순결을 지키기로 결정한 것에 고마운 마음이 든다고 말한다.[20] 그는 또한 나중에 강한 성적 열망 때문에 괴로움에 처했을 때 그런 난관을 극복하고 "결코 베네딕타[Benedicta]나 테오도투스[Theodotus]를 건드리지 않은 것"에 감사했다. 이들은 아마도 아버지 안토니누스 황제의 식솔 중에 있던 남녀 노예들인 것 같다. 우리는 마르쿠스가 분석을 통한 가치저감 방법을 성적 욕망에 적용했다는 사실을 알 수 있다. 이를테면, 어떤 한 대목에서 그는 아마도 고대의 의사가 했을 법한 방식으로 섹스를 스스로에게 이렇게 묘사하였다. "그저 신체 일부를 함께 문지르는 행위로서 뒤이어 경련이 일고 일종의 점액질이 분사되는 것"이라고 말이다.[21] 그리 낭만적이지는 않지만 그게 바로 요점이다. 그는 극복하려고 애쓰는 유형의 부적절한 성적 충동을 중화하고자 하는 목표를 겨냥하고 있었던 것이다. (그는 열세 명의 자녀를 두었고 그러므로 그가 섹스를 완전히 반대한 것은 아니었다.) 요점은 모든 욕망을 말살하라는 것이 아니라, 특정 유형의 쾌락에 너무 많은 중요성을 부과하는 불건전하거나 과도한 욕망을 절제하라는 것이다.

4. 다른 무언가를 하라

극복하고자 하는 욕망이 어떤 것인지 확인했고, 그런 욕망의 조기 경보를 어떻게 탐지하는지 배웠고, 그 욕망으로부터 잠시 한숨 돌리며 거리를 확보하는 방법을 연습하였다. 어떤 의미에서 이제 그 다음으로 해야 할 최선의 행동은 아무것도 없다. 다시 말해, 욕망의 감정에 더 이상의 어떤 응답도 하지 말라. 필요하면 나중에 얼마든지 그런 감정들로 되돌아올 수 있다. 그 욕망을 좇아 행동하는 대신 타임아웃을 써라. 유혹을 경험하고 있는 그 상황에서 벗어나기를 원할 수도 있다. 많은 유형의 충동은 하루 종일 자꾸 생겨날 수는 있어도 생기면 그저 한 번에 1분 정도만 지속될 뿐이다. 어쨌거나 우리는 그 순간순간을 대처하기만 하면 된다. 한 번에 하나의 충동 혹은 갈망을 처리하면 되는 것이다. 그런 감정들을 조기에 잡아내고 그런 감정들을 야기하고 있는 것이 주로 자신의 생각들임을 스스로에게 일깨웠다면, 그 욕망을 좇아 행동하는 것을 딱 삼가거나 본래적인 보답이 있다고 생각하는 다른 건전한 활동을 대신 실행하라.

예를 들어, 매일 저녁 퇴근 후에 와인 한 잔을 마시는 습관에 빠져 있다고 해 보자. 그러다 와인 한 잔이 서서히 한 병으로 바뀌고 어쩌다가 두 병일 때도 있을 것이다. 결국에 가서 이것은 자신에게 건전한 행동이 되지는 않을 것이다. 그 대신에 자신의 저녁 시간을 독서를 하거나 저녁 강좌에 참석하면서 더 잘 소비하는 쪽에 쓰기로 결정할 수 있다. 실은 그것이 바로 자기가 되고 싶은 그런 종류의 인간의 모습이기 때문이다. 우리는 초저녁에 집에 있는 것이 저런 음주 습관에 얽매이게 되는 이른바 도화선이 되는 상황임을 안다. 우리는 권태나 흥분을 느낄 때 그런 충동이 시작되는 것을 알아채고 긴장을 풀기 위해서 한 모금 마실 필요가 있다고 스스로에게 속삭인다. 하지만 이제 우리는 그런 음주 충동이 생겨나기 시작하자마자 그것을 붙들어 매는 일을 더 잘하게 되었을 것이다. 우리는 자신의 생각들에 주목하고 그런 생각들이 자신의 감정에 어떻게 영향을 미치는지 자각한다. 그리고 이렇게 되뇐다. "나에게 욕망을 느끼게 한 것은 와인이 아니라 내가 와인에 관해 생각하고 있는 방식이다." 그렇게 해서 잠시 한숨 돌리며 그런 감정으로부터 한 걸음 물러났을 때, 그다음 단계는 한 잔의 와인에 몰입하는 것이 아니라 그 욕망이 그냥 누그러질 정도로 긴 시간 동안 그 일을 삼가는 것이다. 추가적인 유혹들은 오랫동안 지속되지 않을 것이고, 만약 욕망이 되살아난다면 정확히 동일한 방식으로 한 번에 한 단계씩 그 감정을 다시 처리할 수 있다.

와인 잔을 채우는 대신 다른 일을 하라. 무대 전환을 위해 집을 나서는 것도 좋다. 단지 덧없고 공허한 쾌락의 감각이 아니라 진정한 성취감을 제공하는 무언가를 행하라. 만약 그런 종류의 습관을 끊기로 결심한다면, 집에 있는 모든 술병과 와인 잔을 없애고 대체물도 사지 않겠다고 다짐함으로써 유혹을 제거할 수 있다. 그리고 과일 주스나 허브티를 마시는 등과 같은 건강한 '대체 행동'을 실행에 옮길 수 있다. 물론 무슨 일을 할지는 어떤 유형의 습관을 극복하고 싶은지에 달려 있지만, 일반적인 착상이 무엇인지는 충분히 이해하리라 생각한다.

앞서 살펴본 것처럼 가장 바람직한 것은 불만족스러운 습관과 욕망을 더 본래적인 보답이 있다고 생각하는 활동들로 대체하는 것을 목표로 삼는 것이다. 앞에서 가치명료화를 논의할 때, 우리는 더 '덕스러운' 방식으로 행동하는 일과 관련이 있는 스토아주의의 바로 그런 측면을 살펴본 것이었다. 하지만 때로는 어떤 일을 하지 않는 것, 즉 나쁜 습관을 극복하는 바로 그 행위를 덕으로, 그 자체로 가치 있는 무언가로 여길 수 있다. 마르쿠스가『명상록』에서 가장 빈번하게 활용하는 기법 중 하나는 어떤 특수한 상황을 마주쳤을 때 이에 대처할 수 있도록 자연이 자기에게 어떤 덕 혹은 내면의 자원을 주었는지 자문하는 것이다. 이것은 우리가 타인에게서 가장 존중하는 성격 특질이 무엇인지를 묻는 질문과 밀접한 관계가 있다. 마르쿠스는 우리가 일반적으로 타인의 극기나 절제의 덕을 칭송하는데, 그런 덕이 쾌락에 넋을 잃고 빠져드는 일을 막아 주는 것이라고 말한다.[22] 우리는 보통 얼마나 많은 정크 푸드를 먹었는가에 따라 어떤 사람을 존경하고 말고 하지 않는다. 오히려 우리는 정크 푸드를 너무 많이 먹는 일과 같은 나쁜 습관을 극복한 사람들의 힘을 칭찬한다.

스토아주의자들은 만약 자신을 개선하고 싶다면 고통을 피하고 쾌락을 추구하는 것이 아니라, 우리가 타인에게서 존중하는 성질들과 우리의 참된 가치관 및 원칙들을 길잡이로 삼아야 한다고 생각했다. 쾌락을 추구하는 향락적인 삶은 만족스럽지 않으며, '헤라클레스의 선택'이 함의하는 바와 같이 특정한 고통이나 불쾌한 감정을 견뎌 내지 못하거나 특정한 쾌락을 단념하지 않는다면 우리는 인간으로 번영할 수 없고 우리가 자랑할 수 있는 것들을 성취할 수 없다.

이런 관점은 사람들이 아이를 낳고 좋은 부모가 된다는 것이 무슨 의미인지 생각하기 시작할 때 아마도 더 확실히 전면에 부각될 것이다. 누구든 자기 아이의 역할모델이 되고 싶다면, 그 사람은 자신이 어떤 종류의 인간이며 자신이 드러내고 싶은 성질들이 무엇인지 자문해야 한다. 그럴 때 일상의 삶에서 현명하게 자제력을 발휘함으로써 자신의 품성을 발전시키는 일은 단순한 쾌락 추구보다 더 먼저가 될 수 있다. 물론 스토아주의자들은 한 걸음 더 나아가서 우리가 지혜, 자기수양, 절제를 발휘해야 하는 이유는 그것이 아이들에게 훌륭한 모범을 보이는 일이어서가 아니라 그렇게 하는 것이 그 자체로 목적이기 때문이라고 주장할 것이다. 덕은 그 자체로 보상이다. 우리가 지혜와 품성의 역량을 목표로 삼는 이유는 다른 무언가를 얻기 위해서가 아니라 단지 우리가 삶에서 바로 그런 사람이 되고 싶기 때문일 뿐이다.

우리는 또한 스토아주의자들이 역할모델의 태도와 행동을 어떻게 공부했는지도 배웠다. 마르쿠스의 역할모델에는 안토니누스 피우스와 유니우스 루스티쿠스처럼 살면서 직접 접한 사람들을 비롯해 헤라클레이토스, 소크라테스, 견유주의자 디오게네스처럼 역사상의 현자들도 포함된다. 우리가 흔히 존경하는 사람들은 음식이나 술 같은 육체적 쾌락을 대할 때 받아들이느냐 마느냐에 대해 매우 공정한 태도를 보인다. 그것은 마르쿠스가 소크라테스에게 있다고 하고, 안토니누스에게서도 관찰했던 그런 태도와 같은 것이다. 그들은 그런 쾌락들을 갈망한다거나 그런 것들에 중독되었다고 느끼지 않는다. 그들은 자신의 품성과 고결성에 더 많은 가치를 둔다. 반면에 그들은 이성적인 범위 내에서 건전한 방식으로 쾌락을 즐길 수 있으며, 그럴 때도 그런 쾌락은 일시적인 것이고 전적으로 우리의 통제 하에 있지 않다는 점을 잊지 않는다.

다시 한 번 말하지만, 자기 스스로 욕망하는 것들과 타인에게서 존경할 만하다고 생각하는 것들 간의 이중 기준을 고려하는 것이 많은 깨우침을 준다. 특정한 쾌락들을 단념해야 한다는 제안에 많은 사람이 처음에는 거의 어이없어 할 지경이 된다. 하지만 바로 그런 사람들이 대개 인내나 극기를 발휘하면서 지혜와 덕 그 자체를 위해 특정한 쾌락을 내친 다른 사람들을 칭찬하고 존경한다. 에픽테토스는 사람들의 근원적인 가치관 속에 잘 안 보이게 감추어져 있는 이런 종류의 모순을 부각하기 위해서 소크라테스적인 질문 던지기 방법을 사용하였다. 두 믿음이 양립할 수 없음을 실제로 아는 것이 그중 하나 혹은 둘 다를 약화시킬 수 있고, 자신의 중심 가치관을 명료하게 하는 데 도움을 준다. 자신의 삶에서 전형적으로 욕망하는 것들의 목록을 만들고 그것들을 타인에게서 존중하는 성질들과 비교하는, 앞에서 본 이른바 두 칸 기법은 그 두 가지 시각의 비일관성을 부각할 수 있다. 여기서 타인에게서 존중하는 특질들을 더 많이 욕망하기 시작한다면 어떤 일이 벌어질까? 예를 들어, 초콜릿이 있을 때 그것을 먹고 싶어 하는 욕망 대신 그것을 대단히 자기수양적인 사람이 되어서 더 일관되게 건전한 선택을 하고자 하는 욕망과 대체한다고 가정해 보면 어떨까? 스토아주의자들에게 최고의 목표는 쾌락이 아니라 언제나 덕이다. 하지만 건전한 쾌락과 더욱 심오한 기쁨의 감각은 덕에 부합하는 생활의 결과로서 따라올 수 있다.

더 건전한 기쁨의 원천을 추가하라

우리는 앞에서 마르쿠스가 이성적인 기쁨의 세 원천을 언급한 것을 보았다. 가장 으뜸가는 것은 스토아주의자들이 지혜와 덕을 향해 내딛는 자신의 발걸음을 깨닫고 삶에서 자신의 잠재력을 실현함으로써 경험하는 기쁨이다. 불건전한 습관들을 본래 더 가치 있는 활동들로 대체하는 것과 별개로 우리는 매일 유익한 활동들을 계획할 수 있다. 예를 들면, 매일 10분씩의 시간을 할애해서 아이들을 위한 이야기를 적어 볼 수도 있다. 이것은 나쁜 습관을 대체하는 문제가 아니라 실제 좋은 습관을 들이고자 하는 시도이다(물론 그것이 정말로 충만감을 제공하는 일인 한에서지만). 이것은 매일 시간을 따로 할애해서 스토아의 덕들을 연습하고 자신이 존경하는 사람들에 더 가까워지고자 하는 것과 같다.

마르쿠스가 말한 것과 같이 타인의 덕을 사색함으로써 얻을 수 있는 기쁨은 어떠한가? 그것은 타인의 태도와 행동을 모델링하는 것에 관해 지금까지 말해 왔던 것과 관련이 있다. 마르쿠스가『명상록』제1권에서 그리하듯이 시간을 따로 할애해서 우리는 타인에게서 가장 존경하는 성질들을 글로 기록해 두거나, 혹은 마음의 눈으로 볼 수 있게 생생하게 떠올릴 수도 있다. 가까운 사람들의 덕을 사색하는 것은 그들과의 관계를 개선하는 데 도움이 되는 추가 이득을 제공하기도 한다. 또한 자신이 존중하는 타인의 성질들을 사유해 보는 것이 본인에게는 어떤 영향을 미칠지, 그리고 그런 경험을 통해 어떤 배움과 이로움을 얻을 수 있겠는지도 생각해 보라.

　마지막으로, 마르쿠스가 욕망 대신 감사를 느끼라고 한 말을 기억하라. 어떤 의미에서 무언가를 욕망한다는 것은 자신이 갖고 있지 않은 것을 갖고 있다고 상상하는 것이다. 즉, 그 자리에 없는 것이 눈앞에 있다고 상상하는 것이다. 반면에 감사는 현재 눈앞에 있는 것들의 부재를 상상하는 데서 나온다. 이게 내게 없었더라면 어찌 되었을까? 자신이 사랑하는 사람들과 사물들이 세상에 없었더라면 자신의 인생이 어찌 되었을지 환기하면서 마음속으로 그런 상실을 가끔 그려 보지 않는다면, 우리는 그것들을 당연한 것으로 받아들일 것이다. 자신이 감사해하는 사람들과 사물들에 관한 일지를 남겨 두라. 어쩌면 그들로부터 배울 수 있는 것들에 초점을 둘 수도 있을 것이다. 하지만 마르쿠스가 말하듯이, 이를 실천에 옮기는 방식이 혹시라도 외적인 사물들에 과도하게 집착하는 결과로 귀착되지 않게 하는 것이 중요하다. 스토아주의자들은 외적인 것들과 타인들은 전적으로 우리의 통제 하에 있지 않으며 언젠가는 사라질 것임을 스스로에게 일깨움으로써 그런 결과를 피하고자 노력한다. 현명한 사람들은 삶이 전해 준 선물들에 감사해하면서도 그런 것들은 단지 잠시 빌려 온 것일 뿐임을 상기한다. 모든 것은 변하고 영원히 지속하는 것은 없다. 에픽테토스는 스토아주의를 공부하는 학생들에게 연회에 참석해서 다 같이 먹을 음식 접시를 전달받은 손님이 되었다고 상상해 보라고 말했다. 그럴 때 탐욕스럽게 접시를 혼자 붙들고서 몽땅 다 먹어치우려 하지 말고, 공손히 적당한 몫을 덜어 낸 다음 함께 온 다른 사람들에게 그 접시를 넘겨주는 것이 옳다. 이것이 스토아주의자들이 전반적으로 인생을 생각하는 방식이다. 그들은 외적인 것들에 감사해하면서도 그것들에 과도하게 집착하는 꼴이 되지 않는 것을 목표로 한다.

우리는 스토아주의자들이 어떤 건전한 방식으로 행복을 발견하기를 열망하는지 보았다. 그들은 자신이 갖고 있는 것들에 대한 감사, 타인이 갖고 있는 역량에 대한 존경, 존엄하고 명예롭고 고결하게 행동할 수 있는 자기 능력에 대한 자부심을 통해 행복을 찾는다. 또한 스토아주의자들에게 일상의 쾌락과 고통은 좋은 것도 아니고 나쁜 것도 아닌 그저 무관한 것들임을 기억하라. 그들의 주된 관심사는 육체적인 쾌락에 너무 많은 가치를 부여하고 그것들에 탐닉하며 과도하게 갈망함으로써 향락적인 사람이 되고 마는 일을 피하는 것이다. 합리적인 범위 내에서 쾌락적인 것들을 선호하거나 '가볍게' 욕망하고 고통과 불편을 피하는 것은 스토아주의자들에게는 자연스러운 일이다.

앞서 3장에서 기술한 프레임워크를 활용함으로써 우리는 욕망을 통제하는 방법에 관하여 스토아주의자들이 우리에게 남겨 준 지침 중 일부를 오늘날에도 적용할 수 있다. 특정한 습관이나 욕망을 그로 인한 귀결들에 의거해서 합리적으로 평가하라. 습관에 빠져드는 경우와 그것을 극복하는 경우를 대비시켜 장기적인 손익계산서를 적어 보라. 눈을 감고 두 개의 행로를 상징하는 갈림길을 마음속에 떠올려 보라. 먼저 불건전한 정념들의 미래를, 그 다음에는 이성에 부합하는 현명한 행위들의 미래를 최대한 생생하게 그려 보라. 앞서 언급했던 매일의 규칙적인 절차를 이런 식으로 변경할 수 있다.

1. 아침 명상 떠오르는 태양, 별들, 그리고 전체 우주 속에 있는 자신의 작은 공간을 생각하라. 오늘 하루에 있을 가장 중요한 일들을 마음속으로 시연하라. 그럴 때 소크라테스, 제논, 마르쿠스 아우렐리우스 혹은 나의 어떤 역할모델이라면 습관이나 욕망에 어떻게 대처했을지 상상하라. 예상되는 도전에 어떻게 대처할 계획이며, 그럴 때 내면의 어떤 자원이나 덕들을 활용할 수 있을지 구상하라.

2. 하루 중 극복하기 원하는 습관이나 욕망의 조기 경보를 살핌으로써 스토아적인 마음챙김을 실천하라. 조기에 조짐을 포착하여 그 싹을 잘라 내도록 노력하라. 잠시 한숨 돌리면서 스토아적인 무관심으로 불안정한 감정들을 수용하는 법을 실천하라. 자신의 생각과 인지적 거리를 확보하고 감정을 좇아가며 행동하는 일을 삼가라. 진정한 충만감을 얻는 데 기여하는 건전한 대체 행동들을 대신 실행하라. 이번 장에서 기술한 바와 같이 특정 습관들에 관하여 장부나 일지를 적어 둘 수도 있을 것이다.

3. 저녁 명상 하루가 끝나는 시점에서 자신의 가치관, 한마디로 덕에 부합하게끔 오늘 하루 자신이 얼마나 잘 처신했는지 검토하라. 욕망들과 관련하여 무엇을 잘하고 무엇을 잘못했으며 내일은 무엇을 달리할 수 있을지 고려하라. 혹시 도움이 된다면, 현명한 스토아의 멘토나 아예 한 무리의 현인들 앞에서 이런 질문들에 답하고 있는 모습을 상상하라. 그리고 그럴 때 그들이 어떤 조언을 해 줄 수 있을지를 숙고해 보라. 다음날 아침 명상을 준비하는 데 도움이 되도록 지금껏 배운 것들을 활용하라.

다음 장들에서 보게 되겠지만, 우리는 이런 기본적인 스토아의 규칙적 절차 및 이와 동일한 일부 기법들을 적절히 변경하여 고통, 불안, 분노 같은 인생의 다른 도전들에 대처하는 데도 도움을 얻을 수 있다. 그리하여 이제부터 우리는 유사한 기법들을 약간 다른 방식으로 활용하는 방법을 배우게 될 것이다.

5

자진하여 곤경에
맞서 싸우다

HOW TO
THINK LIKE
A ROMAN
EMPEROR

마르쿠스 아우렐리우스는 만성적인 건강 문제 때문에 신체적으로 허약했던 것으로 잘 알려져 있다. 하지만 그는 또한 보기 드문 회복력의 소유자로도 유명했다. 이를테면, 역사가 카시우스 디오는 이렇게 적었다.

> 분명히 그는 육체적인 무훈을 많이 과시하지 못했다. 그럼에도 그는 자신의 몸을 매우 나약한 상태에서 가장 뛰어난 인내력을 발휘할 수 있는 수준으로 발전시켰다.[1]

이런 외견상의 역설을 어떻게 설명해야 할까? 어떻게 그렇게 허약하고 병약한 인간이 강인함과 인내력으로 이름날 수 있었을까? 아마도 그 답은 고통과 질병을 바라보는 그의 태도, 그리고 그가 그런 것들에 대처하기 위해 사용한 스토아적인 기법들에 있을 것이다.

마르쿠스는 제1차 마르코만니 전쟁이 발발했을 때 나이가 거의 쉰 살에 이르렀고, 당시 로마의 기준에 따르면 노인이었다. 그럼에도 불구하고 그는 군복과 군화를 착용하고 군마에 올라 로마를 뒤로 한 채 원정길에 나섰으며 최전방에서 자리를 지켰다. 그는 알프스 산맥 너머, 오늘날 오스트리아에 속하는 다뉴브 강변의 카르눈툼Carnuntum이라는 요충지에 설치된 로마 군단의 군사기지에서 많은 시간을 보냈다. 카시우스 디오는 처음에는 너무도 허약한 마르쿠스가 북부 지역의 혹한을 견디지 못해서 면전에 집결한 군단 병사들 앞에서 직접 훈시도 할 수 없었다고 전한다. 제아무리 황제라 해도 이곳의 환경은 위험했고 누구든 육체적으로 나가떨어질 수 있었다. 설상가상으로 엄청나게 많은 사람들이 잔뜩 밀착해서 북적거리는 병영은 특히 전염병의 창궐에 취약했다. 그럼에도 불구하고, 마르쿠스는 시인 에우리피데스Euripides를 인용함으로써 북부 전선에서 겪고 있는 삶의 고난에 그다지 개의치 않는 모습을 보여 주었다. "그런 일들이야 저주받은 전쟁이 데리고 오는 것들이니." 다른 말로 하면, 그런 것들은 능히 예상한 일들일 뿐인 것이다.

건강 문제와 적대적인 환경에도 불구하고, 마르쿠스는 다뉴브 강을 따라 배치된 로마 군단을 지휘하면서 10년이 넘는 세월을 그곳에서 보내게 된다. 『명상록』에서 그는 그런 물리적인 제약 하에서 그렇게 오랜 기간 동안 자신의 몸이 버티어 준 것에 대해 신들에게 감사를 표한다.[2] 그는 두 차례의 마르코만니 전쟁과 안토니우스 대(大)역병을 이겨 냈다. 일반적으로 사람들이 예순까지 살 가망성이 지극히 낮던 시기였음에도 그는 거의 예순의 나이까지 이를 수가 있었다. 실제로 그는 건강 문제가 거듭 재발하며 고통을 겪었음에도 불구하고 대부분의 동시대 사람들보다 더 오래 살았다. 그래도 병영 생활로의 갑작스런 전환이 그에게 무시무시한 육체적 도전이었음에는 틀림이 없었을 것이다. 따라서 그의 글들이 육체적 문제들에 대처하고자 애쓰는 심리적 분투의 증거를 빈번히 노출하고 있는 것은 놀랄 일이 아니다.

물론 그는 이런 내면의 전투에 맞서기 위해 인생 대부분의 시간을 바쳐 준비해 오고 있었다. 마르쿠스는 오랜 세월에 걸쳐 고대 스토아주의의 심리적 전략들을 활용함으로써 고통과 질병을 견디어 내는 방법을 점차 습득하게 되었다. 전쟁 중에 『명상록』을 쓰면서 그는 자신이 계속 진행하는 수행의 일환으로서 이런 기법들을 성찰하였다. 이들 수기들은 30년이 넘는 엄격한 스토아의 훈련을 통해 도달한 마음 상태를 반영한다. 다른 말로 하면, 북부 원정 기간 중에 고통과 질병을 바라보는 그의 태도는 자연스럽게 생겨난 것이 아니었다. **배워서 습득해야 했던 것이다.**

물론 『명상록』이 우리가 마르쿠스의 생각을 들여다볼 수 있는 유일한 창구는 아니다. 19세기 초에 이탈리아 학자 안젤로 마이[Angelo Mai]가 매우 귀중한 오래된 편지 뭉치를 발견하였다. 라틴어 수사학자 마르쿠스 코르넬리우스 프론토가 여러 명의 다른 저명한 사람들과 주고받은 편지들이었다. 그런 사람들 중에는 그의 학생 마르쿠스 아우렐리우스도 포함되어 있다. 우리가 편지 한 통 한 통의 연대를 정확하게 추정할 수는 없지만, 그 편지들은 마르쿠스와 프론토가 우정을 나눈 기간 전체에 걸쳐서 오갔던 것으로 보인다. 이들의 우정은 프론토가 안토니우스 대(大)역병이 최고조에 달했던 해인 서기 167년에 사망할 때까지 지속됐었다.

그들의 서신 교환은 여러 가지 이유에서 주목할 만하다. 학자들은 마르쿠스의 사생활을 처음 엿볼 수 있었고 덕분에 그의 참된 인격을 목격할 수 있었다. 스토아주의자들을 냉정하고 준엄한 사람으로 묘사하는 대중적인 희화화와는 전혀 다르게 마르쿠스는 프론토와 그의 가족에게 놀라울 정도로 온기와 애정을 드러낸다. 그의 글쓰기 양식은 격식에 얽매이지 않으며 명랑하다. 이를테면 그는 프론토에게 자기가 일반 시민처럼 옷을 입고 시골에서 말을 타고 있을 때 생긴 일화를 전한다. 당시에 한 목동이 무례하게 그의 일행을 가리키며 품위 없는 악당들 무리라고 비난했단다. 마르쿠스는 웃으면서 양떼 속으로 말을 몰고 들어가 장난스럽게 양들을 흩어 놓음으로써 말싸움을 끝내려 했다. 하지만 목동은 재미있어 하기는커녕 일행에게 몽둥이를 휘두르며 고래고래 소리를 질러 대는 바람에 젊은이들은 현장에서 줄행랑을 쳐야 했다. 이런 붙임성 있고 태평한 편지들의 주인공이 20년의 세월이 지난 후 판노니아의 혹한의 전장에서 어수선하게 흩어져 있는 절단된 신체 부위들을 바라보며 스토아적인 명상들을 엄숙하게 글로 옮기고 있는 자신의 모습을 발견하게 되리라고 상상하기란 쉽지 않은 일이다.

이들 편지들에는 『명상록』과 확연히 대조되는 다른 무언가가 있다. 즉, 여러 가지 건강 상태에 관해 늘어놓고 있는 상당량의 한담과 때로는 불만의 내용까지 담겨 있는 것이다. 프론토는 대략 마르쿠스보다 20년 손윗사람이고, 특히 그는 마르쿠스에게 자신의 다채로운 통증과 고통에 관해 불평 늘어놓기를 좋아했다. 한 가지 사례를 들자면, 프론토는 밤새 만연한 고통으로 가장 심한 통증을

로마 황제처럼 생각하는 법

느끼게 한 신체 부위들을 열거한다. "나의 어깨, 팔꿈치, 무릎, 그리고 발목." 그는 이로 인해 마르쿠스에게 직접 손으로 편지 쓰는 일을 못하게 되었다고 말한다.[3]

다른 편지에서 그는 이렇게 적는다.

자네가 출발한 후에 무릎 통증이 엄습했다네. 진실을 말하자면, 적절히 주의를 기울이면 걸을 수 있고 마차를 이용할 수 있을 정도는 되는 가벼운 것이었지. 오늘밤에는 그 고통이 더 격렬한 상태로 시작되었지만 아주 심해서 누웠을 때 쉽게 견딜 수 없을 지경까지는 아니라네. 더 심해지지만 않는다면 말일세.[4]

때때로 마르쿠스는 본인의 건강 문제에 관해서 프론토와 잡담에 말려들곤 하였다.

저의 현재 건강 상태에 관해 말씀드리자면, 선생님께서 저의 떨리는 글씨체를 보시면 아주 쉽게 판단할 수 있으실 것입니다. 제 근력에 관한 한 그것이 다시 살아나기 시작했고, 그밖에 가슴 통증은 전혀 남아 있지 않은 게 사실입니다. 하지만 궤양이 기관지에 영향을 미치고 있습니다.[5]

이 특별한 편지는 마르쿠스가 황제에 등극하기 전에 써진 것이었다. 이것은 마흔의 나이에 (어쩌면 훨씬 더 이른 나이에 그랬을 수도 있다) 이미 그가 향후 재위 기간 내내 그를 괴롭힐 증상들로 인해 고통을 겪고 있었음을 보여 준다. 하지만 이런 편지들에서는 10년도 더 지나 『명상록』에서 발견하게 되는 스토아적인 대처 기법들에 대한 증거는 찾아볼 수 없다.

청년기에 마르쿠스는 튼튼했고 앞서 봤듯이 육체 활동을 즐겼다. 로마에 있는 동안, 그는 갑옷을 입고 날이 무딘 연습용 무기들을 이용해 싸우는 훈련을 아마도 검투사들에게서 직접 받았던 것 같다. 그는 또한 사냥을 즐겼고, 특히 말을 타고 야생 멧돼지를 창으로 꿰뚫어 잡는 일을 아주 좋아했다. 그리고 들새 사냥을 나가서 그물과 창으로 새들을 포획하기도 했다.

그러므로 우리가 그려 본 청년기 마르쿠스의 전반적인 그림은 강하고 체력이 좋은 젊은 남자의 모습인 셈이다. 하지만 40대와 50대의 나이로 접어들면서 그는 육체적으로 쇠약해졌고 그런 쇠약한 모습이 후대 사람들이 그를 기억하는 방식이 된 것 같다. 이를테면, 4세기에 율리아누스^{Flavius Claudius Julianus} 황제는 글을 쓰면서 마르쿠스의 피부가 속이 들여다보일 정도의 반투명한 상태로 보였으리라 상상한다. 마르쿠스는 심지어 어떤 한 연설에서 자기 자신을 음식을 먹을 때마다 통증을 느끼고 수면장애를 앓고 있는 나약한 노인으로 지칭하였다. 『명상록』은 또한 그가 각혈과 어지럼증 발작 때문에 약을 섭취하고 있음을 언급한다.[6] 그는 특히 만성적인 흉부와 위장 통증을 앓았다. 밤늦게 섭취한 소량의 음식만을 간신히 감당할 수 있었다. 학자들은 상이한 진단들을 내놓았는데, 그가 겪은 건강 문제가 아마도 복합적인 것이긴 했을 테지만, 가장 공통된 의견은 만성 위궤양이었다.

로마에서 처음 전염병이 발생한 후에 마르쿠스의 궁정의사 갈레노스는 그에게 '테리악^{theriac}'이라고 알려진 고대의 합성 물질을 처방해 주었다. 수십 가지 외래 성분들을 섞어 만든 이 불가사의한 조제약에는 쓴 몰약myrrh(감람과 미르나무속 나무에서 나오는 수지로서 주로 향수와 향료의 원료로 사용됨-옮긴이)에서부터 발효시킨 독사의 살코기와 소량의 아편까지 모든 것이 들어갔다. 마르쿠스는 테리악을 정기적으로 복용한 것이 다른 증상들뿐만 아니라 위장과 가슴의 통증을 견디는 데에도 도움을 주었다고 믿었다. 그는 잠시 이 약의 사용을 중단했는데, 이 약을 먹으면 너무 졸렸기 때문이었다. 그러다 다시 아편의 양을 줄여서 개량된 형태의 약을 복용하기 시작했다. 이로 미루어 그는 테리악을 사리분별 있게 순한 형태로 복용했던 것으로 보인다.

어쨌든 그 약물이 마르쿠스가 느낀 고통과 불편을 없애 준 것은 분명 아니었다. 만성 통증에 시달리는 많은 사람들이 그러하듯 그 또한 다른 방식의 대처법을 발전시켜야 했다. 그리하여 세월이 흐르는 동안 마르쿠스는 건강 문제를 안고 살아가는 방식으로서 스토아주의의 심리 기법들에 의지하게 되었다. 특히 다뉴브강 부근에 주둔한 부대에 합류한 이후로 상황이 그에게 점점 더 힘들어져가고 있을 때에 더욱 그랬다. 안토니우스 대(大)역병의 참상과 마르코만니 전쟁의 살육 속에서 틀림없이 그는 셀 수 없이 많은 사람들이 곤경을 겪는 모습을 목격했을 것이고, 그중 어떤 이들은 다른 이들보다 그런 곤경에 더 잘 대처했을 것이다. 일생에 걸쳐 그는 소수의 모범적인 개인들이 어떻게 극심한 고통과 질병을 견디어 내는지 공부함으로써 아주 많은 것을 배웠다. 그는 그러한 지혜를 스토아주의의 렌즈를 통해 해석한 다음, 거기서 불순물들을 걸러내서 『명상록』에 담았다.

프론토의 편지들 속 마르쿠스와는 확연히 대조적으로 『명상록』의 마르쿠스는 현명한 사람은 자기에게 닥친 일에 대해서 비극적인 태도를 취하지도, 흐느끼지도 않는다고 아주 무뚝뚝하게 진술한다. 그가 자신의 수사학 교사들인 프론토와 헤로데스 아티쿠스를 가리키며 한 말이 아닌 것은 확실하다. 대신, 필시 그 수사학자들의 경쟁자들을 염두에 두었을 것이다. 그에게 스토아주의를 훈련시켰고 정신적 회복력의 살아 있는 모범을 제공했던 사람들, 즉 그의 철학 교사들 말이다. 예를 들면, 칼케돈의 아폴로니우스가 극심한 통증과 고질적인 여러 가지 지병들을 견디어 낸 방식은 마르쿠스에게 평생에 남을 인상을 심어 주었다. 아폴로니우스는 그 모든 과정 내내 평정심을 잃지 않았고 자신의 행로를 이탈하게 할 어떤 좌절도 스스로에게 허락하지 않았다. 그는 늘 지혜를 획득하여 다른 사람들과 공유하겠다는 일생의 목표에 헌신한 사람으로 남았다.[7]

여기에 마르쿠스의 또 한 명의 스토아적인 개인 교사 클라우디우스 막시무스Claudius Maximus는 훨씬 더 강렬한 인상을 남겼던 것으로 보인다. 마르쿠스는 『명상록』에서 막시무스의 질병과 죽음을 세 차례 언급한다. 아폴로니우스처럼 막시무스 역시 심각한 질병에도 불구하고 지혜의 추구에 헌신하겠노라는 결코 흔들림 없는 결연한 태도를 유지했다. 그는 아폴로니우스 같은 전문적인 스토아 교사는 아니었지만, 로마의 고위급 정치인이었고 능란한 군사 지휘관이었다. 또한 강인하고 자립적인 사람이었으며 스토아주의에 대한 헌신으로 명성이 높았다. 그는 마르쿠스가 즐겨 표현하곤 했던 대로 그야말로 혼자 힘으로 우뚝 선 그런 유형의 인간이었다. 결코 다른 누군가가 일으켜 세워 주어야 하는 그런 인간이 아니었다. 그는 자신의 결의를 의연하게 유지했고 어떤 절망적인 상황에 직면해서도 밝은 마음을 잃지 않았다.[8] 막시무스는 원로원이 그를 서기 158년에 아프리카 속주 총독에 임명하고 나서 그리 오래지 않아 병에 걸려 죽은 것으로 보이며, 그의 상실이 마르쿠스에게 매우 깊은 영향을 미쳤던 것 같다.

실제로 마르쿠스는 막시무스를 안토니누스 황제에 비견될 사람으로 보는 것 같다. 두 사람 다 흠결 없는 성품의 역량, 자기수양, 그리고 고통과 질병에 맞선 인내심을 보여 주었다. 안토니누스는 건강에 많은 신경을 썼고, 덕분에 긴 생애의 대부분 기간 동안 의사들의 도움을 거의 필요로 하지 않았다. 하지만 그는 사실 극심한 두통을 앓았으며 나이가 들면서 허리가 너무 구부러지는 바람에 몸통을 똑바로 세우기 위해 부목을 대야 할 상황까지 생겼다. 마르쿠스는 양아버지가 극심한 두통에서 회복해 있는 동안에는 되찾은 결의로 마음을 추스르고 별일 아니라는 듯 황제로서 자신의 의무로 곧바로 되돌아오곤 한다는 사실을 알아챘다. 그는 자신의 우환을 걱정하거나 그런 고통이 자기를 오랜 시간동안 방해하도록 방치하며 시간을 낭비하지 않았다. 『명상록』을 쓰면서 마르쿠스는 10년도 더 전에 덕망 높은 안토니누스가 일흔넷의 나이로 평화롭게 세상을 떠났던 방식을 회고하고 있는 자신의 모습을 발견한다.[9] 막시무스처럼 안토니누스는 언제나 만족해했고 늘 밝았다. 그는 자리에 누워 죽어 가는 중에도 마지막 내쉬는 숨과 더불어 근위사관에게 **평정**이라는 단어를 속삭였다고 전해진다. 이 단어는 그의 성품과 그의 통치 둘 다를 상징하는 말이었다. 우리는 고통과 질병에 대한 마르쿠스의 태도가 이런 사람들의 성품을 공부함으로써 형성된 것임을 분명히 알 수 있다. 아마도 그는 프론토나 그 밖에 다른 소피스트들처럼 되고 싶은 마음은 덜했을 것이다. 그들의 과장된 수사학 사랑은 일상의 불행을 개인의 비극으로 탈바꿈시킴으로써 사람들의 불평을 확대할 위험성이 있었다.

비록 마르쿠스가 스토아주이자이기는 했으나, 고통과 질병에 대처하는 문제에 관한 한 그는 또 다른 더 놀라운 원천으로부터도 영감을 이끌어냈다. 바로 스토아학파와 경쟁하는 철학 학파인 에피쿠로스 학파였다. 에피쿠로스주의자들은 인생의 목표가 쾌락[hedone]이라고 믿었다. 하지만 그들은 쾌락이란 주로 고통과 괴로움에서 벗어난 자유의 상태[ataraxia]에 해당한다는 식의 역설적인 설명을 내놓은 것으로 잘 알려져 있다. 따라서 그들에게는 고통과 질병이 야기한 정서적인 불행을 최소화하는 것이 지극히 중요했다.

마르쿠스는 에피쿠로스가 거의 500년 전에 썼다고 추정되는 편지를 인용한다. 우리는 다른 출처로부터 에피쿠로스가 심한 신장 결석과 이질로 괴로워했다는 사실을 알고 있다. 그리고 그로 인해 결과적으로 그는 죽음에 이르게 되었다.

내가 아플 때 나는 내 몸의 고통에 관한 대화에 몰두하지도 않았고 나를 찾아온 사람들에게 그런 문제들을 재잘거리지도 않았습니다. 다만 이전과 다름없이 자연철학의 주된 원리들에 대한 토론을 계속 이어 갔을 뿐입니다. 그리고 특히 바로 이 문제, 즉 마음이 우리의 형편없는 육신의 동요들을 자각하면서도 교란되지 않고 그 자신의 특유의 선을 보존한다는 것은 어찌된 일인지 논했지요. 나는 의사들이 마치 무언가 중요한 일에 관여하고 있는 것처럼 우쭐하며 거드름을 피우도

록 내버려 두지도 않았습니다. 다만 나의 인생은 언제나처럼 만족스럽고 행복하게 나아갈 뿐이었지요.[10]

마르쿠스는 이 편지와 그가 프론토와 수십 년 전부터 나누어 왔던 서신들을 대조해 보고 충격을 받았음에 틀림이 없다. 우리도 대부분이 그러듯이 마르쿠스도 '몸의 고통들'에 관해서 에피쿠로스가 그러지 말라고 경고했던 정확히 그런 종류의 재잘거림과 불평을 늘어놓고 있었던 것이다. 에피쿠로스는 건강 상태가 좋지 않았음에도 불구하고 자신의 증상에 불만을 갖거나 그것에 마음을 쓰지 않았다. 사실상 그는 몸이 끔찍한 고통과 불편을 겪고 있는데도 어떻게 마음은 여전히 만족해할 수 있는지에 관해 냉철하게 대화할 수 있는 기회로 자신의 질병을 활용하였다. 그는 그저 자신이 사랑하는 일을 계속 수행하였다. 친구들과 철학을 논한 것이다.

마르쿠스는 이 편지를 인용하고 나서 늘 에피쿠로스처럼 행동하라고 스스로를 타이른다. 질병이나 통증 혹은 다른 그 어떤 역경에 직면해서도 지혜의 추구에 계속 매진하라. 이 충고는 에피쿠로스주의와 스토아주의만이 아니라 다른 모든 철학 학파에게 공통된 것이라고 그는 말한다. 우리의 주된 관심은 매순간마다 바로 지금 우리의 마음을 어떻게 쓰고 있느냐에 늘 머물러 있어야 한다.[11]

『명상록』에서 마르쿠스는 통증과 질병에 관한 에피쿠로스의 가르침들로 거듭 되돌아온다. 특히 에피쿠로스의 『원론적 교의 Principal Doctrines』에 실린, 통증에 대처하는 조언이 담겨 있는 에피쿠로스의 유명한 격률에 관심이 있다. 에피쿠로스는 고통이란 급성이거나 만성이지만, 결코 둘 다는 아니기 때문에 언제나 견딜 만한 것임을 스스로에게 일깨워야 한다고 말했다. 교부 테르툴리아누스 Tertullianus는 에피쿠로스가 "작은 고통은 하찮은 것이고 큰 고통은 지속되지 않는다"라는 격률을 지었다고 말함으로써 그의 원래 생각을 깔끔하게 정리하였다. 따라서 우리는 극심한 통증이라면 오래가지 않을 것이며, 만성적인 통증이라면 아주 나쁜 상태라도 견딜 수 있을 것이라고 되뇜으로써 통증에 대처하는 법을 배울 수 있다. 사람들은 자신의 통증은 만성적이면서 극심하기도 하다고 말하며 이런 조언에 반대하곤 한다. 하지만 『명상록』 앞부분에서 마르쿠스는 에피쿠로스에게서 따온 같은 인용구를 다음과 같이 풀어쓴다. "통증에 관하여: 만약 그것이 견딜 수 없는 것이라면 우리를 데려가 버릴 것이요, 지속되는 것이라면 견딜 수 있는 것이다."[12] 요점은 우리가 견딜 수 있는 능력치를 넘어서는 만성적인 통증이라면 우리를 죽였을 것이므로 우리가 여전히 버티고 서 있다는 사실은 아주 나쁜 상태도 견딜 수 있다는 의미이다. 어떤 사람들은 이런 조언을 받아들이기 어려울 수도 있겠지만, 여러 해 동안 만성 질환을 앓아 온 나의 온라인 강의 참여자들은 이 에피쿠로스의 격률이 지나온 과거의 세기들 내내 많은 사람들에게 그랬던 것처럼 큰 도움이 되었다고 보고한다. 하지만 불건전한 습관과 갈망을 극복하기 위해서 훈련을 해야 하듯이, 이런 식으로 꾸준히 문제를 바라보기 위한 훈련이 반드시 필요하다.

고대인들이 이런 특별한 전략이 통증에 대처하는 방식으로 유익하다고 생각한 이유는 정확히 무엇이었을까? 실제로 통증 때문에 버둥거리는 사람들은 자신의 무능력한 대처와 지금의 문제가 통제 불능으로 확산되고 있다는 감정에 초점을 맞춘다. "정말 더는 도저히 견딜 수가 없어!" 이것은 파국화하기의 한 형식이다. 즉, 최악의 시나리오와 압도된 감정에 너무 많이 집중하는 것이다. 반면 에피쿠로스가 의도한 것은 고통의 **한도**에 대신 초점을 맞추는 것이다. 그럼으로써 우리는 지속 시간이나 통증 강도에 상관없이 자신의 상태에 관한 걱정이나 부정적 감정에 대처하고, 그런 것들에 잘 압도되지 않는 쪽으로 한 걸음 더 나아가는 심적 성향을 발전시킬 수 있다는 것이었다.

마르쿠스는 또한 통증이 온몸에 훨씬 더 넓게 퍼져 있다는 상상에 사로잡히도록 스스로를 방치하는 대신, 통증이란 신체의 특정 부위에 한정되는 것이라고 생각하는 편이 유익하다는 것을 깨달았다. 통증은 우리의 마음을 지배하고 이야기의 전부가 되고 싶어 한다. 하지만 통증을 잘 관리하는 사람들은 대개 통증이란 본성상 한도가 있는 것이라며 객관적인 시각으로 그것을 바라본다. 이런 시각은 자신이 통증에 다양한 방식으로 대처하고 있음을 더 쉽게 알아보게 해 준다. 실제로 『명상록』의 다른 대목에서 마르쿠스는 에피쿠로스의 말에 스토아적인 성격을 첨가해 이렇게 말한다. "통증은 견딜 수 없는 것도, 영원히 지속되는 것도 아니다. 그것의 한도를 유지하고 자신의 상상을 통해 무언가를 보태지만 않는다면 말이다."[13] 일반적으로 스토아주의자들은 에피쿠로스주의를 비롯해 다른 철학적 가르침들을 기꺼이 흡수했다. 그리고 그렇게 흡수한 가르침들을 적당히 고쳐서 자신들의 핵심 신조들과 더 잘 어울리게 만들었다. 마르쿠스의 의도는 실제로 통증에 대한 우리의 태도가 우리가 망가지는 방식을 결정한다는 사실을 기억한다면 통증은 견딜 만하다는 것이다. 스토아주의자들의 표현대로, 우리를 망가뜨리는 것은 우리의 통증이나 질병이 아니라 그것들에 대한 우리의 판단이다. 이것은 스토아의 통증 관리 설비에 포함된 주된 치료 도구 중 하나이다.

마르쿠스는 또한 다른 형태의 신체적 불편함 대부분이 본질적으로 동일한 방식으로 다뤄질 수 있다고 적었다. 그는 통증의 대처를 섭식 장애나 수면 장애에 대처하는 문제에 비교한다. 이 두 가지 장애는 마르쿠스 본인이 직접 앓고 있었다고 알려진 문제들이다. 그는 또한 숨 막히는 더위를 언급하면서 강렬한 더위나 추위를 견디는 문제에 관한 견유주의자들의 생각을 떠올린다. 이런 불편한 상황들에 직면했을 때 마르쿠스는 그저 스스로에게 이렇게 경고하곤 했다. "너는 지금 통증에 굴복하고 있구나."[14] 그 후로 그는 이 동일한 대처 기술을 다뉴브강 유역에 몰아친 강한 눈보라 속에서 사투하고 있을 때나, 이탈리아 북부의 아퀼레이아 군사 기지에서 출발해 카르눈툼의 군단 요새에 이르는 행군 기간에 여러 날 말을 탄 데서 비롯된 피로에 지쳐 있을 때에도 한결같이 적용하였다. 한마디로 고통, 불편, 피로, 그런 것들은 모두 단지 불쾌한 감각들일 뿐이다.

그가 옳았다. 사람들이 통증(심지어 매우 극심한 통증)에 대처하기 위해 사용하는 요령들은 다른 불편한 감각들에 대처할 때 사용할 수 있는 것들과 유사하다. 이를테면, 조깅이나 요가 같은 일상적인 형태의 신체 훈련 도중에 본질적으로 동일한 대처 전략들을 실천할 기회들이 있다. 우리는 그런 종류의 활동을 하면서 경험하게 되는 피로와 불편의 무해한 감각들을 어떻게 참아 내는지 배울 수 있다. 찬물 샤워 역시 동일한 기법을 실천할 수 있게 해 준다. 그런 전략들을 충분히 잘 배워 둔다면, 우리는 극심한 통증이나 혹은 위기 상황에서 입은 심각한 신체 부상에 대처할 때 설령 아무런 사전 대비가 없었다 하더라도 바로 그 전략들에 호소할 수 있을 것이다. 다시 말해, 일상에서 겪는 작은 신체적 불편을 참을 줄 아는 것이 영속적인 심리적 회복력을 구축하는 데 도움을 줄 수 있다. 어쩌면 이것을 일종의 **스트레스 예방 접종**이라고 부를 수도 있을 것이다. 즉, 더 소량이거나 더 가벼운 형태의 유사 문제에 스스로를 자발적으로 반복 노출시킴으로써 더 큰 문제에 대한 저항력을 구축하는 방법을 배우는 것이다.

시간이 흐르면서 마르쿠스는 상이한 질병들을 앓고 있으면서 다양한 방식으로 죽음에 직면하는 많은 주변 사람들을 관찰하였다. 그는 또한 스토아의 교사들에게서 구체적인 대처 전략과 기법을 배웠다. 실제로 마르쿠스는 『명상록』에서 통증과 질병에 대처하는 다양한 스토아의 전략들을 서술하고 있다. 잘 대처하는 사람들에게서 발견되는 가장 중요한 특징은 신체 감각으로부터 마음을 '퇴각' 시킬 수 있는, 혹은 '분리'시킬 수 있는 능력이었다. 우리는 앞서 **인지적 거리두기**라고 불렀던 이 스토아의 기법을 이미 도입한 바 있다. 그것은 불쾌한 감정에 대한 가치판단을 제지하는 법을 배울 것과 그런 감정이 그 자체로 좋은 것도 아니고 나쁜 것도 아니라고 도덕적으로 무관심하게, 그리고 궁극적으로는 무해하게 바라볼 것을 요구한다. 물론 이런 태도는 훈련과 그 밑바탕에 깔린 개념들의 이해를 요구한다.

마르쿠스가 이런 강력한 기법을 개념화할 방법을 찾게 된 것은 주로 에픽테토스의 스토아적인 가르침들 덕분이었다. 스토아의 참을성에 관한 가장 유명한 이야기 중 하나는 공교롭게도 바로 에픽테토스에 관한 일화이다. 그는 원래 노예였고 네로 황제의 심복이었던 에파프로디토스^{Epaphroditus}가 주인이었다. 교부 오리게네스^{Origenes}에 따르면, 에파프로디토스는 어느 날 화가 나서 에픽테토스를 붙잡고 그의 다리를 잔인하게 비틀었다. 에픽테토스는 반응하지 않았고 조금도 태연함을 잃지 않았다. 에픽테토스는 그저 뼈가 곧 꺾이게 생겼다고 주인에게 알려 줄 뿐이었다. 에파프로디토스는 다리를 계속 비틀어 댔고 정확히 그가 말한 그 일이 발생했다. 에픽테토스는 불평을 터뜨리기는커녕 그냥 사실을 있는 그대로 전달하듯 이렇게 응답하였다. "그거 보십시오, 부러질 것이라고 말씀드리지 않았습니까?"

에픽테토스는 『대화록』에서 자신이 불구임을 넌지시 암시하지만 결코 그 이유를 언급하지 않는다. 대신 그는 질병에 대처하는 문제를 학생들에게 가르칠 때 자신의 불구를 사례로 사용한다. 그는 질병이란 우리 몸의 방해물이기는 하지만 우리가 그러겠다고 작심하지 않는 한 우리 의지의 자유를 방해하지는 못한다고 학생들에게 말한다. 다리를 저는 것은 다리의 방해물이지만 마음의 방해물은 아니다.[15] 에픽테토스는 날개가 안 자라나서 날 수 없는 것 때문에 심란해하지 않듯이 절뚝거리는 다리 때문에 심란해할 일이 없었다. 그는 절뚝거리는 다리를 단지 인생에서 자신의 통제 너머에 있는 많은 것들 중 하나로 받아들였다. 그리고 자신의 절뚝거림을 지혜와 성품의 역량을 발휘할 수 있는 기회로 간주했다. 인생 후반에 그는 자유를 얻어 철학을 가르치기 시작했다. 아마도 그의 주인은 양심의 가책을 느꼈을 것이다. 어쨌든 이 이야기는 신체적

로마 황제처럼 생각하는 법

고통을 바라보는 스토아주의자들의 저 유명한 무관심을 강력하게 예증해 준다. 만약 이 이야기가 사실이라면, 마르쿠스도 틀림없이 들어 봤을 것이다.

고통을 견뎌 내는 법

⚎

고통이란 본래적으로 나쁜 것이라고 가정하는 것이 자연스러워 보일 수도 있지만, 스토아주의자들은 추종자들에게 고통과 쾌락은 좋은 것도 나쁜 것도 아님을 설득하는 논증들을 잇달아 제시한다. 이를테면 고통에 대한 무관심을 예증하는 방법 가운데 하나는 다른 외적인 것들과 마찬가지로 고통 역시 현명하게도, 어리석게도, 좋게도, 나쁘게도 활용될 수 있음을 지적하는 것이다. 운동선수는 극한의 육체적 노력에 뒤따르는 고통과 불편을 참아 내는 법을 배울 수 있다. 그 경우, 고된 연습을 통해 자신을 고통스러운 감각이나 최소한 불편한 감각에 의도적으로 노출시키는 것은 인내력 구축에 도움이 된다는 점에서 유익한 일이 될 수 있다. 물론 불편을 피하는 선수라면 아마도 격렬한 훈련을 회피할 것이다. 고통과 불편이 우리의 역량을 발전시킬 수 있는 기회를 제공한다면 인생에서 이득이 될 수 있다. 또한 많은 보통 사람들이 어떤 특별한 상황에서는 고통에 대한 무관심을 드러낸다는 것도 사실이다. 이를테면 자기 목숨을 건지기 위해 애쓰는 동안 부상을 입는 경우 같은 것이 바로 그런 상황이다. 일부 피학주의자 같은 사람들은 심지어 고통의 감각을 즐기기까지 한다. 다른 말로 하면 고통은 단지 감각일 뿐이다. 문제는 어떤 대응 방법을 선택하느냐에 있다.

에픽테토스는 『대화록』에서 여러 차례에 걸쳐 통증과 질병에 대처하는 법을 학생들에게 알려 준다. 앞선 시대의 에피쿠로스처럼 그는 자신의 문제를 놓고 너무 많이 불평하거나 재잘거리는 것은 그 문제를 더 악화시킬 뿐이며, 그런 행동들이 자신의 성품에 해를 끼친다는 사실이 더 중요한 문제라고 믿었다. 마르쿠스는 여럿이 함께 흐느끼는 것이 영혼에 나쁘다는 점에 동의했다. "다른 사람들의 울부짖음에 합세해서도 안 되고, 격렬한 감정도 안 된다."[16] 오늘날의 인지치료사들 역시 슬픔은 사람들이 스스로에게 "감당할 수 없어!"라고 말할 때 상승한다는 것을 발견한다. 사태를 더 이성적이고 객관적으로 바라보고 지금 갖고 있는 잠재적인 대처 능력이나 과거에 유사한 상황에서 대처했던 다양한 방식들을 인정하기 시작할 때 슬픔은 줄어든다. 부분적으로 이것은 고통의 수사학에 관한 관찰이다. 우리는 "이것은 견딜 수가 없어!" 같은 말을 되뇔 때 주의해야 한다. 왜냐하면 그런 말은 대개 우리의 절망감을 키우는 과장어구에 불과한 것이기 때문이다.

에픽테토스는 학생들에게 머리나 귀에 통증이 있는 것은 있는 것이지만 거기서 한 발짝 더 나아가 "두통이 있어, 이걸 어쩌지!"라고 말해서는 안 된다고 말한다. 고통이 모종의 재앙임을 내비쳐서는 안 된다. 그는 지금 괴로움을 토로할 수 있는 당사자의 권리를 부인하고 있는 것이 아니며, 다만 사람들이 자신이 해를 입었다는 생각을 실제로 덥석 믿어버림으로써 그런 식의 토로가 자기 내면을 향하게 해서는 안 된다는 것이라고 설명하였다. 단지 노예가 반창고를 느릿느릿 가져온다는 이유로 고래고래 울부짖으면서 "모두가 나를 미워해!"라며 스스로 괴로워해서는 안 된다는 것이다. ("게다가 도대체 누가 그런 사람을 미워하지 않겠습니까?" 그가 냉소적으로 덧붙인다.) 그는 학생들에게 곤란한 사건이나 불쾌한 감각에 대응할 때는 문자 그대로 "그건 내게 아무것도 아니야"라고 말하라고 가르침으로써 자신의 실천적인 조언을 요약하였다. 이것은 어쩌면 다소 과장된 이야기일 수 있다. 스토아주의자들은 여전히 가능하면 통증과 질병을 피하는 쪽을 '선호'할 수 있다. 하지만 일단 벌어진 일이라면 그들은 그런 사실을 무관심하게 수용하고자 노력한다.

에피쿠로스의 격률에 덧붙여, 마르쿠스는 의도적인 무관심의 태도로 통증과 질병을 바라보며 견디어 내는 스토아의 전략들을 많이 언급한다. 대다수의 전략은 에픽테토스의 『대화록』에서 영향을 받은 것이었다.

1. 우리를 망치는 것은 사물이나 감각이 아니라 그것에 관한 우리의 판단이다. 이를 스스로에게 일깨움으로써 자신의 마음을 감각과 분리시켜라. 이것을 '인지적 거리두기'라고 부른 바 있다.

2. 고통의 공포가 고통 그 자체보다 더 해롭다는 것을 기억하라. 혹은 기능적 분석의 다른 형식들을 이용하여 고통을 두려워하는 것과 고통을 수용하는 것이 각각 어떤 결과를 불러올지 측정하라.

3. 신체 감각을 정서적인 어휘들로 기술하지 말고 가급적 객관적으로 바라보라.(객관적 표상, 즉 판타시아 카탈렙티케$^{phantasia\ kataleptike}$ 예: "이마에 압박감이 느껴지는군." vs "죽을 지경이야. 코끼리 한 마리가 머리 위에

서 계속 쾅쾅 밟아 대는 것 같아!")

4. 감각을 구성인자들로 분석하고 그것을 가능한 한 정확하게 신체상의 특정 위치에 한정하라. 그럼으로써 앞장에서 불건전한 욕망과 갈망을 중화하기 위해 사용한 것과 같은, 이른바 분석에 의한 가치저감 방법을 활용하는 것이다. ("전신이 다 아파"라고 말하지 말고 "귀에 날카롭게 쑤시는 감각이 생겼다 없어졌다 하는 걸"이라고 말하라.)

5. 감각은 시간의 한도가 있고, 바뀔 수 있고, 일시적인 것이라고 간주하라. 즉, "비영속성을 사색하라." ('이 감각은 한 번에 딱 몇 초 동안만 절정에 달했다가 그 다음에는 서서히 사라져. 아마도 며칠간은 안 생길 거야.') 만약 치통 같은 급성 통증을 겪는다면 몇 년 후에는 그때 어떤 느낌이었는지는 다 잊어버리게 될 것이다. 만성 신경통 같은 장기적인 문제가 있다면, 그것이 때로는 더 나빠질 것이고 그래서 또 때로는 틀림없이 누그러지리라는 것도 알 것이다. 이 통증은 지나가게 되어 있다는 생각에 초점을 맞출 수 있다면 그것이 바로 차이를 만든다.

6. 감각에 맞서 싸우는 투쟁을 그만두고 자연스럽고 무관심하게 수용하라. 이것이 이른바 '스토아적인 수용'이다. 그렇다고 고통을 줄일 수 있는 약물을 복용한다든지 하는 실천적인 대응 조치들을 취하지 말라는 의미가 아니다. 다만 원망이나 감정적인 버둥거림 없이 그 고통과 더불어 사는 법을 배워야 한다는 말이다.

7. 자연은 우리에게 용기를 발휘할 수 있는 능력과 고통에 굴복하지 않고 인내하는 능력을 둘 다 주었다. 덕을 사색하고 모델링하면서 우리가 타인에게서 이런 덕들을 존중한다는 사실을 스스로에게 일깨워라.

우리는 이 전략들을 차례차례 고찰할 것이다.

인지적 거리두기

에픽테토스와 마르쿠스가 언급한 가장 중요한 고통 관리 전략은 바로 '인지적 거리두기'라고 부르는 전략이다. 이 전략은 우리에게 이미 친숙해져 있을 다음 구절로 요약된다. "우리를 망치는 것은 사건이 아니라 사건에 관한 우리의 판단이다."[17] 고통의 개념에 적용해 보면 이 말은 고통이 아니라 오히려 고통에 관한 우리의 판단이 우리를 망친다는 것을 의미한다. 우리가 고통에 가치판단을 부여하는 활동을 유예할 때 우리의 괴로움은 완화된다. 이렇게 하는 것은 어떤 상황에서건 늘 우리의 능력 하에 있다. 즉, 신체 감각에 얼마나 많은 중요성을 부여할지는 우리가 선택할 문제라는 것이다.

마르쿠스는 가치판단의 보류를 마음이 신체 감각들로부터, 지금 경우에는 통증과 질병의 신체 감각들로부터 '퇴각' 혹은 '분리' 하거나 혹은 그것들을 '정화^{katharsis}'하는 것이라고 서술한다. 그는 또한 판단의 보류를 설명할 때 고통과 쾌락은 **원래의 자리**, 즉 그것들이 속해 있는 신체 부위에 남겨져야 한다는 식으로 말하기를 좋아한다. 설령 마음의 가장 절친한 동반자인 몸이 "베이거나 타거나 곪거나 썩거나" 하더라도, 신체 감각이란 본래적으로 좋거나 나쁜 것이 아니라고 판단하는 한, 평화로운 상태에서 우리의 통제력을 보존할 수가 있다.[18]

마르쿠스는 이것을 "무관심의 대상들에 무관심해 지는 것"이라고 부른다.[19] 이와 관련하여 그가 스토아 심리학의 미묘한 측면들을 상세히 설명하는 특별히 중요한 구절이 있다.[20] "우리는 고통과 쾌락의 신체 감각을 포함하여 외적인 것들이 우리의 통제력을 뒤흔

드는 일이 늘 없도록 해야 한다." 이 말은 마음 둘레로 선을 그어 경계선을 표시하고 신체 감각들을 그 선 바깥에 위치시킴으로써 우리가 마치 멀찌감치 떨어진 곳에서 저 건너편에 있는 것들을 바라보듯 하라는 뜻이라고 그는 말한다. 반면에 우리가 고통 같은 외적 감각들에 대해 강한 가치판단을 내리도록 스스로 허용한다면, 우리의 마음이 그런 것들과 융합되어 버리고 결국 괴로움의 경험 속에서 우리 자신을 상실하게 된다.

마르쿠스가 고통이 인생의 일부임을(혹은 이런 문제라면, 쾌락 역시 마찬가지이다) 부인하라고 우리에게 요청하고 있는 게 아니라는 점에 유의하는 것이 중요하다. 우리뿐만 아니라 스토아의 현자라 해도 이것은 다르지 않다. 그는 마음과 육체 간에 존재하는 자연스러운 감응 때문에 어차피 고통과 쾌락의 감각은 불가피하게 우리의 의식 안으로 들어올 길을 찾게 되어 있다고 적는다. 그는 감각을 억압하려고 노력하지 말아야 한다고 강조한다. 감각은 자연스러운 것이기 때문이다. 다만 그것에 좋거나 나쁘다는, 유익하거나 해롭다는 판단을 부여하지 말아야 한다. 이 미묘한 균형은 내담자들에게 불쾌한 감정을 억누르지도 말고 그것을 걱정하지도 말라고 가르치는 현대적인 마음챙김과 수용 기반 인지치료의 핵심 요소이다. 대신 우리는 초연함을 잃지 않으면서 감각을 수용하는 법을 배워야 한다.

마르쿠스가 생각하기에 중요한 것은 해악의 렌즈를 통해 통증과 질병을 바라보는 일을 멈추는 것이다. 그러한 판단들은 우리의 내면에서 비롯되어 신체 감각들과 기타 외적인 사건들을 향해 밖으로 투사된다. 무언가를 유익하거나 해롭다고 간주할지 말지는 전적으로 우리의 목표에 의존한다는 사실을 기억하는 것이 중요하다. 대부분의 사람들은 자신의 인생 목표에 관하여 갖고 있는 가정들을 그냥 당연시하기 때문에 그것들을 의식하는 법이 거의 없다. 만약 내 목표가 남들에게 멋져 보이는 것인데 코가 부러진다면, 나는 그것을 유익하기보다 해로운 것으로 여길 수밖에 없다. 그러나 나의 가장 소중한 목표가 생존이고 간신히 죽음의 위기를 모면해 나가던 와중에 코가 부러진다면, 아마도 나는 부러진 코쯤은 상대적으로 무관심하게 바라볼 것이다. 스토아주의자들은 우리가 근본적인 가치관의 철저한 대변동을 일으킴으로써 지혜와 그것에 동반되는 덕들과 더불어 사는 인생을 지고한 목표로 삼게 되기를 원한다. 그들은 우리가 육체적인 고통과 부상을 무관심하게 다루기를 원한다. 사실상 이런 불운은 더 큰 지혜와 성품의 역량을 발휘할 수 있는 기회를 우리에게 제공하기도 한다. 마르쿠스는 이렇게 되뇐다.

> 판단을 일소하라. 그리고 '나는 해를 입은 거야'라는 생각을 일소하라. 그런 생각을 일소하면 해악 자체가 없어진다.[21]

그렇다면 스토아주의자들은 신체의 건강에는 전혀 신경을 쓰지 않는다는 말인가? 아니다, 그들도 신경을 쓴다. 그들은 그것을 선호할 만한 무관심의 대상으로 분류한다. 병치레보다 건강을 선호하는 것은 자연스럽고 합당한 일이다. 신체의 건강은 우리가 의지를 발휘하여 인생의 외적 사건들에 영향을 미칠 수 있는 더 많은 기회를 제공한다. 건강은 그 자체만 보면 실제로는 좋은 것도 나쁜 것도 아니다. 그것은 하나의 기회에 더 가깝다. 어리석은 사람은 악덕에 탐닉함으로써 훌륭한 건강이 제공하는 기회들을 낭비할 수 있다. 대조적으로 현명하고 선한 사람들은 건강과 질병을 둘 다 덕을 발휘할 수 있는 기회로 활용할 수 있다. 다리가 부러졌을 때 에픽테토스는 '해'를 입은 것인가? 그 일이 그가 위대한 철학자가 되는 길로 들어서게 만든 사건 중 하나였다고 생각해 보라. 그는 궁극적으로 문제가 되는 것은 자신의 성품에 가해지는 해악이라고 말하곤 하였다. 이와 비교했을 때 결딴난 다리 정도는 사소한 문제에 불과하다.

고통이 끔찍하거나 해롭다는 판단을 유예하는 법을 배울 수 있다면, 겉보기에는 무시무시한 그것의 가면을 벗겨 낼 수 있고 고통은 더 이상 우리에게 괴물처럼 보이지 않을 것이다.[22] 에픽테토스가 즐겨 표현했던 바대로, 우리에게는 그저 지금 육신이 '거칠게' 자극받고 있는 중이라는 평범한 관찰이 남는 것뿐이다. 그것은 단지 하나의 감각일 뿐이다. 하지만 우리는 그저 하나의 신체적 고통의 감각에 지나지 않는 것을 굳이 본래 나쁘다거나, 견딜 수 없다거나, 파국적이라고 판단함으로써 정서적으로 괴로운 내면의 소란 상태로 상승시킨다. 이를테면, 마르쿠스는 다른 대목에서 자신의 인상과 신체 감각을 다루면서 이렇게 말한다(돈호법).

신들께 탄원하노니, 네가 내게로 왔듯이 그냥 그렇게 썩 물러가거라, 나는 너를 원치 않으니 말이다. 허나, 너는 옛날에 하던 대로 그저 내게 온 것뿐이니, 나는 네게 화가 나지 않는다. 다만 물러가거라.[23]

그는 고통스런 감정에게 이렇게 말한다. "나는 네게 화가 나지 않는다." 왜냐하면 그는 그것이 나쁘거나 해롭다고 지각하지 않기 때문이다. 그런 감정은 인간과 동물이 공유하는 자연스러운 생리적 과정인 감각을 통해 낡은 방식으로 마음속에 들어간다. 역설적이지만 우리가 불쾌한 감정이 나쁘다는 생각을 버리기만 한다면 굳이 그것을 억압하거나 저항하려고 애쓸 필요가 없다. 그저 무관심하게 수용한다면, 그것은 어떤 해도 끼치지 않는다. 우리의 의식적인 마음, 우리의 통제력이 신체 감각에 너무 많은 중요성을 부과할 때 마음은 신체 감각과 "뒤섞여 한데 엉켜들게" 되고 그래서 줄에 매달린 꼭두각시처럼 몸에 의해 이리저리 끌려다니게 된다.[24] 하지만 우리에게는 신체 감각에 굴하지 않고 그것을 의도적인 무관심으로 바라볼 수 있는 잠재력이 있다.

기능적 분석

일단 인지적 거리를 확보했다면, 가치판단의 결과들을 고려할 수 있는 더 나은 위치에 있게 된 것이다(기능적 분석). 괴로운 마음이 우리의 부정적인 가치판단에서 생겨난다고 하는 측면에서 스토아주의자들은 고통의 공포가 고통 자체보다 훨씬 더 해롭다고 말한다. 그것은 다름 아닌 바로 우리의 성품에 상처를 입히기 때문이다. 이와 대조적으로 우리가 무관심의 태도로 수용하는 법을 배운다면 고통은 무해하다. 에픽테토스는 매우 간명하게 이를 진술하였다. "죽음이나 고통이 무서운 것이 아니라 오히려 고통이나 죽음에 대한 공포가 무서운 것이기 때문이다."[25] 충만한 인생을 살고자 한다면 오늘날 흔히 말하듯 안전지대에 안주해서는 안 된다. 고통의 공포는 우리 모두를 비겁하게 만들며 우리 삶의 영토를 제한한다.

어떤 행동을 바꾸고 싶다면 그것의 부정적 결과들을 확실히 파악하는 것이 중요하다. 예를 들어, 피 공포증은 꼭 필요한 의료 검사를 받지 못하게 누군가를 가로막을 수 있다. 일부 여성들에게는 그것이 출산의 걸림돌이기도 하다. 실제로 정도차가 있을 뿐 대부분의 사람들은 통증과 질병에 겁을 먹는다. 고통의 공포가 고통 그 자체보다 더 많은 해를 끼칠 수 있다는 사실을 깨닫는 것은 고통과 불편을 견디지 못하는 성격을 극복하는 데 필요한 심리적 기술들을 정기적으로 수련하기 시작해야겠다는 동기를 자극할 수 있다.

객관적 표상

마르쿠스는 또한 객관적 표상의 언어를 받아들임으로써 외적 사건과 신체 감각을 스스로에게 자연스러운 과정으로 서술하는 법을 배웠다. 앞에서 언급했듯이, 이것은 의사가 환자의 질병 증세를 기록해 둘 때의 중립적이고 초연한 방식에 비교할 수 있다. 에픽테토스나 마르쿠스 두 사람 모두 고통스럽고 불쾌한 감각을 단지 육신에서 발생 중인 '거친' 운동 혹은 진동이라고 서술하면서 이 기법을 실천에 옮긴 것이다.

> 이와 같은 생각들은 사물들 그 자체를 꿰뚫고 들어가 그 중심에 닿으며, 그럼으로써 우리에게 그 사물들을 원래의 진정한 모습 그대로 볼 수 있게 해 준다.[26]

이것은 마치 우리가 더 큰 객관성과 초연함으로 타인의 문제를 서술하는 것과 같다. 예를 들어, 나는 내 자신에게 이렇게 말할 수 있다. "치과의사가 도널드의 이를 치료하고 있군." 그럼으로써 나는 내 치아의 치료를 감정에 휩쓸림 없이 제3자의 관점에서 생각하게 되는 것이다.

분석에 의한 가치저감

마르쿠스는 또한 자신의 마음이 미래를 걱정하거나 과거를 반추하는 일에 매몰되지 않게 하라고 되뇐다. 지금 눈앞의 현실에 주의를 집중할 때 문제를 극복해 내기가 더 쉬워진다. 우리는 사물들을 객관적으로 바라보고 현재의 순간을 따로 분리시켜 그것을 더 작은 부분들로 쪼갠 다음, 분석에 의한 가치저감이라는 방법을 사용하여 한 번에 하나씩 그것들과 맞붙어 싸울 수 있다. 예를 들어, 그는 현재의 난제들 각각에 대해 이렇게 물어야 한다고 말한다. "여기에 도저히 견딜 수 없거나 인내심의 한도를 넘어선 측면이 존재하는가?"[27] 실제로 마르쿠스는 과거와 현재의 생각들을 한쪽으로 접어놓고, 지금 눈앞에 있는 현재 순간을 따로 분리시켜 거기에만 주의를 집중한다면 우리를 괴롭게 하는 사건들의 힘이 대폭 감소하리라고 적는다.

현대의 인지행동치료에서도 불쾌한 감정들에 맞서 싸우는 전투에서 이 분할 정복 전략이 그대로 사용된다. 치료사들은 내담자들에게 현재 순간에 집중하면서 한 번에 한 단계씩 무언가에 매몰되는 저항하기 힘든 경험들에 대처하라고 권유한다. 스토아주의자들은 이런 시각과 현대 학자들이 '위에서 내려다본 광경'이라고 부르는 것 사이를 오간다. 위에서 내려다본 광경이란 저 높은 곳에서 아래를 내려다보며 자신이 처한 현재 상황을 지구의 전체 삶의 일부 혹은 전체 시간과 공간의 일부로 그려 보는 일을 수반한다. 한 전략은 사건들을 더 작은 부분들로 쪼개는 것이고 다른 한 전략은 존재의 세계 전체에 견주어 볼 때 미미하기 짝이 없는 사건의 국소적인 위치를 상상하는 것이다. 두 전략은 통증과 질병 같은 외적 사건을 더 큰 무관심으로 바라보는 데 도움을 줄 수 있다.[28]

유한성과 비영속성 사색하기

질병의 고통스런 감각이나 증세를 스스로에게 객관적인 언어로 서술하고 그것을 구성인자들로 쪼개 놓고 나면, 대체로 그것을 신체의 특정 위치에 한정되는 것으로 간주할 수 있게 된다. 마르쿠스는 고통과 쾌락을 그것들이 위치한 신체 부위의 소유물로 바라보라고 스스로에게 일관되게 일깨운다. 다른 말로 하면, 관찰하는 의식의 광대함과는 대조적으로 그런 감각의 사소함을 생각하라는 것이다. 그럼으로써 그는 통증은 멀찌감치 '저 너머'에 머물러 있다고 생각하라고 스스로를 깨우쳤다.

꼭 그래야만 한다면 육체의 괴로운 바로 그 부위가 불만을 터트리게 하라고 그는 말한다. 마음까지 그 감각이 아주 나쁘고 해롭다고 판단함으로써 그런 불만에 동의하고 따라갈 필요는 없다.[29] 우리 몸에 있는 통증을 마치 성난 개의 울부짖음처럼 생각하라. 다만 그런 통증에 대해서 불만스런 신음을 터뜨림으로써 그 개를 따라

함께 짖지는 말라. 감각이란 육체의 소유물이며 특정 부위에 한정된 것일 뿐이라고 생각하는 것은 언제나 우리 능력의 소관이다. 우리는 걱정과 반추를 통해 그 감각에 뒤엉키는 대신에 차라리 그것을 거기에 그냥 남겨 두는 쪽을 선택할 수 있다.

또한 마음은 스스로를 퇴각시킴으로써 그 자신의 평온을 보존할 수 있고, 통제력은 아무런 해도 입지 않는다. 통증으로 해를 입은 부위들에 관하여 말하자면, 그것들은 해를 입었다고 부르짖게 내버려 두라. 그럴 수 있다면 말이다.[30]

오늘날의 치료사들은 내담자들이 이런 방식을 이용해 고통을 객관화할 수 있게 도와준다. 이를테면 고통에다 검은 원 같은 임의적인 모양이나 색깔을 부여해 보라고 하는 것이다. 감정의 '물체화 physicalizing'라고 불리는 이 기법은 우리가 마음의 눈으로 초연한 관점에서 통증을 몸의 특정 부위에 위치해 있는 것으로 그리는 일에 도움을 줄 수 있다. 자신이 지금 유리창을 통해 질병의 육체적 고통이나 다른 증상을 바라보고 있는 것이라고 생각할 수도 있다. 이것은 한마디로 마음에서 몸을 분리시키는 것이며, 마치 고통이 나에게서 잠시 나가서 저 건넛방에 있는 것처럼 상상하는 것이다.

불쾌한 감각을 괴로운 신체 부위에 공간적으로 제한되어 있는 것으로 바라보는 일에 덧붙여, 마르쿠스는 그런 감각의 지속성과 관련하여 그것이 시간과 공간 둘 다의 측면에서 모두 한도가 있는 것으로 간주하라고 스스로를 자주 일깨운다. 그는 이 전략을 외적인 것들 일반에 적용하지만 특히 질병의 고통스런 감각과 증세에도 적용한다. 이것은 격심한 고통은 그저 잠깐일 뿐이라는 사실에 유념하라는 에픽테토스의 충고와 비슷하다. 어쩌면 아브라함 링컨Abraham Lincoln이 인용한 적이 있는 옛 페르시아의 속담에 친숙할지도 모르겠다. "이 또한 지나갈지니." 이 격언도 유사한 요점을 제안하고 있는 셈이다. 우리는 불쾌한 감각의 덧없음을 부각하는 하나의 방법으로서 과거에 얼마나 많은 불쾌한 감각이 이미 왔다가 사라졌는지를 스스로에게 일깨울 수도 있다.

이 접근법은 스토아적인 무관심의 태도를 권장할 때 마르쿠스가 가장 선호하는 전략 중 하나이다. 사물들을 흐르는 강물처럼 늘 변화하는 것들로 바라보는 것이 그것들에 대한 감정적인 집착을 누그러뜨리는 데 도움을 줄 수 있다. 때때로 그는 더 나아가 바로 자기 자신의 덧없음, 즉 자신의 유한성을 스스로에게 일깨운다. 고통스런 감정이 우리에게 관심을 가져 달라고 요구할 때 어쨌든 그것에 한도가 있으리라는 것을 기억한다면, 우리는 그런 감정에 대한 무관심을 성취하게 될 것이라고 그는 말한다. 왜냐하면 인생은 짧고 금방 종착역에 도달할 것이기 때문이다.[31]

스토아적인 수용

에픽테토스는 병이나 고통스런 감정이 닥쳐왔을 때 적극적으로 수용해야 한다고도 말했다(스토아적인 수용). 그는 만약 우리의 발에도 따로 마음이 있다면 진흙 구덩이를 걷더라도 아마 내딛는 발자국마다 그것을 자신의 자연스러운 기능을 구성하는 필수 요소로 수용하면서 기꺼이 걸음을 재촉할 것이라고 말했다.[32] 이것은 수레를 따라가는 개에 대한 초기 스토아의 비유를 생각나게 한다. 굴러가는 수레에 묶인 개는 자기 목줄을 끌어당기는 바람에 난폭하게 질질 끌려갈 수도 있고, 아니면 자신의 운명을 수용하고 수레 옆에서 평탄하게 함께 달릴 수도 있다. 실제로 스토아의 가장 초기 사상에서는 인간의 자연스러운 목표란 불필요한 버둥거림에서 벗어나 '부드럽게 흘러가는' 삶이라고 규정하기도 하였다. 불쾌한 감정을 화끈하게 수용한다는 개념은 현대의 인지행동치료에서도 역시 핵심적인 요소가 되어 있다. 고통은 저항하고 버둥거릴수록 더 고통스러워지지만, 그 감각을 받아들이면서 마음을 누그러뜨리거나 아예 기꺼이 환영할 수 있다면 역설적이게도 그 짐이 가벼워지는 일이 흔하다. 불쾌한 감정을 억압하거나, 통제하거나, 제거하려고 버둥거리는 것은 우리의 비참함에 또 한 겹을 보태는 것이며, 원래의 문제를 더 악화시킴으로써 오히려 역풍이 발생하는 경우가 빈번하다.

마르쿠스는 실제로 자연 그 자체가 의약의 신 아스클레피오스 Asclepius 같은 의사여서 마치 입에 쓴 약을 고통스런 치료제로 하사하듯 자신에게 역경을 처방하고 있다고 상상한다.[33] 자연이 하사하는 치료제를 제대로 섭취하려면 우리는 자신의 운명을 수용하고 용기와 자기수양으로 그 운명에 높은 덕으로 대응함으로써 우리의 성품을 개선해야 한다. 그러므로 마르쿠스는 곤경의 자발적 수용을 정념에 대한 심리치료의 일환으로 보고 있는 것이다. 우리는 운명의 쓴 약을 삼켜야 하고 질병의 고통스런 감정과 여타의 불쾌한 증세가 우리에게 닥쳐올 때 그것들을 수용해야 한다.

스토아주의자들은 이런 측면에서는 앞서 살펴본 더 옛날 견유학파의 자발적 고난의 실천에 영향을 받았다. 그들은 마음의 지구력을 기르기 위해 극심한 더위나 추위 같은 불편에 일부러 자신을 노출시키곤 하였다. 불편 수용의 역설은 그것이 대개는 괴로움의 경감으로 이어진다는 것이다. 견유주의자 디오게네스는 고통스런 감각을 들개처럼 대우해야 한다고 가르친 것으로 알려져 있다. 개들은 우리가 공포에 질려 도망치려 하면 할수록 우리의 뒤꿈치를 더 세게 물어뜯을 것이다. 하지만 우리가 침착하게 몸을 돌려 그 녀석들을 마주하는 용기를 내보인다면 대개는 뒤로 물러설 것이다.

> 이것은 우리가 야생의 맹수를 붙잡을 때 물리게 되는 경우와 같다고 비온(Bion of Borysthenes, 디오게네스보다 후대의 사람으로 노예였다가 풀려난 후에 아테네에서 견유주의를 따르며 활동하였음-옮긴이)은 말한다. 만약 우리가 뱀의 몸통을 붙잡는다면 물릴 것이다. 하지만 그놈의 머리를 꽉 틀어잡는다면 우리에게는 아무런 나쁜 일도 일어나지 않을 것이다. 마찬가지로 우리가 바깥일들의 결과로서 겪을 수 있는 고통은 우리가 그것들을 어떻게 파악하느냐에 달려 있다고 그는 말한다. 만약 소크라테스와 같은 방식으로 파악한다면 어떤 고통도 느끼지 않을 터이지만, 어떤 다른 방식으로 받아들인다면 사물들 자체가 아니라 우리 자신의 성품과 잘못된 의견들로 인하여 고통을 겪게 될 것이다.[34]

하지만 대부분의 보통 사람들은 운명을 직접 대면하기보다는 도망치며 등을 돌리기 때문에 뜻하지 않게 운명의 역습을 초래한다.

위대한 스토아 교사인 무소니우스 루푸스 밑에서 공부했던 디오 크리소스톰Dio Chrysostom은 견유주의자들을 권투 선수와 비교하였

　　　　　　　　　　　로마 황제처럼 생각하는 법

다. 권투 선수는 맞을 준비를 하고 상대의 가격을 무관심하게 수용할 때 더 순조롭게 시합을 치를 수 있는 반면에, 상대방의 주먹을 피하는 데 급급해 불안하게 몸을 움츠린다면 오히려 더 아픈 일격에 자신을 노출시킬 것이다. 크리소스톰은 또한 고통 견디기를 불을 밟아 끄는 행동에도 비교하였다. 만약 과도하게 몸을 사리면서 그 일을 수행한다면, 자신감 있게 쾅쾅 밟아 뭉갤 때보다 불에 델 가능성이 더 높다. 아이들은 잽싸고 자신 있는 동작으로 혀로 불을 끄는 장난을 즐기기도 한다고 그는 말한다. 오늘날 우리는 흔히 무언가를 정면으로 맞이해 수용하는 편이 머뭇거리면서 방어적으로 접근하는 것보다 상처를 덜 입을 수 있다 점을 강조하기 위해 '자진하여 곤경에 맞서기grasping the nettle(직역하면 쐐기풀을 움켜쥔다는 의미—옮긴이)'에 관해 이야기한다. (만일 쐐기풀에 스친다면, 가시에 찔릴 것이다. 하지만 쐐기풀의 날카로운 가시를 납작해지게 누르면서 제대로 된 방식으로 단단히 붙잡는다면, 그 풀에 찔리는 일은 없을 것이다.) 우리는 고통의 쐐기풀에 저항하거나, 원망하거나, 불평을 터뜨리는 것이 아니라 그 곤경에 자발적으로 맞섬으로써 그로 인해 생기는 괴로움을 줄이는 법을 배울 수 있다.

견유주의자들과 스토아주의자들은 고통이나 여타 불쾌한 감정에 대처하는 방법으로 자발적 수용을 제안한 점에서 수천 년 시대를 앞질러간 사람들이다. 이런 수용은 고통 관리에 요구되는 현대적인 행동치료 프로토콜의 일부가 된 지 오래이며, 최근 수십 년간 이런 문젯거리들을 다루는 많은 치료사들의 중점적인 주목 대상이 된 상태이다. 주의를 딴 데로 돌리는 방법은 수술 절차나 치과 치료 같이 매우 짧은 (극심한) 고통을 다룰 때 때때로 효과를 발휘할 수 있지만, 만성적인 고통에 대처하기 위해 그런 회피 전략을 사용할 경우에는 역풍을 맞는 경향이 있다. 수레를 쫓아가는 스토아의 개처럼 우리에게는 고통을 직면하는 것 말고는 다른 진정한 선택지가 없다. 그렇기는 해도 어쨌든 우리는 버둥대며 싸우면서 아주 힘겹게 고통을 직면할 것인지, 아니면 차분한 수용을 통해 부드럽게 직면할 것인지 선택할 수 있다. 대부분의 사람들은 고통의 수용이 그것이 야기하는 괴로움을 크게 감소시킨다는 사실을 깨닫는다. 고통을 회피하거나 억압하려 애쓰면서 버둥거리는 것은 우리의 시간과 에너지를 갉아먹고 행동을 제한하며 다른 일들을 하지 못하게 가로막는다. 그러므로 수용은 또한 이런 측면에서도 우리의 삶의 질을 개선할 수 있다. 더구나 어떤 경우들에서는 신체 감각의 수용이 자연스러운 익숙함을 발생시킴으로써 우리의 고통이 덜하다고 감지하기 시작할 수 있으며, 더 나아가 결과적으로 고통스런 감각이 실제 감소하기 시작할 수도 있다.

따라서 불편하고 고통스런 신체 감각에 너무 심하게 맞서 싸우는 일을 피하는 것이 중요하다. 왜냐하면 현대 심리학은 그렇게 하는 것이 역효과를 낼 수 있음을 보여 주는 상당히 많은 증거를 제시하고 있기 때문이다. 연구자들은 불쾌한 감정을 통제하거나 회피하려는 충동을 '경험적 회피'라고 부르는데, 그것은 정신 건강에 매우 유해한 것으로 입증된 바 있다. 불쾌한 감정이 나쁘다고 강하게 믿고 그것을 자신의 마음에서 억압하고자 노력하는 사람들은 대개 점점 더 긴장하게 되고 자신이 회피하고자 애쓰고 있는 바로 그 감정에 마음을 빼앗기게 된다. 악순환의 사슬에 스스로를 얽어매어 버리는 것이다. 스토아주의자들에게 고통은 '무관심'한 것이지 나

뻔 것이 아니다. 따라서 고통은 자연스러운 과정으로 수용된다. 한 생생한 구절에서 마르쿠스는 벌어진 일에 대해 불평하는 것은 새끼돼지들이 희생제의(犧牲祭儀)에서 풀려나려고 버둥거리면서 발로 차고 꽥꽥거리는 것만큼 쓸데없고 무익한 것이라고 되뇐다.[35] 우리가 통제할 수 없는 사물들에 맞서 싸우는 일은 좋기는커녕 해를 끼친다.

덕을 사색하기

에픽테토스는 실제로 '우리는 어떤 방식으로 질병을 견뎌야 하나'라는 주제의 담론을 나누었다. 거기서 그는 고통과 질병은 인생의 불가피한 부분이며, 인생의 다른 모든 부분과 마찬가지로 우리의 능력 내에서 늘 행사할 수 있는 관련된 덕들이 있다고 주장한다.

> 만일 그대가 열병을 잘 견딘다면, 그대는 열병에 걸린 사람이 가진 모든 것을 가진 것입니다. 열병을 잘 견딘다는 것이 무엇입니까? 신이나 인간을 비난하지 않는 것, 벌어진 일 때문에 괴로워하지 않는 것, 고결하게 잘 죽기를 기대하는 것, 반드시 이뤄져야 할 일을 하는 것, 의사가 들어와서 하는 말에 겁먹지 않는 것입니다. 또한, 설령 그 의사가 "잘 참아 내고 있군요"라고 말하더라도 과도하게 기뻐하지 않는 것이지요.[36]

에픽테토스는 학생들에게 자기에게 어떤 사건이 닥치든 간에 그 사건을 선용하기 위해 자신이 소유한 능력이나 덕이 무엇인지 자문하는 습관을 들여야 한다고 즐겨 말했다. (유사하게, 오늘날 인지치료사는 내담자에게 이렇게 묻는다. "당신에게 고통에 더 잘 대처하는 데 도움이 될 만한 어떤 자원이 있습니까?") 예를 들어, 극심한 고통에 직면했을 때 우리는 자연이 우리에게 인내할 수 있는 잠재력을 미리 갖춰 주었다는 사실을 깨닫게 될 것이다. 그 덕을 발휘하는 습관을 들인다면 고통스런 감각은 더는 우리를 지배하지 못할 것이다.[37]

고통을 다루는 또 다른 유용한 방법은 자신과 같은 종류의 고통이나 질병을 경험하고 있는 누군가라면 어떻게 더 탁월하게 대처했겠는지 자문하는 것이다(덕의 모델링). 동일한 상황에서 다른 사람들이 어떻게 했을 때 우리가 칭찬을 할 것인가? 그런 다음 그런 힘이나 덕을 흉내 냄으로써 우리가 어느 정도까지 같은 행동을 할 수 있을지 고려해 보라.

에픽테토스처럼 종종 마르쿠스도 많은 보통 사람들은 탐욕 같은 세속적인 목표나 타인에게 좋은 인상을 심어 주려는 과시욕에 휘둘려 대단한 용기와 자기수양을 보여 주기도 한다고 강조한다.

무슨 일이든 자연이 그것을 견딜 수 있는 능력을 주지 않았으면 누구에게도 그 일은 일어나지 않는 법이다. 그와 같은 일이 다른 어떤 이에게는 일어나기도 하는데, 그 사람은 자기에게 그런 일이 일어났다는 사실을 아예 알지 못하거나 혹은 자기 마음의 역량을 과시하고 싶어 하는 까닭에 꿈쩍도 하지 않고 고스란히 버티어 낸다. 무지와 자만이 지혜보다 더 강력하다는 것이 놀랍지 않은가?[38]

하지만 마르쿠스는 우리는 인생에 닥친 모든 일을 견딜 만한 일로 만들 수 있다고 스스로에게 일깨운다. 그러는 것이 우리에게 이득이 된다거나 혹은 우리의 의무가 어쨌든 그러기를 요구한다고 스스로에게 암시하는 것이 그 방법이다. 무언가를 견디어 내야 할 이유가 있을 때 견디기가 더 쉬워진다. 니체가 말한 대로, "왜 사는지 이유가 있는 사람이라면 어떻게 살든지 거의 다 견딜 수 있다."[39] 고통이 아무런 해도 끼치지 않고 있음을 확신한다거나 혹은 어떤 목표가 정해져 있다면 그 고통을 견디는 일은 대개 더 쉬워진다. 권투 선수들은 시합에서 승리를 따내기 위해 불평 없이 주먹을 맞는다. 철학자들은 무한히 더 중요한 어떤 것, 즉 지혜에 대한 사랑이 동기를 부여하는 힘이라고 스스로야 믿고 있지만 정작 권투 선수들의 그런 능력을 보면 부끄러워할 만하다. 어쨌든 우리는 누구나 충분한 동기 부여가 이루어진다면 엄청난 고통과 역경을 견딜 수 있다는 사실을 타인에 대한 관찰을 통해 배울 수가 있다.

스토아주의와 초기 심리치료

⁙

우리는 마르쿠스가 서술한 고통과 질병에 대처하는 스토아의 기법들이 오늘날의 CBT(인지행동치료)가 채택하고 있는 일부 기법들과 얼마나 닮았는지 알게 되었다. 그런데 CBT가 등장하기 훨씬 이전인 20세기가 막 시작될 무렵 프로이트적인 정신분석학과 경쟁했지만 지금은 대체로 기억에서 사라진 또 다른 '이성적' 혹은 '인지적'

심리치료법이 있었다. 스위스의 정신과 의사이자 신경병리학자로
『정신신경증과 도덕 치료The Psychoneuroses and Their Moral Treatment』의 저자인 폴
뒤부아Paul Dubois는 '이성적 심리치료'라고 알려진 이론의 주요한 제안
자였다. 뒤부아는 심리적인 문제들은 주로 부정적인 자기암시처럼
작용하는 부정적인 사고방식에서 기인한다고 믿었고, '소크라테스
식 대화법'의 실천에 기초한 치료법을 선호하였다. 이를 통해 그는
다양한 신경증적이고 정신신체적(심리적 요소들이 질병의 병인, 발달,
경과, 산물에 영향을 미친다는 의학적 관점을 가리키는 용어-옮긴이)인 질환
에 원인이 되는 불건전한 생각들을 포기하도록 환자들을 이성적으
로 설득하고자 애썼다. 뒤부아가 여기저기서 고대 스토아주의자들
을 언급하고 있는 것으로 보아, 그가 그들에게서 영향을 받았다는
사실은 분명해 보인다.

> 고대의 저술들에서 장소적 특색을 보여 주는 몇 가지 암시들을 제거
> 한다면, 우리는 소크라테스, 에픽테토스, 세네카, 마르쿠스 아우렐리
> 우스의 발상들이 완전히 현대적이며 우리 시대에 충분히 적용 가능하
> 다는 사실을 발견하게 된다.[40]

뒤부아는 특히 심리치료 환자들이 만성적인 고통이나 여타의
신체적 혹은 정신신체적인 증상들에 더 잘 대처할 수 있도록 스토
아주의를 어떻게 활용할 수 있을지에 관심이 있었다.

그 발상은 새로운 것이 아니다. 스토아주의자들은 고통과 불편에 대
한 이 저항을 끝까지 밀어붙였다. 세네카가 쓴 다음 대목들은 마치 심

리치료에 관한 현대의 논문에서 끄집어낸 것처럼 보인다. "불평불만을 늘어놓음으로써 자신의 곤경을 스스로 악화시키고 자신의 처지를 악화하는 일을 조심하라. 자신의 의견으로 슬픔을 과장하지 않는 한 그 슬픔이란 가벼운 것이다. 그리고 만약 우리가 '그건 아무것도 아니야'라던가, 적어도 '그건 사소한 것이고, 결국은 끝이 보일 테니까 견디도록 노력하자'라고 말함으로써 자기 자신에게 용기를 불어넣는다면, 그렇게 자신의 슬픔이 사소하다고 믿는 덕분에 그 슬픔을 실제로 사소하게 만들게 된다." 그리고 그는 더 나아가 이렇게 말했다. "우리는 오로지 자기 자신이 불행하다고 믿는 정도에 비례해서만 불행할 뿐이다." 과도한 고통과 관련해서도 누구든 오로지 자기가 지금 괴롭다고 믿을 때에만 괴로운 것이라고 진실로 말할 수 있을 것이다.[41]

뒤부아는 신체 질병을 걱정하기보다는, 그런 질병에 대처하고 상태 악화를 피하는 데 도움을 주는 인내와 수용의 역할을 구체적으로 설명하기 위해 세네카의 편지를 인용하였다. 그는 또한 스토아 철학의 원칙들이 질병을 앓고 있는 자신에게 위안을 주고 마치 "약처럼" 효능이 있었다는 세네카의 언급을 인용하였다. 한마디로 영혼을 고양시켜 육신에 힘을 불어넣어 주었다는 것이다.

하지만 뒤부아가 한 말 중에서 가장 인상적이고 기억할 만한 부분은 그의 환자 한 명이 스토아주의자들에 관해 이야기하는 대목이다.

내가 우환을 대하는 스토아주의의 몇 가지 원칙들을 조금 주입해 보려 했던 어떤 젊은이가 처음 몇 마디에 내 말을 제지하며 이렇게 말했다. "압니다, 선생님. 제가 보여드리지요." 그런 후 그는 연필을 들어 종이 위에 큼지막하게 검은 점을 그렸다.

그는 이렇게 말했다. "이것은 가장 일반적인 의미의 질병, 신체적 곤경(류머티즘, 치통, 하여튼 뭐라 불러도 좋습니다), 심적 곤경, 슬픔, 낙담, 우울 같은 것입니다. 만약 제가 이 점에 저의 온 정신을 붙들어 매어버림으로써 그 상태를 인정하게 되면, 이미 이 검은 점의 둘레에 원 하나를 그리는 것이고 그 점은 더 커지게 되는 거죠. 만약 제가 신랄한 말로 그 점이 어떻다고 단언해 버린다면, 그 점은 새로운 원으로 부풀려집니다. 이런 상황에서 고통 때문에 마음이 번잡해진 저는 그 고통을 없애기 위한 수단을 붙잡으려 헤매게 되고, 그러면 그 점은 더 커지기만 할 뿐이죠. 만약 제가 제 마음을 그 점에 빼앗긴다면, 만약 제가 그로 인한 결과들을 두려워한다면, 만약 제가 미래를 암울하게 바라본다면, 저는 그 원래의 원을 두 배, 아니 세 배로 만들어 놓는 꼴이 되는 것입니다." 그리고 그 젊은이는 나에게 그 원의 중점, 가장 단순한 표현으로 축소된 그 곤경을 보여 주면서 웃으며 이렇게 말했다. "제가 그 점을 원래 상태 그대로 있게 두었다면 더 잘한 게 아니었을까요?"

"우리는 고난을 과장하고 상상하고 예상한다"고 세네카는 적었다. 오랜 세월 동안 나는 낙담한 환자들에게 이렇게 말했고 나 자신에게도 이렇게 반복했다. "우리의 슬픔을 가여워하면서 그 슬픔에 대해 두 번째 이야기를 지어내지 못하게 하라."[42]

이 검은 점 이야기는 '고통을 겪는 법을 아는 사람은 고통을 덜 겪는다'는 사실을 잘 보여 준다고 뒤부아는 덧붙였다. 신체적 고통이나 질병의 부담은 '그 둘레로 더 큰 원들을 그리지 않고' 객관적으로 바라볼 때 가볍다. 더 큰 원을 둘러 그리는 것은 고통과 걱정을 한 겹 한 겹 보탬으로써 우리의 고통을 배가시킬 뿐이다.

『명상록』을 쓸 무렵의 마르쿠스는 프론토와 불만을 주고받던 시절에 비해 고통과 사뭇 다른 관계를 맺고 있었다. 스토아주의자들에 따르면, 통증이나 질병에 대한 우리의 첫 반응은 자연스럽고 합당한 것일 수 있으나, 시간이 지나면서 그에 대해 점차 불평을 늘어놓음으로써 우리의 괴로움을 증폭시키거나 영속화하는 것은 부자연스럽고 불합리한 것이다. 동물들은 고통으로 울부짖으며 한동안 상처를 핥을 수도 있지만, 그 후로 여러 주 동안 그 고통을 반추하거나 친구들에게 자기가 얼마나 잠을 설치고 있는지 불평하는 편지를 쓰거나 하지는 않는다. 아마도 뒤부아라면 마르쿠스가 올바르게 고통을 겪어 내는 법을 배웠고, 그래서 덜 괴로워할 줄 알게 된 것이라고 말했을 것이다. 이것이 그가 로마를 승리로 이끈 제1차 마르코만니 전쟁 내내 시달렸던 만성적인 통증과 질병에 대처한 방법이었음에 틀림없다.

6

내면의 성채와
제국의 전쟁

HOW TO
THINK LIKE
A ROMAN
EMPEROR

매복이었다니! 사르마트족(族)(기원전 4세기 이래 남러시아를 중심으로 세력을 떨친 이란계 유목 기마민족으로 한때 흑해 북안 전역을 장악하여 로마의 동북 변경 지방을 위협함-옮긴이) 기병들이 파도치듯 다뉴브강 건너편 숲에서 쏟아져 나와 로마 군단의 선봉과 교전을 벌였다. 그중 일부 병력이 전형적인 양면포위 기동작전을 펼치며 본대에서 갈라져 나와 얼어붙은 강 한가운데 이른바 살육 지대에 무기력하게 서 있는 로마 병사들을 측면에서 에워쌌다. 마르쿠스는 조용히 수하 장군들을 바라보았다. 야만인들은 최전방의 경계선에 해당하는 그 강을 몰래 건너와서 판노니아 속주의 거주민들을 정기적으로 습격하곤 했다. 로마군은 적의 기병이 거치적거리는 전리품을 챙겨 귀환할 때가 가장 취약하다는 사실을 알았고 그래서 강 건너까지 적군을 추격할 때도 있었다. 그들이 도강해서 자기네 땅으로 돌아가려면 행군 속도를 늦추었을 테니 충분히 따라잡을 수 있으리라 생각했던 것이다. 하지만 때로는 그 침략자들이 도리어 로마군을 유도해 덫에 걸려들게 할 때도 있었다.

매복해 있던 적군이 일순간에 전면에 모습을 드러내는 광경을 인지한 로마군 보병대는 신속하게 방진hollow square으로 알려진 표준적인 방어 진형을 갖췄다. 사면으로 적에 맞서고 있는 군단의 사각 진형이 그 안쪽에 대기 중인 지휘관들과 경무장 병력을 보호했다. 병사들이 손에 쥔 사각형 방패를 빈틈없이 밀착시켜 방어벽을 형성했던 것이다. 사르마트군은 그 훌륭한 전술에 대해 알고 있었다. 로마군이 진형을 계속 유지할 수만 있다면 그 전술은 위력이 있었다. 하지만 기병의 돌격으로 용케 방진을 돌파해서 그 내부의 로마군을 무방비 상태로 몰아간다면 대량 살상이 벌어질 것이다. 이것이 바로 사르마트군 병사들이 강 위로 로마군을 유인한 목적이었다. 그들의 말은 빙판을 가로질러 전속력으로 돌격할 수 있게 훈련되었다. 그들의 창이 군단의 방어벽을 이루고 있는 방패들을 강타한다면 로마군은 미끄러지면서 발을 헛딛게 될 것이고 결국은 볼링핀처럼 나자빠질 것이다.

사르마트족은 불가사의하고 위협적인 적이었다. 실제로 그들은 가장 호전적인 이아지게스Iazyges족의 통치자 반다스푸스Bandaspus왕이 이끄는 여러 유목민 부족들의 느슨한 연합 세력이었다. 사르마트족 남성들은 신장이 크고 근육질이었으며, 흉포한 푸른 눈에 연한 등색 머리카락과 수염을 길게 기르고 있었다. 이 비범한 기병들은 발굽을 깎아서 만든 일종의 비늘 갑옷으로 무장하고 전투에 뛰어들었다. 이들의 특이한 갑옷은 로마군에게 파이톤Python(그리스 신화에서 아폴로가 퇴치했다고 전해지는 거대한 뱀-옮긴이)의 가죽을 연상시켰고, 어쩌면 용의 이미지가 떠올랐을 수도 있다. 이아지게스족은 불을 숭배하는 것으로 알려져 있었다. 그들은 커다란 투구를 쓰고 날카로운 뼈로 촉을 만들어 꽂은 긴 목창을 들고 싸웠다. 하지만 로마군에게 가장 충격적이었던 것은 죽인 사르마트군 병사들의 시체에서 투구를 벗겨 냈을 때 전사들 중 상당수가 여성이었음을 알게된 것이었다.

　수백, 아니 수천의 사르마트군 기병이 얼어붙은 다뉴브강을 건너서 돌격해 오는 장면은 그야말로 오싹한 광경임에 틀림없었을 것이다. 마르쿠스는 젊을 때 공부한 스토아의 교훈들을 떠올림으로써 이 무시무시한 전사들과 전장의 살육을 침착하게 응시하는 법을 알고 있었다. 그는 적군 창기병들의 첫 번째 물결이 로마군의 방패에 충돌하는 광경을 지켜보며 천천히 깊은 숨을 들이마셨다. 거의 동시에 휘하 장군이자 사위인 클라우디우스 폼페이아누스가 그에게 몸을 돌려 미소를 지었다. 계획대로 먹혀들고 있었다. 이번만큼은 사르마트군 병사들이 깜짝 놀랄 일을 당할 차례였던 것이다. 적의 창이 로마 병사들의 방패를 가격할 때 진형은 전혀 흐트러지지 않았고 창은 아무런 피해도 주지 못한 채 튕겨져 나갔다. 마르쿠스의 보병대는 새로운 전술을 훈련해 둔 상태였다. 방진 안쪽에 있는 병사들이 방패를 빙판에 내려 꽂아 그 자리에서 움직이지 않게 꽉 붙잡고 있으면, 외벽을 형성하고 있는 병사들이 그 방패에 뒷발을 대서 뒤로 밀리지 않고 버텨 내는 전술이었다. 지금까지는 이 방법이 적병의 창이 가하는 충격에 맞서 외곽의 방패들을 견고하게 지탱하는 데 충분히 효력이 있는 것으로 입증되고 있었다.

　사르마트군 기병들이 돌격 실패의 충격으로 휘청거릴 때 치명적 효율성을 갖춘 로마군의 반격이 개시되었다. 전위 병력이 군단의 방패 사이로 쏜살같이 달려 나갔다. 그들은 잽싸게 적병의 말고삐를 움켜쥐고 자신들의 몸무게를 이용해 말이 빙판에서 미끄러져 넘어지게 했고, 그 바람에 적의 기병은 말에서 떨어지고 말았다. 로마군은 방패 벽 뒤에서 창을 내밀어 사르마트군 병사들을 찔렀다. 빙판은 금세 피로 뒤덮이고 시체들이 산처럼 쌓였다. 남은 야만인들은 이제는 발을 딛고 제대로 서 있기 위해 버둥거려야 할 지경이었다. 안전한 숲으로 달아날 수 없게 된 그들은 로마군이 노린 바로 그 지점에서 우왕좌왕하는 상태에 처하게 된 것이다. 금세 모든 적병들이 미끄러져 넘어졌고 난전에 휘말려 들었다. 로마군은 유혈이 낭자한 빙판 위에서 사르마트군 병사들과 육박전을 벌였다. 하지만 마르쿠스의 병사들은 레슬링 훈련으로 단련되어 있었다. 사르마트군 병사가 로마 병사를 넘어뜨리면 그 로마 병사는 빙판 위에 몸을 누이고 있다가 위로 덮친 적을 끌어당긴 다음, 두 발로 걷어차 메쳐 눕혀 놓고 위치를 역전시켰다. 잘 훈련된 백병전을 치러 본 경험이 거의 없던 사르마트족 병사들은 이러한 로마군의 전술 변화에 대처하지 못하고 결국은 참패하고 말았다.

마르쿠스는 적의 매복 작전을 성공적으로 물리쳤고 반다스푸스 왕에게 중대한 패배를 선사했다. 초기에 몇 차례 실패를 겪었지만 전쟁의 흐름은 이제는 완연히 로마 쪽으로 유리하게 돌아서기 시작했다. 사르마트군은 더 이상 지형의 이점을 활용하는 전술에 의존할 수 없었다. 자진해서 적군의 매복지로 진군해 들어간다는 것은 로마군으로서는 명백히 위험천만한 전략이었다. 그런 작전을 수행하기 위해서는 엄청난 훈련과 세심한 준비가 갖춰져야 했다. 병사들은 겨울을 지내며 여러 달 동안 은밀히 훈련을 받았고 그 것이 먹혀들었다. 그들은 혼돈의 상황 속에서도 대담성을 잃지 않 았고, 무시무시한 적군을 맞이하여 절체절명의 순간에 승리를 낚아 챘다.

두려움을 버리는 법

에픽테토스는 학생들에게 스토아 철학을 제우스의 사자(使者) 헤르 메스^{Hermes}가 지니고 다닌 마법의 지팡이 카두케우스^{caduceus}처럼 생각 하라고 가르쳤다. 이 지팡이는 닿기만 하면 불행한 일을 좋은 일로 바꾸어 놓는 마법을 부린다.[1] 마르쿠스는 이런 종류의 사유에 능숙 해지는 법을 배웠었다. 스토아주의자들은 명상 훈련의 일환으로 매 일 가지각색의 불행을 차분하게 마음속으로 그리면서 그것을 비교 적 무관심하게 바라보는 법을 배웠다. 실제로 우리는 무서운 파국 적 상황이 실제로 일어나고 있는 것처럼 마음에 그려 보는 일을, 이 를테면 최악의 시나리오에 대비하는 일종의 **정서적 전투 훈련**^{emotional} $^{battle\ drill}$으로 간주할 수 있다. 스토아주의자들은 지혜와 덕으로 그러 한 사건에 대응하는 방식들을 정신적으로 시연하면서, 가능하면 걸 림돌을 기회로 바꾸곤 하였다. 두려움을 껴안음으로써 얻게 되는 한 가지 결과는 로마군이 다뉴브강에서 치른 전투에서 그랬던 것처 럼 일견 명백해 보이는 패배를 창의적인 이득으로 변모시킬 수 있는 가능성이 더 커진다는 것이다. 그때 사르마트군의 매복 작전은 처음에 로마군에게는 군사적인 파국으로 보였을 것이 틀림없다. 하지만 그 파국이 치명적인 덫을 걷어 낼 수 있는 기회, 전쟁의 흐름을 바꿀 수도 있는 절호의 기회를 숨기고 있는 것이라면 어찌 되는가? 길을 가로막고 있는 방해물이 결국은 길이 되는 법이다.

스토아의 선도자들은 외관상의 불행을 두려워하지 않도록 단련된 사람들이기 때문에 이런 기회들을 훨씬 쉽게 잡을 수 있었다. 결국 로마 시인들이 말하듯 행운의 여신은 용감한 자들을 더 좋아한다. 하지만 스토아주의자들에게 최고의 목표는 결과가 어찌 되건 상관없이 큰 위험에 직면해서도 태연함을 유지하며 지혜를 발휘하는 것이었다. 마르쿠스는 어떤 사건을 접하고 좌절감을 느끼기 시작할 때는 "그 사건은 불행이 아니며, 오히려 그 일을 고귀하게 견디어 내는 것이 훌륭한 행운"임을 늘 기억하라고 되뇐다. 서기 169년 루키우스의 돌연한 죽음 이후 마르쿠스는 제1차 마르코만니 전쟁을 치르기 위해 다뉴브 강변에 집결한 로마군의 지휘권을 단독으로 행사하게 되는 예기치 않은 상황에 처하게 되었다. 그는 50대 후반의 나이에 군대 경험도 전혀 없는 사람이 로마 전선에 집결한 유례없는 최대의 병력을 통솔하게 되었다는 사실을 깨달았다. 그의 명령을 기다리는 14만 대군의 우두머리가 되었으나 병사들은 그에게 무엇을 기대해야 할지 확신하지 못했다. 이것은 거짓말 같은 위압적 상황이었음에 틀림이 없다. 하지만 그는 새로운 역할을 전면적으로 품에 안았고, 이 상황을 스토아적인 결의를 심화하는 기회로 탈바꿈시켰다.

그가 목숨을 걸고 스스로 최전선으로 나아갔다는 사실에는 의

문의 여지가 없을 것이다. 전쟁이 발발했을 때, 판노니아는 마르코만니 부족의 젊은 왕 발로마르^Ballomar가 이끄는 대규모 부족연합군이 철저하게 유린한 상태였다. 발로마르가 수많은 작은 부족들을 은밀하게 규합하기도 했지만, 마르코만니 부족과 이웃한 강력한 쿠아디^Quadi족의 대병력도 그를 지원하였다. 로마군은 카르눈툼 전투에서 파국적인 참패를 당했고, 전하는 바에 의하면 최정예 부대인 근위대를 이끌던 지휘관 퓨리우스 빅토리누스^Furius Victorinus까지 포함해 하루에만 2만 명이 전사했다고 한다. 그럼에도 불구하고 마르쿠스는 교전지에서 매우 가까운 지역에 머물렀다. 『명상록』에서 그는 몸통에서 잘려 나간 손, 발, 머리가 지근거리에서 나뒹굴고 있는 광경을 생생하게 묘사한다.[2] 실제로 그는 최전방 군단 요충지 요새인 카르눈툼과 "쿠아디 부족 지역에 흐르는 그라누아강" 인근에서 글을 쓰고 있음을 분명히 적어 둔다. 추정컨대 나중에 그는 다뉴브강을 건너 훨씬 더 동쪽의 적지로 들어갔던 것으로 보인다.

놀랍게도, 마르쿠스는 위험에 직면해 있음에도 불구하고 『명상록』에서 전쟁의 공포에 관한 불안감을 절대 언급하지 않는다. 실제로, 처음에 그는 밤늦게까지 초롱불을 밝히며 강박적으로 국사에 매달리는 타고난 근심걱정의 인간이었던 것으로 보인다. 그런데 철학에 관한 이 수기를 적고 있을 무렵의 그는 훨씬 더 고요하고 더 자신감 있는 인간이 되어 있는 것처럼 보인다. 아마도 그는 개인 교사인 유니우스 루스티쿠스를 본받아 스토아주의를 흡수하기 위한 노력을 배가했을 것이고, 바로 그것이 그 변신을 설명해 준다. 군단을 지휘하기 위해 카르눈툼에 도착했을 때 그는 육체적으로도 허약한 그야말로 완벽한 풋내기였다. 미래의 반역자인 아비디우스 카시우스는 그를 '노파' 철학자라고 조롱하였다. 마르쿠스가 그런 대규모 군사 작전을 과연 진두지휘할 수 있을지 아마 모든 사람이 그의 역량에 의문을 제기했을 것이다. 하지만 스토아주의의 실천, 그리고 마르코만니족, 쿠아디족, 사르마트족과 맞서 싸운 길고도 격렬한 전쟁이 서서히 그의 품성을 주조해 가고 있었다. 7년이 지난 후 우리는 강인한 백전노장이 된 그를 발견한다. 그리고 새 지휘관을 존경하는 법을 배우게 된 북부 군단은 이제 마르쿠스 아우렐리우스에게 철저히 충성을 다하게 되었다.

병사들은 신들이 자기네 황제의 편에 있다고 확고하게 믿었다. 그리고 그들은 심지어 두 차례 발생한 전설적인 전장(戰場)의 기적을 모두 마르쿠스 아우렐리우스가 그 자리에 있었던 덕분으로 돌렸다. 첫 번째 기적은 서기 174년에 있었던 '천둥의 기적'이라 불리는 사건이었다. 당시 로마군은 마르쿠스의 기도가 번개를 불러와 사르마트군이 사용하던 공성(攻城) 기계를 파괴했다고 주장하였다. 한 달 후, 서기 174년 7월에는 마르쿠스가 '비의 기적'을 일으켰다는 주장이 나왔다. 페르티낙스^{Pertinax} 장군이 이끄는 '천둥 군단'이 내보낸 파견대가 수적으로 압도적 우위에 있는 적군에게 포위되고 말았다. 게다가 식수도 떨어졌다. 풍문에 의하면 이때 마르쿠스가 손을 높이 쳐들고 기도했다고 한다. "생명을 뺏은 적이 없는 이 손을 들어 그대에게 의지하며 생명의 수여자를 숭배하노라." (나중에 기독교인들은 그럴 법하지 않지만 마르쿠스가 그때 자기네 신에게 기도하고 있었다는 식의 주장을 펼쳤는데, 이때의 신은 틀림없이 스토아의 제우스였을 것이다.) 바로 그 순간 맹렬한 폭풍우가 일어났고, 로마군은 상처에서 흘러나온 피와 뒤섞인 빗물을 투구에 받아 벌컥벌컥 마시며 계속 싸웠다고 전해진다. 앞서 본 바와 같이 마르쿠스는 미신과 거리가 먼 사람이었다. 하지만 군단은 그를 신의 축복을 받은 사람이라고 분명히 믿었고 승리의 지휘관으로 찬양했다. 병사들은 그가 끝내 세상을 떠났을 때 목 놓아 울었다고 한다.

스토아의 유보조항

마르쿠스는 절대적인 경험 부족의 한계를 극복하고 어떻게 그리도 능란한 군사 지도자가 될 수 있었던 것일까? 어떻게 그는 그렇게 무시무시한 적에 맞서 싸우는 예측 불허의 형세에 직면해서도 태연자약한 마음을 유지했던 것일까? 그가 채택한 가장 중요한 스토아의 기법 한 가지는 "유보조항[hupexhairesis]을 달고" 행동하기라고 불리는 것이었다. '유보조항'이라는 말은 그가 『명상록』에서 최소 다섯 차례 언급한 전문적인 용어이다. 이 발상은 초기 스토아주의자들에게서 기원한 것이지만, 마르쿠스는 실제로 행동 하나하나에 조심스럽게 유보조항을 달고 수행하는 법을 에픽테토스의 『대화록』을 읽고서 배우게 되었다.[3] 본질적으로 이 말의 의미는 누가 어떤 행동을 취하건 그 결과가 전적으로 그 자신의 통제 하에 있지 않다는 사실을 차분히 받아들인다는 뜻이다. 우리는 세네카나 여타 스토아주의자들에게서 그것이 다음과 같은 단서의 형태를 취할 수 있음을 배운다. '운명의 신이 허락한다면', '신의 뜻에 따라서', '어떤 것도 나를 가로막지만 않는다면'. 이것은 우리가 행동을 취할 때 배제해야 할 것이 있음을 함의한다. 바로 최종적인 결과와 관련된 가정, 특히 성공의 기대이다. 우리의 기대는 우리의 통제 영역 내에 있는 것을 자기 몫으로 삼는 법이므로 부수적으로 유보조항을 다는 것이다. 우리는 결과가 전적으로 자신에게 달려 있지 않다는 '단서'를 달고 외적인 결과를 추구한다. 속담에서 말하듯이, "해야 할 일을 하고, 벌어질 일은 벌어지게 두라."

키케로의 대화록인 『최고선악론$^{De \ Finibus}$』에서 로마 스토아의 영웅 유티카의 카토$^{Cato \ of \ Utica}$는 이 미묘한 개념을 설명하기 위해 유명한 궁수 혹은 창병의 이미지를 활용한다. 스토아적인 마음을 가진 궁수의 참된 목표는 자신의 활을 능력이 닿는 한에서 재주껏 잘 쏘는 것이어야 한다. 하지만 역설적이게도 그는 화살이 실제로 목표물에 명중하느냐 여부에는 무관심하다. 그는 시위의 겨냥을 통제할 수 있지만 화살의 비행을 통제하지는 못한다. 그러므로 그는 자신이 할 수 있는 최선을 다하고 그런 다음에 어떤 일이 벌어지건 받아들인다. 혹시 그가 동물을 사냥 중이라면 그 목표물은 예측할 수 없이 움직일 수 있다. 아마도 마르쿠스는 젊은 시절 새들을 맞추고 야생 멧돼지를 사냥하면서 이 비유를 마음에 새겨 두었을 것이다. 덕은 할 수 있는 최선을 다하는 데에 있으며, 그러다가 설령 사냥에서 빈손으로 돌아온다 하더라도 화를 내지 않는 데에 있다. 일반적으로 우리는 이런 식으로 인생에 접근하는 사람들을 존경한다.

마르쿠스는 자신의 내면의 목표는 덕이 있는 삶, 특히 지혜롭고 정의로운 삶이지만 외적인 목표, 그가 바라는 결과는 **인류 공동의 복지**(덧붙이자면, 이것은 단지 로마 백성만을 위한 것이 아니었다)임을 분명히 한다. 비록 스토아주의자들에게 그런 결과는 궁극적으로 무관심의 대상이지만, 공동선을 추구하는 바로 그 행위가 정의의 덕을 구성하는 요소인 것이다. 실제로 타인을 이롭게 하려는 시도는 그

것이 진지한 노력을 기울인 것인 한 성공이냐 실패냐 상관없이 완벽하게 덕 있는 행동일 수 있다. 도덕적으로나 심리적으로나 관건은 우리의 의도이다. 그렇지만 그 의도는 적합한 결과를 겨냥해야한다. 이를테면, 정의에 부합하는 행동이란 공정하면서 인류에게 이롭기도 한 외적 결과를 성취하고 싶어 하는 것을 (운명의 여신에게 그럴 뜻이 있다면) 의미한다. 마르쿠스는 『명상록』 전반에 걸쳐 이를 셀 수 없이 여러 번 언급한다.

실제로 다른 철학 학파들이 때때로 학생들에게 공적 생활의 긴장과 책무를 피함으로써 평정심을 보존하라고 조언한 반면, 크리시포스는 스토아주의자들에게 "현명한 사람이라면 별 지장이 없는 한 정치에서 일익을 담당할 것이다"라고 말했다. 다른 말로 하면, 현명한 사람은 실질적인 능력이 닿는 한 사회적인 영역에서 지혜와 정의를 발휘하면서 덕 있게 행동하기를 욕망한다. 그와 동시에 그런 사람은 행위의 결과가 자신의 직접적인 통제 하에 있지 않다는 사실도 수용한다. 동료 시민을 이롭게 하는 데 성공하리라는 보장은 없지만 어쨌든 그는 최선을 다한다. 어떤 의미에서 스토아주의자들은 두 마리 토끼를 다 잡아야 한다. 감정적으로 초연함을 유지하면서도 세상에 나아가 행동을 취해야 하는 것이다. 카토의 궁수처럼 그의 목표는 자신의 통제 범위 안에 있는 일들을 능력이 닿는 한 최선을 다해 수행하는 것이며, 그러면서도 그 결과에 대해서는 초연히 거리를 유지하는 것이다. 우리는 북부 군단의 지휘를 맡으면서 마르쿠스도 아마 비슷하게 이런 식의 대사를 되뇌지 않았을까 상상할 수 있다. "나는 마르코만니 부족을 진압하고 로마를 지킬 것이다, 운명의 여신이 허락한다면."

훗날 기독교인들은 편지 말미에 D.V.^{Deo Volente}(신의 뜻대로)를 덧붙이게 되고, 회교도들 역시 오늘날까지 인샬라^{inshallah}(알라신의 뜻이라면)를 말하고 있다. 『신약성경』에는 이런 정서를 놀랍도록 분명하게 기술하는 대목이 등장한다.

들으라, 너희 중에 말하기를 오늘이나 내일이나 우리가 아무 도시에 가서 거기서 일 년을 유하며 장사하여 이득을 보리라 하는 자들아, 내일 일을 너희가 알지 못하는도다. 너희 생명이 무엇이뇨. 너희는 잠깐 보이다가 없어지는 안개니라. 너희가 도리어 말하기를 주의 뜻이면 우리가 살기도 하고 이것저것 하리라 할 것이거늘.[4]

마르쿠스 아우렐리우스는 스토아의 제우스를 언급하며 이런 말들을 쉽게 할 수 있었을 것이다. 이런 말들은 우리에게 인생에서 확실한 것은 아무것도 없다는 사실을 일깨워 준다. 자신의 의지 말고 그 어떤 것도 전적으로 자신의 통제 하에 있지 않다. 늘 이런 생각을 받아들이고 성공이건 실패건 평온하게 맞이할 채비를 갖추는 것은 일들이 소원하는 바대로 이루어지지 않았을 때 생겨날 수 있는 분노, 경악, 좌절 등의 감정을 피하는 데 도움을 줄 수 있다. 그것은 또한 어떤 일이 잘못될 것이라고 지레 예단하고 미리 걱정하는 일을 중단하게 해 줄 수 있다. 우리는 자연스럽게 우리에게 가장 중요한 것에 주의를 집중하게 된다. 스토아주의자들은 유일하게 진정 좋거나 나쁜 것은 그들 자신의 판단과 행동뿐이라고 여긴다. 그러면 지금 현재로 초점을 옮길 수밖에 없게 되고 과거와 미래에 대한 감정적 투자를 줄이게 된다. 걱정하는 마음은 항상 너무 멀리 앞서 나간다. 마음은 늘 미래 때문에 애를 태운다. 대조적으로 스토아의 현인은 지금 여기에 머무른다.

마르쿠스는 타오르는 불의 비유를 이용하여 유보조항을 달고 행동하는 현명한 사람에 관해 서술한다. 불이 너무 강해서 그 위로 던져진 모든 것이 화염에 자연스럽게 타버리는 상황을 상상해 보라. 마찬가지로, 유보조항을 염두에 두고 행동하는 현인의 마음은 무슨 일이 닥쳐오건 주저함 없이 그 일에 순응한다. 성공을 접하건 실패를 접하건, 그는 지금의 경험을 훌륭하게 활용한다. 스토아주의자들은 그들의 욕망에 '운명의 여신이 허락한다면'이라는 단서가 붙는다는 점에서 내적이 아닌 외적 방해만 받을 수 있다. 이를테면, 마르쿠스는 자기와 의견이 다른 사람들이 있을 때 우선 그들에게 자신의 관점을 설득하고자 애썼다. 하지만 그가 정당한 행동 방침이라 믿는 바를 그들이 끝끝내 가로막는다면, 그는 차분함을 잃지 않으면서 그 걸림돌을 인내심, 자제력, 이해력 같은 다른 덕을 발휘할 수 있는 기회로 변모시켰다. 그의 평정심은 본인이 획득할 수 있는 범위 밖의 것들을 욕망하지 않는 한 고스란히 유지되었고, 이것이 바로 걱정과 불안에 대한 스토아적인 치유의 토대를 형성하는 요소 중 하나이다.[5]

실제로 마르쿠스는 더 나아가 만약 유보조항을 염두에 두지 않고 행동한다면, 모든 실패는 즉시 당사자에게 악이 되거나 걱정의 잠재적 원천이 된다고 말한다. 대조적으로 결과가 지금과 달라질 수는 없었으며 그것이 자신의 직접적인 통제 하에 있지 않았다는 사실을 수용한다면 어떤 해악이나 좌절을 겪지 않을 것이다. 이런 식으로 마음은 불안에서 구원되고 자연스러운 평온 속에 보존된다.

마치 소크라테스 이전 시기의 철학자 엠페도클레스^{Empedocles}가 불이나 쇠로도, 폭군이나 공공의 비난으로도 건드리지 못하는 "둥글고 참된" 것이라고 묘사한 성스러운 구체처럼 말이다.[6] 로마의 시인 호라티우스^{Horatius} 또한 가난과 속박과 죽음에 굴하지 않고 그 자신의 주인이 되어 자신의 정념들에 도전하고 권세 있는 사람들을 우습게 보는 스토아의 이상적인 현자를 기술할 때 이런 순수한 구체의 이미지를 채택하였다. 스토아의 현자는 "윤이 나는 본인의 표면에 들러붙어 있는 외래의 요인들을 차단하며, 운명의 여신이 공격을 하더라도 오로지 그녀 자신을 망가뜨릴 뿐인, 자기 안에 모든 것을 갖춘 부드럽고 둥근"[7] 사람이다. 그는 외적 사건들로부터 초연함을 유지하면서 그것들에 어떤 본래적 가치도 부여하기를 거부하기 때문에 그의 마음속에서 불운이 발 디딜 곳은 전혀 없다. 우리는 이것을 행위의 결과에 대해 '철학적인 태도를 받아들이는 것'이라고 간단히 기술할 수도 있다. 무슨 일이 벌어지건 그대로 따르면서 어떤 난관이 닥쳐도 흔들림 없는 태도를 잃지 않는 것이다.

역경을 미리 명상하기

어떤 행위를 수행하더라도 유보조항이 달려 있어야 한다면, 한 마디로 우리가 실패할 수도 있음을 인정해야 한다면, 우리는 잠재적으로 우리에게 닥칠 수 있는 좌절들의 전체 범위를 예상해야 한다는 결론이 뒤따른다. 실제로 스토아주의자들은 이 전략을 확대하여 불운의 모든 주요한 유형들을 참을성 있게 한 번에 하나씩, 마치 실제 자기에게 이미 일어나고 있는 일인 것처럼 시각화함으로써 역경에 대처하는 준비를 스스로 갖추었다. 그들은 망명 중이거나, 가난해졌거나, 사별을 했거나, 끔찍한 질병을 앓고 있는 자신의 모습을 이미 그려 보았을 수 있다. 앞으로 보겠지만, 한 걸음 더 나아가 자신의 죽음을 예상해 보는 것은 스토아주의에서 매우 중요한 역할을 수행한다. 스트레스를 받는 상황들에 자신을 조금씩 반복 노출시켜서 정서적 교란에 맞서는 더 보편적인 저항력을 키우는 이런 기법은 행동심리학에서는 이른바 '스트레스 예방접종'으로 알려져 있다. 이것은 스스로에게 바이러스에 대한 저항력을 길러 주는 것과 비슷하고, 우리가 회복력 구축하기에 관해 논했던 바와도 유사하다.

세네카는 이것을 '프라이메디타티오 말로룸praemeditatio malorum' 즉, '역경을 미리 명상하기'라고 부른다. 『명상록』에서 이 선견지명 명상 전략의 가장 분명한 사례는 마르쿠스가 아침의 규칙적 절차를 서술하면서 다양한 걸림돌들을 예상하여 그날 있을 일에 대비한다는 대목에서 등장한다. 다른 스토아주의자들이 질병, 가난, 망명 등의 위협에 초점을 맞춘 반면, 마르쿠스는 분명히 불성실, 배은망덕, 배신 등과 같이 대인 관계의 문제들을 직면하는 데에 더 관심을 둔다. 그는 상대하기 힘든 다양한 사람들을 대처하는 데 익숙해지기 위해서 그런 사람들을 마주하는 상황을 상상한다.

이렇게 되뇌면서 아침을 시작하라. 나는 오지랖 넓은 사람, 배은망덕한 사람, 오만한 사람, 기만적인 사람, 시샘하는 사람, 사회성 없는 사람을 만나게 되리라.[8]

이 구절이 황제로서 그의 삶과 어떻게 연결될 수 있을지 이해하기란 쉬운 일이다. 마르쿠스는 확실히 원로원에 그의 군사 정책에 반대하는 정적들의 당파가 있었고, 나중에는 대규모의 내전에도 직면하였다. 그는 궁정에서 자기와 다른 가치관을 갖고서 자기를 적대시하는 자들에 둘러싸여 있다고 말한다. 어떤 자들은 심지어 그가 죽기를 빌고 있다. 무엇보다 마르코만니 전쟁이야말로 그 자체가 반역과 기만으로 점철된 것이었다. 마르코만니 부족의 발로마르 왕은 로마의 가신이자 동맹이었지만, 이탈리아 영토 안으로 깊숙이 침공해 들어가는 기습 공격을 감행하려는 음모를 여러 해에 걸쳐 은밀하게 꾸며 왔다. 바로 로마의 코앞에서 전쟁을 일으키겠다는 것이었다. 발로마르왕은 안토니우스 대(大)역병이 절정에 달했을 때 기회를 잡았다. 당시 로마인들은 신체적으로 취약한 상태였고, 보통 때 다뉴브강을 따라 주둔해 있던 로마군은 아직 파르티아 전쟁에서 복귀하지 못한 상황이었다. 이것은 거대한 반란이었다. 그러므로 우리가 『명상록』에서 이 유명한 구절을 읽을 때, 우리는 마르쿠스가 사소하고 귀찮은 일들만이 아니라 유럽사의 지형도를 바꾼 중대한 정치군사적 위기들에도 스토아주의를 활용하여 차분하게 대처할 준비를 갖추려 하고 있다는 점을 명심해야 한다. 강인한 야만족 전사들의 무리가 이탈리아를 관통해 쳐들어오면서 약탈을 일삼고 있다는 소식이 전해지자 로마 전체가 공황 상태에 빠졌다. 마르쿠스는 침착하게 그리고 자신감 있게 대응하였다. 그는 역경을 미리 명상하는 것과 같은 스토아의 수련 방법을 활용하여 다른 사람 같으면 휘청했을 법한 급작스런 위기에 대비할 수 있도록 스스로를 단련했다.

역경을 미리 명상해 보는 기법들은 분노나 다른 부정적인 감정들을 마주할 때도 유용할 수 있지만, 특히 공포와 불안을 다루기에 적합하다. 스토아주의자들은 공포란 무언가 나쁜 일이 일어날 것이라는 예상이라고 정의하였다. 이것은 현대 인지치료의 창시자인 애런 T. 벡이 처음에 제시했던 정의와 사실상 동일한 것이다. 공포는 본질적으로 미래에 초점을 둔 감정이므로 공포를 물리치려면 미래에 관한 생각들을 손봐야 하는 것이 당연하다. 스토아적인 역경 미리 명상하기를 통해 스트레스와 불안에 대한 저항력을 예방접종하는 것은 전반적인 정서적 회복력을 구축하기 위한 가장 유용한 기법 중 하나이다. 정서적 회복력이란 심리학자들이 스트레스를 주는 상황들에 압도되지 않고 견디어 낼 수 있는 장기적인 능력이라고 하는 힘이다.

이솝 우화 중에 「멧돼지와 여우」는 회복력 구축이 무엇인지 잘 보여 주는 이야기이다. 어느 날 여우가 숲속을 걷고 있다가 야생 멧돼지가 나무줄기에 엄니를 날카롭게 갈고 있는 모습을 목격하였다. 여우는 그 모습이 웃기다고 생각해서 아무것도 없는데 괜한 걱정을 하고 있는 멧돼지를 놀려 댔다. 이윽고 웃음을 멈춘 여우가 이렇게 물었다. "뭘 그렇게 초초해하고 있는 거야, 이 바보 녀석아? 여기엔 지금 싸워야 할 상대가 아무도 없잖아!" 멧돼지가 미소를 지으며 대답했다. "맞아, 하지만 언젠가는 사냥꾼이 다가오는 소리를 진짜로 듣게 될 거야, 그때 가서 싸울 준비를 한다면 너무 늦겠지." 이 이야기의 교훈은 우리는 평화기에 전쟁을 준비해야 한다는 것이다. 전쟁에서 자신을 지켜 낼 준비가 미리 되어 있기를 바란다면 말이다. 마찬가지로 스토아주의자들은 역경에 직면하여 평온을 유지할 수 있게 대비하고자 틈틈이 한가한 시간들을 활용했다.

정서적 습관화

물론 인생에서 어떤 구체적인 도전들을 맞게 될지 늘 알 수는 없다. 하지만 아주 넓은 영역에 걸친 상황들에 대처하는 훈련을 미리 실행함으로써 전반적인 정서적 회복력을 신장시킬 수 있다. 이것이 정확히 스토아주의자들이 역경 미리 명상하기 전략을 통해 수행했던 일이다. 현대 심리치료 연구의 전체 영역에서 가장 탄탄하게 확립된 발견 하나는 통상적 조건 하에서 불안은 두려운 상황에 오랫동안 노출되어 있는 동안 자연스럽게 누그러지는 경향이 있다는 사실이다. 이 발견은 1950년대 이래로 증거기반 공포증 치료의 기반이 되어 왔으며, 외상 후 스트레스 장애^{PTSD}나 강박장애 ^{OCD}같은 다른 형태의 더 복잡한 불안 증세에 대한 현대적인 치료 프로토콜에 빠질 수 없는 요소이기도 하다.

예를 들어, 심한 고양이 공포증이 있는 사람을 데려다가 고양이 몇 마리와 함께 한 방에 집어넣어 보라. 그의 심장 박동은 빨라질 것이며 아마도 몇 초 이내로 거의 두 배에 달할 것이다. 하지만 그 다음에는 무슨 일이 일어날까? 만약 그가 방안에 그대로 머물면서 아무것도 안 하고 그냥 기다린다면, 그의 불안은 시간이 흐르면서 일반적으로 감소할 것이다. 그렇게 되는 데는 짧게는 5분, 길면 30분 조금 넘는 시간이 걸릴 수도 있다. 어쨌든 대부분의 경우에 그 사람의 심장 박동 수는 결국은 정상적인 안정 수준에 접근하는 정도까지 하락할 것이다. 만약 다음날 그를 다시 데려와 또 한 번

고양이들과 함께 한 방에 집어넣는다면 어떻게 될까? 그의 심장 박동 수가 다시 올라가더라도 전처럼 높게는 아니며, 하강 속도는 더 빨라지는 경향을 보이게 된다는 사실을 알아챌 수 있을 것이다. 이 연습을 여러 날 반복한다면 그가 고양이에게 정서적으로 '습관화' 되면서 그의 불안은 항구적으로 정상 수준 혹은 무시해도 좋을 만한 수준으로 감소할 것이다.

이솝 우화의 또 다른 이야기인 「여우와 사자」는 사람들이 이 기본적인 진리를 이미 오래전에 이해했다는 사실을 멋지게 보여준다. 어느 날 숲속을 어슬렁거리던 여우가 사자를 목격했다. 이 여우는 이전에 한 번도 사자를 본 적이 없었다. 공포에 질려 간담이 서늘해진 여우는 멀찌감치 멈춰 서서 지켜보다가 살금살금 도망쳤다. 다음날 여우가 같은 장소로 되돌아와서 사자를 다시 보았고 이번에는 어제보다 더 가까이 다가갈 수 있었다. 여우는 수풀 뒤에 잠깐 숨어 있다가 도망쳤다. 셋째 날 되돌아온 여우는 이번에는 사자의 코앞까지 걸어가서 "안녕" 하고 인사를 건네는 용기를 보였고, 어쩌다 보니 둘은 친구가 되었다. 이 이야기의 교훈은 익숙함은 경멸이 아니라 무심을 낳는다는 것이다. 우리는 정상적인 조건 하에서 반복적인 노출을 통해 자연스럽게 불안이 누그러질 것으로 기대할 수 있다.

하지만 스토아의 문헌이 분명히 밝히지 않은 것은, 불안이 제대로 습관화되기 위해서는 두려운 상황을 보통 수준보다 어지간히 **길게** 경험해야 한다는 것이다. 사실상 노출 시간이 너무 금방 끝난다면 이 기법은 실제로 역풍을 맞고 오히려 두려운 상황에 대한 불안과 민감성을 증가시킬 수도 있다. 그래서 스토아주의자들이 권장하는 내용과 오늘날 유사한 기법들을 활용한 임상 연구를 통해 알게 된 사실들을 비교해 보는 것이 중요하다.

노출 치료는 불안 자극 유인이 위의 사례에서 고양이들처럼 물리적으로 눈앞에 나타나 있을 때 가장 잘 먹혀든다. 치료사들은 이것을 '인 비보$^{in\ vivo}$' 즉, 실세계 노출법이라고 부른다. 하지만 또한 불안은 대부분의 경우 그 위협을 상상하는 것만으로도 거의 확실하게 습관화된다. 이것은 '인 비트로$^{in\ vitro}$' 즉, '심상적' 노출법으로 알려져 있다. 스토아주의자들은 상상한 사건에 노출되는 것이 이런 식으로 정서적 습관화로 이어질 수 있고, 그렇게 해서 불안이 자연스럽게 누그러진다는 사실을 깨달았다. 정기적으로 파국적인 사건들을 마음속에 그려보라는, 우리가 '역경 미리 명상하기'라고 부른 바 있는 그들의 권고는 본질적으로 심상적 노출 치료의 형식이다. 이솝 우화 「여우와 사자」는 사람들이 이런 현상을 오래전부터 파악하고 있었음을 보여 주는데, 오늘날 행동치료사들이 다시 발견한 이 방법을 2천 년도 더 전에 벌써 채택한 철학적 치료법이 있었다는 사실은 매우 놀랄 일이다.

하지만 심상적 노출법의 경우에 충분히 긴 시간 동안 그 이미지를 유지하려면 상당한 인내와 집중을 요한다. 치료사의 도움 없이 자기계발의 형태로 실행할 때 특히 더 그렇다. 많은 사람들이 분노 유발 상황을 시작과 중간, 끝이 있는 대략 1분짜리 짧은 영화 클립이나 일련의 사건 진행 과정처럼 상상하는 것이 도움이 된다는 사실을 깨닫는다. 그런 다음 동일한 장면을 마음의 눈으로 5분에서 15분간 혹은 더 긴 시간 동안 반복 재생할 수 있다. 예를 들면, 직업을 잃을까 봐 걱정하는 어떤 이는 사장실로 불려 가 해고당하거나 잉여 인원이 되고, 그 다음에는 자기 책상이 치워지고 회사를 떠나게 되는 등의 모습을 시각화할 수 있다. 그는 이런 일련의 장면들을 마치 무한 반복 상영되는 단편 영화처럼 마음에 떠올려 볼 수 있다. 앞에 언급했듯이, 실제 요구되는 시간의 분량은 경우에 따라 다르겠지만 연습을 끝낼 무렵쯤이면 불안은 처음보다 적어도 절반 수준으로 줄어들어 있을 것이다. 가장 흔한 실패 원인은 사람들이 감정이 습관화될 수 있는 충분한 시간을 들이기도 전에 이런 종류의 노출 연습을 종료해 버리는 것이다. 한마디로 인내가 필요하다.

치료사는 흔히 내담자에게 특정 장면을 떠올리는 동안 느껴지는 불편이나 불안의 정도를 0에서 10의 척도로 점수 매겨 보거나 백분율로 표시해 보라고 요청할 것이다. 그런 다음 내담자는 반복적인 심상 노출을 수행하면서 그 수치가 충분히 줄어들 때까지 몇 분마다 한 번씩 계속 점수를 매긴다. 예를 들면, 고양이 공포증 환자는 자기가 고양이 쓰다듬는 모습을 계속해서 참을성 있게 시각화할 수 있다. 불안이 80%에서 적어도 40%, 가능하면 그 이하로 감소할 때까지 말이다(여기서 100%는 가장 심한 불안이 될 것이고 0%는 전혀 불안을 느끼는 않는 상태일 것이다). 요주의사항 한 가지. 속 뒤집어지는 장면들의 상상을 수반하는 모든 기법은 정신건강상의 문제를 겪고 있는 사람들이나 패닉 발작 환자들 같이 감정적으로 잘 압도되는 취약한 사람들이 활용하고자 할 때는 **매우 조심스럽게 접근해야 한다**는 것이다. 혼자 연습할 때는 너무 과해서 감당할 수 없게 될 이미지를 고르지 말라. 예를 들면 정신적 외상이 남을 수 있는 성폭행의 기억 같은 것은 좋지 않다. 일정 자격을 갖춘 심리치료사의 도움이 필요할 수도 있는 지점이 바로 여기이다. 하지만 대부분의 사

람들은 상상 속에서 안전하게 일상적인 공포와 걱정거리를 대면할
수 있다.

저절로 일어나는 심리 변화

정서적 습관화는 역경 미리 명상하기 같은 심상적 노출이 진행
되는 동안 발생하는 가장 중요한 진전이다. 그런데 스트레스를 주
는 사건들을 참을성 있게 반복적으로 떠올릴 때 깜짝 놀랄 정도로
많은 다른 유익한 심리적 과정들을 활성화할 수 있다. 치료사에게
이런 방식으로 정서적 상황들을 정신적으로 재검토해 볼 것을 권
유받은 내담자들에게는 다음 중 한두 가지의 변화가 생길 수 있다.

1. **정서적 습관화** 앞서 기술한 것처럼, 두려운 상황에 노출시키는 방
법을 통해 불안이나 여타 감정들이 시간이 흐르면서 자연스럽게 약해
지고 무디어진다.

2. **정서적 수용** 고통이나 불안 같은 불쾌한 감정들과의 싸움이 점차
줄어들고, 그런 감정들을 훨씬 더 무관심하게 바라보게 되며, 그것들
과 함께 사는 법을 배운다. 이것은 역설적으로 흔히 정서적 고난을 크
게 완화하는 태도이다.

3. **인지적 거리두기** 생각이나 신념을 점점 더 초연하게 바라본다. 즉,
우리를 화나게 하는 것은 사물 그 자체가 아니라 그것에 대한 우리의
판단임을 알아채기 시작한다.

4. **탈파국화하기** 상황이 얼마나 심각한지, 얼마나 무섭게 보이는지에
관한 우리의 판단을 점차 재평가하게 되고, "그 일이 벌어지면 어찌

지? 난 어떻게 대처하지?"라고 말하는 대신 "그 일이 벌어진들 어쩌라고? 그렇다고 세상이 끝장나는 건 아니잖아"라고 말함으로써 상황의 심각성을 평가 절하한다.

5. 현실 테스트 상황에 관한 기존 가정들을 재평가하여 점진적으로 더 현실적이고 객관적인 가정들이 되게 한다. 예를 들면, 최악의 시나리오가 실현될 확률, 무언가 나쁜 일이 실제로 일어날 확률을 재평가하는 것이다.

6. 문제 해결 사건에 대한 반복적인 검토가 우리가 직면한 문제의 해결책을 창조적으로 규명하게끔 인도한다. 이를테면, 적을 함정에 빠뜨리기 위해 일부러 병력을 사르마트족 매복지로 진군시킨 마르쿠스와 휘하 장군들의 역발상처럼 말이다.

7. 행동적 시연 점점 더 정교한 방식으로 기술과 대처 전략을 사용하는 연습을 마음의 눈으로 실행할 때, 우리의 대처 능력에 대한 인식이 개선된다. 예를 들어, 부당한 비판을 다루기 위한 단호한 방식들을 정신적으로 시연함으로써 현실에서도 그렇게 할 수 있다는 더 큰 자신감을 갖게 되는 것이다. 이것은 우리가 존경하고 모방하고 싶은 대처 방식을 보유한 타인들의 행동을 모델링하는 형식을 취할 수 있다. 그런 사람들이 어떻게 행동할지 상상한 다음, 유사한 행동을 취하고 있는 자신의 모습을 그려 보는 것이다.

나는 사람들이 흔히 경험하는 이런 종류의 변화들을 환자들에게 알려 주는 것이 유익하다는 사실을 깨달았다. 그들 마음속에서 동일한 과정이 진행되고 있다는 것을 더 잘 알아챌 수 있게 해 주고, 그런 과정이 저절로 생겨날 가능성을 더 높여 줄 수 있기 때문이다. 물론 다양한 심리적 기법들을 활용하여 이러한 심리적 메커니즘을 의도적으로 활성화하는 일도 가능하다. 예를 들어, 역경 미리 명상하기에 덧붙여 마르쿠스는 현대 심리치료의 인지적 거리두기, 탈파국화하기 기법과 유사한 두 가지 특히 중요한 스토아의 연습 과제들을 반복적으로 활용할 것을 언급한다. 우리는 그 과제들을 이미 언급한 바 있으며, 이제는 걱정이나 불안과 관련하여 그것들을 어떻게 활용할 것인지 고려할 차례이다.

내면의 성채

마르쿠스는 불안에 관해서는 명시적으로 언급한 바가 거의 없지만, 스토아주의가 제공하는 유형의 평화에 대해서는 종종 언급하곤 했다. 그가 평화에 관해 한 말들은 분명 불안에 대한 스토아적인 치료법을 내포하고 있다. 마르쿠스는 안토니누스가 서거하고 얼마 안 된 재위 초기에 파르티아 전쟁과 제국 경영에 관한 걱정을 잠시 접어 두고자 이탈리아의 한 휴양지에 있는 별저로 여행을 떠났다. 그가 프론토에게 보낸 편지들을 통해 우리는 그가 일터를 떠나 휴식을 갖는다는 것이 과연 옳은 발상인지 갈등하고 있었음을 알 수 있다. 건강을 생각해서 조용히 은둔할 필요가 있다는 친구들의 조언이 있었지만 그는 국사(國事)에 나서는 것을 자신의 의무로 생각하고 있었던 것이다.

마르코만니 전쟁을 치르며 『명상록』을 쓸 무렵 마르쿠스에게 기분 좋은 은둔은 그저 한때의 추억이었고, 그의 인생은 로마에서 한참 떨어진 타향에서 소모되고 있었다. 마르쿠스는 어린 시절 오랜 기간 기거했던 이탈리아 연안의 안토니누스 본가 같은 아름다운 휴양지의 별저를 아직도 그리워하고 있음을 깨달았다. 마르쿠스는 자신도 다른 많은 이들처럼 세상사에서 벗어나 평화로운 시골이나 바닷가, 산속에서 은둔하고 싶은 강한 욕구를 시시때때로 느낀다고 말한다.[9] 하지만 그는 이런 식으로 삶의 긴장에서 도피해야 할 필요성을 느끼는 것은 나약함의 징후라고 되뇐다. 스토아주의자들은 그것을 '선호할 만한 무관심'의 대상이라 할 수도 있겠지만, 도피는 우리가 인생에서 요구해야 하거나 대처의 도구로서 정말로 필요하다고 느껴야 하는 무언가가 아니다. 그런 식으로 긴장 상황에서 도피할 수 있다는 사실에 의존하는 것은 단지 그 자체로 문젯거리를 만들어 낼 뿐이다. 마르쿠스는 그런 모든 것들로부터 전혀 벗어날 필요가 없다고 되뇐다. 왜냐하면 참된 내면의 평화는 쾌적한 외부 환경에서가 아니라 우리 사유의 본성에서 나오는 것이기 때문이다. 그는 회복력이란 자기가 있는 곳 어디서나 평정을 되찾을 수 있는 능력에서 나오는 것이라고 되뇐다. 그곳이 바로 북부 원정의 가혹한 전장(戰場)에서도 은둔할 수 있는 그의 '내면의 성채'이다.

마르쿠스는 특히 산속 은둔의 비유를 여러 차례 반복한다. 그는 지금 자기가 어디에 있으며 무엇을 하고 있는지는 아무 상관이 없다고 스스로에게 일깨운다. 남겨진 인생의 시간은 짧기 때문에 우리는 어떤 상황에 처해 있던 상관없이 "마치 산꼭대기에 있는 것처럼 사는" 법을 배워야 한다. 실제로, 뭐든 지금 여기서 우리를 곤란하게 하는 일이라면 언덕 꼭대기에 있거나 바닷가에 있거나 혹은 다른 어느 곳에 있더라도 마찬가지일 것이다. 결국 문제는 그 일을 어떻게 바라보기로 마음먹느냐에 있다.[10] 스토아주의자들은 사람들이 등을 돌리고 물리적 환경이 견디기 힘들더라도 이런 식으로 마음속에서 만족과 기쁨을 누리며 살 수 있다. 우리가 어디에 있건 우리의 판단은 여전히 자유로우며, 그곳이 바로 우리의 정념이 있을 자리이다.

마르쿠스는 내면의 평화라는 이 감각을 성취하기 위해서 산꼭대기가 아닌 본인의 이성 능력에 은둔하라고 자주 되뇐다. 그럼으로써 외적인 사건들에 초연하고 그런 것들에 집착하는 자신의 마음을 정화하라는 것이다. 그는 이를 효율적으로 이행하기 위해 특히 두 가지 간명하고도 근본적인 스토아의 원리들을 성찰해야 한다고 믿는다.[11]

1. 우리가 아는 모든 것은 변화하고 있으며 곧 사라질 것이다. 끊임없이 과거로 흘러가고 있는 시냇물처럼, 시간이 흐르면서 얼마나 많은 것들이 이미 변화했는지 명심해야 한다. 우리는 이런 발상을 '덧없음에 대한 명상'이라 부를 수 있을 것이다.
2. 외적인 것들은 영혼을 건드릴 수 없으며, 우리의 동요는 전부 내면에서 생겨난다. 마르쿠스는 사물들이 우리를 망치는 게 아니라, 그것들에 대한 우리의 가치판단이 그렇게 만든다고 말한다. 하지만 우리는 이른바 '인지적 거리두기' 전략을 이용하여 외적 사건과 우리의 가치를 분리시킴으로써 평정을 되찾을 수 있다.

다시 말해, 우리가 마음을 잘 정돈해 두기만 하면 마음의 평화는 혼돈의 전쟁터에서나(소크라테스가 말했듯이) 소란스런 원로원에서도 성취할 수 있다. 마르쿠스는 이런 착상을 어쩌면 예전 저자에게서 인용한 것일 수도 있는 그리스어 단어 여섯 개로 된 문장으로 응축하여 결론을 내린다. "ὁ κόσμος ἀλλοίωσις, ὁ βίος ὑπόληψις." 대략 이렇게 번역할 수 있겠다. '우주는 변화, 인생은 의견이다.'

불안에 대한 인지적 거리두기

평화를 확보하기 위한 두 가지 근본 기법 중 두 번째는 우리에게 친숙한 인지적 거리두기이다. 우리는 실세계 상황에 대응할 때나 혹은 미리 명상하기라든가 앞서 기술한 심상적 노출법을 실행하면서 이 기법을 사용할 수 있다. 우리는 반복적인 노출을 통해 불안이 자연스럽게 습관화되며, 추정컨대 스토아주의자들은 규칙적으로 미리 명상하기 방법을 사용하던 중에 이런 사실을 분명히 관찰했을 것이다. 하지만 그들의 실제 목표는 단지 외적 사건에 대한 우리의 감정만 변화시키겠다는 것이 아니라, 그에 대한 우리의 **의견**도 그렇게 하겠다는 것이었다.

어떤 의미에서 인지적 거리의 확보는 스토아의 불안 관리에서 가장 중요한 측면이다. 마르쿠스가 "인생은 의견이다"라는 말로 뜻하고자 했던 바는 바로 이것이었다. 즉, 우리 감정의 모양새를 만드는 것은 우리의 가치판단이기 때문에 우리 인생의 질을 결정하는 것은 결국 우리의 가치판단이다. 우리 자신이 가치관을 외적 사건들에 투사하는 것이며 우리를 망치는 것은 우리가 그런 사건들을 판단하는 방식임을 스스로에게 신중히 일깨울 때, 우리는 인지적 거리를 획득하고 정신적 평정을 회복한다.

탈파국화하기와 덧없음에 대한 명상

위에서 마르쿠스가 서술한 평화 획득의 첫 번째 기본 기법은 탈파국화하기와 관련된 것이다. 즉, 인지된 위협의 심각성을 '완전한 파국'에서 더 현실적인 수준으로 격하시키는 법을 배우는 것이다. 실제 상황이나 역경을 미리 명상하면서 상상한 상황에 이번에도 역시 탈파국화하기를 적용할 수 있다. 예를 들면, 중요한 시험에 실패할까 봐 걱정이 되서 매우 불안한 상태가 되었다고 가정해 보라. 그 실패는 세상의 종말이자 완전한 재앙이 될 것처럼 느껴진다. 탈파국화하기가 수반하는 결과는 상황을 더 균형 잡힌 방식으로 재평가함으로써 덜 압도적으로 보이게 만들고, 그 상황에 대한 잠재적인 대처 방식들을 더 잘 확인할 수 있게 해 준다는 것이다. 이와 같이 더 온건하고 현실적인 방식으로 사물을 바라보면 대체로 불안은 감소한다. 좌절을 경험할 때도 있지만 마치 세상의 종말이 온 것처럼 떠드는 것은 과장이다.

마침 대부분의 사람들은 어떤 장면을 먼저 글로 적어 기술하고 형편에 따라 나중에 다시 검토하면 그 장면을 더 쉽게 시각화할 수 있다는 사실을 발견한다. 이를테면, 실직에 관해 한 장 정도 글을 써 볼 수 있을 것이다. 그 직장에 다니기 시작한 경위, 안 좋은 소식을 듣게 된 사연, 실업의 즉각적인 여파 등등. 사람들은 그런 장면의 시각화를 시도하기 전에 앞서 적어 놓은 글을 소리 내어 여러 차례 읽는 것이 세부 사항을 명료하게 하고 그 장면을 더 생생하게 그려내는 데 도움이 된다는 사실을 종종 발견한다. 늘 그런 것처럼, 감정 실린 언어("그자들은 그냥 나를 쓰레기 취급한 거고 등 뒤에서 나를 엿 먹인 거야.")나 가치판단("이건 완전히 불공평해!")은 깨끗이 잊는 게 중요하다. 그저 가능한 한 정확하고 객관적으로 사실들에만 집중하라.

"다음은 어떻게 될까?"라고 몇 차례 자문하고 나면 우리의 초점은 지금 장면에서 가장 괴로운 부분을 통과해 지나갈 수 있게 된다. 그러면서 그 장면의 파국적인 외양도 함께 사라질 수 있을 것이다. 예를 들어, 실직 후에 어떤 일이 벌어질까? 한동안은 힘이 들 수도 있겠지만, 결국 다른 직장을 찾게 될 것이고 그렇게 인생은 흘러갈 것이다.

또 다른 간단하지만 강력한 기법은 미래로 가서 되돌아본다고 생각하고 10년 혹은 20년 후에 지금 우리를 걱정하게 만든 상황에 대해 어떻게 느끼게 될지 자문하는 것이다. 이것은 '시간 투사'라고 알려진 더 일반적인 전략의 한 사례이다. 다시 말해, 우리는 이렇게 물음으로써 역경에 관한 철학적인 태도를 발전시킬 수 있게 스스로 힘을 보탤 수 있다. "만일 이 사건이 지금으로부터 20년 후에 내게 사소한 문제로 보일 것이라면, 오늘 그것을 사소하게 여기지 말아야 할 이유가 무엇이란 말인가? 마치 파국이라도 온 것처럼 걱정하지 말고." 우리는 시간상의 관점 이동이 좌절적인 상황을 덜 파국적으로 보이게 함으로써 그 상황에 관해 생각하는 방식을 변화시킬 수 있다는 사실을 쉽게 깨닫게 될 것이다.

걱정 유예

근래에 연구자들과 임상학자들은 과도한 걱정이 어떻게 불안을 영속화할 수 있는지 더 잘 이해하게 되었다. '걱정'이라는 말로 그들이 의미하는 것은 매우 구체적인 그 무엇, 즉 특수한 사유 양식을 드러내는 불안한 과정이다. 걱정스런 생각은 집요하다. 그야말로 끝없이 계속된다. 그것은 두려운 파국에 대해 '그럼 어떡하지?' 식의 사유를 수반하는 경향이 있다. "저들이 너무 화가 나서 나를 해고하면 어떡하지? 다른 직장을 얻지 못하면 어떡하지? 아이들 학비를 어떻게 대지?" 이런 의문들은 흔히 답이 없을 것처럼 느껴진다. 그냥 하나의 질문이 연쇄 반응을 일으켜 또 다른 질문으로 이어지고, 이 과정이 계속 이어지면서 불안에 땔감을 던져 넣는다. 극심한 걱정은 흔히 통제 불능이라고 느낄 수 있지만, 놀랍게도 어쩌면 그것은 실제로는 비교적 의식적이고 자발적인 유형의 사유이다. 때때로 사람들은 자기가 하고 있는 것이 걱정이라는 것을 실감하지도 못한다. 그들은 걱정과 문제 해결을 혼동하면서 실제로는 단지 자신의 불안을 점점 더 악화시키며 제자리를 빙빙 맴돌고 있을 뿐인데도, 자기가 지금 '해결책을 규명하고자' 노력 중이라고 믿을 수 있다.

아이러니하게도 불안과 씨름하는 사람들은 너무 열심히 싸우려 하는 바람에 감정의 비자발적 측면들은 통제하지도 못하고, 그러는 동안 오히려 자발적 측면들의 통제는 경시하게 되는 경향이 있다. 우리는 스토아주의자들이 우리의 최초의 감정적 반응이 흔히 자동 발생한다는 사실을 어떻게 인정했는지 이미 논의한 바 있다. 우리는 그런 반응을 자연스러운 것으로 받아들이고 무관심하게 바라보아야 하며, 억압하려 노력하기보다는 싸우지 말고 수용해야 한다. 반면에, 우리는 이런 최초의 감정과 그 감정을 촉발한 상황에 대한 반응으로 생겨나는 자발적 사유를 유예하는 법을 배워야 한다. 놀랍게도, 걱정의 경우 일반적으로 그 방법이란 그저 우리가 걱정하고 있음을 알아채고 그것을 멈추면 되는 것이다.

걱정의 심리에 관한 선도적인 연구자 중 한 명인 토마스 D. 보코벡^{Thomas D. Borkovec}은 '걱정 유예'에 관한 신기원적인 연구를 수행하였다. 그는 4주에 걸쳐 대학생 집단을 대상으로 무언가에 대한 걱정이 시작되는 시간들을 탐지하고, 그런 걱정어린 생각을 그날 나중에 있을 지정된 '걱정 시간' 때까지 한참 유예하는 식으로 대응하라고 요청하였다. 이 간단한 기법을 사용하여 피험자들은 걱정에 쓰는 시간을 거의 절반으로 줄일 수 있었고 다른 불안 증상들 역시 감소하였다. 오늘날 걱정 유예는 극심한 병리학적 걱정이라고 특징지을 수 있는 정신병적 상태인 범불안장애^{generalized anxiety disorder, GAD}를 치료하는 대부분의 CBT 프로토콜의 중점 구성요소이다.[12] 하지만 우리는 동일한 접근법을 앞의 연구에 등장하는 학생들의 걱정처럼 일상의 모든 걱정에 적용할 수 있다.

걱정 유예에서 따라야 할 단계들은 이제는 우리에게 친숙해져 있을 법한 일반적인 프레임워크 위에 만들어진다.

1. 특정 방식으로 눈살이 찌푸려지거나 초조해하는 등과 같은 걱정의 조기 경보를 끊임없이 예의 주시하라. 이런 자각만으로도 걱정하는 습관은 쉽게 틀어질 것이다.
2. 스토아적인 기법들을 이용해 즉시 다룰 수 있는 수준의 불안이 아니라면, 감정이 자연스럽게 누그러질 때까지 그것에 관한 생각을 유예하고 본인이 설정한 '걱정 시간'에 문제로 되돌아오라.
3. 그런 생각들을 억지로 억제하려 애쓰지 말고 그냥 내버려 두라.

대신 그저 잠시 그 생각들을 한쪽에 치워 두었다가 나중에 지정된 시간과 장소에서 다시 그 문제로 되돌아오기로 했다고 스스로에게 말하라. 이럴 때 인지적 거리두기의 기법들이 유익할 수 있다. 또한 자기가 무엇을 걱정하고 있는지 상기하기 위해 그 내용을 종이에 한두 단어로 적어서 호주머니에 넣어 두었다가 나중에 꺼내서 다룰 수도 있다.

4. 몸과 주위 환경을 통해 자기의 인식을 확장하면서 '지금 여기'로 주의를 되돌리고, 이전에 간과했던 작고 사소한 것들에 주목하고자 노력하라. 걱정은 미래의 파국들을 추적하는 경향이 있기 때문에 현재의 순간에는 소홀해지게 만든다. 그러지 말고 '지금 여기'에 기반을 두게 하라. 마음을 놔주고 감각으로 돌아오라!(독일 태생의 정신과 의사이자 심리학자인 프리츠 펄스[Fritz Perls]가 즐겨 사용하던 경구-옮긴이)

5. 유예해 둔 걱정으로 나중에 되돌아와 보니 그게 더는 중요해 보이지 않는다면, 그냥 그대로 내버려 두어도 좋다. 그게 아니라면, 그때 가서 심상적 노출법이나 역경 미리 명상하기 기법을 사용하여 자신을 불안하게 하고 있는 최악의 시나리오나 두려운 결과를 시각화하라.

6. "나를 망치는 것은 사물들이 아니라 그것들에 대한 나의 판단이다"라고 되뇌면서 인지적 거리두기를 활용하라. 또한 두려운 사건을 기술할 때 감정적 언어나 가치판단을 배제하고 최대한 객관적인 어휘들을 사용함으로써 탈파국화하기를 실천할 수도 있다. "다음은 뭘까?"라고 묻고 시간의 흐름 속에서 사건이 어떻게 변모할지 고려함으로써 그런 사건의 본성은 일시적인 것임을 스스로에게 일깨워라.

스토아주의자들은 항상 자신의 행동에 유념하고 마음 불편한 인상들, 자동 발생하는 생각들, 의식의 흐름 속으로 불쑥 튀어나오는 이미지들을 경계하라고 우리에게 말한다. 우리는 그런 것들을 함부로 승인하고 거기에 휩쓸리면서 걱정에 빠지도록 자신을 방치하지 말고, 그것들은 단지 인상들일 뿐 그 안에 담겨 있다고 주장하는 실제 사물이 아니라고 스스로를 일깨워야 한다. 우리는 이런 식으로 그런 것들로부터 인지적 거리를 확보할 수 있으며, 그것들을 다룰 수 있는 더 나은 마음의 틀을 잡게 될 때까지 평가를 유예할 수 있다. 크리시포스는 시간이 흐르면 "불타오르던 감정의 연소도 누그러지며", 이성이 되돌아와 제대로 작동할 수 있는 여지를 찾게 되면 우리 정념의 비이성적인 본성을 폭로할 수 있다고 말한 것으로 전해진다.

이번 장에서 우리는 스토아주의자들이 걱정과 불안에 어떻게 대처했는지 살펴보았다. 초점은 스토아의 유보조항과 역경 미리 명상하기에 있었다. 앞선 장들에서 언급했던 많은 기법들이 불안에 대처할 때 유용하지만, 그중에서 특히 마르쿠스는 우리를 망가뜨리는 사건들의 덧없음에 초점을 맞출 수 있게 해 주는 두 가지 기법을 언급한다. 바로 인지적 거리두기와 탈파국화하기이다. 우리는 또한 걱정 유예라는 현대적인 증거기반 기법이 고대의 스토아주의자들이 서술한 대처 기법들과 얼마나 닮았는지도 살펴보았다.

실제로 스토아주의는 공포와 불안을 극복하는 몇 가지 매우 강력한 방법들을 제공하며, 이 방법들은 현대적인 CBT 연구에서 입증된 기법들과 닮았다. 지금 현재에 기반두기, 걱정의 시작 시점 탐지하기, 걱정과 인지적으로 거리두기 등은 건강하고 효과적인 대처 방식들이다. 우리는 또한 상상 속에서 두려움을 충분히 오랫동안 참을성 있게 대면하여 불안을 감소시키는 이른바 정서적 습관화라는 자연스러운 과정을 활용할 수도 있다. 이것은 역경 미리 명상하기라고 불리는 스토아의 기법을 통해 반드시 얻게 되는 혜택이다. 또한 우리는 언어적으로 탈파국화하기를 실행하고 두려운 사건을 매우 차분하고 객관적인 어휘들로 기술하여 심적 고통의 원인이 된 가치판단들을 중지함으로써 그런 대처에 힘을 보탤 수 있다.

이런저런 스토아의 기법들을 수 십 년간 수련하고 난 마르쿠스는 침착하고 자신감 있게 제국 수호에 나설 수 있었다. 로마 백성 대다수는 이탈리아 북쪽에서 침략해 들어온 야만족 무리의 손아귀에서 이제 파국이 임박했다고 두려워하면서 완전히 공황 상태에 빠졌다. 황제로서 연이어 절망적 상황을 맞이하게 된 마르쿠스는 때로는 도저히 감당할 수 없겠다고 느꼈을 것이 분명하다. 하지만 그는 엄청난 역경에 직면해서도 차분하게 참고 견디어 냈다. 신뢰할 만한 장군들인 폼페이아누스^Pompeianus와 페르티낙스^Pertinax를 거느리고 마르쿠스는 서서히 북부의 부족들을 상대로 유리한 고지를 점령하기 시작했다.

더 호전적인 잔티쿠스^Zanticus가 이아지게스족의 반다스푸스왕을 몰아내고 권좌에 올랐으나, 전황이 불리하게 돌아가자 그는 마침내 항복하고 서기 175년 6월에 평화협정을 청하였다. 직후에 마르쿠스는 황제로서 여덟 번째 찬사를 받고 사르마트족의 정복자라는 의미에서 사르마티쿠스^Sarmaticus라는 칭호를 부여받았다. 승리의 결과로 10만 명의 로마인 억류자들이 풀려났다고 전해진다. 마르쿠스는 여러 게르만 부족의 수많은 남녀들을 죽이거나 노예로 삼는 대신 이탈리아로 데려와 정착시켰는데, 완전한 성공을 거두지는 못했다. 더구나 호전적인 유목 민족인 사르마트족 사람들에게 그것은 적절한 선택지가 아니었다. 그래서 마르쿠스는 대신 그들 부족의 기수들 8천 명을 로마군에 징집하여 정예 외인 기병부대를 창설하고 대부분의 병력을 잉글랜드로 파견하여 로마군 요새에 주둔시켰다. 그는 사르마트족을 사로잡고 마치 그물로 물고기를 잡은 것처럼 자랑스러워하는 사람들은 도둑이나 강도보다 더 나을 것이 없다고 수기에 적었다.[13]

그런데 마르쿠스는 제1차 마르코만니 전쟁과 그 결과로 사르마트족과 벌이고 있는 평화 협상의 최종 단계를 서둘러 매듭지어야 했다. 훨씬 더 커다란 위협이 갑자기 저 먼 지평선 위로 불쑥 모습을 드러냈기 때문이었다. 마르쿠스가 제1차 마르코만니 전쟁 중에 연마했던 스토아의 격률과 수행들이 다시 한 번 시험대에 오를 참이었다. 저 멀리 동쪽에서 어떤 호적수가 황제의 권좌가 자기 것이라고 주장하고 나섰던 것이다. 이것이 의미하는 바는 오로지 한 가지뿐이다. 바로, 로마가 내전으로 분열 직전에 몰렸고 제국이 갈가리 찢어질 위협에 처했다는 것이다.

7

일시적 광기

HOW TO
THINK LIKE
A ROMAN
EMPEROR

서기 175년 5월, 겁먹은 파발꾼이 서신 한 통을 시리아 군단의 총사령관이자 동부 속주들의 총독인 가이우스 아비디우스 카시우스 Gaius Avidius Cassius에게 건넨다. 서신에는 그를 경악하게 만든 딱 한 개의 그리스어 단어가 적혀 있다. "emanes."(너는 미쳤다)

카시우스는 격노했고 편지를 찢어 버렸다. 그는 조롱당할 사람이 아니다. 사실 그의 잔혹성은 악명을 떨치고 있었다. 그가 가장 좋아하는 처형 방법 중 하나는 사람 열 명을 사슬로 엮어서 한꺼번에 강 한가운데로 빠뜨리는 것이다. 예전에는 수십 명의 적군 포로를 거의 60미터나 되는 높은 장대 기둥에 매달아 놓고 불을 붙여서 인근 수 킬로미터 내의 거주민들이 산 채로 사람이 불타는 참혹한 광경을 지켜볼 수 있게 했다는 소문이 돌았다. 로마군이 저지른 잔인무도한 처사들을 기준으로 보더라도 그 정도면 몸서리가 쳐질 만큼 잔혹한 조치로 여길 만했다. 그는 휘하 병사들 사이에서도 때로는 흉포하다 할 만큼 엄격한 규율주의자로 명성이 자자했다. 그는 탈영병의 손을 자르거나 다리나 엉덩이를 부러뜨려서 불구로 만들어 버리곤 했다. 비참하게 살도록 목숨만 살려 주는 것이 그가 명령 불복종자들에게 경고하는 방식이었다. 한편 카시우스는 빼어난 전쟁 영웅이기도 했다. 그는 로마군 내에서 황제 다음으로 가장 중요한 지휘관이었으며, 아마 제국 전체의 권력 서열로 보더라도 가히 제2인자라 말할 수 있었다.

카시우스가 보여 준 철권적인 부대 장악력은 전설이 되었으며, 그가 로마군에서 없어서는 안 될 인물이 된 까닭도 거기에 있었다. 카시우스가 뒤에서 황제의 험담을 하고 다닌다는 소문이 돌기는 했지만, 마르쿠스와 카시우스는 오랫동안 가족끼리도 서로 알고 지내 온 친구 사이였다. 마르쿠스는 신하들에게 이렇게 말하곤 했다고 한다. "누군가를 우리가 되길 바라는 정확히 그런 사람이 되게 만드는 일은 불가능하다. 우리는 그저 지금 있는 모습 그대로 그 사람을 써야 한다." 자비와 용서로 유명한 마르쿠스의 평판은 카시우스의 가혹함과는 완전히 대조적이었다. 그런 상반된 성격에도 불구하고 마르쿠스는 전반적으로 카시우스를 신뢰했다. 파르티아 전쟁 때 루키우스 베루스가 교전 지역에서 멀찌감치 떨어진 안전한 곳에서 악덕에 탐닉하고 있는 동안, 카시우스는 연이어 멋진 승리를 거두며 파르티아 영토 깊숙한 곳까지 가차 없이 볼로가세스^{Vologases} 왕을 추격해 들어갔다. 그는 루키우스 바로 아래 부사령관의 지위로 고속 승진하였다. 전쟁이 끝날 무렵, 그는 부하들이 티그리스강 유역에 있는 크테시폰^{Ctesiphon}과 셀리우키아^{Seleucia}라는 쌍둥이 도시를 강탈하도록 허락했다. 그리고 그들이 전염병을 옮은 곳이 바로 그곳이라는 주장이 제기되었다. 귀환한 병사들은 전염병을 얻은 채로 돌아와 속주 전역의 군단 주둔기지들로 옮겼고, 결과적으로 제국 전체를 황폐화시켰다. 그럼에도 카시우스는 파르티아인들을 시리아 바깥으로 몰아낸 공로에 대한 포상으로 황제에게 직접 보고할 수 있는 황제 직속의 속주 총독(최고 지휘권을 가진 총독)에 임명되었다. 몇 년 후 서기 169년에 루키우스 황제의 갑작스러운 서거는 누군가 채워 주기를 기다리는 권력의 진공 상태를 남겼다.

　서기 172년에 마르쿠스가 북부 전선에서 제1차 마르코만니 전쟁에 몰두하고 있을 때, 알렉산드리아 인근 나일 삼각주 북서부 지역에 근거지를 둔 '부콜리^{Bucoli}('목부들'이라는 의미)'라 불리는 부족이 로마의 지배 세력을 상대로 반란을 선동했다. 카시우스가 시리아에 주둔하고 있는 두 개 군단을 이끌고 이집트로 들어가야 하는 중차대한 비상사태가 발생한 것이다. 그리고 이것은 곧 그에게 소위 절대권이 부여된다는 것을 의미했다. 그는 황제가 부재한 곳에서 황제의 권한에 맞먹는 최고의 군사적 권위를 지니게 되었다. 당시 이집트 원주민들은 북부에서 치르고 있는 마르쿠스의 전쟁을 재정적으로 뒷받침하기 위해 강요된 세금 인상으로 큰 타격을 입은 상황이었다. 결과적으로 점점 더 많은 이집트인이 산적 무리로 변신하였고, 종국에는 자포자기의 심정으로 반란군을 형성하기에 이르렀다. 이 반란군의 지도자는 이시도루스^{Isidorus}라고 하는 카리스마 넘치는 젊은 사제 겸 전사였다. 전하는 이야기에 따르면, 이들 중 몇몇이 여성으로 변장하여 로마의 한 백부장(百夫長, 로마 군대의 조직 가운데 100명으로 조직된 단위 부대의 우두머리)에게 접근한 후, 로마군이 잡아간 남편들을 석방해 주는 대가로 황금으로 몸값을 치르러 온

척 하였다. 그러다 그들은 기습적인 공격을 가해서 그를 사로잡았고 또 한 명의 사관을 살해했다. 그들은 피투성이가 된 시체들 앞에서 하늘에 맹세를 한 후, 의례에 따라 시신을 먹어버렸다고 한다. 이런 식의 테러 행위에 관한 소문들이 이집트 전역으로 신속하게 전파되었으며 뒤이어 전면적인 폭동이 발생하였다.

부콜리족은 다른 부족들의 넉넉한 지원을 받아 가며 순식간에 알렉산드리아를 포위하고 공격을 개시했다. 이집트 군단이 그에 맞서 격렬한 전투를 치렀으나 엄청난 수적 열세에 몰린 로마군이 치욕적인 패배를 겪어야 했다. 부콜리족과 그들의 동맹 세력이 알렉산드리아를 포위하고 몇 달간 공격을 이어가는 동안 기아와 전염병이 도시를 유린했다. 시리아에 있던 카시우스를 급파해 알렉산드리아 주둔군을 구원하고 폭동을 진압하지 않았더라면 알렉산드리아는 약탈되고 말았을 것이다. 하지만 마주한 부족 전사들의 수가 너무 많기 때문에 그는 휘하에 세 개 군단을 거느리고도 감히 정면으로 반격을 개시할 수가 없었다. 대신 그는 때를 기다리기로 결정하였다. 그는 적 부족들 사이에 불화의 씨를 뿌리고 분쟁을 부추김으로써 마침내 그들을 '분할 정복'할 수 있게 되었다. 카시우스에게 주어진 포상은 동방 전역의 속주들에서 절대권을 계속 유지하는 것이었고, 이로써 그에게 황제의 권한에 위험하리만치 근접하는 독보적 지위와 수많은 권한들이 허용되었다.

극적인 군사적 승리들을 거둔 결과로 카시우스는 45세의 나이에 고국 동포들의 영웅이 되었다. 그의 권위는 고귀한 혈통 덕분에 한층 추켜올려졌다. 그의 어머니 율리아 카시아 알렉산드라[Julia Cassia Alexandra]는 옛날식 강인함으로 유명한 유서 깊은 로마 가문 카시이[Cassii]

의 일족이었다. 그녀는 부계 쪽으로는 유대 헤롯대왕의 후손이며 모계 쪽으로는 로마의 초대 황제 아우구스투스의 후손인 왕녀였다. 그녀는 또한 자신이 또 다른 로마 종속국 콤마게네^{Commagene}(헬레니즘 시대에 지금의 터키 아나톨리아 지역 동남부에 있었던 왕국-옮긴이)의 왕 안티오쿠스 에피파네스 4세의 후손이라고 주장하였다. 이렇게 되면 카시우스는 셀레우코스^{Seleucos} 왕조(알렉산드로스 사후에 그의 휘하 장군이었던 셀레우코스가 시리아 일대에 세운 왕국-옮긴이)의 후예가 되는 셈이다.

간단히 말해서, 카시우스는 다스릴 운명을 타고난 사람이었다. 고귀한 혈통과 명성이 자자한 군사적 승리들을 고려할 때 그는 당연히 자기가 루키우스 베루스의 후계자가 될 것이라고 믿어 의심치 않았을 것이다. 하지만 멀리 북쪽에 있는 마르쿠스는 또 다른 시리아 태생 장군이자 훨씬 더 비천한 가문 출신인 클라우디우스 폼페이아누스를 승진시킨 상태였다. 폼페이아누스는 파르티아 전쟁에서 두각을 드러냈고 뒤이어 마르쿠스의 딸이자 루키우스 베루스의 미망인인 루킬라와 결혼하였다. 마르코만니 전쟁 중에는 북부 전선에서 최고참 장군으로 활약하며 황제의 오른팔이 되었다. 심지어 마르쿠스가 폼페이아누스에게 카이사르가 되라고 권유했으나 사정상 사양했다는 소문까지 돌았다. 카시우스가 자기가 다스리는 지역 출신의 평민 따위가 자기보다 더 출세할 수 있다는 생각을 도저히 견딜 수 없어 했을 법도 하다.

카시우스는 루키우스 황제가 죽은 날부터 꾸준히 권력의 사다리를 타고 위로 올라갔다. 서기 175년 현재 카시우스는 동쪽에서 지난 3년간 누려 오던 황제에 버금가는 권위를 여전히 지키고 있었다. 그에게는 올라갈 사다리의 발판이 딱 하나 남아 있었고 마르쿠스 아우렐리우스는 그의 길을 가로막고 있는 유일한 인간이다. 지금 그가 손에 쥔 한 단어 'emanes'는 마르쿠스가 어릴 때 그리스어 수사학을 가르쳤던 소피스트 헤로데스 아티쿠스가 보낸 것이다. 헤로데스는 세련된 말솜씨를 지닌 능변가로 잘 알려져 있었지만, 이 편지는 소피스트보다는 스토아주의자가 썼다고 해야 더 어울림직한 촌철살인의 한 방이었다. 그가 지금 상황에 대한 자신의 입장을 밝히는 데는 오직 한 단어면 충분했던 것이다. 절대 권력을 따내고 싶은 강렬한 욕망에 정신이 나간 카시우스는 제국 전체가 갈가리 찢어지고 수백만의 목숨이 유혈 참극에 휩쓸릴 위험성을 내포한 내전을 분별없이 일으키고 만 것이다.

2,400킬로미터 이상 떨어진 제국의 저 먼 변방인 하(下)판노니아Lower Pannonia(오늘날의 세르비아 지역)의 중심지 시르미움Sirmium에 주둔 중인 로마군 병영에 탈진한 특급 파발이 당도한다. 파발을 맞이한 병사들은 부랴부랴 병영 중앙에 있는 황제의 거처로 곧장 그를 들여보낸다. 동쪽에서 발생한 급보를 로마를 거쳐 북부 전선까지 전달하는 데에는 비상 연락 체계를 이용해서도 열흘 이상의 시간이 걸렸다. 그는 쉽게 말을 꺼내지 못하고 머뭇거린다. 그가 가져온 소식은 너무도 충격적인 것이어서 본인조차 믿기가 어려울 지경이다. "카이사르 전하, 아비디우스 카시우스 장군이 전하를 배신하였습니다.……이집트 군단이 그를 황제로 추대하였다고 합니다!"

파발꾼은 그 소식을 확인해 주는 원로원의 서신을 휴대하고 있다. 서기 175년 5월 3일, 알렉산드리아에 주둔 중인 이집트 군단이 아비디우스 카시우스를 로마 황제로 추대했다는 내용의 서신이었다. "전하, 저들은 전하께서 승하하셨다는 소문을 사방에 퍼뜨리고 있습니다." 전령이 설명한다. 이 소식은 로마의 속주인 카파도키아의 총독 푸블리우스 마르티우스 베루스^{Publius Martius Verus}가 전해 온 것이었다. 그는 파르티아 전쟁에서 카시우스, 폼페이아누스와 함께 싸우면서 매우 탁월한 능력으로 승리에 공헌한 장군이었다. 천만다행으로 마르티우스 베루스가 전해 온 그 경악할 소식과 함께 당도한 것은 본인과 자기가 거느린 세 개 군단은 한 치도 변함없이 마르쿠스에게 충성을 맹세한다는 서약이다. 하지만 카시우스는 토로스 산맥(오늘날의 터키 남부 지역에 위치함-옮긴이) 남쪽으로 대략 제국의 동쪽 영토 절반에 해당하는 지역 전체에 걸쳐서 반란 지원 세력을 규합한 상태라고 전해졌다. 마르코만니 원정을 반대했던 여러 로마 원로원 의원들에게는 카시우스 쪽에 줄을 대는 청원을 낼 기회가 찾아온 것이다. 아직까지 전체적으로 원로원은 마르쿠스에게 계속 충성을 다했다. 그럼에도 불구하고 카시우스는 여러 개의 군단을 휘하에 거느린 매우 능수능란한 장군이다. 또한 그는 동쪽 영토 중 단연코 가장 풍요로운 속주로서 '제국의 아침 식사'라 불리는 이집트를 지배하고 있다. 수도인 알렉산드리아는 제국에서 두 번째로 큰 도시이자 가장 큰 항구를 보유한 곳이다. 만약 이집트 무역길이 차단된다면, 로마는 결국 식량 부족 사태를 겪게 될 것이며 폭동과 약탈로 이어질 것이다. 제국의 운명이 백척간두에 선 것이다.

사실 마르쿠스는 최근에 심한 병치레를 했고 어쩌면 죽음에 가까워진 것일지도 몰랐다. 쉰 넷의 나이에 몸은 허약하고 건강상태도 좋지 않다는 것을 웬만한 사람은 다 알고 있을 정도로 그는 오래 전부터 로마의 쑥덕공론의 대상이었다. 아내 파우스티나는 벌써 몇 달 전에 로마로 돌아가 버렸다. 들리는 소문들에 의하면, 그녀는 마르쿠스의 임종이 임박했을 가능성에 겁을 먹고는 카시우스에게 권좌가 그의 것임을 분명히 선언하라고 닦달했다고 한다. 마르쿠스의 유일하게 생존한 아들인 콤모두스는 열세 살로, 혹시라도 자기가 성인이 되기 전에 아버지가 죽거나 누군가 권좌를 찬탈한다면 목숨을 부지하기 어려우리라는 사실을 예리하게 인식하고 있다. 전하는 바에 따르면 파우스티나는 마르쿠스가 죽기 전에 미리 움직이면 카시우스가 다른 황위 계승 후보자들의 허를 찔러 왕좌를 차지할 수 있을 테고, 그런 다음 카시우스와의 결혼을 통해 콤모두스의 승계를 안전하게 보장받을 수 있겠다는 책략을 꾸몄다고 한다. 또 어떤 사람들은 카시우스가 스스로 주도적인 행동에 나선 것이며 권력을 잡기 위해 의도적으로 마르쿠스가 죽었다는 거짓 소문을 퍼뜨린 것이라고 말한다. 혹은 어쩌면 그가 황제가 죽었거나 죽어가고 있다는 잘못된 첩보에 진짜로 속아 넘어가서 반역이라기보다는 그저 어리숙한 행동을 저지른 것일 수도 있다. 어쨌든 원로원은 경악했다. 카시우스는 즉시 '호스티스 푸불리쿠스hostis publicus', 즉 공공의 적으로 선포되었고, 그와 가족의 재산은 압류되었다. 이런 조치는 불난 데 부채질한 꼴밖에는 되지 않았다. 카시우스는 상황이 통제 불능의 상태로 확대되고 있다고 느꼈을 수밖에 없다. 이제 물러설 곳은 없다. 내전은 피할 수 없게 되었다.

카시우스의 동기가 무엇이건 간에 마르쿠스는 이제 자신의 치세 중에 가장 심각한 위기에 직면했음을 깨닫는다. 황제는 최근에 한바탕 앓았던 질병에서 회복된 상태이고 반란 선동에 대응할 때 지체할 수 있는 시간이란 없다. 그는 장군들의 면면을 살펴본다. 저들은 황제가 북부 전선을 떠나 군대를 이끌고 동쪽으로 진군할 준비를 최대한 서둘러야 한다는 것을 이미 알고 있다. 카시우스의 군단들이 황위 계승의 권리를 보장받으려는 의도로 곧장 로마를 향해 진군할 수도 있다. 불쑥 떠오른 이 위협은 도시를 완전한 공황 상태로 몰아넣었고, 원로원 내의 마르쿠스의 비판 세력에게는 용기를 불어넣어 주었다. 하지만 다뉴브강 유역에서 군주에게 충성을 다하고 있는 강력한 군단들을 거느린 마르쿠스의 평판은 이제는 난공불락이다.

다음날 아침 마르쿠스는 로마 원로원, 동맹국 카파도키아의 마르티우스 베루스, 그리고 무엇보다 중요하다 할 수 있는 이집트의 카시우스에게 보낼 편지들을 파발에게 들려 급파했다. 메시지는 명료하다. **나는 살아 있고, 건강이 양호하며, 곧 국사에 복귀할 것임을 짐이 확인하노라.** 이제 그는 북부에서 평화 협정을 조속히 마무리 지어야 한다. 그래야 자유롭게 남동쪽으로 진군할 수 있을 것이고, 그렇게 몸소 행차해야 카파도키아의 충성파들에게 힘을 실어 주고 그 지역의 불안감을 진정시킬 수 있을 것이기 때문이다. 하지만 내전이 불가피하다는 것을 확실히 알기 전까지 이 사태를 부대 전체에 알리는 일은 성급한 행동이 될 것이다. 그의 군대는 여전히 북부의 부족들로 둘러싸인 고립 지대에서 저항하며 싸우고 있는 중이다. 그리고 그는 평화 협정이 아직 진행 중인 상황에서 다뉴브강 유역의 야만족들이 위기에 관한 풍문을 들은 채로 집으로 돌아가도록 내버려두고 싶지 않다.

내심 마르쿠스는 이 소식에 대한 자신의 반응을 계속 명상한다. 가장 다루기 힘든 문제는 상황의 불확실성이다. 마르쿠스는 어떤 측면에서는 카시우스가 자기가 하는 일이 옳다고 믿고 있을 것으로 추정한다. 즉, 그는 무엇이 진정으로 옳고 그른지를 알지 못하는 무지에서 행동하고 있다는 것이다. 왜냐하면 소크라테스와 스토아주의자들이 가르쳐 준 바 있듯이, **알고도 그른 행동하는 사람은 아무도 없기 때문이다.** 물론 카시우스가 마르쿠스에게 못마땅하게 생각하는 측면이 바로 이런 철학적 태도이다. 그에게는 용서란 나약함의 징후일 뿐이다. 이 점이 두 사람의 성격, 두 개의 통치 방식, 두 가지 인생철학의 충돌로 이어진다. 한 명은 가혹하고, 다른 한 명은 용서한다.

이제 마르쿠스가 이집트 사태를 통지해 준 원로원의 급보를 받은 지도 여러 주가 지났다. 반란의 소식을 접하고 그가 취한 첫 번째 조치는 열세 살 먹은 아들 콤모두스를 시르미움으로 소환하는 것이었다. 그곳에서 마르쿠스는 아들에게 토가 비릴리스$^{toga\ virilis}$(성인복)를 입혔다. 황제 추대에 대비하여 공식적으로 아들을 로마의 성인 시민으로 만든 것이다. 마르쿠스는 카시우스의 황위 계승권 주장을 가라앉히는 데 도움이 되도록 로마 군단 앞에서 콤모두스가 자신의 당연한 후계자라는 인상을 심어 주고 있는 것이다. 황제가 아직 살아 있다는 소식이 카시우스에게 틀림없이 당도했을 테지만 그래서 그가 물러섰다는 이야기는 없다. 하지만 카시우스의 반란이 토러스 산맥 너머 카파도키아까지 확산되지 못했다는 사실은 곧 그가 충성스런 황제의 군대가 가해 올 위력적인 공세에 맞서 너끈히 시리아를 지켜 낼 수 있을 정도의 충분한 전력을 아직 확보하지 못했음을 의미한다. 그럼에도 불구하고 마르쿠스의 진영에서는 소문과 불안이 점점 자라나고 있다. 황제가 병사들 앞에 나아가 이제 곧 부대가 남동쪽으로 진군하여 카파도키아의 마르티우스 베루스와 합세한 후, 시리아에서 카시우스의 본대와 교전하게 될 것이라고 선포해야 할 시간이 다가온 것이다.

마르쿠스는 자신에게 저항하고 있는 카시우스와 원로원 의원들의 처사를 명상하면서 다가올 그날에 대비한다. 늘 그랬듯이 마르쿠스는 사람들의 간섭, 배은망덕, 폭력, 반역, 시샘을 기꺼이 받아들여야 한다고 되뇐다.[1] 스토아주의자들에 따르면, 대다수 사람들은 선과 악의 참된 본성을 확고하게 파악하지 못하기 때문에 도덕적 오류를 저지르게 되어 있다. 누구도 현명한 사람으로 태어나지 않는다. 다만 교육과 훈련을 통해 현명한 사람이 되어야 하는 것이다. 마르쿠스는 철학이 옳고 그름을 구분하는 법을 가르쳐 주었고, 부당한 행동을 하는 것처럼 보이는 카시우스 같은 인간의 본성을 이해할 수 있는 능력을 길러 주었다고 믿는다. 그는 자신을 거역하는 사람들마저도 자신의 동족임을 스스로에게 일깨운다. 반드시 피를 나눈 사이가 아니더라도 그들 역시 만국 공동체에서 지혜와 덕의 잠재력을 공유하고 있는 동료 시민들이기 때문이다. 설령 그들이 부당하게 행동한다 하더라도 진정으로 그에게 해를 끼칠 수는 없다. 그들의 행위란 그의 성품을 조금도 더럽힐 수 없기 때문이다. 이것을 이해하고 있는 한 마르쿠스가 그들에게 분노하거나 증오할 이유는 없다. 그를 반대하는 사람들도 그와 마찬가지로 제 역할을 하기 위해 나서게 된 것이며, 그것은 마치 윗니와 아랫니가 협력하여 음식을 씹는 것과 마찬가지이다. 분노에 못 이겨 카시우스 같은 사람들을 배척하거나 그대로 등을 돌리는 일조차 이성에 위배되고 자연의 법칙을 어기는 일이 될 것이다. 마르쿠스는 역적 도당을 적으로 간주하지 말고 의사가 환자에게 그러하듯 그들을 긍휼하게 여기라고 스스로를 일깨운다. 그는 고요한 명상 속에서 자기만의 시간을 갖는다. 그는 역경에 직면하여 이성적인 마음의 틀을 유지하는 일이 얼마나 중요한지 잘 알고 있다. 특히 로마 백성이 그에게 막대한 권력을 부여한 상황에서라면 더욱 더 그러하다. 마르쿠스는 이렇게 명상을 마치자마자 야전 망토를 걸친다. 폼페이아누스를 비롯해 여러 장군들이 숙소 앞에서 그를 맞이한다. 이제는 그가 군영 중앙에 집결한 병사들 앞에서 연설할 시간이다.

마르쿠스는 병사들을 전우로서 맞이한다. 그는 동방의 반란을 두고 불평하거나 분개하는 것은 아무런 의미가 없는 일이라고 말한다. 그는 무슨 일이 일어나더라도 제우스의 뜻으로 수용할 것이다. 그는 하늘을 향해 화내지 말기를 병사들에게 당부하면서, 자신을 섬기는 동안 연이은 전쟁에 참전할 수밖에 없게 된 것을 애석하게 생각하는 자신의 진심을 그들에게 분명히 전달한다. 그는 카시우스가 먼저 찾아와 군대와 원로원 앞에서 본인의 입장을 주장했더라면 좋았을 것이라고 아쉬워한다. 놀랍게도 마르쿠스는 심지어 자기가 물러설 수도 있었고 싸우지 않고 제국을 단념할 수도 있었다고 병사들 앞에서 공언한다. 그렇게 하는 것이 공동선을 위한 일임을 납득할 수만 있다면 말이다. 하지만 이제는 너무 늦었다. 이미 전쟁이 그들 앞에 닥쳐왔기 때문이다.

그는 병사들에게 그들의 명성이 동방 군단의 명성을 훨씬 압도한다는 사실을 일깨운다. 따라서 병사들은 낙관적인 생각을 가질 만한 충분한 이유가 있다. 비록 카시우스는 그가 가장 높게 평가하는 장군 중 한 명이지만, "갈까마귀를 거느린 독수리"를 두려워할 이유가 없다고 그는 말한다. 몇몇의 음울한 미소를 끌어낸 한마디 였다. 어쨌든 저 유명한 승리들을 실제로 따낸 사람들은 카시우스 가 아니라, 지금 그 앞에 서 있는 바로 이 병사들이었다. 더구나 충 성스러운 마르티우스 베루스도 그들 편에 서게 될 것이다. 그는 아 비디우스 카시우스에 비해 조금도 수완이 모자라지 않은 인물이다. 마르쿠스는 카시우스가 이제 황제가 살아 있다는 사실을 알았으니 아직은 회개할 가능성이 있다는 희망을 병사들에게 전한다. 그는 한때 충성을 다했던 장군이 이런 식으로 배신할 수 있다는 것은 오 로지 그가 죽었다고 잘못 믿었던 까닭일 뿐이라고 생각할 수밖에 없다. 만약 그게 아니고 카시우스가 굳이 반란을 고집한다면, 그는 마르쿠스 아우렐리우스가 가공할 위력을 지닌 노련한 백전노장들 을 이끌고 그 선봉에 서서 자기와 싸우기 위해 저 북쪽으로부터 진 군해 오고 있다는 사실을 다시 한 번 생각해 봐야만 할 것이다. (로 마의 역사가 카시우스 디오가 이 탁월한 일장연설의 원문이라고 주장하는 내 용을 우리에게 제공해 준다.)

마르쿠스 앞에 집결한 병사들은 사랑하는 저 군주 겸 총사령관 이 스토아라는 분파에 속하는 철학자라는 사실을 아주 잘 알고 있 다. 그럼에도 불구하고 그다음 말을 들은 병사들은 틀림없이 자신 들의 귀를 의심했을 것이다. 마르쿠스는 병사들에게 자신의 가장 큰 욕망은 자비를 보여 주고 싶은 것임을 분명하게 전달한다.

잘못을 저지른 사람을 용서하는 것, 우정을 짓밟은 자에게 여전히 친 구로 남는 것, 신뢰를 깨뜨린 자를 계속 신임하는 것. 짐이 하는 말들 이 어쩌면 그대들에게 믿을 수 없는 소리처럼 들릴 수도 있을 것이다.

허나 그대들은 짐의 말을 의심해서는 안 된다. 분명히 아직은 사람들 사이의 선함이 완전히 멸하지 않았고, 그 오래된 덕의 잔존물은 여전히 우리 안에 남아 있다. 누구든 이 말을 믿지 못하는 자가 있다면, 오히려 그것은 짐의 바람을 더 강하게 만들 뿐이다. 누구나 일어날 수 없다고 믿었던 일이 실현되는 광경을 그들의 두 눈으로 직접 볼 수 있게 하려니 말이다. 왜냐하면 만약 짐이 이 문제를 명예롭게 매듭지음으로써 심지어 내전을 다루는 데에도 올바른 방식이 있음을 만천하에 보여 줄 수 있다면, 그게 바로 짐이 현재 처한 곤경으로부터 얻을 수 있는 단 하나의 이득이 될 것이기 때문이다.

다른 말로 하면, 이것은 불행이 아니며 이 일을 고결하게 견디어 낸다는 것은 행운이다. 이것은 루스티쿠스를 비롯해 여러 스토아주의자들이 마르쿠스가 소년일 때 가르쳐 준 교훈이었다. 카시우스의 반란 소식이 로마를 발칵 뒤집어 놓았고, 제국 전체를 혼란의 소용돌이로 몰아갔음에도 불구하고 마르쿠스의 말 속에는 분노의 흔적이 없다. 마르쿠스의 휘하에서 그를 섬겨 온 사람들은 그가 충격적인 배반 행위에 대해서조차 존엄하고 평온하게 대응하리라 예상할 수 있을 정도로 그를 잘 안다. 그러나 그날 그곳 진창에 서서 연설을 듣던 일반 병사들로서는 마르쿠스 아우렐리우스 황제가 저 반역자뿐만이 아니라 그를 거역하고 반대편에 선 나머지 동조자들까지도 즉결로 용서하겠노라 말하고 있으니 그야말로 깜짝 놀라지 않을 수 없었을 것이다.

부대 병력 앞에서 연설을 끝마친 후 마르쿠스는 부관에게 연설문 한 부를 원로원에 전달하라고 지시한다. 그리고 다시 거처로 물러난다. 두 눈을 감고 새로 등장한 이 위기에 과연 어떻게 대처하는 것이 최선일지 철학이 그 길을 안내해 주리라 기대하며 명상을 계속한다.

분노를 정복하는 법

마르쿠스는 완벽하게 평온한 기질을 타고난 사람은 아니었다. 그래서 자신의 노기를 극복하기 위해 노력을 기울여야 했다. 『명상록』의 제일 첫 번째 문장에서, 그는 자기 할아버지가 매우 평온하고 온건한 몸가짐을 지녔음을 칭송한다. 그리고 그는 수기의 나머지 전반에 걸쳐 분노를 억누르는 문제로 끊임없이 되돌아온다.[2] 마르쿠스가 분노의 감정들과 씨름했고 더 평온하고 이성적인 인간이 되고자 노력했음을 우리가 아는 이유는 그가 실제로 그렇게 말하고 있기 때문이다. 『명상록』 제1권은 자신이 때때로 성질을 부리는 경향이 있음에도 친구나 가족이나 교사에게 무례를 범할 정도로 잘못을 저지르지 않았던 것에 대해 신들에게 감사하는 내용으로 마무리된다. 마르쿠스처럼 피로와 만성 통증을 겪고 있는 사람들은 대개 짜증과 화를 잘 내는 경향이 있을 수 있다. 잠도 제대로 못 자고 극심한 흉통과 위통으로 괴로워하는 허약한 인간이 자기를 교묘히 조종하거나 기만하려고 기를 쓰는 수없이 많은 사람들에게 짜증을 느끼는 것이 무슨 놀랄 일이겠는가.

스토아주의자들이 볼 때 머리끝까지 치민 분노란 비이성적이고 건전하지 않은 정념으로서 우리가 결코 빠져 들어서는 안 되는 것이다. 하지만 우리가 보았듯이 인생의 문젯거리들에 대한 반응으로 짜증의 감정이 자동적으로 생겨나는 것은 인간의 본성이다. 스토아주의자들은 이런 '원형적 정념'을 불가피한 것으로 간주하고 그것의 발생을 무관심한 태도로 수용한다. 스토아주의자라도 때에 따라서는 누군가가 달리 처신하기를 합당하게 선호할 수 있다. 마르쿠스가 아비디우스 카시우스를 막기 위해 전군을 동원해 진군에 나서려 한 것처럼 문제를 차단하기 위해 단호한 조치를 취할 수도 있다. 스토아주의자가 된다는 것은 동네북이 된다는 의미가 분명 아니다. 하지만 현명한 사람은 직접적인 통제의 범위를 넘어서 있는 것들, 이를테면 타인의 행동 같은 것들 때문에 화를 내지 않을 것이다. 따라서 스토아주의자들은 분노의 감정을 가라앉히고 그런 감정을 더 냉철하면서도 단호한 다른 태도로 대체하는 문제에 유익하게 활용할 수 있는 다양한 심리 기법들을 보유하고 있다.

타인에 대한 더 큰 공감과 이해의 함양을 통해 분노의 감정을 처리하는 것은 『명상록』에서 거듭 논의되는 주제 가운데 하나이다. 현대 심리치료가 전형적으로 불안과 우울증에 초점을 둔 반면, 스토아주의자들은 분노의 문제에 더 많은 관심을 가졌다. 실제로 오늘날까지 전해지고 있는 세네카의 『화에 관하여』라는 저술 전체가 이 정념에 대한 스토아의 이론과 대처법을 매우 상세히 서술하고 있다.

인생의 대부분의 측면들에서 그랬듯 이 문제에서도 마르쿠스에게 최고의 역할모델은 그의 양아버지였다. 그는 안토니누스 황제에게서 다른 무엇보다 '온화함'과 온건한 성미를 배웠다. 안토니누스는 제국의 자원을 조심스럽게 관리하는 그의 정책을 가혹하게 비판하는 사람들에게 '참을성 있는 관용'을 보였다. 마르쿠스는 특히 그의 양아버지가 언젠가 투스쿨룸^{Tusculum}(로마 동남쪽에 있던 고대 도시로 주로 로마인들의 별장지로 많이 이용됨-옮긴이)에서 한 세관 관리인의 변명을 얼마나 품위 있게 받아들였는지와 더불어 그것이 그의 온화한 성품을 전형적으로 잘 보여 준다는 점을 스스로에게 일깨운다. 선제인 하드리아누스와 달리 안토니누스는 사람들에게 무례하거나 거만하거나 폭력적이지 않았고, 결코 성질을 부리지 않았다. 그는 마치 한가한 사람처럼 모든 상황을 사례별로 여건에 맞춰 차분하고, 체계적이고, 일관되게 고려하였다. 다른 대목에서 우리는 안토니누스의 온화한 기질과 "부당하게 잘못을 지적하는 사람들을 참아 내면서 그들의 잘못을 지적하는 것으로 되갚지 않는 방식" 그리고 "대놓고 그의 견해에 반대한 사람들을 향한 관용과 누군가가 무언가 더 나은 것을 알려 주었을 때 내비치는 기쁨"에 관한 또 다른 이야기를 듣는다.[3] 안토니누스가 통치자로서 보여 준 인내와 온화함은 마르쿠스가 배운 가장 중요한 덕성들에 속한다. 실제로 마르쿠스는 도발적인 상황에 직면해서도 침착성을 잃지 않은 것으로 유명했다. 그랬던 그 또한 분노의 감정을 극복하기 위해 연습하고 스스로를 단련해야 했다.

그렇다면 스토아주의자들이 처방한 치유법은 무엇이었나? 그들은 분노란 욕망의 일종이라고 믿었다. 라에르티오스의 디오게네스에 따르면 "부적절하게 불의를 저지른 것처럼 보이는 자에 대한 복수의 욕망"인 것이다. 덜 딱딱하게 말하자면, 일반적으로 분노란 누군가가 잘못을 저질렀고 그래서 그 사람은 벌을 받아 마땅하다고 생각하기 때문에 그를 해치고 싶어 하는 욕망에 해당한다고 말할 수 있다. (때로는 다른 사람이 그 사람을 해쳤으면 하고 바라는 욕망에 더 가까울 수도 있다. 마치 이렇게 말할 때처럼 말이다. "누군가가 저 사람에게 본때를 보였으면 좋겠군!") 이는 현대적인 인지이론들과 별반 다르지 않다. 이 이론들은 일반적으로 분노란 자신이 개인적으로 중요시하는 규칙이 위반되었다는 믿음에 기초하는 것이라고 정의한다. 분노는 불의가 저질러졌다는 생각 혹은 누군가가 하지 말아야 할 어떤 짓을 저질렀다는 생각에서 나온다. 이런 생각은 흔히 자신이 타인에게서 위협을 받거나 해를 입었다는 인상과 결합되고, 그럼으로써 분노를 공포의 친밀한 동반자로 만든다. "그가 내게 해서는 안 될 일을 저질렀어. 그건 잘못이야!" 놀랄 것도 없이, 스토아의 분노 해독제는 앞에서 욕망에 적용하는 일반적인 치료법으로 서술했던 것들과 비슷하다. 그래서 그 접근법의 전형적인 단계들을 간단하게 다시 한 번 검토하고, 그것들을 분노라는 정념에 어떻게 적용할 수 있을지 고려해 볼 만하다.

1. **자기탐색** 분노 조기 경보를 탐지하라. 증폭되기 전에 그 싹을 잘라내야 한다. 예를 들면 우리는 분노가 점점 커지기 시작할 때, 즉 다른 어떤 이의 행동이 부당하거나 개인 규칙의 침해라고 생각할 때("어떻게 감히 내게 그런 말을 해!") 목소리가 바뀌거나 혹은 눈살이나 근육이 긴장하기 시작한다는 것을 알아챌 수 있다.

2. **인지적 거리두기** 사건 자체는 우리를 화나게 하지 않으며, 다만 그 사건에 대한 우리의 판단이 정념의 원인일 뿐임을 스스로에게 일깨워

라. ("내가 내 자신에게 '어떻게 감히 내게 그런 말을 해!'라고 말하고 있으며, 내가 분노를 느끼게 된 것은 바로 사물을 바라보는 그 방식임을 나는 인지한다.")

3. 유예 분노의 감정이 자연스럽게 누그러질 때까지 기다렸다가 그 상황에 어떻게 반응할지를 결정하라. 숨을 들이마시고, 나가서 좀 걷고, 몇 시간쯤 지난 후에 다시 그 상황으로 돌아오라. 그리했는데도 무언가 그 상황에 대한 조치가 필요하다고 여전히 느껴진다면, 그때 차분하게 최선의 대응 방법을 결정하라. 굳이 그럴 필요가 없다고 생각되면 그냥 내버려 두고 잊어버리면 그만이다.

4. 덕 모델링 소크라테스나 제논 같은 현명한 사람들이라면 어떻게 했을지 자문하라. 어떤 덕들이 현명한 대응에 도움이 될까? 각자 자신에게 더 친숙한 역할모델을 생각하는 편이 더 쉬울 수도 있다. 마르쿠스 아우렐리우스도 좋고 혹은 자신의 삶에서 접한 누군가도 좋다. ("현명한 사람이라면 공감하려 하고, 상대의 입장에서 생각하려 하고, 그런 다음 대응할 때는 인내를 발휘할 것이다.")

5. 기능적 분석 분노를 따라갔을 때와 이성을 따르면서 자제 같은 덕을 발휘했을 때 각각 어떤 결과가 나올지 떠올려 보라. ("만약 내 분노가 나를 이끌어 가도록 방치한다면 나는 아마도 그 사람에게 소리를 지를 것이고 그래서 또 다른 말싸움에 말려들게 될 거야. 시간이 흐르면서 사태는 아주 많이 악화될 것이고 더 이상 서로 말을 하지 않게 되는 지경에 이르게 되겠지. 그러니 그러지 말고 내 마음이 진정될 때까지 기다린 다음에 참을성 있게 그 사람의 말에 귀 기울이려 노력해 봐야지. 처음에는 어렵겠지만 아마 연습을 한다면 더 잘 되기 시작할 거고, 일단 그 사람도 진정이 되면 내 입장에 관심을 갖기 시작할 거야.")

스토아주의자들은 분노가 누그러질 때까지 행동을 유예한다는 고대의 개념을 아마 피타고라스주의자들에게서 배웠을 것이다. 피타고라스학파는 마르쿠스의 시대에 이르러 벌써 700년이나 된 오래전 사상이었다. 그들은 화가 난 상태로는 말을 하지 않고 감정이 사그라질 때까지 잠시 물러나 있는 것으로 알려져 있었다. 그들은 평온하고 이성적으로 대처할 수 있을 때에야 비로소 반응을 내놓곤 하였다. 오늘날 치료사들은 이 방법을 평정을 되찾기 위해 분노에게 잠깐 '타임아웃'을 요청하는 것이라고 지칭하곤 한다.

이들 기본 전략들에 덧붙여, 마르쿠스는 또한 처음에 우리의 분노를 야기한 근원적인 믿음들을 다루는 문제에 초점을 둔 스토아의 인지적 기법들 전체 레퍼토리를 서술한다. 이 기법들은 상황에 관해 생각하는 상이한 방식들, 즉 대안적인 관점들이다. 우리는 이 기법들을 언제라도 사용할 수 있지만 분노에 사로잡혀 있는 동안에는 관점을 바꾸기가 어렵다. 사실 우리가 저지르는 가장 흔한 실수 중 하나는 아직 최상의 마음 틀이 갖춰져 있지 않을 때 서둘러 화가 난 생각들에 도전하려고 시도하는 것이다. 그러지 말고 분노를 유발할 수 있는 상황들에 직면하기 이전에 미리, 혹은 평정심을 되찾을 수 있는 시간을 갖고 난 후에 이런 사유 전략들을 사용하라. 마르쿠스는 낮에 곤란한 사람들을 만날 것에 대비하여 아침이면 가장 먼저 이런 몇 가지 생각들을 명상하라고 스스로에게 일깨웠다.

『명상록』의 가장 인상적인 대목들 중 한 곳에서 마르쿠스는 '타인에게 화가 나는 일을 방지하고자 할 때' 사용할 수 있는 열 가지 사유 전략 목록을 소개한다.[4] 그는 이 분노 관리 기법들을 아폴로와 아홉 명의 뮤즈에게 받은 열 가지 선물이라고 묘사한다. 아폴로는 약과 회복의 신으로서 이른바 치유의 신이라고 부를 수 있을 테니, 이 열 가지 기법은 스토아의 정신치료 처방전인 셈이다. 마르쿠스는 『명상록』에서 같은 방법들에 관해 추가로 많은 언급을 하고 있으며, 이런 언급들은 마르쿠스가 염두에 둔 것이 무엇이었는지를 분명히 하는 데 도움이 된다.

우리는 타고난 사회적 동물이며 서로를 돕도록 설계되어 있다

마르쿠스가 분노 대응에 사용하라며 기술하는 첫 번째 전략은 이성적 존재들은 본래 사회적이며, 선의의 정신으로 서로를 도와 공동체에서 살아가도록 설계되었다는 스토아의 신조를 스스로에게 일깨우는 일과 관련된다. 이를테면 우리에게는 각자의 타고난 잠재력을 실현하고 번영하기 위해 동료 인간들과 현명하고 조화롭게 살아가야 할 의무가 있다는 것이다.

『명상록』의 가장 유명한 인용구 중 하나로 앞서 언급한 제2권의 첫 대목에서, 마르쿠스는 매일 아침마다 곤란한 사람들을 상대하기 위해 정신적으로 준비를 한다고 서술한다. 그는 이렇게 덧붙인다. "내 동포들에게 화를 낼 수도 없고 그들을 증오할 수도 없다. 왜냐하면 우리는 협력하기 위해 태어난 사람들이기 때문이다." 그리고 원망을 느끼거나 타인에게 등을 돌림으로써 서로를 차단하는 일은 우리의 이성적이고 사회적인 본성을 거스르는 것이기도 하다. 실제로 그는 이성적인 피조물에게 선이란 부분적으로 타인을 향해 동료의식의 태도를 갖는 데 있다고 말한다. 마르쿠스는 또한 타인과의 동료 관계를 무시하는 것은 자연을 거역하는 일이기 때문에 결국 불의, 악덕, 불경의 한 형태가 된다고 주장하기에 이른다.[5]

나머지 인류와 화합하거나 조화를 이루며 사는 삶이라는 스토아의 목표는 모든 사람에게 우리의 친구처럼 행동해 줄 것을 기대해야 한다는 의미가 아니다. 반대로 우리는 인생에서 어리석고 사악한 사람들을 많이 만날 것이고 그런 일은 불가피하다는 사실을 수용할 준비가 되어 있어야 한다는 것이다. 우리는 불쾌한 사람들과 적들을 분노로 맞이해서는 안 되며, 오히려 덕과 지혜를 발휘할 수 있는 기회로 간주해야 한다. 스토아주의자들은 골칫덩어리 같은 사람들을 마치 의사가 내려 준 처방전처럼 혹은 레슬링 코치가 배정해 준 연습상대처럼 생각한다. 우리는 서로를 위해 존재하는 사람들이며, 만일 우리의 반대자들을 깨우칠 능력이 안 된다면 적어도 그들을 견디는 법이라도 배워야 한다고 마르쿠스는 말한다.[6]

이런 도전들은 우리가 덕을 쌓고 더 큰 회복력을 갖는 데 도움을 줄 것이다. 만약 지금껏 한 번도 누군가로부터 인내심을 시험 당해 본 적이 없는 사람이라면, 그 사람은 인간관계에서 덕을 발휘할 기회를 얻지 못한 것이다. 로마 역사를 잘 고증한 18세기 역사 소설 『마르쿠스 아우렐리우스에 대한 찬양』에는 스토아 교사인 아폴로니우스가 이렇게 말하고 있는 장면이 묘사되어 있다. "세상에는 사악한 사람들이 있습니다. 그런데 그들은 그대에게 유용한 자들입니다. 그런 사람들이 없다면, 덕이 무엇 때문에 있어야 하겠습니까?"

한 사람의 성격을 전체적으로 고려하라

다음 전략은 분노의 대상이 된 사람을 더 균형 잡힌 완전한 방식으로 묘사하는 일과 관련된다. 즉, 단지 그 사람의 성격이나 행동에서 가장 성가시게 여겨지는 측면들에만 초점을 두지 말라는 것이다. 마르쿠스는 자기를 괴롭히곤 하는 부류의 사람들을 조심스럽게 숙고하라고 되뇐다. 그럴 때 참을성 있게 일상적인 삶을 살고 있을 그들의 모습을 상상한다. 식탁에 둘러앉아 식사하고, 침대에서 잠을 자고, 섹스하고, 화장실에 가고 등등. 그는 그들이 어떤 식으로 오만해지고, 건방져지고, 화가 날 수 있는지 숙고하며 그 밖에도 그들이 다른 욕망들의 노예가 되어 있던 때들을 명상한다.[7] 기본 발상은 우리가 인식의 폭을 넓혀야 한다는 것이다. 완벽한 사람은 없다는 것을 기억하면서 내 기분을 상하게 한 그 사람의 행위들만이 아니라 다른 사람에 대해서도 전체적으로 생각해 보는 것이다. 이렇게 시야를 넓힐 때, 그 사람에 대한 분노가 희석될 가능성이 있다. 이렇게 하는 것은 분석을 통한 가치저감 기법의 한 변형이라고도 볼 수 있을 것이다.

실제로 마르쿠스는 우리가 다른 사람들에게 증오나 비난이나 비방을 받았을 때는, 그들의 영혼을 들여다본다고 상상하면서 그들이 실제로 어떤 부류의 인간인지 이해하려 해야 한다고 말한다. 그들을 더 많이 이해할수록 우리를 향한 그들의 적대감은 방향을 잃고 무력해져서 우리를 성나게 할 수 없는 것으로 보일 것이다. 그는 이런 태도로 카시우스를 바라보고 있었던 것 같다. 급작스런 내전의 위기에 원로원은 그냥 자동반사적인 반응을 내놓은 반면, 마르쿠스는 차분히 대응할 수 있었던 것도 아마 이런 태도 덕분이었을 것이다.

마르쿠스는 다른 사람의 입장에서 생각해 보는 것과 더불어 곧 장 핵심적인 질문들을 제기하는 방식으로 그 사람의 성격을 분석 해야 한다고 말한다. 그는 어떤 부류의 인간에게, 어떤 목적으로, 어떤 종류의 행동을 통해 만족을 주고 싶은 것인가? 그가 가진 인 생의 지도 원리가 무엇이고, 지금 분주하게 매달리고 있는 일은 무 엇이며, 평소에 시간을 어떻게 쓰고 있는가? 온갖 오류를 고스란히 노출시킨 채 발가벗겨진 그들의 영혼이 우리 앞에 놓여 있다고 상 상해야 한다. 이런 광경을 마음에 그릴 수 있다면, 결국 그런 사람 의 비난이나 칭찬이 정말로 진정한 권위를 지니고 있다는 생각이 불합리해 보일 것이다.[8] 실제로 현명한 사람은 오로지 "자연에 따라 서 사는" 사람들의 의견에만 주의를 기울이며, 그렇기 때문에 자신 이 상대하고 있는 저 사람이 어떤 부류의 인간인지에 계속 유념한 다. 그는 그 사람이 "집에서 그리고 밖에서, 밤에 그리고 낮에" 과연 어떤 사람인지, 그리고 "어떤 악덕에 탐닉하고 또 누구와 그러고 다 니는지" 이해한다.[9]

스토아주의자들은 사악한 사람들은 근본적으로 자기애가 결여 된, 자기 자신으로부터 소외된 사람들이라고 믿었다. 우리는 심지 어 그런 사람에게도 공감할 줄 알아야 하며 그를 악당이 아니라 오 도된 믿음이나 판단 오류의 희생자로 바라보아야 한다. 마르쿠스는 그들이 어쩌다 본인의 잘못된 의견들 때문에 눈이 멀어 지금 하고 있는 그런 짓을 할 수밖에 없게 된 것인지를 명상해야 한다고 말한 다. 그들은 무엇이 더 좋은지를 모른다. 이런 사정을 깨달으면, 그들의 비난을 무시하고 그들을 용서하면서도 필요하면 그들의 행동에 반대하는 일이 더 쉬워질 것이다. 옛말에도 있듯이, 모두를 이해하는 것은 곧 모두를 용서하는 것이다.

아무도 일부러 잘못을 저지르지 않는다

이번 내용은 앞 절의 요점에서 따라 나온 것이다. 소크라테스 철학의 기본적인 역설 중 하나이자 스토아주의자들이 받아들인 설명 가운데 하나는 다음과 같다. 알면서 악을 행하는 사람은 아무도 없으며 이 말은 곧 누구도 일부러 악을 행하지는 않는다는 뜻이기도 하다. 마르쿠스는 그 반역자가 어떤 면에서는 자기가 옳은 일을 하고 있다고 믿고, 단지 실수를 저지른 것이라는 입장을 취함으로써 일단은 카시우스를 믿어 주었다. 『명상록』에서 그는 다른 사람들의 행위를 단순한 이분법에 의거하여 바라봐야 한다고 말한다. 그들은 옳은 일을 하고 있거나 잘못을 저지르고 있다. 만약 그들이 옳은 일을 하고 있다면, 그것을 받아들이고 그것 때문에 성내는 일을 멈춰야 한다. 분노를 버리고 그들에게서 배우라. 하지만 그들이 잘못을 저지르고 있다면, 더 나은 행동이 무엇인지 알지 못하기 때문에 그런 것이라고 가정해야 한다. 소크라테스가 지적한 바와 같이, 아무도 잘못을 저지르고 싶거나 속고 싶어 하지 않는다. 이성이 있는 모든 피조물은 본디 진리를 욕망한다. 그러므로 만약 누군가가 무엇이 옳은지에 관해 정말로 실수를 저지른다면, 어쨌든 그들이 가엾다고 생각해야 한다.

누구나 사악하다거나 부도덕하다는 소리를 들으면 분개한다.

어떤 의미에서 사람들은 자기가 하고 있는 일이 옳다고, 아니 적어도 수용할 만한 일이라고 믿는다. 그 결말이 얼마나 고약한 것이 되건 상관없이 사람들의 마음속에서는 그 행동이 정당화된다. 만약 우리가 다른 사람들이 악의적이라기보다는 단지 실수를 저지르고 있는 것이며, 본인들의 소망에 어긋나게 지혜의 도움을 받지 못한 것이라고 생각한다면, 확실히 그들을 더 온화하게 대우할 것이다. 따라서 마르쿠스는 누군가가 잘못을 저지르고 있다고 믿을 때마다 먼저 무엇이 옳고 그른지에 관해 그 사람이 밑바탕에 어떤 의견들을 깔고 있는지를 고려해야 한다고 말한다. 일단 그들의 생각을 실제로 이해하고 나면, 그들의 행동 때문에 놀랄 이유가 없어질 것이며 그러면 자연스럽게 분노의 감정도 약화될 것이다.[10] 판단의 오류들은 질병이나 정신질환만큼 사람들을 옭아매기 때문에 그런 점을 고려하여 우리는 그런 사람들에게 관용을 베풀고 그들을 용서할 줄 알아야 한다. 같은 이치에서 우리는 아이들이 더 좋은 행동이 무엇인지 몰라서 실수를 저지를 때 가혹한 판단을 내리지 않는다. 그런데 성인도 어린이처럼 같은 도덕적 오류를 여전히 저지른다. 사람들은 무지한 사람이 되고 싶어 하지 않지만, 그렇게 부지불식간에 의도치 않은 행위를 하고 마는 것이다.

마르쿠스는 나머지 인류도 우리의 동포인 한 우리의 사랑을 받을 자격이 있다고 생각한다. 하지만 그들은 또한 선악의 구분에 무지하기 때문에 연민의 대상이기도 하다고 그는 말한다. 그것은 심각한 장애 요인이다. 우리의 도덕적 오류는 분노처럼 쉽게 통제 불능의 수준으로 상승하는 정념들로 우리를 인도한다. 우리는 저 사람은 무지로 인해 지금 저런 행동을 할 수밖에 없는 것이니 분노를 그만 거두라고 되뇌어야 한다. 그래서 에픽테토스는 학생들에게 눈에 거슬려 보이는 행동을 하는 사람을 만났을 때는 그저 이 격률을 반복해서 되뇌라고 충고하였다. "그게 그 사람에게는 옳아 보였나 보다."[11]

아무도 완벽하지 않다, 나 자신을 포함해서

다른 사람들이 결점이 있는 인간임을 명심하는 것이 그들의 비판을(혹은 칭찬을) 더 균형 있고 덜 감정적인 방식으로 받아들이는 데 도움을 줄 수 있다. 마찬가지로 나 자신 역시 완벽하지 않다는 것을 (세상 그 누구도 그러하지 않은 것처럼) 스스로에게 일깨운다면 분노의 감정을 완화하는 데 도움을 줄 수 있다. 자신의 불완전성을 인정하지 않으면서 타인을 비판하는 것은 이중 잣대이다. 따라서 마르쿠스는 자신 역시 많은 잘못을 저지른다는 것을 스스로에게 일깨운다. 그리고 이런 측면에서 그는 그저 다른 사람들과 비슷하다. 그는 실제로 다른 사람의 잘못 때문에 기분이 상할 때마다 잠깐 멈춰 서서 자신이 잘못된 길로 나아갔던 유사한 방식들을 성찰하면서, 그런 기분을 남 탓이 아니라 자기 자신의 성격에 주목하라는 신호로 즉시 간주해야 한다고 권장한다.[12] 그는 자신도 그저 결과가 겁나거나 평판이 걱정되어서 나쁜 짓을 삼가는 경우가 흔하다고 매우 정직한 심리적 관찰을 수행한다. 어떤 악덕을 못 저질렀던 이유가 단지 또 다른 악덕 때문일 뿐인 경우가 흔하다고 그는 말한다 (이것은 적어도 소크라테스에게로 거슬러 올라가는 또 하나의 발상이다). 이를테면 많은 사람들은 범죄를 삼가는데 그 이유는 잡힐까 봐 두려운 것일 뿐 딱히 덕이 있어서가 아니다. 그러므로 설령 우리가 다른 사람들처럼 똑같이 비행에 휘말리지 않더라도 그 경향성은 여전히 존재할 수 있는 것이다. 마르쿠스는 끝까지 카시우스의 해명을 들으려 했다. 비록 황제라 해도 그는 자신을 전혀 흠잡을 데 없는 사람으로 여기지 않았기 때문이다.

스토아주의에는 구루 같은 사람들이 없다. 제논, 클레안테스, 크리시포스 같은 학파의 창시자들조차도 자기들이 완벽하게 현명하다고 주장하지 않았다. 이들은 우리 모두가 어리석고, 사악하고, 그리고 어느 정도는 정념의 노예들이라고 믿는다. 이상적인 현자란 정의상 완벽한 사람이지만, 그런 사람은 우리가 유토피아 사회를 생각하듯 그저 가상적인 존재를 떠올려 본 것에 지나지 않는다. 아이러니하게도 우리를 성나게 한 사람들을 향해 느끼는 바로 그 분노는 그 자체로 우리 역시 오류를 저지를 가능성이 있다는 증거로 간주될 수 있다. 우리의 분노는 우리 역시 강렬한 감정의 영향을 받아 잘못을 저지를 수 있음을 입증한다. 이런 오류 가능성이 인류 공통의(나 자신을 포함하여) 운명임을 기억하는 것이 분노의 감정을 감소시키는 데 도움을 줄 수 있다. 화난 손가락으로 다른 누군가를 가리킬 때, 그 손의 나머지 세 손가락은 거꾸로 자기 쪽을 가리키고 있다는 사실을 기억하라.

결코 다른 사람들의 동기를 확신할 수 없다

우리는 다른 사람의 마음을 읽을 수 없으므로 그들의 의도에 관해서 함부로 결론을 내려서는 안 된다. 그리고 어떤 이의 의도를 알지 못하는 한, 결코 그 사람이 잘못을 저지르고 있는지 실은 확신할 수가 없다. 사람들은 좋은 이유가 된다고 믿는 것들을 위해 나빠 보이는 일들을 할 수가 있다. 마르쿠스는 훌륭한 성격 판정자일 뿐만 아니라 실제로 로마 법정의 노련한 판관이었다. 그는 사람들의 성격이나 동기에 관해 확고한 의견을 피력할 수 있으려면 그 전에 그들에 관해 아주 많은 것을 알아야 한다고 스스로에게 일깨운다. 그리고 그럴 때에조차 우리의 결론은 확률에 기초한 것일 뿐임을 알아야 한다. 같은 이치에서, 내전이 닥쳤을 때 마르쿠스는 결코 카시우스의 마음속에 어떤 생각이 들어 있는지 확실히 알 수 없다는 사실을 당연히 인정하였다.

대조적으로 분노는 다른 사람들의 동기에 대해 보증되지 않은 확실성을 가정한다. 인지치료사들은 이것을 '마음 읽기'의 오류라고 부른다. 다른 사람의 마음이란 다소간 늘 가려져 있는 것임에도 불구하고 그 사람의 동기가 어쩌어쩌하다고 함부로 결론 내리는 것이다. 우리는 다른 사람의 의도에 잘못이 없을 수 있는 **가능성**을 늘 열어 두어야 한다.[13] 그들 행동에 대한 다른 그럴듯한 해석들이 존재할 수 있다는 사실을 염두에 두라. 열린 마음을 고수하는 것이 분노의 감정을 희석하는 데 도움을 줄 것이다.

우리 모두가 죽는다는 것을 명심하라

마르쿠스는 세상이 돌아가는 거대한 구도 속에서 개개 사건들의 덧없음에 주목하라고 되뇐다. 그는 자기가 화내고 있는 사람이나 자기 자신이나 결국은 둘 다 죽고 망각되리라는 사실을 사색하라고 제안한다. 이런 관점에서 보면 사람들의 행동 때문에 이성을 잃고 흥분할 까닭은 없어 보인다. 어떤 것도 영원히 지속되지 않는다. 만약 미래에 회고했을 때 사소해 보일 사건이라면, 어째서 지금 그 사건에 맹렬히 관심을 가져야 한단 말인가? 그냥 아무것도 하지 말라는 의미가 아니다. 평온을 유지함으로써 실제로 우리는 더 나은 대응 방법을 계획하고 실행에 옮길 수 있다. 마르쿠스는 카시우스가 내전을 일으켰을 때 손놓고 멍하니 앉아 있지 않았다. 그는 반란을 진압하기 위해 신속하게 대군을 동원했다. 하지만 그럴 때 그는 자신의 판단을 흐려 놓을 수 있는 공포나 분노를 허용하지 않았다.

『명상록』은 내전 전에 써졌을 테지만, 아마 내전이 터졌을 때 마르쿠스는 카시우스의 반란을 향해 동일한 철학적 태도를 채택했을 것이다. 이 순간은 곧 지나갈 것이며 어떤 사물도 변하지 않을 수 없다고 그가 말한 것을 기억하라.

이제 보게 되겠지만, 내전은 매우 단기간에 종결된다. 현존하는 아비디우스 카시우스의 조각상은 하나도 없다. 비록 몇 달이기는 했지만 그래도 명색이 로마 황제를 자칭했음에도 불구하고 오늘날 그의 이름을 알아보는 사람조차 거의 없을 것이다. 하지만 언젠가는 마르쿠스 아우렐리우스도 망각될 것이다. 그는 결정을 내려야 할 때 늘 이를 염두에 두었다. 그는 미래 세대가 어떻게 판단할지 걱정하지 말고, 오로지 이성이 권하는 올바른 행동 방침에 따라 행동하면 될 뿐임을 스스로에게 일깨웠다. 어떤 것도 영원히 지속되지 않는다는 사실을 떠올릴 때, 다른 사람에게 화를 내는 것은 더 이상 아무런 쓸모가 없어 보인다.

우리를 망치는 것은 우리 자신의 판단이다

마르쿠스가 스토아의 모든 기법 중에서 아마도 가장 잘 알려져 있다고 할, 이른바 인지적 거리두기라는 기법을 포함시킨 것은 놀랄 일이 아니다. 화가 날 때, 우리를 화나게 한 것은 사건이나 타인이 아니라 그것들에 관한 우리의 판단임을 스스로에게 일깨워라. 만약 자신의 가치판단을 버리고 타인의 행동을 "끔찍하다"고 하는 일을 멈출 수 있다면, 분노는 줄어들 것이다. 물론 세네카가 지적한 대로, 우리가 통제할 수 없는 최초의 분노 감정들이 있으며, 이것들을 스토아주의자들은 원형적 정념들[pro-patheiai]이라고 부른다. 이런 감정적 반응은 다른 동물들과 어느 정도 공통되며, 그렇기 때문에 그런 반응은 자연스럽고 불가피하다. 그것은 갈레노스가 묘사한 폭풍우에 사로잡힌 그 스토아 교사의 불안과 같은 것이다. 하지만 마르쿠스는 그런 분노 속에 계속 머무를지 말지는 본인에게 달린 문제라고 말한다. 최초의 반응은 통제할 수 없을지 몰라도 그 최초 반응에 어떻게 대응할지는 통제할 수 있다. **중요한 것은 처음에 무엇이 발생하느냐가 아니라 그 다음에 무엇을 하느냐이다.**

최초의 분노의 감정에 그대로 휩쓸려 가는 대신 잠시 멈추어서서 그런 감정으로부터 인지적 거리를 확보할 줄 아는 법을 어떻게 배울 수 있을까? 타인의 행동은 우리의 성품에 해를 끼칠 수 없음을 깨닫는 것이 답이라고 마르쿠스는 말한다. 나는 좋은 사람인가 나쁜 사람인가, 인생에서 진정으로 중요한 문제는 이것뿐이며 이는 나 자신이 홀로 책임져야 하는 문제이다. 다른 사람들은 우리의 재산이나 심지어 우리의 몸에도 해를 끼칠 수 있으나 우리가 허용하지 않는 한 우리의 성품에 해를 끼칠 수는 없다. 마르쿠스가 표현한 대로, "나는 해를 입고 있다"라는 의견을 버린다면 해를 입고 있다는 감정은 사라질 것이며, 그 감정이 사라지고 나면 모든 진짜 해악도 사라진다.[14] 하지만 대개 우리를 화나게 하는 것은 사건이 아니라 그저 사건에 관한 우리의 판단임을 스스로에게 일깨우는 것만으로도 우리를 사로잡고 있는 분노의 화염을 약하게 만들기에 충분할 것이다.

분노는 우리를 이롭게 하기보다 해롭게 한다

마르쿠스는 흔히 인지적 거리 확보하기를 기능적 분석이라고 하는 그다음 기법과 연결시킨다. 분노로 대응할 때의 결과들을 생각해 본 다음, 이성적으로 온건하게 공감하고 애정까지 담아서 대응할 때의 결과들과 비교해 보라. 그게 아니면 그저 분노가 실제로 우리를 이롭게 하기보다는 해롭게 한다는 사실을 스스로에게 일깨워라. 스토아주의자들은 분노가 얼마나 추하고 부자연스럽게 보이는지 생각해 보는 것을 좋아했다. 일그러진 얼굴, 찌푸린 표정, 벌겋게 변한 흉한 얼굴색, 끔찍한 질병의 고통이 극에 달한 듯 보이는 화난 사람의 모습을 떠올려 보라.[15] 마르쿠스는 분노의 저 극도의 추함을 부자연스럽고 이성에 반하는 징후로 간주한다.

또한 분노를 통해 대체 무엇을 얻을 수 있을까? 완전히 무력한 경우가 대부분이다. 설령 우리가 분노를 터뜨린다 하더라도 사람들은 개의치 않고 원래 하려 했던 일을 그대로 실행하리라는 사실을 명심하라고 마르쿠스는 말한다.[16] 하지만 더 안 좋은 것은 우리의 분노가 단지 쓸모없을 뿐만 아니라 오히려 역효과를 낳는다는 것이다. 성질을 참지 못해 빚어진 결과들을 수습하는 데는 우리의 화를 돋운 바로 그 행위를 참고 견디는 것보다 더 많은 수고가 요구되는 경우가 흔하다고 그는 적는다. 스토아주의자들은 다른 사람들의 행동이 우리의 이익을 어떤 식으로든 위협한다고 가정하기 때문에 기분이 상하는 것이라고 믿는다. 일단 우리의 화를 돋운 대상보다 그것에 대한 우리의 분노가 우리에게 더 큰 위협이 된다는 점을 고려한다면, 우리를 사로잡은 분노의 손아귀는 반드시 헐거워지기 시작할 것이다.

경멸을 인지하고 느끼는 분노는 훨씬 더 근본적인 차원에서 경멸 그 자체보다 우리에게 더 해롭다. 다른 사람들의 행위는 우리에게는 외적인 것이며 우리의 성품을 건드릴 수 없지만, 우리 자신이 느끼는 분노는 우리를 다른 종류의 인간으로, 즉 거의 동물 같은 인간으로 탈바꿈시킨다. 스토아주의자들에게는 이것이 훨씬 더 커다란 해악이다. 따라서 마르쿠스는 다른 사람의 악덕은 우리가 허락하지 않는 한 우리의 성품을 관통해 들어올 수 없다는 사실을 스스로에게 일깨운다. 아이러니하게도 분노를 멈출 힘이 있음에도 불구하고 그것을 경험하고 있는 사람이 분노로부터 가장 큰 해를 입는다.[17] 그러므로 대부분의 경우에 최우선적인 과제는 분노를 유발한 사건에 대해 무언가 조치하려 시도하기 전에, 먼저 자신의 분노에 관해서 무언가 조치하는 것이어야 한다.

『명상록』 전체에서 마르쿠스는 이 생각을 다른 방식으로도 자주 표현한다. 잘못은 잘못한 사람에게 남겨 두라고 스스로를 일깨우는 것이다. "다른 사람이 내게 잘못을 저질렀나? 그것은 그의 소관이지 내 문제가 아니다." 잘못한 사람은 스스로에게 잘못을 저지른 것이며 부당하게 행동한 사람은 스스로에게 부당하게 행동한 것이라고 그는 말한다. 왜냐하면 그 사람은 오로지 그 자신만을 해롭게 한 것이기 때문이다. 잘못한 자는 그 자신의 성품에 피해를 입힌다. 그 사람이 우리를 성나게 하고 해도 입혔다고 가치판단을 함으로써 그 사람을 따라 비참한 신세에 합류하지 말아야 한다.[18]

이번에도 역시 마르쿠스가 적들이 자기를 향해 느끼는 감정대로 적들을 향해 감정을 느끼지 말라고 스스로에게 경고할 때, 아마 카시우스 같은 상대들을 생각하고 있었던 것일 수도 있겠다고 상상해 볼 만하다. 마찬가지로 우리는 사악한 자들이 갖고 있거나 혹은 그런 자들이 우리가 갖기를 바라는 그런 종류의 의견들을 품기 시작해서는 안 된다. 간단히 말해, 최고의 복수는 그런 자들을 향해 화를 내도록 스스로 허용함으로써 그들과 같은 수준의 나락으로 떨어지지 않는 것이다.[19] 누군가가 우리를 증오한다면, 그것은 그들의 문제라고 마르쿠스는 말한다. 우리의 유일한 관심사는 증오 받아 마땅한 일이라면 어떤 것이든 행하지 않는 것이다.

자연은 우리에게 분노에 대처할 수 있는 덕을 주었다

마르쿠스는 또 다른 친숙한 스토아의 기법을 분노에 적용할 것을 또한 권장한다. 이른바 덕의 사색이라고 부르는 기법이다. 우리는 지금 자신이 직면해 있는 상황에 대처하기 위해 자연이 어떤 덕이나 능력을 부여했는지 자문해야 한다. 이와 밀접하게 연관된 여러 개의 질문이 있다. 다른 사람들은 분노에 어떻게 대처할까? 나의 역할모델이라면 어떻게 했을까? 특정한 사람들이 다른 사람들 같으면 성질을 내고도 남을 만한 상황에 직면해서 어떻게 행동할 때 그들을 존경하게 되는가? 마르쿠스는 세상에는 불가피하게 비행(非行)이 존재한다는 것을 받아들이고 이렇게 물어야 한다고 말한다. "자연은 문제의 그 비행에 대한 대응책으로 인간에게 어떤 덕을 부여한 것일까?" 그는 이를 설명하기 위해 덕을 자연이 악의 '해독제'로 처방해 준 치료약에 비유한다.[20]

마르쿠스가 생각한 분노의 주된 해독제는 **애정**이라는 스토아의 덕이다. 이것은 공정성과 더불어 정의라는 사회적 주덕(主德)을 구성한다. 스토아주의자들은 분노를 타인을 해하려는 욕망으로 간주한 반면, 애정은 본질적으로 정반대로서 타인을 향한 선의와 타인을 돕고자 하는 욕망이다. 하지만 타인이 어떻게 나올지는 엄격히 말해 우리의 소관이 아니므로, 우리는 "운명의 여신이 허락한다면"이라는 단서를 달아 마음속으로 유보조항을 두고 타인에게 애정과 선의를 행사해야 한다. 카토의 활처럼 스토아주의자는 과녁을 잘 겨냥하여(타인을 이롭게 하겠다는) 애정을 갖고서 행동하되, 성공과 실패는 평온하게 수용할 마음가짐을 갖는 것으로 만족해야 한다.

실제로 마르쿠스는 적개심을 품고 자신의 인내심을 시험하고 있는 누군가와 조우하는 가상의 상황을 묘사함으로써 본인이 의미하는 바가 무엇인지 구체적인 사례를 제공한다. 그는 다음과 같은 대사를 읊으며 대응함으로써 상대방을 올바른 방향으로 나아가도록 온화하게 격려하는 모습을 상상한다. "아니지, 젊은이, 우리는 다른 일을 하라고 만들어진 존재들일세. 나는 어떤 식으로도 해를 입지 않을 걸세. 하지만 자네는 스스로를 해롭게 하고 있다네." 마르쿠스는 그런 사람들에게는 인간이란 벌이나 여타의 집단생활을 하는 동물들처럼 사회에서 서로 싸우지 않고 함께 살기로 되어 있는 존재임을 일깨우면서 세심하게 말을 걸어야 한다고 말한다. 독설을 쏘아붙이거나 가혹한 비난을 말에 담지 말고 다정다감한 애정과 진심이 어린 응답을 해야 한다. 우리는 단순하고 정직해야 하며 마치 교탁에서 강의하듯 하거나 구경꾼들에게 좋은 인상을 심으려고 노력하듯 처신해서는 안 된다. 다시 한 번 혹시 마르쿠스가 카시우스나 혹은 자기 아들 콤모두스 같은 사람들에게 어떻게 말을 해야 하는지를 생각하고 있었던 것은 아닌지 호기심을 가져 볼 만하다.

스토아주의자들에게 애정이란 무엇보다 다른 사람들에게 가르침을 주거나 그들이 악덕과 정념에서 벗어나 현명해지기를 소망하는 것을 의미한다. 이것은 운명의 여신이 허락한다면 적을 친구로 바꾸고자 하는 욕망이다. 마르쿠스가 애정이 깃든 행위로 제시한 사례는 그가 앞에서 언급했던 가장 중요한 전략 두 가지로 타인에게 가르침을 주려 하고 있음을 실제로 아주 잘 보여 준다.

1. 분노는 우리가 화를 내는 대상에게보다 우리 자신에게 더 해롭다.
2. 인간은 본질적으로 사회적인 피조물이다. 자연은 우리가 싸우지 말고 서로 돕기를 의도한다.

그는 이를 또 하나의 이분법으로 바라본다. 즉, 우리는 타인을 가르쳐 그의 견해를 바꿀 수 있거나 혹은 그러지 못한다. 더 나은 길을 가르칠 수 있다면 그렇게 하되, 아니라면 그 사실을 화내지 말고 받아들여야 한다. 따라서 마르쿠스는 그가 화를 낸 상대를 많이 헤아려 주면서 화해할 수 있는 요령 있는 방식들을 생각한다. 그는 이런 태도를 어릴 때 루스티쿠스와 몇몇 사람들이 그의 행동을 교정하면서 말하던 방식을 보고 배운 것일까?

다른 사람들이 완벽하기를 기대하는 것은 미친 짓이다

마르쿠스는 지금까지의 아홉 가지 전략들을 아폴로의 뮤즈들이 전해 준 선물이라고 서술하면서 우리가 진심으로 이 선물을 받아들여야 한다고 말한다. 그는 여기에 뮤즈들의 인도자 아폴로가 내놓은 조언 한 가지를 더 보탠다. 즉, 나쁜 사람들이 나쁜 짓을 하지 않기를 기대한다는 것은 불가능한 일을 소망하는 것이니 한마디로 미친 짓이다. 더 나아가, 그런 사람들이 나에게는 잘못을 저지르지 않을 것으로 기대하고 타인에게 저지른 비행을 묵인하는 것은 분별없고 어리석은 일이다.

이 마지막 전략은 스토아적인 결정론과 관계가 있다. 세계를 이성적으로 관조하는 현명한 사람은 인생에서 무슨 일이 벌어졌다고 놀라지 않는다. 이것은 스토아적인 또 다른 표준적인 논증 형식이다. 우리는 이미 세상에는 선한 사람들과 나쁜 사람들이 둘 다 존재한다는 것을 안다. 나쁜 사람들은 나쁜 짓을 하게 되어 있다. 따라서 안 그러기를 기대하는 것은 비합리적인 태도일 것이다. "불가능한 일을 갈망하는 것은 정신 나간 짓인데, 사악한 사람들이 달리 행동한다는 것이 바로 그런 불가능한 일이다." 나쁜 사람들이 잘못을 안 저지르기를 소망하는 것은 아기가 울지 않기 바라면서 울 때

화를 내는 것만큼이나 어리석은 일이다.[21] 우리는 마르쿠스가 이런 식으로 카시우스의 배반에 대비해왔으리라는 것을 쉽게 상상할 수 있다. 원로원은 충격을 받아 우왕좌왕하였고, 그들의 성급한 반응은 전면적인 내전의 가능성을 고조시켰을 뿐이었다. 대조적으로 마르쿠스는 마치 살면서 이런 일이 일어나리라 예상이라도 하고 있었다는 듯 조용히 자신감 있게 대응하였다.

사람들은 화가 날 때 "이건 정말 말도 안 돼!"라고 말하지만, 통상 그들은 배신, 기만, 모욕 등 인생에서 매우 흔히 벌어지는 일들을 기술하고 있을 뿐이다. 스토아주의자들은 이런 의미의 경악은 전혀 진짜가 아니며 불필요하게 감정적 반응을 과장한다는 사실을 깨달았다. 대조적으로 더 철학적인 태도를 갖고 있는 사람이라면 이렇게 말할 수 있다. "그건 놀랄 일이 아닙니다. 그런 일들은 일어나게 되어 있습니다. 그게 인생이지요." 마르쿠스는 이렇게 되뇐다. "일어나는 모든 일은 봄에 피는 장미나 여름에 자라는 열매만큼 평범하고 친숙한 것이다." 그런 일에는 비방이나 반역도 포함된다. 나쁜 사람이 나쁘게 행동한 것에 놀란다면, 불가능한 일을 기대했다는 비난을 받아야 한다.[22] 우리는 사람들이 저지를 수 있는 잘못의 종류를 막연하게나마 쉽게 예상할 수 있으면서도 그런 일이 실제로 일어나면 마치 충격을 받은 것처럼 군다. 우리는 누군가의 모욕적인 행동 때문에 기분이 상할 때 즉시 이런 수사학적인 질문을 스스로에게 던질 줄 알아야 한다. "세상에 밉상인 사람이 존재하지 않는 게 있을 수 있는 일일까?" 당연히 아니다. 그러므로 불가능한 일을 요구하지 말아야 한다는 것을 명심하라. 그리고 이 기법을 모든 형태의 비행에 적용하라. 마르쿠스는 만약 우리가 거짓된 충격과 경악을 접어 두고 악을 바라보는 좀 더 철학적인 태도를 취한다면 타인을 향한 애정을 드러낼 수 있게 될 것이라고 믿는다.

마르쿠스는 아폴로가 전해 준 이 열 가지 선물을 사용하여 분노에 대처하였다. 『명상록』 전체에 걸쳐 그는 이 목록에서 골라낸 내용들을 언급하고 또 언급한다.

잘못을 저지른 사람마저 사랑하는 것이야말로 인간에게 고유한 것이다. 그리고 그런 일은 그들이 잘못을 저지를 때 그들도 동포라는 생각, 그들이 무지해서 의도치 않게 잘못을 저질렀다는 생각, 나나 그들이나 곧 죽을 것이라는 생각, 그리고 무엇보다 그 잘못한 자는 [내 마음의 성품을] 이전보다 더 나빠지게 하지 않았기 때문에 결국 내게 아무런 해도 끼치지 않은 것이라는 생각이 떠오를 때 일어난다.[23]

이런 것들은 분명히 아폴로의 열 가지 선물에서 유래한 방침이다. 다음도 마찬가지이다.

그대는 무엇에 불만족해하는 것인가? 사람들의 사악함? 이제 이런 결론을 마음에 새겨라. 이성적인 피조물은 서로를 위하라고 만들어진 것이며, 관용은 정의의 일부분이고, 잘못을 저지른 것은 그러고 싶어서가 아니라는 것을 말이다. 그리고 화해할 수 없는 반목, 의심, 증오 속에서 서로를 향해 단검을 잡아 뺀 채로 인생을 보내 버린 얼마나 많은 사람들이 이제껏 땅에 뉘이고 불에 타 재가 되었는지를 생각하라. 내가 말하노니, 이를 생각하고 이제는 그대의 번민을 멈추어라.[24]

마르쿠스가 분노에 대처할 때 가장 많이 의지하는 전략은 아폴로와 그의 뮤즈들에게서 받은 첫 번째 선물이다. 그는 타인을 동포이자 형제자매로 바라볼 것과 자연은 사람들이 함께 협력하기를 의도한다는 것을 스스로에게 일깨운다. 적들을 심지어 가족의 일원으로 바라봐야 한다. 그들과 함께 조화롭게 살 줄 알아야 하는 것은 우리의 의무이며, 그럼으로써 우리의 삶은 설령 그들이 우리를 적대시하려 해도 평탄하게 흘러갈 수 있을 것이다.

　　하지만 아폴로에게서 받은 열 개의 선물을 열거한 후에도 마르쿠스는 또한 성질이 날 것처럼 느껴질 때에는 곧바로 이 처방을 사용하라고 스스로를 일깨운다. "화를 내는 것이 남자다운 것이 아니라 온건하고 온화한 기질이 더 남자다운 것이다. 그것이 더 인간적이기 때문이다." 이 말은 인상적이다. 왜냐하면 앞서 봤듯이 카시우스는 그를 "철학적인 노파"라고 부르며 모욕한 것으로 전해지기 때문이다. 마르쿠스의 허약한 체력을 은근히 꼬집으려 했던 것이다. 하지만 마르쿠스는 실제로는 상대의 도발 앞에서 온화함과 애정을 행사할 수 있는 사람이 카시우스가 보여 준 성향처럼 분노를 이기지 못하고 그것에 굴복하는 사람보다 더 강하고 용기 있는 사람이라고 믿었다. 카시우스 같은 사람들은 흔히 이런 맹렬한 분노를 자신이 가진 힘이라고 오인하는 반면에, 스토아주의자들은 그것을 매우 전형적인 나약함의 징후로 간주하였다. 이제 여기서 우리의 이야기로 되돌아오게 된다. 강경파 카시우스와 온건파 마르쿠스가 벌인 내전의 결과는 어찌 되었을까?

남동쪽으로의 진군과 카시우스의 죽음

꜒꜒꜒

이와 같은 매일의 명상을 통해 마르쿠스는 카시우스의 반란에 직면해서도 자신의 저 유명한 평정심을 잃지 않았다. 철학은 권력 찬탈 시도자의 등장과 같은 사건들을 차분하게 예견하라고 가르쳤다. 지금은 그가 스토아주의자로서 고국에서 멀리 떨어진 곳에서 벌어질 또 다른 전쟁을 향해 진군하면서 수용과 싸움을 화해시켜야 할 시간이다. 병사들은 점점 더 그를 축복 받은 신성한 인물로 보기에 이르렀다. 그들은 역경에 직면하여 그가 보여 준 차분한 처신에 진정으로 황송해했다. 심지어 이번은 일련의 반역 사건들 중에서도 가장 큰 사건인데도 말이다.

로마는 카시우스가 반란을 선동한다는 소식에 공포와 충격에 빠졌고, 원로원의 자동반사적인 반응이 상황을 더 악화시켰다. 사람들은 마르쿠스가 자리를 비운 사이에 카시우스가 침공하여 도시 전체를 약탈하는 보복 행위를 저지를까 봐 두려워한다. 북부 전선에서 활약한 마르쿠스의 선임 부대장 중 한 명인 마르쿠스 발레리우스 막시미아누스^{Marcus Valerius Maximianus}가 선봉을 맡아 2만 명의 강력한 기병부대를 앞세우고 먼저 진군해서 시리아에 주둔 중인 카시우스의 군단과 이미 교전에 돌입했다. 마르쿠스는 또한 적의 군단들이 이탈리아 본토를 뚫고 전진해 올 경우에 대비해 빼어난 부대 지휘관인 베티우스 사비니아누스^{Vettius Sabinianus}에게 판노니아에서 일부 병력을 인솔해 가서 수도 로마를 지키게 하였다.

카시우스는 처음에는 기세등등했던 것 같다. 그가 거느린 시리아 군단들과 그의 대의에 동참한 '제국의 아침식사' 이집트뿐 아니라 다른 세력들도 그의 기치 아래에 집결하기 시작했다. 하지만 그는 반란 지지 세력을 시리아 북부 지역으로 확대하는 데 실패한다. 카파도키아와 비티니아^{Bithynia}(소아시아 북서부 흑해 밑에 위치한 로마의 속주-옮긴이)에 주둔한 군단들은 모두 마르쿠스 아우렐리우스에게 계속해서 절대적인 충성을 바친다. 마르쿠스는 또한 로마 원로원의 전반적인 지지를 얻고 있다. 카시우스의 휘하에는 총 일곱 개 군단이 그의 명령을 따르고 있다. 시리아의 세 개 군단, 로마령 유대 지역의 두 개 군단, 아라비아의 한 개 군단, 그리고 이집트의 한 개 군단이다. 하지만 이 정도는 나머지 제국 전체에서 여전히 마르쿠스의 명령에 따르고 있는 병력의 3분의 1에도 못 미치는 수준이다. 더구나 마르쿠스의 북부 군단들은 고도로 단련된 무시무시한 베테랑들인 반면, 카시우스 휘하의 군단들은 그가 엄벌주의에 입각해 강압적으로 훈련시켰음에도 여전히 오합지졸 상태인 것으로 알려져 있다.

이제 카시우스가 황제를 참칭한지 정확히 석 달하고 엿새가 지나 마르쿠스의 주력 부대가 시리아를 향해 진군하고 있을 때, 또 다른 전령이 깜짝 놀랄 소식을 갖고 부대에 당도한다. 영내에서 순찰 중이던 카시우스가 안토니우스라는 부장에게 습격을 당했다는 것이다. 그는 말을 타고 지나가다가 말에 타고 있던 카시우스에게 공격을 가해 칼로 목을 찔렀다고 한다. 카시우스는 심각한 부상을 입었지만 거의 도망칠 수 있을 뻔했다. 하지만 신참 기병사관이 기습 공격에 가담했다. 이들 두 사관이 힘을 합쳐 새로 등극한 그들 황제의 머리를 잘랐으며, 자른 머리를 자루에 넣어 마르쿠스에게 바치기 위해 오고 있는 중이라는 것이다.

카시우스의 군단들이 마르쿠스가 버젓이 살아 있고 자기들을 향해 진군해 오고 있다는 사실을 알게 된 후에 그의 반란은 이렇게 급작스레 종지부를 찍게 되었다. 이제 여러 날이 지나서 안토니우스와 그의 동료가 반역자의 종말을 고하는 그 소름 끼치는 증거를 들고서 군영에 당도하였다. 마르쿠스는 한때 친구이자 동맹이었던 사람의 잘려진 머리를 보고 싶지 않다며 그들을 외면했다. 그가 그들에게 머리를 매장하라고 지시한다. 그의 병사들은 뛸 듯이 기뻐하지만 그는 축하하지 않는다. 그가 반란에 가담한 군단들을 용서한 것이 결국은 생각지 않게 카시우스의 사형집행 문서에 서명한 셈이 되었다. 카시우스의 부하들은 북쪽에서 다가오는 더 우세한 군대와 굳이 싸워야 할 이유가 더는 없었다. 그들과 그들의 사면 사이에 놓인 유일한 걸림돌은 물러서기를 거부한 카시우스였고, 그래서 그의 운명은 그렇게 봉인되었다.

마르쿠스는 서기 175년 7월에 이르러 다시 한 번 제국 전체를 통틀어 유일한 황제로 인정받았다. 카시우스는 잔인하고, 변덕스럽고, 신뢰할 수 없는 자라는 평판을 얻게 되었다. 결국 그는 자기가 오랜 세월 동안 부하들에게 보여 주었던 것과 똑같은 비정한 조치를 부하들에게 당했던 셈이다. 역사는 그의 권위주의적인 접근법이 궁극적으로 역풍을 불러왔음을 증명하였다. 대조적으로 마르쿠스는 일관성과 진실성을 지닌 사람으로 알려져 있었고, 카파도키아에 주둔한 그의 군단들이 확고부동한 충성심으로 보답했을 때 그의 승리는 보장된 것이었다. 마르쿠스는 천둥 군단이라고 알려진 제12군

단에게 "체르타 콘스탄스^{Certa Constans}(확실히 변치 않는)"라는 칭호를, 제
5군단인 아폴로 군단에게는 "피아 피델리스^{Pia Fidelis}(충실하고 충성스러
운)"라는 칭호를 각각 하사하였다. 대조적으로 카시우스는 부하들
을 겁주고 윽박질러서 자기를 위해 목숨을 걸게 만들려고 했다. 위
험의 첫 조짐이 보이자마자 그들은 등을 돌릴 수밖에 없었다.

시리아에서 내전이 종료된 후에, 마르쿠스는 카시우스의 가족
과 동조 세력에게 가혹한 조치를 취하지 않았다. 그는 단지 음모에
가담하여 추가적인 범죄를 저지른 몇 사람만 처형했을 뿐이다. 합
의한 대로 그는 카시우스 휘하의 군단들을 처벌하지 않고 그들의
평소 주둔지로 다시 돌려보냈다. 또한 카시우스의 편에 섰던 도시
들을 용서했다. 실제로 마르쿠스는 원로원 의원들에게 카시우스의
반란에 연루된 자들에게 자비를 베풀어 줄 것을 호소하는 편지를
썼다. 그는 어떤 원로원 의원도 처벌받지 않아야 하고, 고귀한 신분
의 어떤 사람도 처형되어서는 안 되며, 유배된 사람들은 집으로 돌
아올 수 있게 해야 하고, 강탈된 재물들은 원래 주인에게 돌려주어
야 한다고 요청했다. 카시우스의 부역자들은 어떤 종류의 처벌이나
위해로부터도 보호 받게 되었다. "원컨대 처형된 자들마저도 무덤
에서 되살려 낼 수 있기를 바라노라"라고 그는 말했다. 카시우스의
아이들은 그의 사위, 아내와 함께 용서를 받았다. 그들은 잘못한 것
이 없기 때문이었다. 마르쿠스는 아예 한술 더 떠서 그들이 자신의
보호 하에 살게 될 것이며, 카시우스의 재산을 공정하게 나누어 갖
고서 원하는 대로 자유로이 돌아다닐 수 있게 될 것이라고 공언하
였다. 그는 반란으로 인해 죽은 사람들은 반란 도중에 피살된 사람
들뿐이라고 말할 수 있기를 소망했다. 마녀사냥이나 사후 보복 행

위 같은 것은 없을 것이다. 바야흐로 콤모두스가 아버지를 따라 시리아와 이집트로 동행하였고, 마르쿠스가 군단 앞에서 아들을 공식적인 후계자로 추대한 후에 그들은 마침내 로마 회군 길에 올랐다.

필시 마르쿠스는 로마에서 신속하게 평화를 복구하고 싶었을 것이다. 그래야 북부 전선으로 복귀할 수 있을 것이기 때문이다. 그곳에는 아직도 해야 할 일들이 쌓여 있었고, 그래서 그는 카시우스를 지지했던 원로원 의원들에게 현명하게 자비를 베풀었던 것이다. 하지만 그는 먼저 동부의 속주들에서 질서를 회복하기 위해 그 지방을 순회할 필요가 있음을 깨달았다. 실제로 동부 지역에서 그의 인기가 결과적으로 상당히 올라갔고, 그에게 감화를 받은 사람들이 그가 신봉하는 스토아 철학의 여러 측면들을 수용하기에 이르렀다는 이야기까지 전해진다.

황비 파우스티나가 서기 176년 봄에 죽었다. 반란을 제압한 지 반년도 지나지 않은 시점이었다. 그녀가 아비디우스 카시우스와의 친밀한 관계 때문에 자살했다는 소문이 돌았다. 하지만 마르쿠스는 아내를 매우 존중했고 사후에 그녀를 신격화하기까지 하였다. 음모를 꾸몄다고들 하는 그 모든 불분명한 풍문에도 불구하고 그녀는 엄청나게 인기 있는 인물로 남았다. 파우스티나가 죽고 오래지 않아서 콤모두스는 집정관에 임명되었고, 서기 177년에는 마르쿠스와 공동 황제가 되었다. 콤모두스는 마르쿠스가 서거하자마자 자비를 베풀라는 아버지의 명령을 무시하고 카시우스의 후손들을 샅샅이 잡아내 반역자들이라며 산 채로 화형에 처해 버렸다.

8

죽음, 그리고 위에서 내려다본 풍경

빈도보나^{Vindobona}, 서기 180년 3월 17일. 황제가 손짓으로 근위사관을 가까이 오라고 불러서 속삭인다. **떠오르는 태양에게로 가거라, 나는 이미 지고 있으니.** 이 말들을 입 밖에 내는 데도 힘에 부쳐 한다. 마르쿠스는 젊은 사관의 눈에 서린 공포를 힐긋 쳐다본다. 근위사관은 잠깐 머뭇거리다가 거북하게 고개를 끄덕이고 황제의 숙소 출입구에 있는 자신의 근무 위치로 돌아간다. 마르쿠스는 담요를 머리 위까지 끌어올리고 마치 마지막 잠을 청하려는 듯 힘겹게 돌아눕는다. 그는 죽음이 온 사방에 가까이 다가와 있음을 느낄 수 있다. 망각 속으로 미끄러져 들어가 앞으로 영원히 고통과 슬픔으로부터 자유로워진다면 얼마나 편안할까. 전염병이 그의 나약한 늙은 육신을 안으로부터 빠르게 삼켜 대고 있다. 여러 날 동안 아무것도 먹지 못했고 굶주림이 그의 몸을 더 약하게 만든다. 지금 저 태양이 저물어 가니 모든 것이 아주 고요하다. 비록 고통 때문에 계속 눈을 뜨게 되는 것이지만 그의 눈꺼풀이 실룩거린다. 황제는 의식이 나갔다 들어왔다 한다. 그러나 그는 죽지 않았다.

그는 곰곰이 생각한다. '너의 눈이 지금 너무 무겁게 느껴지는구나. 이제는 눈을 감을 시간이다.' 의식이 해체되는 달콤한 감각이 그에게 스멀스멀 다가오기 시작하는데……

나는 잠이 들었거나 다시 의식을 잃었음에 틀림없다. 나는 내 눈이 떠져 있는지 감겨 있는지 말할 수 없다. 모든 것이 어둡다. 곧 동이 틀 것이고 참새들이 아침 노래를 부를 것이다. 봄이 찾아오고 시내는 녹아 흐른다. 그 냇물은 주둔지 저 밖에서 흐르고 있는 거대한 강물로 흘러 들어간다.

병사들은 다뉴브의 정령을 아주 오래된 강의 신으로 묘사한다. 그 신은 오직 우리가 잠시 멈춰 서서 귀를 기울일 때만 고요히 우리 모두에게 한 가지 교훈을 내어 준다. **모든 것은 변하고 오래지 않아 사라진단다.** 같은 강에 두 번 들어갈 수 없다고 언젠가 헤라클레이토스가 말했다. 강을 따라 계속 새로운 물결이 흘러가기 때문이다. 다뉴브강과 마찬가지로 자연은 쇄도하는 급류처럼 그 흐름 속에 세상 만물을 죄다 휩쓸어 간다. 무언가가 세상에 존재를 드러내자마자 시간이라는 위대한 강은 그것을 쓸어 가 버리고, 또 다른 무언가를 우리 눈앞에 데려다 놓을 뿐이다. 오래전 잊힌 과거는 지금의 나에게서 멀리 떨어진 저 상류에 잠들어 있고, 하류는 감히 측량할 길 없는 미래의 어둠을 기다리며 시야에서 사라진다.

내게 약이나 의사가 다시 필요할 일은 아마 없을 것이다. 소란이 끝난 것에 안도한다. 저 강이 나마저 쓸어 가게 할 시간이 이제 찾아온 것이다. 변화란 삶이기도 하고 죽음이기도 하다. 피할 길 없는 일을 늦춰 보려고 애쓸 수 있지만, 결코 그것으로부터 달아날 수는 없다. 그것은 바보 같은 짓이다.

고기와 술과 마법의 주문으로
그 물길에서 벗어나 죽음을 붙잡아 매려 하네.[1]

되돌아보건대, 대부분 사람들의 삶은 본인이 자초한 비극임이 그 어느 때보다 지금 나에게는 더 명백해 보인다. 사람들은 저 혼자 자만심에 빠져 우쭐대거나 불만에 가득 차 괴로워한다. 저들이 관심을 갖고 있는 모든 것은 나약하고, 사소하고, 덧없는 것들이다. 어디에도 단단히 버티고 서 있을 곳은 없다. 쏜살같이 흘러가는 세상 만물의 급류 한가운데서 우리의 희망을 믿고 맡길 수 있는 안전한 대상이란 아무것도 없다.

강둑에 둥지를 튼 작은 참새 한 마리에 마음을 빼앗기는 편이 제일 나을 수도 있다. 그게 바로 내가 말하곤 했던 바다. 녀석은 우리를 홀리자마자 훌쩍 날아가 시야에서 사라져 버릴 것이다. 한때 나도 나만의 작은 참새들에게 마음을 둔 적이 있다. 나는 그 아이들을 둥지 안의 내 병아리들이라고 불렀다. 파우스티나가 내게 안겨준 열세 명의 아이들. 이제는 오로지 나 때문에 침통한 얼굴로 흐느끼고 있는 콤모두스와 네 딸만 남았다. 나머지는 지금보다 한참 전에, 그네들의 시간이 채 오기도 전에 떠나버렸다. 처음에는 몹시도 비탄에 젖었지만 스토아주의자들은 내게 아이들을 사랑하는 법과 동시에 자연이 아이들을 되돌려 달라고 요구할 때 견디어 내는 법을 함께 가르쳐 주었다. 내가 내 어린 쌍둥이 꼬마들의 죽음을 애통해하고 있을 때, 아폴로니우스는 참을성 있게 나를 위로해 주었고 내가 서서히 평정심을 되찾을 수 있게 도와주었다. 죽음에 애통해하는 것은 자연스러운 일이다. 심지어 동물들도 어린 새끼를 잃고 비탄에 젖는 경우가 있다. 그러나 자연스러운 슬픔의 한도를 넘어 침울한 생각과 정념에 완전히 휩쓸리도록 자신을 내팽개치는 사람들이 있다. 현명한 사람은 자신의 고통을 받아들이고, 인내하지만, 부풀리지는 않는다.

또한 자연은 내 동생 루키우스가 죽기 얼마 전에 사랑하는 나의 아들 마르쿠스 안니우스 베루스^{Marcus Annius Verus}를 되찾아 갔다. 나는 그 아이에게 내가 어릴 적 불리던 이름을 주었다. 내 가족이 세대를 이어가며 전수해 온 이름이다. 나의 어린 마르쿠스는 수술대 위에서 의사들이 귀 아래에 생긴 종양을 제거하는 사이에 피를 흘리며 죽어 갔다. 그 아이의 죽음을 애도할 수 있는 시간은 닷새뿐이었다. 전쟁을 치르러 로마를 떠나 판노니아로 출정해야 했기 때문이다. 나중에, 다정한 아폴로니우스는 내게 에픽테토스의 격언을 이따금 일깨워 주곤 하였다. "미친 사람이나 겨울에 무화과를 찾는 법입니다." 자연에게 빌린 것을 자연에게 되돌려 준 것일 뿐임을 모르고 죽은 자기 아이를 몹시도 갈구하는 자가 바로 그런 사람이다. 아무렴, 나는 내 아이들을 사랑했다. 하지만 나는 또한 그 아이들이 유한한 인간들이라는 사실을 받아들이는 법도 배웠다.

바람이 땅바닥에 어질러 놓은 낙엽들,
인간의 자손들이 바로 그러하나니.[2]

그리고 내 아이들이 그런 낙엽들이 아니면 무엇이었단 말인가? 아이들은 봄과 함께 찾아와 겨울의 돌풍에 떨어졌다. 그러고 나서 다른 아이들이 자라나 먼저 떨어진 아이들의 자리를 대신했다. 나는 아이들을 영원히 품에 안고 살고 싶었다. 그 아이들이 유한한 인간임을 늘 알고 있었으면서도 말이다. 하지만 "오, 제발 내 아이가 안전하기를!"이라고 울부짖는 마음은 우리가 좋아하는 것이든 싫어하는 것이든 세상 만물은 다 변한다는 사실을 인정하길 거부하고, 오로지 즐거운 볼거리만 계속 보고 싶어 하는 눈과 같다.

　　현명한 사람은 삶과 죽음을 동전의 양면으로 본다. 소크라테스의 가장 고귀한 제자 중 한 명인 크세노폰이 아들이 전투에서 쓰러졌다는 전갈을 받았을 때 무엇이라 말을 했던가? "내 아들이 유한한 인간이라는 사실은 알고 있었다네." 그는 태어난 것은 또한 반드시 죽어 사라져야 한다는 가르침을 단단히 이해하고 있었다. 나는 말 그대로 아이일 때 아버지 안니우스 베루스를 여의었기 때문에 어린 시절부터 그런 가르침에 대한 증거를 알고 있었다. 나는 세상에 알려진 아버지의 평판을 통해 선하고 겸손한 분이라는 이야기를 들었을 뿐 그 밖에는 아버지에 대해 아는 것이 거의 없다. 어머니 루킬라가 아버지를 묻었고 한참 후 때가 되어 어머니를 묻는 일은 내 몫이 되었다. 나의 양아버지 안토니누스 황제는 본인의 황후를 묻었고, 그다음엔 루키우스와 나, 그리고 그분의 친아들들이 그분의 죽음을 애통해하며 그분을 안치해야 할 시간이 찾아왔다. 그러고 난 다음 내 동생 루키우스 황제가 전혀 예상치 못한 상황에서 세상을 떠났고, 그 또한 내가 묻어 주었다. 마지막으로, 나는 사랑하는 나의 황후 파우스티나를 땅에 뉘였다. 콤모두스가 내 유해를

테베레 강둑에 있는 하드리아누스의 웅대한 영묘 안에 안치할 때 나는 곧 아내와 재결합하게 되리라. 나의 벗들은 로마에서 나를 위해 송덕문을 읊을 것이고, 사람들에게 우리가 마르쿠스 아우렐리우스를 잃은 것이 아니라 다만 그가 자연으로 되돌아간 것뿐임을 일깨워 줄 것이다. 태양은 이 저녁에 지면서 나를 함께 데리고 저물어 간다. 내일 내 자리를 대신하러 떠오르는 자는 또 다른 태양이리라.

그리하여 이제 그대가 마침내 여기에 왔구나, 죽음이여, 내 오랜 친구여. 나는 확실히 그대를 친구라 부를 수 있다. 그대는 어쨌든 여러 차례 내 상상의 문을 통해 반가이 맞이했던 나의 손님이었다. 내가 깊이 명상하는 가운데 오래전 황제들의 치세를 마음에 떠올렸을 때 그대가 얼마나 자주 나와 함께 있어 주었던가? 만물이 다 달라도 그 바닥은 다 똑같다. 이름 없는 개개인이 결혼하고 아이들을 기르고 아프다가 죽는다. 어떤 이들은 전쟁에 나가 싸우고, 축제를 즐기고, 땅을 일구고, 물건을 사고판다. 어떤 이들은 다른 이에게 아첨하거나 아첨하는 소리를 들으려 애쓰고, 주위 사람들이 자기한테 음모를 꾸미는 것은 아닐까 의심하거나 도리어 자기가 음모를 꾀한다. 셀 수 없이 많은 이들이 계략을 꾸미거나, 다른 이의 죽음을 소원하거나, 자기 운수에 불평을 터뜨리거나, 사랑에 빠지거나, 재산을 쌓거나, 고관대작을, 아니 심지어 왕관을 꿈꾸기도 한다. 도대체 그 이름을 영원히 알지 못할 얼마나 많은 사람들이 마치 한 번도 태어난 적조차 없는 사람들인 것 마냥 삶을 소진하고 망각된 채 땅에 묻혀 있는 것일까? 하지만 이런 생각을 위대한 사람들한테로 돌려 보라, 그러면 무슨 차이라도 있을 것 같은가? 왕궁이나 거지의 오두막이나 죽음은 똑같이 찾아와 문을 두드린다.

제국의 창시자 아우구스투스, 그의 가족, 조상들, 사제들, 조언자들, 그의 모든 측근 인사들, 이들은 지금 어디에 있는가? 아무 데서도 보이지 않는다. 알렉산드로스 대왕이나 그의 노새 몰이꾼이나 둘 다 먼지로 돌아갔다. 죽음에 이르러 마침내 둘은 동등해진 것이다.

그리고 지금은 완전히 소멸해 버린 그 위대한 왕조들은 어떠한가? 계승자를 남기기 위해 그네들 선조들이 들인 노고를 생각해 보라. 그래봤자 그들의 역대 계보는 어떤 무덤 위에 새겨진 '그의 가계가 낳은 마지막 후손'이라는 묘비명과 함께 일거에 종지부를 찍었을 뿐이다. 또 얼마나 많은 도시들 역시 사멸했던가? 나라들 전체가 역사에서 깨끗이 지워졌다. 카르타고의 절멸을 왜 기뻐하지 않느냐는 질문을 받은 위대한 스키피오Scipio는 눈물을 흘리며 언젠가는 로마도 멸망할 것이라고 예언하였다. 역사의 모든 시대가 우리에게 동일한 교훈을 가르쳐준다. 어떤 것도 영원하지 않다. 오래전에 사라진 알렉산드로스의 궁정에서부터 내가 한때 하드리아누스, 안토니누스와 함께 거닐던 궁정에 이르기까지 오늘날에는 그저 유적들과 이야기들을 통해서만 세상이 알고 있을 뿐이다. '하드리아누스'와 '안토니누스'라는 그 이름들도 역사책에 써진 유티카의 카토Cato of Utica나 스키피오 아프리카누스Scipio Africanus의 이름들처럼 고풍스런 나이테를 두르고 있다. 내일이면 내 자신의 이름도 다른 이들에게는 지나간 시대를 기술하는 옛날 말로 들릴 것이다. "마르쿠스 아우렐리우스의 치세."

나는 아우구스투스, 베스파시아누스, 트라야누스, 그리고 나머지 사람들과 합류하게 되리라. 하지만 내가 어떻게 기억될지는, 아니 심지어 내가 기억이 되기라도 할지는 나와는 무관한 일이다. 한

때 칭송의 노래가 높이 울려 퍼졌던 사람들 중에 얼마나 많은 이가 이미 망각된 지 오래이던가? 칭송하는 노래를 불렀던 그 사람들 역시 마찬가지이다. 역사가 내 행실을 어떻게 기록할까 걱정하는 것은 허영이다. 지금도 내 주위는 미래 세대가 자기를 어떻게 생각할지에 지나친 관심을 갖고 있는 사람들로 잔뜩 둘러싸여 있다. 이들은 자기들이 태어나기 수세기 전에 자기들 이름이 전혀 안 알려져 있었다는 그 사실에마저도 탄식을 터뜨리려 할지 모를 사람들이다. 인간의 입놀림으로는 추구할 만한 가치가 있는 그 어떤 명예나 영광도 우리에게 수여할 수 없다. 중요한 것은 곧 지나가버릴 이 순간을 내가 어떻게 대면하느냐이다. 왜냐하면 나는 벌써 나의 바로 그 자아가 증발하면서 마치 꿈속으로 들어가듯 서서히 소멸을 향해 미끄러져 들어가고 있음을 느낄 수 있기 때문이다.

내가 루키우스와 함께 로마의 거리에서 개선 행진을 하고 있을 때, 죽음이여, 그대는 그때 나와 함께 있지 않았던가? 마차에는 우리와 함께 탄 노예들이 우리 머리 위로 황금 화관을 받쳐 들고 등 뒤에서 "당신도 반드시 죽는다는 것을 기억하라"고 속삭였다. 루키우스가 전쟁에서 획득한 금은보화와 족쇄 채운 파르티아인 포로 대열을 이끌고 공훈을 과시했을 때도, 그의 병사들은 실은 동방에서 훨씬 더 불길한 무언가를 들여오고 있었다. 그들을 따라 로마로 들어온 페스트였다. 그렇게 14년의 세월이 흘렀다. 수레에 산더미 같이 쌓인 로마인들의 시체를 목도한 그 질병은 마침내 또 한 명의 카이사르에 대해 그 소유권을 주장하기 이르렀다. 스토아주의자들은 죽음을 직시하고 매몰찰 정도로 정직하게 "나는 유한한 존재다"라고 매일 되뇌면서도 늘 명랑한 기분을 잃지 말라고 내게 가르쳤다. 우리 학파의 창시자인 제논이 나이가 많이 들어서 고꾸라져 넘어진 적이 있다고 그들은 말한다. 땅바닥에 쾅 부딪힌 후 그는 이렇게 툴툴거렸단다. "내 스스로 알아서 갈 것인데, 어째서 나를 부르는 건가?" 이제 나 또한 노인이다. 그리고 그대가 나를 부른다 해도 나는 기꺼이 그대를 만날 것이라네, 죽음이여.

여전히 그대의 이름을 소리 내어 외치는 것조차 두려워하는 이들이 많다. 스토아주의자들은 내게 불길한 징조 같은 것은 없다고 가르쳤다. 소크라테스는 죽음이란 꼬마 어린이들을 겁먹게 하는 무시무시한 가면이라는 생각을 처음 떠올린 사람이었다. 그는 이렇게 말했다. "벗들이여, 만약 그대의 어린애 같은 부분이 아직도 죽음을 두려워한다면, 그가 나을 때까지 매일 주문을 읊어야 할 것이네." 만일 내가 죽음이 대체 무엇인지 숙고하고, 그것을 이성적으로 분석하고, 그것 주위에 딱딱하게 들러붙어 있는 모든 억측들을 다 벗겨 낸다면, 죽음이란 그저 자연의 과정 외에는 아무것도 아니라는 게 폭로될 것이다. 가면 뒤에 뭐가 있는지 보고 공부하라, 그러면 우리는 그게 물어뜯지 않는다는 것을 알 것이다. 하여튼 이 유치한 죽음의 공포는 아마도 인생의 가장 큰 독일 것이다. 죽음의 공포는 죽음 그 자체보다 우리에게 더 해롭다. 죽음은 단지 우리를 자연으로 되돌아가게 할 뿐이지만 죽음의 공포는 우리를 겁쟁이로 만들기 때문이다. 현명하고 선한 사람들은 의심의 여지없이 인생을 즐기지만 그러면서도 죽는 것을 두려워하지 않는다. 그 끝을 두려워하는 한 확실히 우리는 온전히 살아 있는 게 아니다. 사실상, 죽는 법을 배운다는 것은 노예 되는 법을 머리에서 지우는 것이다.

나는 죽어야 한다. 하지만 괴로움에 신음하며 죽어야 할까? 우리를 망치는 것은 죽음이 아니라 죽음에 대한 판단이다. 소크라테스는 죽음을 두려워하지 않았다. 그는 죽음이 좋은 것도 아니고 나쁜 것도 아니라는 걸 알았다. 본인의 처형 날 아침, 그는 친구들에게 철학은 일생에 걸친 우리 자신의 유한성에 관한 명상이라고 아무렇지 않게 알려 주었다. 진정한 철학자란 세상에서 자기 자신의 소멸을 가장 두려워하지 않는 사람이라고 그는 말했다. 왜냐하면 세상 그 어떤 것보다도 지혜를 가장 사랑하는 사람들은 마지막 순간을 맞이하는 연습을 끊임없이 실행하기 때문이다. 죽음의 예행연습은 자유를 실천하면서 우아하게 인생을 떠나보낼 채비를 하는 것이다.

실제로 나는 세상에 태어난 바로 그날부터 죽음에 이르는 길을 따라 여정에 오른 셈이다. 아직 덜 익은 포도가 잘 익은 포도송이가 되었다가 쭈글쭈글한 건포도가 되기까지 자연 만물에는 시작과 중간과 끝이 있다. 인간의 각 단계도 나름의 마지막, 즉 종말이 있다. 유년기, 청소년기, 장년기, 노년기. 분명한 것은 이 몸은 내 어머니가 탄생케 한 그때 그대로의 것이 아니라는 사실이다. 실제로 나는 태어난 이래로 매일 변화하고 죽어 가고 있다. 여기에 두려워할 것이 하나도 없다면, 어째서 그 최후의 단계는 두려워해야 한단 말인가? 그리고 죽음이 의식의 상실이라면 어째서 내가 안달복달해야 하는 것인가? 오로지 무언가로 존재하는 것만이 좋고 나쁨을 경험할 수 있지만 죽음은 없음(無), 그저 경험의 부재일 뿐이기 때문이다. 그것은 잠보다 더 나쁜 것이 아니다. 더구나 죽음은 모든 고통으로부터의 해방이다. 어떤 괴로움도 닿을 수 없는 저 너머의 영역인 것이다. 죽음은 우리가 태어나기도 전에 거주하고 있던 평화의 나라로 우리를 되돌려 보낸다. 나는 탄생하기 이전에 측량할 수 없는 무한히 긴 시간 동안 죽어 있었다. 그리고 그때 그 사실이 내 마음을 심란케 하지 않았다. 나는 없었고, 있었다가, 지금은 없다. 아무 상관없다. 에피쿠로스주의자들이 말하였듯이.

만약 내 몸이 오로지 우주의 아주 작은 공간만을 점유한다는 사실이 나를 전혀 괴롭히지 않는다면, 어째서 내 몸이 시간상으로 아주 짧은 기간만을 점유한다는 사실에 내가 두려워해야 한단 말인가? 다른 관점에서 보면, 우리는 사라져서 무(無)가 되는 것이 아니라 자연으로 다시 흩어져 돌아가는 것이다. 나는 아버지가 씨앗을, 어머니가 피를, 내 유모가 젖을 얻었던 그 땅으로, 내가 내 일상의 먹을 것과 마실 것을 얻었던 그 땅으로 되돌아갈 것이다. 왜냐하면 세상 만물은 궁극적으로 하나의 원천에서 나왔다가 형태만 바뀐 채 그곳으로 되돌아가기 때문이다. 그것은 마치 물렁물렁한 밀랍을 갖고서 작은 말을 만들 수도 있고, 그다음엔 작은 나무를, 그리고 그다음엔 인간의 형상을 만들 수도 있는 것과 마찬가지이다. 정말로 파괴되는 건 아무것도 없으며, 다만 자연의 품으로 되돌려 보내져서 계속 다른 무언가로 바뀌는 것뿐이다. 어떤 것이 또 다른 어떤 것이 되는 것이다.

오늘의 정액 한 방울이 내일 잿더미나 앙상한 유골이 된다. 영원하지 않으며, 다만 죽을 운명이다. 한 시간이 하루의 일부이듯, 그저 전체의 일부분일 뿐이다. 나는 그 한 시간의 시간처럼 와야 하고, 또 그 한 시간의 시간처럼 지나가야 한다. 이렇듯 우리가 전체의 일부들일 뿐임을 우리 마음이 더 잘 이해하면 할수록 우리 몸의 유약함도 더 잘 깨닫게 된다. 나는 천 년을 살고자 하지 않았고 죽음이 곧 나를 찾아 여기에 오리라는 것을 늘 내 자신에게 일깨웠다. 나는 바로 이 순간을 준비하며 하루하루가 마치 나의 마지막 날인 것처럼 매일을 살았다. 이제 마침내 그 순간이 나를 찾아왔으나 나는 지금 순간이 다른 모든 순간과 다를 바 없음을 깨닫는다. 잘 죽을 것인가 나쁘게 죽을 것인가 나에게는 선택권이 있다. 철학이 나를 아주 잘 가르쳐 준비시켰다. 소크라테스는 말했다. 자신의 사유 안에 시간 전체와 실재 전체를 품고 있는 위대한 영혼의 소유자에게 인간적인 삶이 대단한 문제처럼 보일 수 있으리라고 생각하는가? 아니다. 그런 사람에게는 심지어 죽음조차도 끔찍한 일로 보이지 않을 것이다.

나의 영혼은 거의 무감각 직전에 놓인 채 휘청대며 한동안 나른한 몽상 속에 흐트러진다. 세상을 가로지르며 날래게 돌아다니거나 웅대한 광경들을 소화해서 더욱 더 많은 것을 자신의 도량 안에 담아내는 사유란 대체 얼마나 기적적인 힘을 갖고 있는 것인가. 전 세계를 꿈꾸듯 돌아다니며 작별을 고하는 나는 세상을 실감나게 날아다니고 있다. 호메로스의 제우스처럼 올림포스산 꼭대기에서 땅을 내려다보다가 지금은 말을 사랑하는 트라키아 사람들의 땅을, 지금은 그리스, 페르시아, 인도를, 그리고 '포도주처럼 짙은 빛깔의 바다'를 둘러싼 모든 것을 관찰한다. 혹은 누미디아에서 꾸벅꾸벅 졸다가 하늘 높은 곳으로 옮겨져 별들 사이에서 인간들의 세상을 잠깐 내려다볼 기회를 갖는 꿈을 꾼 스키피오 아이밀리아누스^Scipio Aemilianus(제3차 포에니 전쟁에서 로마군 사령관으로 카르타고를 멸망시켰고 이후 아프리카 북부의 또 다른 고대 왕국 누미디아와 전쟁을 치러 승리함-옮긴이)가 된 것도 같다.

나는 매일의 철학 실천을 통해 내 마음이 가장 폭넓은 시각을 받아들이도록 오랫동안 준비해 왔다. 플라톤은 인간사(人間事)를 이해하려 애쓰는 사람이라면 이렇듯 지상의 모든 것들을 마치 높은 감시탑에 서서 내려다보듯 볼 줄 알아야 한다고 말했다. 나는 내 선생님들이 그랬던 것처럼 내가 갑자기 높이 끌어올려졌다고 상상하면서, 저 높은 곳에서 인간 삶의 복잡한 태피스트리를 내려다보는 연습을 하곤 하였다. 이제 내 몸의 생기가 서서히 희미해져가면서, 나의 백일몽은 손으로 건드릴 수 있을 만큼 생생한 환영들로 바뀐다. 이렇게 높고 유리한 위치에서 보면 인간들이 시시한 말싸움이나 벌이는 대상들 가운데 의미 없는 것들이 너무도 많아 보인다. 하지만 자기들 놀이에 어떤 장난감이 있어야 하는지만 궁리하는 아이들처럼 옹졸한 공포와 욕망에 사로잡혀 있는 인간들, 그런 인간의 정신은 전체로서의 자연과 유리되어 있다.

나는 지금 내 아래로 인간이라는 엄청난 동물 떼를 볼 수 있다. 들판에서 고생하고 있는 수많은 인부들, 저 멀리까지 돌아다니는 온갖 나라의 상인들, 그리고 전투를 위해 집결한 대군들, 이 모든 이들이 다 허둥지둥 땅 위를 돌아다니는 개미들과 같다. 늘 뭔가에 바쁘고 이름도 없이 잔뜩 무리 지어 자기들 앞에 펼쳐진 셀 수 없이 많은 미로들 속에 발을 들여 놓은 채 길을 잃고 헤매고 있는 자들. 남자들, 여자들, 아이들, 노예들, 고귀한 자들, 태어나고 있는 자들과 죽어 가고 있는 자들, 결혼하는 자들과 헤어지는 자들, 축제를 즐기는 자들과 상실에 신음하는 자들. 법정에서 지겹게 놀려지는 혓바닥들. 나를 스쳐 지나가는 수백 수천의 친구들과 이방인들의 얼굴이 보인다. 나는 미천한 정착지가 거대한 도시로 성장하고, 잠깐 번영하다가 어느 날 황량한 폐허로 무너져 내리는 모습을 본다. 걸음마 할 때는 야만적이더니 맹렬한 분투 끝에 문명을 일구어 냈다가 다시 야만주의로 몰락해 가는 종족들. 어둠과 무지 뒤에 예술과 과학이 도래하고 그다음엔 불가피한 하강으로 다시 어둠과 무지로 들어선다. 나는 세상 구석구석 오지에 숨어 있는 이국적이고 드러나지 않는 종족들을 안다. 수많은 상이한 의례, 언어, 그리고 인간들의 이야기. 셀 수 없이 많은 오래전 사람들의 생명과 내가 종언을 고하고 나서 이제부터 오랜 세월 동안 살게 될 생명들. 그리고 설령 내가 로마 황제로 추대될 운명이었다 한들, 저 광대한 세상에서 내가 정말로 어떤 사람인지를 아는 사람이야 말할 것도 없고, 내 이름을 한 번이라도 들어 본 적 있는 사람도 몇 되지 않을 것이다. 그리고 그런 사람들조차도 곧 사라져 망각될 것이다.

나는 이런 식으로 무수히 많은 자기 안의 불필요한 근심 걱정을 없앨 수 있는 영혼의 능력에 다시 한 번 경탄하고 있는 나 자신을 발견한다. 스스로를 확장하여 전체 우주를 그 안에 담아내고, 모든 개별적인 것들의 유한함과 덧없음, 영원한 시간과 비교하면 짧기 그지없는 우리 인생 전체와 다른 모든 이들의 삶을 성찰하는 영혼. 우리는 마음을 팽창시키고 우리 아래 저 밑에 속해 있는 온갖 사소한 것들을 딛고 일어섬으로써 도량 넓은 위대한 영혼의 소유자가 된다. 영혼은 세속의 공포와 욕망에 짓눌리지 않게 될 때 자유롭게 하늘을 날아 자신의 고향으로 되돌아간다. 만물을 담고 있는 자연의 측량할 수 없는 광대한 공간을 거처로 삼는 전(全) 우주의 시민이 되는 것이다.

우주 전체를 그렇게 마음에 떠올리고 시간과 공간의 광대함을 사색하는 습관을 들이라고 나에게 권장해 준 신들께 그저 고마울 따름이다. 나는 내 마음의 눈으로 삼라만상의 본체 전부에 견주어 인생의 특별난 일들을 제각각 상쇄하면서 그것들 하나하나를 무화과 씨앗 한 알갱이보다도 훨씬 더 작은 것으로 바라보고, 그것들 하나하나의 시간 또한 전체 시간에 견주어 그저 나사 한 번 돌아간 시간 정도에 지나지 않는 것으로 측정하는 법을 배웠다. 왜냐하면 죽을 운명인 자의 눈으로는 볼 수 없는 것이라 해도 지성의 능력으로 깨닫는 일은 가능하기 때문이다.

이제 내 앞에는 하나의 심상(心象)이 형성된다. 모든 창조물을 아우르며 환히 빛나는 구체(球體)의 표상으로서 각 부분들은 모두 구분되지만, 그럼에도 불구하고 한데 모여 하나의 풍경이 된다. 천상의 모든 별들, 태양, 달, 우리의 지구, 육지와 바다, 그리고 모든 살아 있는 피조물들, 내 손바닥 위에 있다는 착각이 들만큼 마치 투명한 공 속에 들어가 있는 것처럼 보이는 이 모든 것들. 이런 우주적인 관점에서 볼 때 역사의 온갖 난관들을 놓고 격분하여 삼라만상에 욕설을 퍼붓는 일은 실로 내 새끼손가락이 살짝 베인 것을 갖고서 비탄에 빠져 흐느끼는 것이나 다름없을 것이다.

내 삶은 거의 끝나서 이제 남은 것은 없다. 나를 나머지 자연과 갈라놓는 그 어떤 공포나 욕망도 없다. 나는 내 앞에 펼쳐진 우주 전체와 그 광대한 설계 그리고 천체 궤도들이 이행하는 광대한 회전들을 본다. 그리고 나는 내 사지에서 힘이 빠져나갈 때 이 상상 속으로 깊게 뛰어들어 저 위의 천상을 횡단하고 있는 내 자신을 발견한다.

이 광대한 존재의 대양에서 우리의 지구 전체는 얼마나 미미한

하나의 점처럼 보이던가. 아시아와 유럽은 다 합쳐서 보더라도 단지 먼지 몇 점에 불과하며, 거대한 대양들은 그저 한 알의 빗방울에 지나지 않는다. 가장 높은 산도 그저 모래 한 알갱이에 불과할 뿐이다.

내 마음이 별들과 벗 삼아 다닐 수 있는 축복을 받았을 때 나는 그 별들의 품위와 위엄을 존중할 수밖에 없다. 그리고 나는 내 앞에 펼쳐진 전체 우주의 풍경에 더더욱 경탄해 마지않는다. 부디 가까이 다가온 죽음을 통해 내가 자연과 우주에 어울리는 무언가로 탈바꿈하여 더는 내 고향에서 이방인으로 남지 않기를 바라노라. 자연을 광폭으로 여행하면서 개개의 사건들을 안에 담을 정도로 광대하게 팽창한 내 마음은 그런 사건들을 온전히 품안에 넣고 그저 바늘만하게 보이게 만든다. 그런 하찮은 사건들 안에 비극이란 도대체 어디에 있단 말인가? 경악과 충격은 또 어디에 있는가?

내가 일생을 바쳐 배운 것들이 이제 사방에서 보인다. 내가 시선을 한 사물에서 다른 사물로 옮길 때, 모든 면면이 나에게 동일한 광경을 부여한다. 우주는 단일한 육신과 단일한 의식을 가진 단일한 생명체이다. 개개의 모든 마음은 하나의 거대한 마음을 이루는 아주 작은 입자일 뿐. 개개의 모든 살아 있는 피조물은 하나의 거대한 육체의 사지나 장기와 같아서, 본인들이 깨닫고 있건 아니건 세상만사가 하나의 거대한 맥박과 조화를 이루도록 함께 노력한다. 우주 만물은 아주 복잡하게 함께 엮여서 세상만사의 단일한 피륙과 사슬을 형성한다. 한때는 파편적인 부분들 하나하나를 바라보며 애써 전체를 상상하려 했었으나 이제는 내 시야가 바뀐 것이다. 공포와 욕망을 영원히 떨쳐낸 나는 오로지 모든 부분이 속해 있는 그 전체만을 볼 수 있을 뿐이며, 그것은 내게 다른 그 어떤 것보다도 더 진실되게 보인다. 이전에 내가 알던 것, 내 삶과 의견들은 연막 같은 것이어서 그 바람에 나는 자연을 어렴풋이 볼 수밖에 없었다.

이 광활해진 시야에 기뻐하는 나의 자아는 무한한 우주 자연과 하나가 될 때까지 팽창한다. 우리의 각자 삶에 할당된 우주 시간의 한 조각은 얼마나 하잘 것 없는가. 우리가 밟고 다니는 이 흙덩어리는 얼마나 작은가. 이 광경의 의미를 깨달았다고 확신하면 할수록 나는 우리가 단순한 두 가지를 행해야 한다는 것을 제외하고 인생에서 그 어떤 위대한 순간도 존재하지 않는다는 사실을 더 분명하게 이해하게 된다. 첫째, 우리는 이성의 명령에 복종하면서 우리 자신의 더 고결한 본성의 인도에 따라야 한다. 둘째, 우리는 삼라만상의 자연이 우리의 운명으로 정해 준 것이라면 무엇이든 간에, 쾌락이건 고통이건, 칭찬이건 처벌이건, 삶이건 죽음이건, 현명하고 초연하게 감당해야 한다.

이제 남은 생명이 마저 내 사지에서 빠져나갈 때 내 영혼은 더 높이 상승하리라. 아는 것과 보는 것의 차이는 결국 무너져 버린다. 나의 시선 앞에서 나를 둘러싼 별자리들은 미트라스^{Mithras}(로마 제국에서 널리 믿어지던 미트라스교(敎)의 신-옮긴이)의 신전 벽을 치장한 장식들과 비슷하다. 나는 힘들이지 않고 별자리를 따라서 마치 부드러운 물 위를 미끄러져 항해하는 선박처럼 활주한다. 내 주위로 수없이 많은 별들, 순수한 빛으로 이뤄진 일군의 존재들이 떠 있다. 꾸밈이 없고 흠 하나 없는 그 별들은 딴 길로 새는 일 없이 천체들 사이로 난 자기네 행로를 따라서 우아하게 앞으로 나아간다. 저 아래 땅 위의 인간들과는 얼마나 다르더냐. 우리는 똑같이 신의 불꽃을 소유하고 있으면서도, 그 불꽃을 우리 안의 저 깊은 곳에 묻어 버린 채 어리석음과 탐욕으로 진흙구덩이에 닻을 내리고 마치 감옥에 갇힌 사람들처럼 살아가고 있다.

현인의 마음이란 순수성과 단순성의 빛을 환히 발산하는 별 혹은 우리의 태양과 같다. 나는 이런 성품을 관찰할 수 있는 타인들을 주변에서 접했던 정말로 운 좋은 사람이었다. 아폴로니우스, 유니우스 루스티쿠스, 클라우디우스 막시무스 같은 사람들은 스스로 본보기가 되어 나에게 현명하고 덕 있게 자연과 조화를 이루며 사는 법을 보여 주었다. 이제 세속의 집착들에서 해방된 나는 내 영혼이 변하고 정화됨을 느낀다. 예전에는 나의 사랑하는 스승들의 말씀과 행동 안에서 엿보았던 심오한 지혜의 희미한 빛이 이제는 내 안에서 베일을 벗는다. 내가 삶을 떠나보내고 그 이별을 기꺼이 받아들일 때, 최종적으로 내 마음은 아무런 방해도 받지 않고 그 자신의 참된 본성을 자유로이 따르게 된다. 나는 예전 그 어느 때보다 더 분명하게 사물들을 알아본다. 태양은 비나 바람이 하는 일을 하지 않는다.

저 태양과 천상의 모든 별이 내게 이렇게 말하고 있다. "나는 내가 지금 하고 있는 일을 하려고 태어났노라." 그리고 나 또한 지혜를 갈망함으로써 내 자신의 본성을 따르기 위해 태어났노라. 셀 수 없는 별들이 밤하늘에 점을 찍는다. 별들 하나하나가 저마다 다른 별들과 구분되지만, 그럼에도 그 별들은 모두 함께 노력하여 천상의 전체 진용을 이루어 낸다. 인간도 본래 이와 같고자 하였다. 그 것은 전 생애에 걸쳐 끈질긴 인내심으로 자기 안에 있는 지혜의 순수한 빛을 열심히 함양하고, 그런 빛을 환히 비추어 다른 사람들을 이롭게 하는 것이다. 홀로지만 주변에 있는 동료 인간들의 공동체와 한데 힘을 합쳐 서로 조화를 이루며 현명하게 살아가는 삶, 그것은 바로 그런 삶이다. 고대의 피타고라스주의자들이 옳았다. 이렇게 의연한 별들의 순수성과 단순성을 사색한다는 것은 우리 마음에서 세속의 찌든 때를 일소하고 마음을 자유롭게 하는 일과 같다.

아폴로의 빛은 온갖 방향으로 쏟아져 내리지만 바닥나지 않는다. 스스로 뻗어 나온 햇살은 대상에 닿아 약해지거나 더럽혀지는 일 없이 그것들을 밝게 비추어 준다. 햇살은 그것이 떨어진 곳에 머문다. 대상을 쓰다듬고 그것의 특징을 드러내지만 바람처럼 굴절하지도 비처럼 흡수되지도 않는다. 실제로 현명한 사람들의 마음이란 그 자체로 가장 순수한 태양의 빛을 발산하는 천구와도 같은 것이다. 그것은 우아하게 사물에 내려앉아 그로 인해 엉클어지거나 저열해지는 법 없이 그것들을 밝게 비추어 준다. 그 빛을 환영하지 않는 것들은 스스로에게 어둠의 저주를 내리는 셈이다. 당연히, 정화된 자의 마음속에서는 어떤 것도 숨기거나 가려지는 것이 없다.

태양의 타오르는 불꽃같은 순수한 지혜는 그 안에 던져진 모든 것을 다 태우고도 오히려 더 환하게 불타오른다. 이성은 허락되기만 하면 모든 장애물에 순응하면서 대응에 필요한 올바른 덕을 찾는다. 우리는 제멋대로의 감정들을 품은 이 하찮은 육신을 돌보아야 하는 일종의 의무를 부여받았지만, 오로지 우리의 지성만이 진정 우리 자신의 것이다. 외적인 모든 것들이 덧없고 궁극적으로 무관심의 대상들이라는 깨달음을 단단히 붙잡을 때, 우리는 그런 것들에 대한 집착을 내버리고 우리 자신을 사물들로부터 정화하며 분리시킨다. 과거와 미래와 맺고 있는 인연의 끈을 끊고 스스로를 지금 이 순간의 한가운데에 위치시킬 때, 우리의 영혼은 외적인 것들에게서 자유롭게 풀려나 그 자신의 본성을 충족하는 일에 온전히 전념할 수 있게 된다.

건강, 재산, 평판처럼 우리 성품의 바깥에 있는 것들은 좋은 것도 아니고 나쁜 것도 아니다. 그런 것들은 우리에게 기회를 제공하며 현명한 사람들은 그 기회를 잘 이용하고 어리석은 사람들은 잘못 이용한다. 인간은 재산이나 여타 그와 유사한 것들을 욕망하지만, 그런 것들은 황금으로 만든 고삐가 말을 잘 자라나게 하지 않듯이 인간의 영혼을 개선해 주지 않는다. 그런 외적인 것들을 우리 영혼의 자연스러운 선과 혼동할 때, 우리는 그런 외적인 것들로 스스로를 오염시키고 그런 것들과 뒤섞여 결국 그런 사물과 하나가 되어 버린다. 무관심의 대상들을 초연히 극복하는 현명한 사람들의 마음은 엠페도클레스가 말하곤 했던 것처럼 매끈매끈한 둥근 공이 된다. 그 공은 외적인 것들과 뒤섞여 평형을 잃지도 않고, 그런 것들로부터 몸을 움츠려 도망치지도 않는다. 그 공의 빛은 자신을 둘러싼 세계 전체로 골고루 퍼져 나간다. 그 자체로 완전무결한, 부드럽고 둥글게 환히 빛나는 공. 어떤 것도 표면에 들러붙지 않으며 그 어떤 해악도 감히 건드리지 못한다.

나는 아직도 내 몸 저기 어딘가에서 고통을 느낄 수 있다. 피흘리고 떨면서 여전히 이불 아래 누워 있는 나의 어떤 부위에서 느껴지는 고통. 그 고통은 이제는 아주 멀리 있는 것 같다. 그것은 나를 조금도 성가시게 하지 않는다. 곧 무의식 속으로 또 한 번의 침잠이 찾아올 것이다. 나는 그것이 마지막이 되리라 생각한다. 그래서 나는 그 상실에 마음 상하지 않고 활기찬 기분으로 내 자신에게 작별을 고한다. 나는 적으로서가 아니라 오랜 친구이자 연습 상대로서 저 죽음을 만나러 나아가는 마지막 한 발자국을 내딛는다. 두 주먹을 점잖게 움켜쥐고 잘 알지 못하고 예상할 수 없는 상대에 맞서 내 자신의 마음을 다잡은 나는, 내 철학의 가르침들로 다시 한 번 내 자신을 무장한다.

인간의 일생은 단지 시간 속의 한 점에 지나지 않는다. 그것의 본체는 끝없이 흘러서 사라지며, 감각은 무디어진다. 그리고 육신을 이룬 전체 구성물은 썩어서 없어져 갈 것이다.

영혼은 회오리바람과 같다. 운명은 예측할 수 없고 명예는 불확실하다. 요컨대 육체에 속하는 모든 것은 흐르는 물과 같고 영혼에 속하는 모든 것은 꿈, 즉 연기와 같다.

삶은 전쟁이고 만리타향에 머무르는 것과 같다. 삶 이후의 우리의 평판은 망각될 뿐이다. 그렇다면 인간을 인도할 것은 과연 무엇이란 말인가? 오로지 한 가지뿐이다. 철학, 즉 지혜의 사랑인 것이다.

그리고 철학이란 바로 이런 것이다. 인간이 자기 내면의 저 천성 혹은 신성한 불꽃을 폭력이나 위해로부터, 그리고 무엇보다도 해로운 고통이나 쾌락으로부터 지켜내는 것, 또한 다른 사람들이 어떤 일을 하건 하지 않건 개의치 않고 결코 아무런 목적이 없거나 거짓되게, 위선적으로는 어떤 일도 하지 않는 것이다. 또한 자기에게 생긴 모든 일들이 그 자신을 생겨나게 한 원천과 동일한 원천에서 나왔다는 사실을 기꺼이 받아들이고, 무엇보다도 단지 모든 생명체를 구성하고 있는 원소들로 분해되는 것에 불과한 죽음을 겸허와 차분한 희열로 고대하는 것이다.

이렇게 끊임없이 이것에서 저것으로 전환되고 또 분해되고 교체되므로 원소들 자체는 아무런 문제도 겪을 일이 없다. 그런 일이 그 원소들 모두에게는 너무도 흔한 일이라면, 그것을 왜 유독 사람이 두려워해야 한단 말인가? 이것은 자연을 따르는 일이 아니던가? 자연을 따르는 것들 중에는 악한 것이란 있을 수가 없다.[3]

바깥은 새벽이 가까운 게 틀림없지만, 더는 말이 나오지 않는다. 내 눈은 너무도 흐릿해졌고 온 사방이 어둠에 둘러싸여 있다. 나는 살아서 또 한 번의 일출을 보게 되지는 않을 것이다. 무슨 상관이랴.

스티븐 핸슬먼^{Stephen Hanselman}과 팀 바틀렛^{Tim Bartlett}이 이 책에 보내 준 지원과 조언에 감사드립니다. 또한 오랜 세월 동안 생각들을 공유해 주고, 내 나름의 스토아주의 해석에 도달할 수 있도록 도와준 모던 스토아주의^{Modern Stoicism} 단체의 동료들에게도 깊은 감사의 마음을 전합니다.

철인(哲人) 황제
마르쿠스 아우렐리우스가 선사하는
감동과 마음 수양의 길

서양 철학의 고향이라 할 고대 그리스의 아테네에서 우리는 오늘날 사람들의 마음속에 '철학자'의 인상을 각인한 데에 적잖이 이바지한 두 전형을 발견할 수 있다.

하나는, 변변한 집도 아닌 구질구질한 통 속에서 살면서 사시사철 똑같은 누더기를 걸치고, 아무 데나 배설하고 아무 때나 성욕을 해결하는 등 온갖 기행을 일삼은 언더그라운드 철학자 디오게네스의 이미지다. 그가 미치광이 짓을 일삼았음에도 단순히 '미친 놈' 취급을 받는 것이 아니라 주요한 철학자의 상을 표상하게 된 것은 왜일까? 그것은 그의 저질스러운 행동 배후에 자연과 사회와 세계 전체를 가장 근본적인 차원에서 바라보는 철학적 통찰이 놓여 있었기 때문이다. 그는 젊을 때 노예로 팔리게 되었을 때도 자기의 '주인'을 고른 사람이었고, 당시 지중해 세계를 통틀어 제1인자였던 알렉산드로스 대왕의 방문을 받고도 천연덕스럽게 당당함을 잃지 않았을 만큼 정신적으로 막강한 사람이었다. 그가 저지른 기행들도 실은 세계 만민이 모든 인위적인 제도와 관습을 일소하고 자연의 일원으로서 평등하게 살아가야 한다는 자신의 철학적 이상을 몸소 실천에 옮긴 것뿐이었다. 그는 미친 게 아니라 실제로는 아주 '지혜로운' 사람이었다. 하지만 그런 이상을 표현한 그의 괴짜 행각은 오늘날 사람들이 철학자 하면 떠올리는, 한여름에도 긴 외투를 입고 두꺼운 책들을 잔뜩 들고 돌아다니는 괴상한 인간의 이미지로 면면히 이어졌다.

또 하나의 전형인 '지혜로운 자'의 인상을 아주 확고히 수립한 사람은 바로 플라톤이다. 그는 디오게네스와는 하늘과 땅만큼이나 다르게 대단히 고귀한 삶을 살면서 본격적인 진리 추구의 이상에 일생을 바쳐 철학사 적통 계보의 시조로 추앙받았다. 그가 지중해의 문화 수도 아테네에 철학을 전문적으로 가르치는 아카데메이아 학원을 세워 직접 운영했다는 것은 잘 알려진 사실이다. 그리고 바로 그 아카데메이아의 출입구에 붙어 있었다는 경고문에 '철학자'가 상징하는 지혜로운 자의 이미지가 온전히 압축되어 있다. "기하학을 모르는 자 들어오지 말 것." 이는 철학을 공부한다는 것이 보통 사람은 쉽사리 접근할 수 없을 만큼 고도의 지적 능력을 요구하는 매우 전문적인 학술 영역임을 암시한다. 이를 반영하듯 철학의 역사에는 평범한 사고방식으로는 도무지 이해하기 어려운, 아니 굳이 그런 생각까지 해야 할 필요가 있나 싶은, 고도로 추상적이고 반직관적인 논의를 펼쳐 보이는 소위 '천재들'이 즐비하다.

옮긴이의 글 **379**

자, 이제 이 두 개의 상을 결합해 보자. 철학자라고 하면, 타인의 시선 따위에는 아랑곳하지 않고 세상사에 초연한 채 기상천외한 생각에 몰두하며 '그들만의 리그'에서 '진리'를 추구하면서 자신이 옳다고 믿는 것을 꿋꿋하게 실천하고 살아가는 조금은 반사회적인 외골수의 모습이 떠오를 것이다. 이런 과장되고 극단적인 철학자의 이미지는 오늘날 시민 사회의 일원으로 '건전하게' 살아가는 직업적 철학자의 실제 모습과는 분명 거리가 있으나, 어쨌든 일반 대중의 사고 속에서 하나의 고정관념으로 자리하고 있다는 사실을 부인하기는 어렵다. 서설이 너무 길어졌지만, 실은 정말로 묻고 싶은 질문은 바로 이것이다. "철학자의 이미지가 그러하다고 할 때, 그런 철학자가 최고 권력자가 되는 모습을 상상할 수 있겠는가?" 철학자가 어떤 사람인데, 또 최고의 권력을 누린다는 게 어떤 것인데, 과연 '철학자 왕'이 존재할 수 있을까? 무엇보다 만민 위에 군림하는 절대 권력을 지닌 왕이나 황제라면, 세상의 온갖 이해관계의 정점에서 그것을 조율해야 하니 세상사에 초연한 채로 고고하게 진리를 추구한다는 것은 도무지 말이 되지 않는다. 고고하게 진리를 추구하다가는 까딱하면 자기 통치 권력의 정당성에 의구심이 들 수도 있고, 권력자라면 그에 따르는 부와 명예와 쾌락도 잔뜩 누리기 마련이다. 플라톤이 철인왕(哲人王)의 화두를 처음 던진 이래 지금까지 동서양의 역사를 통틀어 철학자로서 절대적인 통치자의 지위에 오른 사람이 있었던가. 금방 머리에 떠오르는 사람이 없다. 딱 한 사람의 예외를 빼면 말이다. 바로 이 책의 주인공 마르쿠스 아우렐리우스다.

저자 도널드 로버트슨은 어릴 적 아버지에 대한 추억과 그리움에서 이야기의 실마리를 끄집어낸다. 그리고 곧바로 위대한 철인 황제 마르쿠스 아우렐리우스의 일생과 그가 철학자로서 신봉하고 실천했던 스토아주의를 본격적으로 파고 들어간다. 자신의 삶을 대하는 마르쿠스의 태도는 실로 압도당할 만큼 놀랍다. 일생에 걸쳐 스토아주의의 스승들을 존경하며 스토아 철학을 공부하고, 그 철학의 가르침을 삶 속에서 실천하기 위해 쉬지 않고 스스로 단련해 나간 스토아주의 철학자. 그리고 당대 최강 로마 제국을 이끄는 최고 지도자로서 대(大)역병, 주변 민족들과의 끝없는 전쟁, 제국 내부의 반역과 반란 등 온갖 위기를 능수능란하게 헤쳐 나가는 현실 정치가. 이 상이한 역할의 두 가지 모습이 감동적으로 어우러진다. 그리고 마르쿠스가 죽음을 차분하게 맞이하며 수행하는 마지막 명상 장면은 읽는 이를 절정의 감동으로 인도한다.

하지만 로버트슨은 위대한 한 지성인의 삶과 철학을 통해 깊은 감명을 주는 데 그치지 않고, 더 나아가 마르쿠스의 스토아 철학을 우리의 팍팍한 현실에 적용하여 각자의 삶을 지금보다 더 나은 방향으로 고쳐 나갈 수 있는 방법론을 모색한다. 심리치료 전문가로서 그는 마르쿠스가 스토아 철학을 통해 자기 자신의 마음뿐만 아니라 거대한 제국을 어떻게 다스릴 수 있었는지 면밀하게 관찰한다. 그런 다음 그 안에서 고달픈 현대인의 정신세계를 평온하게 만드는 데 도움이 될 만한 요긴한 마음 수양의 기법들을 꼼꼼하게 찾아내 우리에게 제공해 준다.

서양 고대 철학으로 유구한 역사를 이어 온 스토아주의는 근래 들어 현대 사회에 현실적인 도움을 줄 수 있는 철학으로 전 세계적인 주목을 받고 있다. 우리나라도 예외가 아니다. 우리가 마르쿠스를 역할모델로 삼아 그런 스토아 철학의 충고들을 직접 실천에 옮기는 것도 도전해 볼 만한 일이 아닐까 생각한다. 부디 이 책을 통해서 철인 황제 마르쿠스 아우렐리우스의 삶과 철학이 독자들에게 뜨거운 감동과 자기 개선의 의지 둘 다를 모두 북돋아 줄 수 있게 되기를 기대해 본다.

2022년 4월

석기용

서문

1 스피노자, 『지성개선론』, 4-5.

2 플라톤, 『소크라테스의 변명』

3 애런 T. 벡, 『우울증의 인지치료』, 8.

4 『명상록』, 10.16.

1. 죽은 황제

1 폴 B. 왓슨, 『마르쿠스 아우렐리우스 안토니누스(Marcus Aurelius Antoninus)』, 96.

2 『명상록』, 10.31.

3 『로마 황제의 역사』, 28.5.

4 『명상록』, 10.36.

5 카시우스 디오, 72.34.

6 디오게네스 라에르티오스, 7.1.4.

2. 로마에서 가장 진실한 아이

1 『로마 황제의 역사』, 4.1.

2 『로마 황제의 역사』, 15.13.

3 『대화록』, 3.23.

4   『명상록』, 1.3.

5   『명상록』, 8.9, 6.12, 5.16.

6   『명상록』, 1.7.

7   『명상록』, 5.33.

8   『명상록』, 1.5.

9   『명상록』, 1.6.

10 『명상록』, 7.19.

11 『명상록』, 1.17, 6.30.

12 프론토, 『명상록』에 실린 편지들.

13 프론토, 『명상록』에 실린 편지들.

14 『로마 황제의 역사』, 10.4.

15 『명상록』, 1.8.

16 프론토, 『명상록』에 수록된 편지들,

17 세네카, 『화에 관하여』, 2.3 - .4.

18 『편지들』, 53.

19 세네카, 『현자의 불변성에 대하여(On the Constancy of the Sage)』, 10.4.

20 『명상록』, 7.17.

21 『명상록』, 5.26.

22 『명상록』, 9.29, 4.51.

23 『명상록』, 9.1.

24 『명상록』, 3.5, 3.11.

25 『대화록』, 3.8.

26 『대화록』, 3.8.

27 『요약서』, 45.

28 『명상록』, 8.49.

29 피에르 아도, 『삶의 방식으로서의 철학(Philosophy as a Way of Life)』
    (2004), 187 - 88.

30 『대화록』, 3.8.

31 『요약서』, 45.

32 애런 T. 벡, 『인지치료와 정서장애(Cognitive Therapy and the Emotional Disorders)』.

33 에픽테토스, 『대화록』 21절. 『요약서』 3-4권.

34 『요약서』, 5.

35 브래드 알포드, 애런 T. 벡, 『인지치료의 통합적 힘(Integrative Power of Cognitive Therapy)』, 142.

3. 철인들의 삶을 사색하기

1 갈레노스, 『영혼의 정념들에 대한 진단과 치유에 관하여(Diagnosis and Cure of the Soul's Passions』.

2 『명상록』, 6.12.

3 테미스티우스, 「공직 수락을 잘못이라고 하는 사람들에 대한 답장으로」 연설 34, 로버트 페넬라, 『테미스티우스의 사적 연설(The Private Orations of Themistius)』 (Berkeley: University of California Press, 2000).

4 『명상록』, 11.29.

5 『요약서』, 46.

6 프론토, 『명상록』에 수록된 편지들.

7 『명상록』, 6.14.

8 『명상록』, 1.13.

9 『명상록』, 1.10.

10 『명상록』, 8.30.

11 『명상록』, 1.9, 5.28, 『대화록』, 2.12.

12 『명상록』, 8.61.

13 『명상록』, 6.21.

14 갈레노스, 『영혼의 정념들에 대한 진단과 치유에 관하여(Diagnosis and Cure of the Soul's Passions』.

15 『명상록』, 12.4, 3.4, 10.1, 3.7.

16 갈레노스, 『영혼의 정념들에 대한 진단과 치유에 관하여(Diagnosis and Cure of the Soul's Passions』.

17 『요약서』, 38.

18 『명상록』, 8.32.

19 『명상록』, 7.7.

20 『명상록』, 11.26, 4.38.

21 『명상록』, 6.48.

22 『명상록』, 1.16, 6.30.

23 『명상록』, 6.30.

24 『명상록』, 3.4.

25 『명상록』, 3.8.

26 『명상록』, 11.27, 5.1, 2.1.

27 『대화록』, 3.10.

28 『명상록』, 4.46.

29 『명상록』, 5.11.

30 시드니 B. 사이먼 외, 『가치명료화(Values Clarification)』, 1972.

4. 헤라클레스의 선택

1 『로마 황제의 역사』.

2 『명상록』, 1.17.

3 루키아노스, 『판매용 철학들(Philosophies for Sale)』.

4 『대화록』, 1.16 (약간의 수정).

5 『명상록』, 7.3.

6 프론토, 『명상록』에 실린 편지들 (trans. Hard), 16.

7 『명상록』, 11.22.

8 『명상록』, 3.16, 7.68.

로마 황제처럼 생각하는 법

9   『명상록』, 10.12.

10   『명상록』, 9.16.

11   『명상록』, 6.7.

12   『명상록』, 7.28, 6.48, 7.27.

13   『명상록』, 3.16.

14   『명상록』, 10.33.

15   『명상록』, 8.2.

16   샤를 보두앵 외, 『내면의 훈련(The Inner Discipline)』, 48.

17   『명상록』, 10.29.

18   『명상록』, 11.2.

19   『명상록』, 6.13.

20   『명상록』, 1.17.

21   『명상록』, 6.13.

22   『명상록』, 8.39.

5. 자진하여 곤경에 맞서 싸우다

1   카시우스 디오, 『로마사(Roman History)』, 72.34.

2   『명상록』, 1.17.

3   프론토가 마르쿠스에게, 『편지』 9.

4   프론토가 마르쿠스에게, 『편지』 22.

5   마르쿠스가 프론토에게, 『편지』 8.

6   『명상록』, 1.17.

7   『명상록』, 3.7, 1.9.

8   『명상록』, 1.15.

9   『명상록』, 1.16, 6.30.

10   에피쿠로스, 『명상록』에서 인용, 9.41.

11   『명상록』, 9.41.

12 『명상록』, 7.33.

13 『명상록』, 7.64 (강조 표시는 필자의 것임).

14 『명상록』, 7.64.

15 『요약서』, 9.

16 『명상록』, 7.43.

17 『요약서』, 5.

18 『명상록』, 4.39.

19 『명상록』, 11.16.

20 『명상록』, 5.26.

21 『명상록』, 4.7.

22 『대화록』, 2.1.

23 『명상록』, 7.17.

24 『명상록』, 10.24.

25 『대화록』, 2.1.

26 『명상록』, 6.13.

27 『명상록』, 8.36.

28 『명상록』, 11.16.

29 『명상록』, 7.16, 7.14.

30 『명상록』, 7.33.

31 『명상록』, 11.16.

32 『대화록』, 2.6.

33 『명상록』, 5.8.

34 메가라의 텔레스, 「자급자족에 관하여(On Self-Sufficiency)」, 『견유학파 디오게네스: 다른 유명 도덕주의자들과의 대화와 일화(Diogenes the Cynic: Sayings and Anecdotes with Other Popular Moralists)』(Oxford: Oxford University Press, 2012)에 수록.

35 『명상록』, 10.28.

36 『대화록』, 3.10.

37 『요약서』, 10.

38 『명상록』, 5.18.

39 『명상록』, 10.3, 빅터 프랭클의 『죽음의 수용소에서』에 실린 유명한 구절로, 그는 이 구절을 니체의 『우상의 황혼』에서 가져왔다.

40 폴 뒤부아, 『자기 통제와 그것의 획득 방법(Self-Control and How to Secure It)』, (New York: Funk & Wagnalls, 1909), 108-9.

41 폴 뒤부아, 『신경 장애의 심리적 치료: 정신신경증과 도덕 치료(The Psychic Treatment of Nervous Disorders: The Psychoneuroses and Their Moral Treatment)』 (New York: Funk & Wagnalls, 1904), 394-5.

42 폴 뒤부아, 『자기 통제(Self-Control)』, 235-6.

6. 내면의 성채와 제국의 전쟁

1 『대화록』, 3.20.

2 『명상록』, 8.34.

3 『명상록』, 11.37.

4 「야고보서」 4:13-5.

5 『명상록』, 4.1, 5.20, 6.50.

6 『명상록』, 8.41.

7 호라티우스, 『호라티우스와 페르시우스의 풍자시(The Satires of Horace and Persius)』의 풍자시 2.7, (London: Penguin, 2005).

8 『명상록』, 2.1.

9 『명상록』, 4.3.

10 『명상록』, 10.15, 10.23.

11 『명상록』, 4.3.

12 토마스 D. 보코벡 외 「범불안 장애: 인지 행동치료를 값진 현재 속으로 끌어들이기(Generalized Anxiety Disorder: Bringing Cognitive-Behavioral Therapy into the Valued Present)」, 『마음챙김과 수용: 인지-행동의 전

통을 확장하기(Mindfulness and Acceptance: Expanding the Cognitive-Behavioral Tradition)』, ed. S. C. Hayes, V. M. Follette, and M. M. Linehan (New York: Guilford Press, 2004)에 수록.

13 『명상록』, 10.10.

7. 일시적 광기

1 『명상록』, 2.1.

2 『명상록』, 1.1.

3 『명상록』, 1.16, 6.30.

4 『명상록』, 11.18.

5 『명상록』, 2.1, 5.16, 9.1.

6 『명상록』, 8.59.

7 『명상록』, 10.19.

8 『명상록』, 9.27, 7.62, 6.59, 9.34.

9 『명상록』, 3.4.

10 『명상록』, 7.63, 7.26.

11 『명상록』, 2.13, 10.30, 『요약서』, 42.

12 『명상록』, 10.30.

13 『명상록』, 9.33.

14 『명상록』, 4.7.

15 『명상록』, 7.24.

16 『명상록』, 8.4.

17 『명상록』, 8.55, 7.71.

18 『명상록』, 5.25, 9.4; 9.20.

19 『명상록』, 7.65, 4.11, 6.6.

20 『명상록』, 9.42.

21   『명상록』, 5.15, 12.16.

22   『명상록』, 4.44, 9.42.

23   『명상록』, 7.22.

24   『명상록』, 4.3.

8. 죽음, 그리고 위에서 내려다본 풍경

1   에우리피데스, 『탄원자들』

2   호머, 『일리아드』

3   『명상록』, 2.17.

Adams, G. W. (2013). *Marcus Aurelius in the Historia Augusta and Beyond*. New York: Lexington Books.

Alford, B. A., and A. T. Beck. (1997). *The Integrative Power of Cognitive Therapy*. New York: Guilford.

Baudouin, C., and A. Lestchinsky. (1924). *The Inner Discipline*. London: Allen & Unwin.

Beck, A. T. (1976). *Cognitive Therapy and the Emotional Disorders*. Middlesex: Penguin.

Beck, A. T., J. A. Rush, B. F. Shaw, and G. Emery. (1979). *Cognitive Therapy of Depression*. New York: Guilford.

Birley, A. R. (2002). *Marcus Aurelius: A Biography*. London: Routledge.

Borkovec, T., and B. Sharpless. (2004). "Generalized Anxiety Disorder: Bringing Cognitive-Behavioral Therapy into the Valued Present." In *Mindfulness and Acceptance: Expanding the Cognitive-Behavioral Tradition*. Edited by S. C. Hayes, V. M. Follette, and M. M. Linehan, 209–42. New York: Guilford Press.

Brunt, P. (2013). *Studies in Stoicism*. Oxford: Oxford University Press.

Dubois, P. (1904). *The Psychic Treatment of Nervous Disorders: The Psychoneuroses and Their Moral Treatment*. New York: Funk & Wagnalls.

———.(1909). *Self-Control and How to Secure It*. Translated by H. Boyd. New York: Funk & Wagnalls.

Epictetus. (1925). *Discourses*, books 1–2. Translated by W. A. Oldfather. Loeb Classical Library 131. Cambridge, MA: Harvard University Press.

————.(1928). *Discourses*, books 3–4: Fragments, Handbook. Translated by W. A. Oldfather. Loeb Classical Library 218. Cambridge, MA: Harvard University Press.

Farquharson, A. (1952). *Marcus Aurelius: His Life and His World*. Oxford: Blackwell.

Gill, C. (2010). *Naturalistic Psychology in Galen and Stoicism*. Oxford: Oxford University Press.

————.(2013). *Marcus Aurelius: Meditations, Books 1–6*. Oxford: Oxford University Press.

Grant, M. (1996). *The Antonines: The Roman Empire in Transition*. New York: Routledge.

Guthrie, K., T. Taylor, D. Fideler, A. Fairbanks, and J. Godwin. (1988). *The Pythagorean Sourcebook and Library*. Grand Rapids, MI: Phanes Press.

Hadot, P. (1995). *Philosophy as a Way of Life*. Edited by A. I. Davidson. Malden, MA: Blackwell.

————.(2001). *The Inner Citadel: The Meditations of Marcus Aurelius*. Translated by M. Chase. Cambridge, MA: Harvard University Press.

————.(2004). *What Is Ancient Philosophy?* Translated by M. Chase. Cambridge, MA: Belknap Press.

Holiday, R. (2015). *The Obstacle Is the Way*. London: Profile Books.

Holiday, R., and S. Hanselman. (2016). *The Daily Stoic: 366 Meditations on Wisdom, Perseverance, and the Art of Living*. London: Profile Books.

Long, A. A. (2002). *Epictetus: A Stoic and Socratic Guide to Life*. Oxford: Oxford University Press.

Marcus Aurelius. (1916). *Marcus Aurelius*. Translated by C. Haines. Loeb ClassicalLibrary 58. Cambridge, MA: Harvard University Press.

————.(2003). *Meditations: A New Translation*. Translated by G. Hays. NewYork: Random House.

————.(2011). *Meditations: Selected Correspondence*. Translated by R. Hard. Oxford: Oxford University Press.

McLynn, F. (2010). *Marcus Aurelius: A Life*. London: Vintage Books.

Rand, B. (2005). *The Life, Unpublished Letters, and Philosophical Regimen of Antony, Earl of Shaftesbury*. Adamant Media.

Robertson, D. J. (July 2005). "Stoicism: A Lurking Presence." *Counselling & Psychotherapy Journal*.

————.(2010). *The Philosophy of Cognitive-Behavioural Therapy: Stoic Philosophy as Rational and Cognitive Psychotherapy*. London: Karnac.

————.(2013). *Stoicism and the Art of Happiness*. London: Hodder & Stoughton.

————.(2016). "The Stoic Influence on Modern Psychotherapy." In *The Routledge Handbook of the Stoic Tradition*. Edited by J. Sellar, 374–88. New York: Routledge.

————.(2012). *Build Your Resilience*. London: Hodder & Stoughton. Sedgwick, H. D. (1921). *Marcus Aurelius: A Biography Told as Much as May Be by Letters*. New Haven, CT: Yale University Press.

Sellars, J. (2003). *The Art of Living: The Stoics on the Nature and Function of Philosophy*.

————.(2014). *Stoicism*. Hoboken, NJ: Taylor & Francis.

————.(2016). *The Routledge Handbook of the Stoic Tradition*. New York: Routledge.

Seneca. (1928). *Moral Essays*, volume I. Translated by J. W. Basore. Loeb Classical Library 214. Cambridge, MA: Harvard University Press.

Seneca. (1928). "On Anger." In *Moral Essays*, volume I. Translated by J. W. Basore. Loeb Classical Library 214. Cambridge, MA: Harvard University Press.

Seneca. (1928). "On Constancy." In *Moral Essays*, volume I. Translated by J. W. Basore. Loeb Classical Library 214. Cambridge, MA: Harvard University Press.

Simon, S. B., L. W. Howe, and H. Kirschenbaum. (1972). *Values Clarification: A Practical, Action Directed Workbook*. New York: Warner.

Spinoza, B. (1955). *On the Improvement of the Understanding; The Ethics; Correspondence*. Translated by R. Elwes. New York: Dover.

Stephens, W. O. (2012). *Marcus Aurelius: A Guide for the Perplexed*. London: Continuum.

Thomas, A. L. (1808). *Eulogium on Marcus Aurelius*. New York: Bernard Dornin.

Ussher, P. (ed.). (2014). *Stoicism Today: Selected Writings*. Modern Stoicism.

———.(2016). *Stoicism Today: Selected Writings*. Vol. 2. Modern Stoicism.

Watson, P. B. (1884). *Marcus Aurelius Antoninus*. New York: Harper & Brothers.

Yourcenar, M. (1974). *Memoirs of Hadrian*. New York: Farrar, Straus, and Giroux.

로마 황제처럼 생각하는 법
스토아주의자는 어떻게 위대한 황제가 되었을까

1판 1쇄 펴냄 2022년 4월 23일

지은이 | 도널드 로버트슨
옮긴이 | 석기용
펴낸이 | 백길엽

펴낸곳 | 황금거북
출판등록 | 2011년 12월 9일 제25100-2011-345호
주소 | 04049 서울시 마포구 독막로 65-1 일앤집 빌딩 503호
전화 | 02-337-8894 팩스 | 02-323-3314
전자우편 | gtpub@naver.com 홈페이지 | www.gtpub.com

ISBN 979-11-952374-3-2 03180
값 17,000원